我妻 榮
有泉 亨
川井 健
野村豊弘
沖野眞已

民法2

債権法
Civil Law

第4版

勁草書房

第4版　はしがき

　本書は、我妻榮先生が昭和8年に書かれた『民法』（岩波全書）をもとに、我妻先生と有泉亨先生との共同により昭和29年に刊行されてから、有泉先生、川井健先生によって改訂がなされ、長く読み継がれてきたものである。

　平成29年のいわゆる債権法改正を契機に改訂の作業が開始された。このたび、はからずも第2巻を私ども2人が改訂することになった。第2巻は、民法第3編債権の全体にわたるものである。全3巻のうち、最も法改正の影響の大きい巻であることはいうまでもない。また、第3版が刊行されたのは2009年で、すでに13年を経過していることから、この間における学説・判例の展開に従って本書を書き改める必要のあるところも少なくないと考えられた。

　そこで、債権法の改正を踏まえるとともに、新しい学説・判例を取り入れて、改訂することとした（とくに、不法行為については、法改正はほとんどないが、最高裁において重要な判決が多く出されている）。私どもは、法制審議会民法（債権関係）部会の発足以来、5年余にわたって、委員・幹事として、改正の審議に参加してきたが、その成果が十分に読者に伝えられれば幸いである。なお、第1章〜第3章、第5章〜第7章は沖野が、第4章、第8章〜第26章は野村が担当している。改訂にあたって、改めて通読したが、全体として小型の教科書であるにもかかわらず、歴史的な経緯を丁寧に説明し、そのうえでの深みのある解釈論に説得されるところが少なくなかった。

そこで、なるべく我妻先生以来のこれまでの記述をできる限り維持することとしたが、簡潔に過ぎるあまり分かりにくいところは、若干加筆して読みやすくするとともに、社会の変化により、歴史的には貴重な記述ではあるが、現代の読者にはあまりそぐわなくなった部分については、簡潔に記述するに留めた。本書がこれからも読者に愛されることを切望する。

　改訂にあたっては、勁草書房編集部の竹田康夫氏にお世話になった。心からお礼を申し上げる。

　　令和4年11月

　　　　　　　　　　　　　野　村　　豊　弘
　　　　　　　　　　　　　沖　野　　眞　已

第3版　はしがき

　このたび第3版を刊行することになった。民法現代用語化法等の改正に伴って第2版を公刊したのが平成17年であったが、その後、利息制限法等の改正や判例等の進展があったためである。我妻榮先生の没後、すでに35年を経過した。この間に有泉亨先生も亡くなられたが、幸い本書は、多くの読者に支えられて今日に至っている。

　このたびの改訂にあたっても、我妻・有泉両先生の築かれた基盤の上に、両先生の筆致をできるだけ崩さないように加筆したつもりである。ダットサン民法の愛称のもとに、本書がますます大勢の人々に愛され続けられることを心から望むものである。

　今回の改訂にあたっては、従来と同じく勁草書房編集部の竹田康夫氏に大変お世話になった。厚く御礼申しあげる。

　平成20年12月

川　井　　健

はしがき

　「ダットサン民法」（小回りのきく小型車）の愛称で親しまれてきた我妻栄先生著『民法』の沿革は、古くは、昭和8年の岩波全書に溯る。それが有泉亨先生との共著となったのは、昭和29年のことである。本書には、我妻先生の手になる昭和29年の序が掲載されている。我妻先生の没後、有泉亨先生が改訂されたのが昭和51年である。本書には、有泉先生の手になる昭和51年の序も掲載されている。その後、私たち遠藤浩と川井健のほか、故水本浩元立教大学名誉教授の手による補訂等がされてきたが、出版社の一粒社の廃業に伴い、このたび遠藤浩、川井健の加筆により、新たな装いのもとに本書は勁草書房から刊行されることとなった。

　この新版においては、私たちは、我妻先生の序に示されている「通説の到達した最高水準を簡明に解説する」という方針に従いつつ、最新の立法・判例の動向を取り入れるように努めた。「著者の主観的な意見をあまり前面におしださない」という方針（我妻・序）に従い、かつ我妻、有泉両先生がされたであろう方向で加筆したつもりである。

　加筆にあたり、この書物の基礎がきわめて卓抜なものであることを痛感する次第である。上記の岩波全書が発行されて以来、すでに70年を経過した。その間の社会・経済事情の変化は実にめまぐるしいものがある。もとよりその後の数次の改訂により、そのときどきの状況に応じた加筆がされてきた。しかしながら、基本となる本書

の骨組みには不変なものがあり、ここに現象の変化にかかわらず本書が長く人々に親しまれてきた原因がひそんでいると思われる。その骨組みの根幹を形成するものは、法制度に対する歴史をふまえた深い社会的洞察力と市民感覚に支えられた解釈理論のすぐれた説得力である。しかも叙述のしかたは、あるべき方向を示唆し、力強い表現となっている。

　改訂に当たっては、私たちが、我妻先生のもとで仕事をしていた頃を思いつつ、できるだけ字句を統一し、最近の用語法に従うよう努めた。改訂は、民法１と２を川井健、３を遠藤浩が担当した。今後、読者の方々からのご批判をいただきながら、本書がさらに長く人々に愛され、社会の共通財産となり続けることを期待したいと思う。

　最後に、あらためて我妻、有泉両先生の学恩に感謝しつつ、改訂にさいして、たいへんお世話になった勁草書房編集部の竹田康夫氏に、厚く御礼申しあげたい。

　　平成15年10月

遠　藤　　　浩

川　井　　　健

　平成16年の不動産登記法、破産法、現代用語化に関する民法の改正等に伴って改訂をした。

　　平成17年２月

　重版の機会に平成17年公布の会社法に関する加筆をした。

　　平成18年２月

川　井　　　健

全 訂 の 序

　昭和29年に版を新しくし、その後なんどか訂正や増補を加えてきた本書も、ここ十数年の間に既存の法令の改正、新法の制定、判例の移りかわり、それに学説の発展も加わって、かなり大幅に書き改める必要にせまられていた。そして昭和48年のはじめ頃に、我妻先生の立てられていた予定の中には、本書の全訂作業が含まれていて、一粒社の担当者との間で具体化の話し合いが行われ、執筆の態度や、書物の形など従来のものを踏襲するという方針もきまっていた。ところが悲しいことに、先生は同じ年の10月、にわかに不帰の客となられた。全訂の仕事は私一人の肩にかかってしまったのである。しかし、私の身辺を取りまく事情から仕事ははかばかしく進まなかった。それでも昭和50年の末にようやく第1巻（民法総則・物権法）の原稿ができ上り、ここに発行の運びとなったのである。

　執筆に当たって、民法典の体系をくずさないという基本方針など、旧版を踏襲したことはいうまでもないが、特に我妻先生の見解の発展に留意し、民法講義（岩波書店刊）、民法案内（一粒社刊）を参照した。しかし問題によっては、先生の最終の意見がどの辺にあったかを明確にできない分野もあって、私個人の見解が表に出ていることも少なくないと思われる。現代の民法学の、いわば通説の到達した最高水準を簡明に解説するという「ダットサン民法」の目標をはずれていなければ幸いである。

　なお、形の上では、この版から主要な判例を註記することとし、

また、全書版からＢ６判にかえたため、心もち形が大きくなった。後者は主として用紙の無駄をはぶいて、できるだけ廉価で提供しようとの趣旨から出たものである。引きつづいて第２巻（債権法）、第３巻（親族法・相続法）の全訂作業を進め、同じ様式で統一する予定である。

　最後に、全訂版の刊行については、終始、岩田元彦さんのお世話になった。ここに記して、感謝の意を表しておきたい。

　昭和51年３月

　　　　　　　　　　　　　　　鎌倉の山荘にて

　　　　　　　　　　　　　　　有　泉　　亨

序

　この書は、私が、昭和8年に、岩波全書と呼ばれた叢書の一つとして書いた民法Ⅰを有泉君と二人で再検討し、有泉君が筆をとって、全面的に書き替えたものである。

　全書の民法を書いた後、私は、一方では、民法各論の理論を詳細に説くものとして、民法講義の公刊の仕事をすすめるとともに、他方では、民法理論の大綱を説くものとして、民法大意3冊を完成した。新制度の大学の講義では、民法大意を教科書として使っている。だから、私の計画では、全書の民法はもはや存在意義のないものとなり、長く絶版にしておいたのであった。

　ところが、全書の民法に対する学生諸君の需要はなくならない。その再生復版を希望する声がかなり強い。民法大意は、民法典の編別を無視して、私の独得な体系によっているので、他の先生の講義の参考書としては不便だということや、民法大意は、民法周辺の特別法にかなり重点をおいて、全法律体系における民法の地位を明らかにしようとしているが、例えば司法科試験の準備のためなどには、民法だけをもっと簡明に説くものがほしいということなどが、その理由らしい。

　学生諸君のかような希望にはもっともな点がある。しかし、実をいうと、私はその仕事にあまり気のりがしなかった。他にもっと研究すべき問題をもっておりながら、民法の教科書だけをいろいろの形で書くことは、それほど興味のある仕事ではないからである。

　右のような事情であったが、この度、有泉君という有能な協力者をえたので、いよいよ決心して版を新たにすることにした。元来、岩波全書は、「現代の科学の一般的な理論、すなわち、いわば通説の到達した最高水準を簡明に解説すること」を目的とし、著者の主観的な意見をあまり前面におしださない方針の下に編集されたものであり、私もむろんその方針に従って書いた。だから、いま有泉君の協力によって書き替えても、全体としての統一を破るおそれは全然ない。いや、かえって、有泉君の清新な思想が打ち込まれることによって、一層その水準を高めたものだと信じている。

　昭和29年3月欧州に旅立つにあたって

東京大学法学部研究室にて

我　妻　　榮

凡　　例

1、序論と総則および物権法に、それぞれ、項目の通し番号をつけ、検
　索の便をはかった。たとえば、総76⑴とあるのは、第1編総則の項目
　76の⑴を示す。なお、総は総則（第1編・1巻）、物は物権法（第2編・
　1巻）、債は債権法（第3編・2巻）、親は親族法（第4編・3巻）、相は
　相続法（第5編・3巻）の略語である。
2、判例の引用は、『民法基本判例集』との関連に留意し、通常の方式・
　用例に従って、必要な個所に注記した。たとえば、最判平成元・10・
　13民集43巻9号985頁とあるのは、平成元年10月13日の最高裁判所判決
　で、最高裁判所民事判例集43巻9号985頁所載を示す。
　　『民法基本判例集』に収録されている判例については、判例年月日登
　載誌につづけて、「・基本判例〇」とし、判例番号を明記した。並行し
　て読まれたい。
3、法令の略語は、原則として有斐閣六法全書の法令名略語によった。
4、事項索引と判例索引を各巻末に収録した。

目　次

目　次

第3編　債　権　法

第1章　債権法総説

1　債権編の内容

　民法第3編債権（399条—724条の2）は総則・契約・事務管理・不当利得・不法行為の5章を収める。これを理論的に観察すると、総則は債権自体についてその内容や効力などを規定し、契約・事務管理・不当利得・不法行為は債権発生原因の最も主要な4種の事由についてその内容を規定する。学問上、一般に、上記の総則の部分を債権総論と呼び、契約・事務管理・不当利得・不法行為の部分を債権各論と呼んでいる。

2　債権法改正

　1898年（明治31年）の民法典の施行以後、第3編はあまり大きな改正がないまま推移していた。2004年（平成16年）に、条文の表記をひらがな口語体へ改める等の現代語化が全面的に行われ、また、同時に、社会問題を受けて保証の規定が改正されたのが、特筆される程度であった。この間の1世紀を超える期間には、社会や経済情勢の変化があり、それに伴って生起する新たな問題への対処が求められてきたが、それは、判例や学説による解釈の展開と、民法典の外に特別法を制定することなどによって図られてきた。それにも限界があり、2017年（平成29年）に、このような蓄積のうち一定のものを明文化し、また、社会・経済の変化を踏まえそれに適した規律へと内容を見直すべく、取引に関わる規律（民法総則、債権総則、契約）を中心に多くの条文が改正され、また新設されている（債権法改正。2020年（令和2年）4月施行）。

3　債権自体に関する規定（債権総論）

　債権自体に関する民法の規定（399条－520条の20）は、債権の目的・債権の効力・多数当事者の債権および債務・債権の譲渡・債務の引受け・債権の消滅・有価証券の7節を収める。本書ではこれを第2章－第9章の8章に分けて解説する。

　①債権は、特定の人に対し、一定の行為をすること（債務の内容をなす債務者の行為を給付という）を要求する権利である。「行為」とは、財貨の交付や労力の提供などであり、また、作為だけではなく不作為（たとえば、一定期間は土地上に建物を建築しない、夜間は航空機の発着をしないなど）もありうる。そして、債権の目的というのは債権の内容をなす債務者の行為、すなわち給付をいう。債権成立の1つの要件である（債8参照）。債権の目的では、どのようなものを債権の目的とすることができるかや、債権の内容つまり給付の内容の種類別に従って、適用される通則を定める。種類別の規定は、限定的であり、特定物の引渡し・種類物の一定量の引渡し・金銭の支払というように特に問題となる数種のものについて比較的簡単な条項を設けるにすぎない。②債権の効力は、債権者が上記の要求を実現するために行使しうる権能に関する。債務者が自発的に（＝任意に）給付をすれば問題はないが、これをしないときは債権者は債務者に対してその給付の実現を強制し、また場合によって給付しないことによる損害の賠償を請求できる。これが債権の効力の本体的なものである。③さらに、債務者が自分の財産を散逸させ、債権者をして損害賠償さえ取れないようにするときには、債権者はその散逸を防止するために債務者の財産と関係のある第三者の財産に対しても多少の干渉をする権能を与えられる。民法はこのことも債権の効力のうちに規定しているが、学者はこれを債権の対外的効力（ま

たは債務者の責任財産の保全）という。④つぎに多数当事者の債権および債務とは、同一の債権関係において債権者または債務者が複数（「多数」）存在する場合を総称するのであるが、なかでも連帯債務と保証債務とが主要な地位を占める。⑤債権の譲渡は文字どおり債権の譲渡に関する規定であるが、ここでは債権が一個の独立の財産的価値あるものとして取引の目的となることが考えられている。債権譲渡を形式的に観察すると債権関係の主体の変更である。⑥主体の変更としては、債権者の変更のほかに、債務者の変更も考えられる。債務の引受けは、債権者・債務者以外の第三者である引受人が（元の）債務者と同一の内容の債務を負うものである（平成29年改正により規定が新設された）。債務の引受けには２種がある。実質的に債務者の変更に当たるのは、このうち、元の債務者は債務を免れ引受人のみが債務を負う免責的債務引受である。元の債務者の免責は必須ではなく、元の債務者が引き続き債務を負いつつ引受人が同一の内容の債務を負う併存的債務引受もある。⑦債権の消滅は、債権の消滅の原因となる事由を総括して、それぞれの事由に固有の問題を規定している。債務者が債権の内容である一定の財貨または労力の給付を行い、債権者が債務者の給付を受け、債権はその目的を達して消滅する。これを弁済といい、最も本来的な債権消滅原因である。弁済による債権の消滅の規律は最も広汎な内容をもっている。最後に、⑦有価証券は、平成29年改正により新設され、手形など、証券に権利が化体され、権利の譲渡に証券の交付を要する有価証券について、譲渡の方法をはじめとする法律効果を定める。有価証券の一般則であるが、有価証券一般について規定するのではなく譲渡の方式に従って４つの類型を定める。手形など特別法のあるものは特別法によるが、法律のないもの、法律があっても規定がない部分

は、民法の有価証券の規定による。

4　債権発生の原因に関する規定（債権各論）

　債権発生の原因に関する民法の規定（521条－724条の 2 ）は、契約・事務管理・不当利得・不法行為の四章からなる。債権発生の原因はこの四種の事由には限らない。このほかにも、たとえば遺言のような特殊の単独行為や、法律の直接の規定などによっても生ずる。しかし、この四種が最も主要なものであることは疑いない。①この 4 種の事由のうちでは、契約が圧倒的に重要な地位を占め、規定数も多い。総則・贈与・売買・交換・消費貸借・使用貸借・賃貸借・雇用・請負・委任・寄託・組合・終身定期金・和解の14節に分かれる（521条－696条）。契約総則はすべての契約に関する通則を定め、そのほかの13種の契約は社会に多く行われる典型的な契約として13種を選び、その内容についての標準を定めている。もっとも、民法典制定当時に西欧における典型的な契約の類型と考えられたものを参考にしており、終身定期金のように現在に至るまで日本ではさほど利用がみられないものもある。後述のとおり債権は発達した社会において人類の生活必需品の配分をするのに欠くことのできない制度であるが（債 6 (1)参照）、債権は、債権債務を負担しようとする当事者の合意によって成立することが最も多い。契約こそ債権の発生をその本来の使命とする制度である。契約以外の 3 つの債権発生原因である事務管理・不当利得・不法行為は、契約のように当事者が債権の発生を目的として行動することに基づくものではなく、法律がその理念に基づいて当事者の意思とは直接の関係なしに債権債務を発生させる制度であるという点において共通の性質を有する（契約による債権の発生も法律が制度化しているのであるが、契約の場合は、当事者の意思・合意を必須とし、それに基づきそれに従った内容の債権

を発生させるものである点に違いがある）。そのうち、②事務管理とは、頼まれないのに旅行中の友人の財産を管理するというように、義務なく他人の事務を処理する行為である。民法はこれに関して、その事務の処理を始めた者の義務・事務の処理に必要な費用の償還請求などについて規定するので、当事者はこれらの債権債務を取得することになる。つぎに、③不当利得とは、一度債務を弁済した後に誤って二重に弁済したというように、一方に損失を生じ他方がこれによって利得を受け、しかも、これをそのまま維持する法律上の原因はないという場合に、法律がその利得の返還を命ずる制度である。当事者はこれによって利得償還の債権債務を取得することになる。最後に、④不法行為とは、前方不注意で自動車事故を起こして他人にけがをさせたというように、故意にあるいは誤って他人の権利や利益を侵害する行為であるが、民法はその効果として、加害者が被害者に対してそれによって生じた損害を賠償する義務を負うものと規定しているので、当事者はこれによって損害賠償の債権債務を取得することになる。

5　契約・不法行為の機能

(1)　契約の機能

(ア)　契約　　契約は近代の私法関係において最も重要な地位を占める。人類の生活必需品の配分がほとんどすべて売買という契約によって行われるようになったことは後述するが（債6(1)参照）、そこでも一言するように、契約の重要性は、できあがった生活必需品の配分についてだけではない。物の生産自体についても契約は欠くことのできない制度である。それ以前は領主・家長などが、隷民・家児・僕婢などに対して一種の身分的な支配権を有し、この支配権によって結合された人々が生産に従事したから、生産に必要な労働力

の結合も身分関係によって行われた。しかし、近代法が各人に対して平等な権利の主体である地位を与えてから、他人の労働力を結合利用することも両者の合意、すなわち雇用契約によって行われる。今日数千・数万の人々の協力によって経営される企業も、雇用契約なしでは成り立ちえない。また大企業経営の発達とともに欠くことのできなくなった資金の調達も、他人の資金を借り入れる契約、すなわち消費貸借・消費寄託などの契約に頼らなければならない。まことに、近代法が各人に対して権利能力を認め、その意思に基づかなければ他人の支配に服することはないとの大原則を確立したことは、近代の社会組織が諸種の契約の基礎の上に築き上げられるという現象において、その具体的な姿を示す、ということができる。

　(イ)　契約自由の形骸化　　近代社会の発展に寄与した契約自由の原則（521条参照）も、資本主義体制がある段階に達すると、契約の当事者の間の対等関係が崩れ、その限りで形骸化が進行する。最も手近に対等関係が欠けたものとしては土地や建物の所有者と、他人の不動産を借りるほかない賃借人との関係があった。放置すれば前者が後者に不当な条件を押しつけることになるのはほとんど必然であった。同じ関係は使用者としての企業者とそこで雇われる労働者の間にも起こる。これらの当事者の間では、特に後者の場合、一般には地位の入れ替え（借主が貸主になり、労働者が使用者になる）が起きないといっても過言ではない。さらに、資本主義体制の発展とともに、いわゆる独占ないし寡占という現象が生じる。二重投資を回避しようとすれば地域的な独占を避けられない鉄道・電気・ガスなどの供給事業、大企業の出現によって合併・倒産等による中小企業の整理が行われる結果生ずる寡占、さらに同種の企業間のカルテルなどによる人為的独占などによって、一般の利用者や消費者は、

多くの生活部面において契約の自由を喪失することになった。この現象は、前段で述べた生活必需品の配給、物資の生産への参加、資金の調達などのあらゆる領域で起こる。弱者は強者が示す契約条件を受け入れるか拒否するかの自由しかもたず、場合によっては拒否する自由さえもたないのである。形態的には、約款ないし付従契約（付合契約ともいう）が支配することでもある。

　(ウ)　私法の指導理念の対応　　このような現象に当面して国家は積極的な干渉を試み、両当事者間の具体的な公平を図り、社会の各人に対して人間らしい生存を保障するのに努めねばならない。そのためには、借地借家法のように契約法の領域における修正ばかりでなく、農地法・労働法・経済法・社会保障法・消費者法などの諸領域において、契約自由の制限が広く取り入れられている。

　このような状況の中で民法の規定は、雇用・賃貸借・消費貸借・売買などについて、直接間接に重大な修正を受けつつある。いいかえれば、前に述べた、民法の指導原理が個人の権利と自由とを保障するという消極的なものから、社会の協同生存を維持保障するという積極的なものに変わりつつあるといったことは、契約理論の変遷において、最も重大な一例を示している。そして、このことはすでに私法関係の近時の特色として、いろいろの個所で繰り返し述べてきたところだが、さらに具体的なことは各種の契約についても述べることにしよう（債108・121・136参照）。

　(2)　不法行為の機能

　(ア)　活動の自由の保障　　契約についで、不法行為も重要な制度である。社会を構成する各個人に対してできる限り広い範囲の活動の自由を保障し、自由競争・適者生存の原則を社会進歩の原動力としようとする近代法においては、個人の活動がたまたま他人に損害

を生ずることがあっても、それはある程度までやむをえない結果とみなければならない。その場合に損害を与えた者が常にこれを賠償すべきものとしたのでは、個人は損害賠償を恐れ、自由な活動ができないようになる。したがって、このような法律思想のもとにおいては、不法行為は個人の活動の自由に対して最小限度の限界を画する制度と考えられ、その要件は厳格なものとなる。近代法が一般に故意または過失のない以上不法行為とはならないとしているのは、この理想の表れである（過失責任原則）。

　（イ）　近代社会における不可避の事故と被害者の救済　　近時の社会には巨大な資本を擁し、進歩した科学的施設を利用する企業がますます多くなりつつあるが、これらの企業の多くはいずれも避け難い危険を包蔵する。鉱山業における鉱毒・鉱坑の爆発、製造工業における機械の故障・製造物の欠陥、事業所からの有毒物の排出による大気・水質の汚染、運輸業における各種の事故、原子力発電所の事故、病院における医療上のミスなどがその適例である。これらは企業者が災害の発生を防止するために万全の処置を講ずるものであるが、それにもかかわらず、その災害は、その被用者である労働者、近隣の住民、企業の利用者（広義の消費者）等に及ぶ。これを全体として観察すれば、とうてい避け難い性質のものであることは、統計上の数字の示すところであるが、この災害をもって、企業者に責めるべきものがないとの理由で被害者の受忍すべきものとすることは、いかにも公平に反することであろう。このような企業が企業者に巨額の利益をもたらしている場合は特にそうである。

　このような不可避の事故は、必ずしも企業活動に限られるわけではない。たとえば、自動車の普及は毎年多数の死亡・負傷者を生じている。この災害を被害者の負担とすることは、これまた公平に反

することは多言を要しない。そこでこのように危険を包蔵しながら巨大な利益を収める大企業もしくは危険な物から利便を得ている個人は、そこから生ずる必然的な損害に対しては故意・過失を問題とすることなく当然賠償の責めに任ずべきである、とする理論が次第に勢力を得てきた。これを不法行為における無過失責任（利益を得ていることを理由とする場合を報償責任、危険物の保有を理由とする場合を危険責任という）という。この理論はもちろん不法行為全部にわたる理論としても考えられているけれども、具体的には労働災害、鉱山事故、自動車事故、公害、製造物の欠陥などに関する立法に現われていることは、後に詳しく述べるとおりである。

(ウ) 危険ないし損害の分配　　大局的にみて不可避の事故について賠償責任の負担者が、何らかの自衛の措置を講ずるのは自然の成りゆきである。一般には、企業はその製品ないしはサービスに責任保険をつけることによって、損害を被保険者集団の構成員に分配する。さらに国家は被害者の救済を迅速かつ確実にするために強制保険制度、もしくはこれに類似する制度を創設している。このようにして、不法行為は個人の自由活動に最小限度の限界を与える制度とされたことから、次第に、個人の自由活動の範囲を社会共同生活の理想に合致させ、共同生活から生ずる損害を社会の各員に合理的に分配しようとする制度に変わろうとしている。すなわち、われわれはここにも、民法の指導原理が消極的に権利と自由とを保障することから積極的に協同生存を維持保障することに進化しつつある、と前に述べたことの顕著な一例を見い出すのである（なお債136(2)・178(2)参照）。

6　債権の社会的機能とその変遷

(1)　物権から債権へ　　債権は物権より遅れて認められた制度で

ある。物権のほかに債権が認められるためには、社会の文化の程度がさらにいっそう発達することを必要とする。人類の社会生活の発達を考えると、最初はほとんど自分が獲得したり生産したりする物だけでその需要を満足する自給自足の経済を営み、その後次第に、他人の獲得・生産する物と交換をする範囲が拡大し、最後には、貨幣に媒介される交換、すなわち売買が生活の需要を満足するための圧倒的に重要な手段となる。この変遷を法律制度の上から観察すると、自給自足の経済においては、自分の獲得・生産した物の上の所有権さえ認められれば事は足りる。つぎに、他人の所有物と交換する場合にも、現在もっている物と物との交換、すなわち物々交換なら、所有権の交換が行われるだけで、債権関係の介入する余地はほとんどない。しかし、人類社会の交換は漸次、一方が現在もっている物と、他方が将来取得する物とを交換するようになり、さらに両方が将来取得する物を交換すべきことを約束しあうようになる。ことに、貨幣が交換の媒介物となるときは、現在または将来の物と、現在または将来の貨幣との交換がきわめて広汎にわたって最も円滑に行われるようになる。ところが、この一方の現在の物と他方の将来の物との交換とは、一方の所有権の交付に対して他方が将来一定の物を交付する義務を負うことであり、また、双方の将来の物の交換とは、双方が互いに将来一定の物を交付する義務を負うことである。そして、この将来一定の物を交付する義務こそ、債務の負担・債権の取得にほかならない。だから社会生活の発達に伴って、債権は人類の生活必需品の配分に欠くことのできない制度となった。しかし、債権がこのような作用を営むためには、一面において、社会の各人は相手方が将来その義務を履行することを互いに信頼し合わねばならない。と同時に、他面において、国家は債務者の行動を監

視して将来の義務の履行を保証するだけの整備した力をもたねばならない。所有権が認められるためには、社会の各人は単に各人の現実の有形的支配を尊重しあい、国家は他人の所有権の有形的な侵害を禁じてやりさえすれば十分であろう。債権が認められるためには、物権が認められるのに比べて、さらにいっそう高度な文化の発達を必要とするというゆえんはここに存するのである。

(2) 身分から契約へ　同じ現象はつぎの側面からも観察される。すなわち、人類が社会生活を営むところには、以上のような物資の交流のほかにも、他人の物の使用や労務の提供などの関係が成立する。これらの関係も、最初は、あるいは物権的な支配関係（奴隷の所有）として、あるいは身分的な支配関係（家長や地主の支配権）として秩序立てられていたが、次第に賃貸借契約または雇用契約として、すなわち、独立の個人の間の債権関係として構成されるようになった。そして、このようないわゆる身分から契約への発展——身分的秩序から債権的秩序への発展——が可能になるためには、社会の各人の相互の信頼と、裁判制度の整備とを必要としたのである。

(3) 財産としての債権　債権が上記のような作用を営むためには、将来の給付を信頼しあうという鎖で結びつけられた特定人の間の関係として終始するとみて妨げない。したがって、法律としては、両当事者の人格を尊重しながら、債務の履行・債権の満足を実現することを企図すれば十分である。すなわち債権の効力・債権の消滅などが債権法の主要な内容を占めることになる。ところが、社会の共同生活関係がますます緊密となり、文化の発達がいよいよ進展すると、債務者から将来一定のものを給付させるという地位が現在においても一定の価値あるものとみられ、この地位自体がさらに他人に譲渡されるようになる。ここにおいて、債権は成立当初からの当

事者を結びつける人格的な鎖だけではなく、取引の目的として客観的価値を有するものとなる。これが債権譲渡という制度である。だから、債権譲渡は、その発達の歴史からみれば債権法中の比較的新しい制度であり、その作用からみれば債権自体の効力とは別な意義をもつものである。ことにこの債権譲渡が手形（手形法）・小切手（小切手法）・船荷証券（商757条以下）・倉庫証券（商600条以下）・社債券（会社676条以下）などの広い意味での有価証券によって安全かつ容易に行われるようになると、債権は、証券に化体して、あたかも一個の動産のような財貨となり、きわめて敏活な取引の目的物となるのであるが、この法律現象は資本主義経済取引の発達に伴って生じたきわめて近代的なものであって、その法理も今なお発達の途上にある。この法理は上記に示すように主として商法、会社法およびこれらの特別法に規定されていたが、有価証券の利用は商人や会社、あるいは商事に限定されるものではない（たとえば学校法人債など）ため、平成29年改正により、有価証券に関する規定が民法におかれるに至っている（520の2－520条の20）。また「証券」については現在では電子化が進展している。

　(4)　債権とその担保　　　多数当事者の債権および債務中の主要な地位を占める連帯債務および保証債務は、債権担保の制度として、必ずしも新しいものではない。債権の目的の実現を確保するために、債権者が本来の債務者以外の者に対しても同一内容の債権を有することは、債権が特定人間の人格的な鎖と考えられる時代においても認められた。しかし、債権が客観的な価値を有し、取引の目的とされるようになると、その客観的価値を確実なものとして債権者の取引能力を増加するために、債権の担保はきわめて重要な制度となる。ことに、その担保の効果が個人の財産状態によって左右される連帯

債務や保証などのいわゆる人的担保よりも、確実に交換価値を有する物によって担保される質権・抵当権などのいわゆる物的担保が、より重要視されるようになる。ここにおいて、安全敏活に転々譲渡される債権証券と有効確実に担保する物的担保とが結合して、資本主義取引の先端的な制度を生み出す。金銭の支払を約束する手形と商品の交付を目的とする船荷証券などとが結合するいわゆる荷為替や、同じく金銭の支払を約束する社債券と確実な物的担保とが結合する担保付社債（担保付社債信託法参照）などという制度はその適例である。これらの現象は民法の範囲のみで説くことはできない。しかし、民法は債権の通則を形式的標準に従って分類しているが、その各制度は、現代の経済組織においてそれぞれ特殊の作用を担当するものであり、そしてこの作用のために、民法の他の制度、ことに担保物権および商法その他の法律による特殊の制度と緊密な結合をなすものである。この点を理解しておくことは、民法債権編の規定の解釈についても重要である。

7　債権の本質

　債権は特定の人に対して特定の行為を要求する権利である。あるいは、債権は特定の人から特定の行為（給付、あるいはそれによる利益）を得られる地位であるともいえる。

　(1)　債権者の権利　　特定の人を債務者という。債権が債務者に対する権利だというのは、債権の内容である一定の行為を債務者に対してだけ請求できるという意味である。この債務者に対して要求する権利を第三者が侵害した場合にその侵害者に向かって不法行為の責任（709条参照）を問いえないかどうかは全く別問題である。たとえば、劇場主Aが俳優Bに対して自分の劇場で演技させる債権をもっているとしよう。Aが演技を要求しうるのはBに対してだけで

ある。しかし、第三者CがAの営業を妨害しようとしてBを監禁するようなときに、AはCに対して債権の存在を主張しその侵害に対して損害賠償ないし妨害排除を請求できないものであろうか。この問題は、Aの債権が本来Bに対する請求を内容とする権利だということとは直接関係のないことである。学者はこれを第三者の債権侵害という（詳しくは債18参照）。学説および判例は一般に債権侵害の場合に不法行為責任が生じうることを肯定し、Cの賠償義務を認める。権利の効力を確実に認めるためには、これを第三者の侵害に対しても保護するのを至当とするものであるが、社会における債権の作用の重大性に照らし債権についてもこの保護を与えるのを妥当とするからである。ただし注意すべきことは、この場合にCもまたBと契約を締結して自分の劇場で演技させたのであれば原則として不法行為とはならない。すでに物権編において述べたように、債権には排他性がないから、CもまたBに対してAと同一内容の債権を取得することができるが、その実現によってAの債権を不能にさせてもそれはCの債権行使の結果であるにすぎないからである（物8(2)参照）。Aは原則としてBに対してその不誠実をとがめ、債務不履行の責任を問うほかはない。もっとも、不動産の賃借人のように、一定の条件で第三者に対する対抗力を認められた債権者は、その権利と相容れない第三者の権利を否認できるだけでなく、賃借権に基づいて妨害排除の請求をすることが認められているものもある（605条の4。債18(2)に詳述する）。

(2)　**債権の内容**　　債権の内容として債務者に要求できる特定の行為には制限がない。もちろん公序良俗に反する行為などであってはならないが、物権のようにその内容が法律によって画一的に定められているような窮屈なものではない（175条、物7(1)参照）。この

ことは後に詳説する（債8参照）。

　(3)　債権の実現　　債権は債務者の行為を要求する権利である。債務者が任意にこれを履行するときは、債権者がこれを受領することは権利の行使として正当視される。しかし、債務者が履行しないときは、債権者は、国家の力を借りて債務者にその履行を強制し、または不履行に基づく損害の賠償の請求ができる。しかし、この履行の強制および損害賠償の程度は、債権の種類によって異なり、複雑な理論を示すものであって、詳細は債権の効力の章に譲る。ここでは、債権の内容の実現は、債務者が任意に履行しない限り、国家の助力に待つほかはなく、国家は債務者の人格を無視しない限度においてその権力を行使して債権内容の実現に助力するものであることを理解すればよい。

第2章　債権の目的

8　債権の目的に関する要件

　債権の内容をなす債務者の行為、すなわち給付を債権の目的という。物権と異なり当事者はこれを自由に定めることができる。特に契約によって生じる債権（契約債権。当事者の合意や意思表示を要しない法定債権との対比で約定債権とも呼ばれる。「約定債権」は契約以外の法律行為を発生原因とする債権も含むから、厳密には契約債権よりも広い）についてそうである。物の引渡しを目的とする（大体において与える債務と一致する）こともできるし、その他の作為または不作為を目的とする（同じくなす債務と一致する）こともできる。

　債権が成立するためには、債権の主体、債権の客体および債権の発生原因のそれぞれの存在が必要である。債権の客体が上に述べた給付に該当する。債権の主体は自然人および法人であって、これは物権にも共通の主体であるので、民法総則に配置されている。債権の発生原因は契約・事務管理・不当利得・不法行為が代表的なものであるが、民法はこれを債権編の総則（第3編第1章）から離して第2章－第5章に配置している。そして、債権の客体に関する一般的な規定を債権の目的と題して第3編第1章においている。

　(1)　給付の一般的有効要件　　確定できること（確定性）、適法であり公序良俗に反しない、つまり合法であること（適法性）という2つの要件が挙げられる。これらは法律行為一般の原則であるとともに、実はいずれも債権の特質を示すものである。このほか、従前は、可能であること（可能性）も要件の1つと考えられていたが、有力な異論もあり、平成29年の債権法改正の際に改められている。

したがって、現行法下では要件ではないが、従来の議論の経緯もあることから㋒でみることにしよう。

　㋐　確定できること　　給付つまり債権の内容として有効であるためにはそれが確定できなければならない。債権として法的効力を有し、履行がされないときに強制的に実現したり、損害賠償を認めたりするためには、そもそも給付が何かが確定していなければならないからである。どこまでの確定性が必要かについては、確定できるものであればよい（たとえば、売買契約時に代金額が決まっていなくとも、決めるための指標が特定されていて後日決まることになるなどでも、法律行為の有効性や債権の成立のための給付の確定性の要件は満たす）。物権と比較してみるとこの要件を理解しやすい。物権は現存特定する物の上にのみ成立しうるが（物8(3)参照）、これに反し、債権は何らかの標準によって確定できる内容でありさえすればよい。したがって、物を引き渡す債権にあっても、その物はビール1ダースというように観念的に定まっているだけでもよい。また現存することも必要とはしない。これから製作して引き渡すというのでもよい。ここにも物権に比べて債権の柔軟性が現われる。もちろんビール1ダース引渡しのような債権も、履行されるまでには、特定のビール1ダースが選び出されねばならない。そのとき、いかなる種類か、いかなる品質か、というような標準が問題となる。もしその債権が契約によって生じたのであれば、それは結局その契約の解釈、すなわち原則として当事者の意思によって定められるべきものである。しかし、民法もこの点に関して補充的規定によって多少の標準を定めている（401条1項）。

　㋑　合法であること　　物権においては、各種の物権はそれぞれ法律に規定する内容を有する。これと異なる内容の物権は当事者の

契約によっても成立させることはできない（175条、物権法定主義。物 7 (1)参照）。しかし、債権にはこのような制限はない。その内容は強行法規や公序良俗に反するものは無効であるが、そうでない限りどんなものでもよい（法定債権の場合も、金銭の支払であることが多いが、それに限定されるわけではない）。なお、民法は13種の契約について、その契約から生ずる債権の内容を規定している。しかし、これも、後述するように、一応の標準を示したにとどまるばかりでなく、民法に規定しない契約も自由に締結できる（521条 2 項参照）。そしてこの債権内容の多様性にこそ、債権が複雑な人類共同生活の私法関係を規律するにあたって最も重要な作用を営みうるゆえんが存するのである。

　(ｳ)　可能なこと　　給付が可能であること、債権が履行可能であることである。物理的に可能でも社会観念上不可能（「不能」という）な場合は不能となる。可能かどうかは、債権の発生原因（契約等）および取引上の社会通念に照らして判断される（412条の 2 第 1 項参照。総94(3)参照）。

　(a)　原始的不能と後発的不能　　債権成立の当時において可能かどうかという観点から、原始的不能と後発的不能に区分される。Aが軽井沢にある自分の別荘をBに売った。しかし、その前夜別荘は焼失していたというときは、その焼失の原因が何であろうとも、別荘を引き渡すことは不可能である。これを原始的不能という。これに対し、売買契約の後Bが引渡しを受ける前に焼失した場合、これを後発的不能という。かつては、特段の規定はなかったが、当初から不能である債権に法的拘束力を認める意義があるのかという疑問や当事者の意思はそのような場合には債権は生じないとするものであろうという理由から、原始的不能の場合に債権は成立しえないと

考えられた。これに対し、後発的不能の場合は、一度成立した債権の運命の問題であり、債権成立の要件としての可能とは関係がなく、別荘の焼失の原因がAの責めに帰すべきものであればAは別荘の引渡しに代わる損害を賠償すべきことになり、その原因がAの責めに帰すべきものでないときにはAは責任を免れる。もっとも、このような見解に対し、学説では、原始的不能の場合も、契約は有効に成立し、場合によっては、契約が錯誤によって無効となるという見解が有力となっていた。別荘の焼失の時期と債権成立の時期との先後関係という通常は偶発的な事象によって法律関係が大きく異なることの不合理さや、当事者が合意をしたなら債権の成立を認めてよいと考えられること、加えて、給付の不能は債権自体の成立や存続を左右するのではなく、その履行請求の限界事由と位置づけられることなど（412条の2第1項。債権は不能であっても成立し、不能となっても消滅せず、ただ履行請求ができないものとなる）から、給付が可能であることは債権成立の当然の要件ではないことが明文化されている（同条2項。原始的不能の債権であっても、債務不履行による損害賠償請求はその要件を満たす限り可能であることを定めることで、債権自体が当初から生じないことになるわけではないことを示している）。

　(2)　金銭に見積もることができない債権の成否　　債権の目的は金銭に見積ることができないものでも妨げない（399条）。債権の目的に関する一般的な要件として民法の規定する唯一のものである。債権は一般取引上の金銭的価値を有することを必要としないばかりでなく、債権者個人に対して金銭的価値を与えることをも必要としない。僧侶がある人の祖先のために念仏供養する旨の約束は債務関係として成立しうるかどうかが東京地方裁判所で問題となった。金銭的価値のない行為だからといって常に必ずしも徳義上の問題にとど

めるべきではない。場合によっては、法律上の拘束を生じさせることができる、というのが本条の意義である（実は、金銭的価値のない行為も給付たりうるか、債権として法的拘束力を発生させてよいかは、ある約束がされた場合にそれが法的拘束力を認めるべき内容か、それとも、徳義上のものにすぎない――任意に実現されなくても強制的に履行させたり、損害賠償を請求するなどはできない――のか、という問題の一場面でもある）。だから、金銭的価値のない行為についても、果して債権を成立させてよいかどうかは、さらに各場合に従って決すべきことになる（総101⑵参照）。裁判所は上記の僧侶の事案について諸般の事情を考慮して債権の成立を認めた（東京地判大正 2 年(ワ)922号（新聞986号25頁・判決年月日不詳）――称名念仏事件）。金銭に見積もることができない内容を有する債権も、債権としての取扱いにおいては何ら異なるところはない。すなわち、債権者は他の債権と同様にこれについて強制履行を求めることができようし（414条参照）、またその不履行によって生ずる損害の賠償を請求することもできる（415条参照）。損害賠償はこの場合にも金銭をもってする（417条、債26⑶(ア)参照）。しかし、これは不履行によって生ずる財産的損失を金銭で塡補し、精神的損害を金銭で慰謝しようとするのだから、債権の本来の目的自体が金銭に見積もることができないことと矛盾しない。

　⑶　各種の給付　　給付の形態はさまざまであるが、民法は、社会で一般的に生じる給付を 5 つ列挙し（特定物の引渡し、種類物給付、金銭弁済、利息支払、選択給付）、各給付の概念を明らかにするとともに問題となりうる事項を規定している（400条－411条）。これらを、以下に述べる。

9　特定物の引渡しを目的とする債権（特定物債権）

　特定物の占有の移転を目的とする債権である。占有とともに所有権も移転する場合（主として債務者が所有権を有するとき）と、占有だけを移転する場合（主として債権者が所有権を有するとき）とを含む。贈与・売買・賃貸借・寄託などによって生ずることが多い。民法はこのような債務を負担する者の保存義務について通則を設けている。

　⑴　**特定物と不特定物**　軽井沢の甲別荘の売買とビール１ダースの売買を比べると、いずれも物の引渡しを内容とする債権（と代金債権）を発生させるが、前者は、目的物が、「この別荘（甲別荘）」と特定されているのに対し、後者は、ビール１ダースであればよく、「このビール」とはされていない。このように当事者が給付の目的物の個性に着目して「これ」と特定しているものを特定物、そうではなく種類（と数量）で指定しているものを不特定物という（「不特定物」は給付として種類（と数量）で目的物が指定されているわけであるが、最終的には引き渡すべきものがどれであるかは特定されることになる（401条２項参照））。具体的な場面における当事者の意思を基準とする区別である。類似の概念に不代替物、代替物がある。社会における一般的・客観的な基準によるもので、代替性がある、代替可能なものを代替物、代替性のないものを不代替物と呼ぶ。不特定物は代替物であることが多く、特定物は不代替物であることが多いが、当事者基準と社会一般基準という違いがあるため、必ずしも対応するわけではない。

　⑵　**債務者の保存義務**　特定物の引渡しを目的とする債務を負担する債務者はその引渡しをするまで「善良な管理者の注意」をもってその物を保存する義務を負う（400条）。民法は、400条のほか

にも、物の占有や保存・保管の際や、財産の管理、事務処理にあたって、どのような、またどの程度の注意義務を負うかについて各所で善良な管理者の注意（善管注意）を定めている（留置権者の義務について298条 1 項、物80⑶参照。委任における事務処理につき644条。このほか、委任の規定が各所で準用される（671条・852条・869条・1012条 2 項等。「善良な管理者の注意（善管注意）」は汎用性のある概念であり、民法以外でも各所にみられる。たとえば、商法595条や信託法29条 2 項等も参照）。これに対置されるのが、自己の財産に対するのと同一の注意、「自己のためにするのと同一の注意」、「その固有財産におけるのと同一の注意」である（413条・659条・827条・918条 1 項等）。一般に、「善良な管理者の注意（善管注意）」とは社会の一般人として取引上要求される程度の注意であるといわれ、これに対して「自己の財産に対するのと同一の注意」「自己のためにするのと同一の注意」等は、その人の注意能力を標準としてその人が普通に用いる注意の程度を示すもので、善管注意よりも注意の程度を軽減し責任を軽くするのを妥当とする場合にこの程度の注意が標準とされる。

　特定物を引き渡す債務を負う債務者がどのように目的物を保存すべきか（たとえば、屋内で保存すべきか、損傷防止をどこまで図るべきか、盗難防止にどのくらいのコストをかけるべきか、等々）は、契約やその他の債権の発生原因によって、また、取引上の社会通念を考慮して決まるのであり、それらを離れておよそ一般的に一律に決めることはできない。そのため、400条は「契約その他の債権の発生原因及び取引上の社会通念に照らして定まる善良な管理者の注意」と定めている。契約債権であれば各契約によって定まるから、当事者が異なる標準（善管注意より高い標準や、自己の財産に対するのと同一の注意の水準等）を定めた場合は、当事者が定めた標準による（400

条は任意規定である）。

(3)　債務者の引渡義務　　特定物の引渡しについて、民法は、引渡しの場所と品質について一般的な規定をおいている。まず、引渡しの場所は債権発生時に目的物が存在した場所である（484条。任意規定であり、別段の意思表示があればそれによる）。品質については、特定物であっても、契約等で定まった品質を備えた物を引き渡さなければならない。契約等の内容に適合しない品質の物が引き渡されたときは、引渡債務の不履行となる（562条─564条参照）。契約その他の債権の発生原因および取引上の社会通念に照らして、引渡しをすべき時（履行期）の品質を定めることができないときは、引渡しをすべき時の現状で引き渡すことを要する（483条。引渡しをすべき時であり、実際に引き渡した時ではないことに注意）。したがって、債務者は善良な管理者の注意をもって保存しなければならないが、そのうえで、引渡しをすべき時（履行期）までの間に目的物の状況に変化が生じており、契約の内容に適合しない状態となっていたような場合には、保存義務違反がなくとも、引渡債務の不履行となる。逆に、善管注意義務違反はあったが、履行期における品質としては契約等の要求を満たす状態で引渡しがされたときは、保存義務の不履行のみが問題となる。

10　不特定物の給付を目的とする債権（種類債権）

(1)　種類債権の概念　　ビール1ダースというように一定の種類に属する物の一定量を給付することを目的とする債権である。種類債権は売買、特に商品売買において最も普通に生ずるが、消費貸借・消費寄託などにおいても生ずる。債務の目的として引き渡されるもの自体の個性に着眼しない（指定された種類、数量、そして品質を満たすものであればどれでも構わない）点にこの債権の特質がある。

　特定の倉庫内にあるビールのうちから1ダースを給付する（在庫品処分セールなどで同倉庫のビールだけを対象とする）とか、甲倉庫内の庄内米5,000キロを給付する（庄内米一般ではなく同倉庫の庄内米でなければならない）というように取引上同一種類とみられるものを、さらに特殊の範囲で制限した債権を制限種類債権と呼ぶが、種類債権の一種とみて差し支えない。ただ、普通の種類債権の場合は履行不能は生じない（手元にあるビールや庄内米がすべて滅失しても市場に存在する限り市場から調達することができるため）が、制限種類債権では生じる（最判昭和30・10・18民集9巻11号1642頁－タール売買事件・基本判例155。倉庫内のものがすべて滅失したような場合は履行不能となる）。その代わり品質の良否は通常問題にならないであろう（ビールや庄内米にいくつかの品等があるときも、どの品等というのではなく指定の倉庫内のものであればよい、言い換えれば、同倉庫内の物の品質であることが内容になっているともいえる）。しかし、種類債権について、種類が、単に庄内米というのではなく、年および生産者で指定されているような場合は、市場から該当する種類の物がなくなることはあり、そのときは履行不能が生じるし、品質については倉庫内のものであれば品質は問わないというのは当事者の意思解釈の問題であるから、「特殊の範囲の制限」が場所以外にもありうるのであれば、特に、制限種類債権という概念を別途設ける意味はなく、また、場所に限定するとすれば限定する趣旨が不明である。そのため、制限種類債権という概念を立てること自体には少なからず疑問が投げかけられている。なお、A団地の同種の建売住宅30戸のうちの1戸の売買のように当事者が個性に着眼し、買主が選択権をもつ債権は選択債権であって種類債権ではない（債13参照）。

　(2)　品質　　いかなる品質の物を給付すべきか。第1には法律行

為の性質（消費貸借なら借りた物と同じ品質の物である（587条参照））
または当事者の意思（たとえば、売買であれば契約で品質について定
めていることが多いだろう）によって決するのが当然である。しかし、
これによって決しえないときは中等の品質を有する物を給付すべき
である（401条1項）。

(3) 特定　債務者が種類・数量・品質の標準に従って特定の物
を選定したときは、債権の内容はその時からこの特定の物に決定す
る。これを種類債権の特定または集中という。種類債権が特定する
とその後の法律関係には後に述べるような重大な変更を生ずるから、
まずいつ特定するかを決定することが重要である。次の3つの場合
がある。民法が規定するのは㋐㋑の2つの場合であり（401条2項）、
㋒は当然である。

㋐　債務者が物の給付をするのに必要な行為を完了したとき
（401条2項）　どんな行為をすればよいかは目的物の種類、売
主・買主が生産者か小売商か消費者かなどの当事者の地位・属性、
その商品取引における商慣習などを検討して具体的に決定するより
ほかはないが、一般的標準として注意すべきことは、債務を履行す
る場所との関係である。債権者の住所において履行すべき債務（持
参債務。種類債権の場合、不特定物の引渡しを内容とするので、別段の
意思表示がないときは、債権者の現在の住所が履行場所である（484条1
項））では、債権者の住所において提供することを要する。単に目
的物を発送するだけでは足りない（大判大正8・12・25民録25輯2400
頁）。ただし、債権者の都合で受領されずに持ち帰ったような場合
にも特定は生ずる。つぎに、債務者の住所において履行すべき債務、
すなわち債権者が取りにくる債務（取立債務）では、債務者が給付
すべき物を取り分けてその旨を債権者に通知すればよい（分離と通

知。493条も参照）。学者は以上2種の債務のほかに債権者の住所以外の場所に目的物を送り届ける債務（送付債務）を区別する。しかし、これは前二者に対立するものではない。もしその送り届けるべき場所において履行することが債務者の義務の内容となっているときは、持参債務と同様にその場所で提供してはじめて特定する。これに反し、債務者が義務としてでなく単に好意で送付するときは発送しただけで特定する。

　(イ)　債務者が債権者の同意を得てその給付すべき物を指定したとき（401条2項）　　この同意はその物に特定することについての同意ではなく、指定によって特定してもよいという（指定権を与えるという）同意である。特定することについても同意があるときは、むしろつぎの契約による特定とみるべきだからである。

　(ウ)　特約による特定　　民法に規定はないが、債権者と債務者との契約で特定したり、または、この契約で第三者に指定権を与えその者に指定させることによって特定しうることはいうまでもない。

　(4)　特定の効果　　特定の効果は、要するにそのとき以後債権が特定した物を給付すべき内容となることであり、その重要なものはつぎのとおりである。

　(ア)　物が滅失した場合　　債権の目的物はその物となっているので、特定以後においてその物が滅失すれば、債権は履行不能となる（412条の2第1項）。債権者はその履行を請求することができない。その原因が債務者の責めに帰すべきものであれば損害賠償請求ができる（415条1項・2項1号参照）。特定前であれば、保有する物——それが債権の目的物だと特定していないので——がすべて滅失しても債務者は市場から調達して種類・数量・品質にかなった物を給付すべき義務を負っており、債務者はその履行を請求されることにな

ったが、特定以後の滅失の場合には、債務者の責めに帰すべき事由の有無を問わず、他の物を給付することを求められない。

(イ) 危険の移転　売買その他の双務契約においては、履行不能の場合に反対給付（代金支払など）についての危険負担の問題があり（536条）、特定以後は履行不能の場合のこの規律の適用対象となる。また、売買等の有償契約にあっては、目的物の引渡しによる目的物の滅失・損傷の危険の移転の問題があり（567条、559条）、この規律についても、特定以後、適用対象となる。

(ウ) 保存・給付義務　債務者は以後その特定した物を善良な管理者の注意をもって保存しなければならない（400条）。債権の目的物がこの物と特定しているので、債務者は必ずこの物を給付すべく、他の物と取り替えることはできない。ただし、商店と客との間の普通の売買のように、適宜これを取り替えても債権者にとって何ら不利益を与えることのない場合には、債務者は信義誠実の原則によっていわゆる変更権を有する（したがって、物の滅失により履行不能となっていたような場合にも、債務者は、種類・数量・品質を満たす他の物を給付することができ債権者はこれを拒むことができない。また、債務者が損害賠償責任を負う場合も、他の物の給付によって債権者の損害がなくなるから、債務者はこれにより履行に代わる損害賠償責任を負わないことになる）ものと解すべきである。

(エ) 所有権の移転　売買などでは特約のない限り特定によって目的物の所有権が債権者に移転すると解すべきことはすでに物権法において述べた（物10(3)参照）。しかし、この点も176条の解釈における所有権移転の時期に関し、判例・学説が分かれることにかんがみ、検討の余地を残すといえよう。

11　金銭債権

(1)　**金銭債権の特質**　　一定の金額の金銭を支払うことを目的とする債権であり（金額債権とも呼ばれる）、「最も債権らしい債権」である。抽象的な価値を表示する金銭の給付を目的とするものであり、100万円の債権は100万円という価値が本体であって、これを一万円札で支払うか、1,000円札で支払うかは全く第2次的の意義を有するにすぎない。金銭債権も一種の種類債権とみることができるが、特定することがなく、履行不能の問題が生ずることもない。金銭債権の履行確保の対象は特別の担保（抵当権や保証人）のある場合を別にすれば債務者の全資産であり、債務者保護の観点から差押禁止とされている財産を除き、どの財産に対しても差押えや強制執行ができる（債15(1)(エ)参照）。ちなみに、陳列棚に飾るために特定の金貨1個を貸借するというようなときは、特定物の引渡しを目的とする債権が成立するのであって、金銭債権ではない。金銭債権について民法はつぎのように規定する。

(ア)　**各種の通貨による弁済**　　債務者はどんな種類の通貨で弁済してもよい（402条1項本文。なお貨幣（硬貨）につき「通貨の単位及び貨幣の発行等に関する法律」7条に制限がある）。もっとも、1,000円札で支払うと特に定められたときは、1,000円札で支払うべきであるが（402条1項ただし書。（相対的）金種債権と呼ばれる）、その場合にも、弁済期において、その1,000円札が強制通用力を失うときは、債務が履行不能となるのではなく、債務者は他の通貨で弁済すべき債務を負う（402条2項）。

(イ)　**外貨建金銭債権**　　外国の通貨をもって債権額を指定したとき、たとえば1,000ドル支払うべき債務にあっても、以上の理論は異ならない（402条3項）。ただこの場合には、債務者は、さらに、

日本の通貨で支払う自由も有する。その換算率は履行地の相場によるべきことは民法の明言するところであるが（403条）、履行期の相場によるべきか現に履行する時の相場によるべきかは明らかでない。判例は後説により、訴訟になっている場合は事実審の最終口頭弁論期日によるという（最判昭和50・7・15民集29巻6号1029頁）。正当である。債務者は現に履行する時に、なお外国の通貨によるか日本の通貨によるかを選択する自由を有するからである。

　(ウ)　遅延利息（遅延損害金）　　民法は、債権の目的としては上記のような規定を設けるのみだが、これと並んで債権の効力においても金銭債権の不履行は債権者にとって常に利息相当額の損害を生ずるという考えを前提とした規定をおいている（419条、債28参照）。

　(エ)　金銭債権の履行方法　　現在では、金銭（これも動産の一種ではある（85条・86条2項））の引渡し以外の方法による金銭債権の履行方法が展開している。日常的にもよく行われるのは、預貯金口座への払込みによる方法である。預貯金口座への払込みによって、預貯金口座の名義人が払込みに係る金額の払戻しを請求する権利を当該口座の金融機関に対して有し、払戻しを受けてはじめて受取人が金銭を手にすることになるが、払戻し（したがって金銭の受領）をまつまでもなく、払込みに係る金額の預貯金債権の取得の段階で、弁済の効力が生じる（477条）。金銭の引渡しの方法ではなく口座への払込みの方法によって金銭債権の弁済とできるかは、当事者の特約による。

　(2)　金銭債権の機能とその規制　　すでに述べたように、近代において債権が取引関係を維持するきわめて重要な制度となったときに、金銭はその最も主要な作用を担当する。すなわち物資ないし商品の流通も金銭を媒介体として売買の形態をとり（555条参照）、労働力

の給付も（623条）、他人の物の利用も（601条）、ことごとく金銭を対価とするのが一般であり、また当事者の利益を考慮して金銭で支払うことが強制されさえもする（労基24条〔賃金〕）。ことに資金の調達・信用の授受はもっぱら金銭を基礎とする。さらに、あらゆる債権が、その債務不履行により本来の履行に代わる、もしくは履行遅滞による損害賠償債権を生じさせうるが（415条）、損害賠償債権は、原則として金銭の給付によって実現される（417条）。金銭こそ近代社会生活を維持する基礎となっている。したがって、金銭債権は取引関係のすべての分野においてきわめて重要な地位を占めるのである（売買代金債権、賃料債権、報酬債権などは、いずれも金銭債権である。また、不法行為に基づく損害賠償債権も金銭債権であるのが通例である（722条1項、417条））。

　金銭ないし金銭債権一般に関する民法の規定は上記のとおり限られたものである。しかし、民法以外の法律においては、注目すべき数多くの法規がある。第1に、交換の媒介・金融・投資の手段としては手形・社債・株式のような重要な制度があって、その範囲で金銭は商法・会社法上特別の取扱いを受けている。第2に、金銭債務の重圧に苦しむ債務者の保護のために、早くから利息制限法が存在している。また、かつて農業恐慌のあとで金銭債務臨時調停法が制定されたことがある（債121⑵(イ)(C)参照）。また、経済界の変調に際していわゆる支払猶予令（昭和2年緊急勅令）を制定して臨時の処置が講じられたこともある。第3に、金銭は社会における財貨の価値の標準としてほぼ恒常的な価値を有すると考えられる。経済界の異常な変動は貨幣価値の急激な騰落を生じさせることがある。そこで、特に予測しえない貨幣価値の変動に際しては、債務の内容である名目上の金額を増減して、金銭債権が本来一定の価値を本体とす

るという実質を貫かせるべきかが論じられる。名目上の金額による
という考え方を名目主義、実質的価値によるという考え方を実価主
義という。わが国の法律としては、借地借家法および農地法が地
代・家賃および小作料に関して調整措置（増減額請求の制度）を設
けている（借地借家11条・32条、農地20条、物59⑵・66参照）。明文が
ない場合でも実質的価値を反映させた金額としうるかについては、
いわゆる事情変更の原則をめぐって議論がある。事情変更の原則に
よる内容改訂――それ自体は金銭債権に限られるわけではない――
は、一般論としては判例・学説の認めるところであるが（最判昭和
29・2・12民集8巻2号448頁・基本判例213、最判昭和31・4・6民集
10巻4号342頁、最判平成9・7・1民集51巻6号2452頁）、実際に事情
変更の結論を示した判例はほとんどない（最判昭和36・6・20民集15
巻6号1602頁は、1934年（昭和9年）発行の額面20円の債券につき1957
年（昭和32年）の繰上償還時の貨幣価値に引き直した金額を支払うべき
かが問題となった事案において、特約のない以上、券面額によるとした）。

　なお、電子化・IT化の進展に伴い、電子マネーや暗号資産の利
用も広くみられるようになっており、それらはさまざまな局面で金
銭に代替する役割を果たしつつある。その私法上の法律関係は確立
しておらず、議論途上である。

12　利息債権

　⑴　利息の意義　　利息債権とは利息の支払を目的とする債権で
ある。消費貸借（587条。利息につき589条）や消費寄託（666条。銀行
預金）に伴うことが最も多い。今日では利息は金銭で支払われるの
が通常であるが、古くは金銭以外の物、たとえば米麦のような物で
支払われることもあったので、民法は金銭の給付と別に利息の給付
について定めたのである。

　(ア)　利息の自由と規制　　宗教的思想から利息が禁止された時代（キリスト教の例など）や法域（イスラム法がそうだといわれる）もあるが、わが国では利息を取るか取らないかは自由であるが（589条1項参照）、その範囲については古くから制限がある。少額の消費生活のための貸借においては、一定率以上の高利や、相手方の窮迫に乗ずる暴利行為が禁圧されている。高利を禁止する反面、生活費等のための資金需要に応える必要があり、この分野での低利の金融措置が要請され、多種多様の機構が作られている（後述(6)(ア)参照）。また他方、生産のための金融における利息は、国家の総合的な金融政策の立場からの調整が必要である。現在、臨時金利調整法（昭和22年）により、内閣総理大臣（金融庁長官に権限委任）および財務大臣が、日本銀行政策委員会をして、金融機関の金利の最高限度を決定・変更・廃止させる仕組みができている。同法により金融機関の金利の最高限度が定められたときは、当該金融機関は、当該金利については、その最高限度を超えて、これを契約し、支払い、または受領することが禁止される。

　(イ)　利息の性質　　民法上の利息という観念を分析すると、つぎのような性質を有する。①元本債権の存在を前提とする。元本債権は特定物の返還を目的とするものでなく、同一種類の物の返還を内容とする債権でなければならない。これが賃金・地代・小作料などと利息との差である。②元本債権の収入・所得であって元本の消却ではない。月賦償還金（利息が含まれているのが普通であるが）などが利息と異なるゆえんである。③一定の率（利率）によって計算される。④利息は金銭その他の代替物（総83(5)参照）である。そうでなければ利率がありえない。

　(2)　利息債権の意義　　利息の発生を考察すると、一定の元本債権

から、毎年末または毎月末に一定率の利息を生ずるのであるが、この毎年末または毎月末に現実に発生する一定額の利息を請求する一つひとつの債権のほかに、この元本債権について毎年末または毎月末に一定率の利息を生み出すという基本的な債権の存在を考えることができる。前者は支分権である利息債権であり、後者は基本権である利息債権である。

　(ｱ)　支分権である利息債権　　支分権である利息債権は、元本債権から分離した独立の債権として取り扱われる。すなわち、元本債権を譲渡してもすでに発生した支分権である利息債権はこれに伴って移転しないのを原則とするし、また元本債権と分離して譲渡できる。また元本債権が消滅しなくても別個に時効によって消滅する。もっとも、元本債権を満足させる点からみれば、元本債権の拡張という性質を有するから、元本債権の担保はこの利息債権も担保し（321条・328条・346条・375条・447条等参照）、また利息を除外した弁済はいわゆる本旨に従った正当な弁済といえない（489条参照）。このような点においてだけ元本債権に従属する性質を有するのである。

　(ｲ)　基本権である利息債権　　基本権である利息債権は全く元本債権に付従し、独立の存在をもたない。すなわち、元本債権から分離しては譲渡しえないし、また元本債権が譲渡されれば原則としてこれとともに移転し、元本債権が消滅すればともに消滅する。普通、利息債権はこの後のものを意味する。

　(3)　利息債権の発生　　利息債権は法律行為（主として利息支払の合意を含む契約）または法律の規定によって発生する。前者を約定利息、後者は法定利息という。利率は、約定利息にあっては当事者の定める約定利率に従うのを本則とするが、あまりにも高率であるときはつぎに述べる利息制限法によって引き下げられる。当事者が

利息を生ずることだけを定め、利率を定めなかったとき、および法定利息の利率は法定利率による。

(4)　**法定利率**　　法定利率の定め方には固定制と変動制とがある。平成29年改正前は固定制が採用され、民法上は（別段の意思表示がないときは）年 5 分（旧404条）、商法上（商行為によって生じた債務の場合）は年 6 分と定められていた（商旧514条）。低金利が長く続く中で、市中金利との乖離がはなはだしい状態も長期にわたって継続しており、 5 ％、 6 ％での固定制には批判が強く、平成29年改正により変動制が採用され、それに伴い、民事と商事の区別も廃止された。施行当初（2020年（令和 2 年） 4 月）の利率は 3 ％と定められた（404条 2 項参照）。

(ア)　**変動がある場合の基準**　　たとえば長期にわたる貸付けのような場合、変動制のもとでは、法定利率が当初と期中とで異なりうる。このような場合、法定利率が変動したときは、変動があるごとに変動した利率によるのかどうか、どの法定利率を基準とするのかという問題が生じる。民法は、利息債権については、「その利息が生じた最初の時点における」法定利率によることを定めている（404条 1 項）。たとえば、 5 年間の金銭消費貸借で、月々利息を支払う約定の場合に、法定利率によるとき（もっとも通常は約定で利率も定められているはずであるが）、途中で法定利率が変動したとしても、利息は借主が貸主から金銭を受け取った日から生じ（589条 2 項）、この日の法定利率がその後の月々の利息の支払の基準となる（したがって、仮に 3 ％から 4 ％へと途中で変動したとしても、ずっと 3 ％で計算された利息を月々支払うことになる）。

(イ)　**変動の仕方**　　変動制は市中金利の動向を踏まえて法定利率を決定する仕組みへと舵を切るものであったが、日々刻々変更する

のでは、むしろ経済社会にとって混乱が大きく少なくとも多大な対応コストを要することになる。変動制を採用する場合には、どのように変動するのかが1つの重要な政策判断である。民法は、緩やかな変動制を採用している。すなわち、見直し期間を3年ごととし、指標たる金利の一般的動向を示す一定の数値に所定幅を超える大きな変動があった場合に限って、かつ、変動幅も1%未満を切り捨てる形で、法定利率を変動させる仕組みとしている（404条3項－5項）。具体的には、3年ごとに1期として（404条3項）、変動のあった直前の期（直近変動期）の基準割合から1%以上（1%未満の端数切捨て）の差が当期の基準割合との間に認められるときは、それを直近変動期の法定利率に加算または減算する（同条4項）。基準割合は、5年間の月々の短期貸付けの平均利率（日本銀行発表の国内銀行における短期貸付けの貸出約定平均金利。これが指標とされるのは、銀行が行う貸付利率が市中金利の動向を適切に把握するのに有用であるという考え方による。）の月平均値（合計を60で割る。0.1%未満の端数切捨て）で算出され、基準割合として法務大臣による告示がされる（同条5項）。

　(ｳ)　適用場面　　法定利率は、利息を生ずべき債権（利息債権）について別段の意思表示がないときに、利息を算出するための基準として用意されている。もっとも、利息の約定がされるときは利率についても約定されるのが通常である。これに加え、法定利率はさらに2つの場面で用いられる。1つは金銭債務の不履行の場合の遅延損害金の算定である（419条1項）。また、将来受け取る金銭を現在受け取る場合の現在価値評価にあたり中間利息を控除する際に、その利率として用いられる（417条の2。民執88条2項、破産99条1項2号・4号も参照）。遅延損害金の場合は、約定がある場合も少なく

ない。約定利率が法定利率を超えるときは約定利率による。また、法定利率が用いられる場合には債務者が遅滞の責任を負った最初の時点における法定利率が用いられる（419条1項）。中間利息控除については、損害賠償において、将来の逸失利益の損害の賠償において、将来の収入額から中間利息等を控除して損害賠償額が定められることが多い（債185(2)(イ)(b)）がそのように中間利息控除をするときは、当該損害賠償の請求権が生じた時点における法定利率が用いられる（417条の2第1項。将来にわたる介護費用など将来負担することになる費用の損害賠償の場合の損害賠償額の算定についても同様である（同条2項））。

　(5)　重利　　重利（複利）の約定は、それを実施された結果が利息制限法1条所定の利率を超えない限り有効である。重利に関連して問題となるのは、債務者が利息の支払を怠るときはこの延滞利息（遅延利息）についてさらに利息を支払うべきものかどうかである。たとえば、100万円を毎年末年1割の利息を支払う約束で3年借りたとする。毎年末に利息を支払うことを怠り、第3年の終りである弁済期に元利全部を弁済しようとするなら、第1年末に支払うべき利息10万円についてはさらに2年分、第2年末に支払うべき利息10万円についてはさらに1年分の利息を加うべきであろうか。例をかえて、利息を延滞せず、元金を1年延滞し、第4年の末に元金100万円を支払う場合を考えると、100万円のほかに第4年分の10万円を加えねばならないことは疑いがないであろう。しかし理論的にいうとこの10万円は利息ではない。元金100万円を弁済期に支払わなかった分の損害賠償である。したがって、元来は法定利率3％を支払うべきであるが（419条1項本文・404条2項参照）、約定利率がそれよりも高率だから、特に約定利率によっただけである（同条1項

ただし書参照）。この理論を延滞利息（毎年末に支払われなかった利息）に適用すると、延滞利息についても、延滞期間だけの利息相当額を支払わねばならないはずである。しかし、これは特約がないのに複利計算をすると同じ結果になって債務者に酷なので（毎月末払の場合を考えよ）、民法はこの理論を排斥し、債権者に組入権を認めるにとどめた。すなわち、利息が1年分以上延滞し、催告しても支払わないときにはじめて、債権者は延滞利息を元本に組み入れることができる（405条）。延滞利息はこの時から元本として利息を生ずる。組入権が行使されない以上利息の利息（延滞金）を支払う必要はない。だから最初の例では130万円で元利耳をそろえたことになる。

(6)　**金銭消費貸借における利息の制限 ―― 利息制限法**

(ア)　沿革　　金銭消費貸借における高利の制限は各国において古くから行われ、ことにキリスト教の影響を受けた国においては利息そのものを禁止する傾向が強かった。しかし、近代法が契約自由の原則をとるようになってからは、利息は一般にこれを認め、一律の制限を設けることをやめて、ただ個々の場合に暴利を抑える主義をとるものが多くなった。すべての場合に一律に利息の制限を行うことは、ともすれば経済生活の実情に合わず、その活力をそぐおそれがある。しかもその実効の点からみると、単に高利の約束を無効とするだけでは、経済的弱者の保護としては十分ではない。一面、資金難・生活難で苦しんでいる者に合理的な利息で資金を融通する途を講じ、他面、不当な暴利を貪る者を厳重に取り締まる必要がある。前の目的のためには、日本政策金融公庫・住宅金融支援機構・信用金庫などの機関があり、また後の目的のためには、高利の約束を無効とする利息制限法（昭和29年法100号）と並んで、出資法（出資の

受入れ、預り金及び金利等の取締りに関する法律、昭和29年法195号）があり、また貸金業法（昭和58年法32号）がある。私法上の約定利息の効力を定める基本的な法律が利息制限法であり、これに対し、それを超える利率での利息の契約をした場合の処罰を定めるのが出資法である（したがって出資法5条の処罰の対象となる金利は刑罰金利とも呼ばれる）。また、貸金業法は、貸金業者に特化した規制である。

　わが国において約定利息についての制限は奈良時代に遡るといわれている。近代法制となってからも、古く民法制定より前に（旧）利息制限法が制定施行されている（明治10年太政官布告66号・大正8年改正）。しかし、その内容は必ずしも明確でなく、その解釈については問題が多かった。また第二次大戦後の経済の変動にあたっては、その制限はほとんど有名無実なものになっていてこの面からも問題とされていた。そこで1954年（昭和29年）に全面的な改正が行われ、現在に至る利息制限法（昭和29年法100号）が制定された。同年には高金利の処罰規定を含む出資法も制定された。その後、利息制限法について重要な判例の展開があったが、十分ではなく、1983年（昭和58年）には出資法の改正とともに貸金業規制法（「貸金業の規制等に関する法」昭和58年法32号。その後、2006年（平成18年）に法律名が「貸金業法」に改められた）が制定された。その後も、数次の改正や判例の展開を経て2006年に利息制限法、出資法および貸金業法が改正された（法115号）。

　(ｲ)　利息制限法の内容　　①適用を受ける利息の契約は金銭を目的とする消費貸借上のものに限る（利息1条）。その利率は元本が10万円未満は年2割、10万円以上100万円未満は年1割8分、100万円以上は年1割5分を最高とし、この最高率を超える部分は無効とする（同1条）。すなわち、その部分については基本債権としての

利息債権は成立せず、したがってまた、支分権としての利息債権も発生しない。平成18年の改正前には、この超過部分について債務者が任意に支払ったときは、その返還の請求はできないと規定されていたが（同条旧2項）、同改正により同項は削除された（㈹参照）。②利息の支払が利息の天引という形でされた場合は、その天引額が債務者の受領額を元本として、本法所定の利率によって計算した金額を超えるときは、これを利息の任意の支払と認めず、元本の支払に充てたものとみなされる（同2条、たとえば5万円の1年間の消費貸借で年2割の1万円を天引すれば1万円のうち元本を4万円とみて計算した利息8,000円を超える2,000円は元本の支払に充てたものとみなされるので、1年後に残元本として4万8,000円を返せばよい。利息は天引きで支払済みである）。③なお利息の制限に関連する限り、礼金・割引金・手数料・調査料その他いかなる名義をもってしても、それが金銭を目的とする消費貸借に関して債権者が受け取る元本以外の金銭であればすべて利息とみなされる。ただし、契約締結および債務弁済の費用はこの限りでない（3条）。信用保証会社の受ける保証料・事務手数料は、このみなし利息に当たる（最判平成15・7・18民集57巻7号895頁）。④最後に注意すべきは、弁済期に弁済しなかった場合の賠償額の予定についても、法は一定の制限を設けていることである（同4条）。すなわち、予定された賠償額の元本に対する割合が制限内の最高利率の1.46倍まではこれを認めるが（後述するように、営業的金銭消費貸借の場合は、賠償額の元本に対する割合が年2割。同7条1項）、それを超えた部分は無効とする（同4条1項）。なお、違約金は賠償額の予定とみなされ、その規律が適用される（同条2項）。

このような一般則に対して、営業的金銭消費貸借（債権者が業とし

て行う金銭を目的とする消費貸借）については、個々の契約を細分化して、より上限利率の高い少額の元本にすることで脱法を図ることを防止する等の観点から、特則が設けられている（平成18年改正による）。すなわち、元本額の特則（5条）、みなし利息の特則（6条）、賠償額の予定の特則（7条）、保証額の制限等に関する規定（8条）、保証がある場合における利息の制限の特則（9条）が定められている。

　なお、遅延損害金については、419条1項ただし書をめぐる議論があることに注意しておきたい。すなわち、金銭消費貸借の弁済期後の損害賠償額（いわゆる遅延利息）については、特約があれば利息制限法4条の適用を受ける。特約がない場合は民法419条1項ただし書のみが直接の規定となるがそれでよいか、である。たとえば100万円の貸借において期間2年、利息年2割の契約をした場合、2年後の賠償額は民法419条1項ただし書によれば年2割となる。しかし、2年内の利率は利息制限法1条（1項。平成18年改正前）により年1割5分であるから、遅延利息も年1割5分で推移するとみることが相当である。そこで、判例も、民法419条1項ただし書の約定利率は、利息制限法1条（1項）に定められる利率を超過する場合には、それにより減縮されると解している（最大判昭和43・7・17民集22巻7号1505頁）。

　(ウ)　出資法　　利息制限法は刑事罰を伴わない民事立法だが、他方で刑事罰を伴う利息の規制をする出資法がある。この法律は、一般には年109.5%、業として金銭の貸付けを行う貸付業者の場合には、年20%を超える割合による利息の契約をしたときは、5年以下の懲役もしくは1,000万円以下の罰金に処し、またはこれを併科すると定める（出資5条1項・2項）。貸付業者が年109.5%を超える割

合による利息の契約をしたときは、10年以下の懲役もしくは3,000万円以下の罰金に処し、またはこれを併科する（同条3項）。平成18年の改正前は、貸付業者の場合には、29.2％の利率を定めて、これに違反した者には罰則を適用するとしてきた。利息制限法の最高利率が20％とされるのに、出資法は29.2％とされるズレがあった。これがグレーゾーンと称され、消費者保護のためこのズレを解消すべきだという世論が高まり、平成18年の改正は、貸付業者の場合の最高利率を利息制限法の最高利率と一致させて20％とし、このズレを解消した。また高保証料についても処罰規定がある（同5条の2－5条の4参照）。

　(エ)　貸金業法　　他方で、貸金業法は、行政的な観点から貸金業について規制を加え、貸金業者を登録させ（貸金3条以下）、貸金業者に相手方および保証人に対して貸付契約前と締結時に契約内容の書面の交付させることとし（同16条の2・17条）、貸金業者による借り手の自殺を保険事故とする生命保険の付保を禁止し（同12条の7）、貸金業者に対する国の監督を強化し（同24条の6の3）、貸金業務取扱主任者制度を設け（同24条の7以下）、貸金業協会についての定めをおき（同25条以下）、指定信用情報機関を設けている（同41条の13以下）。また、貸金業者が年109.5％を超える割合による利息や予定賠償額の契約をしたときは、（利息に関する部分だけではなく）消費貸借契約全体を無効と定めている（同42条）。

　(オ)　利息制限法をめぐる判例・立法の進展　　旧利息制限法（明治10年太政官布告）は、制限超過利息について「裁判上無効」と定め、この解釈として明治期の大審院は裁判上無効にとどまり裁判外で任意になされた利息の支払を有効な弁済としていた。このような展開を受けて1954年（昭和29年）に制定された利息制限法は、1条

2 項において「債務者は、前項の超過部分を任意に支払つたときは、同項の規定にかかわらず、その返還を請求することができない」と定めていた。この規定は最終的に平成18年改正により削除されることになる。

(a) 超過利息の元本充当　　平成18年改正前の利息制限法 1 条 2 項のもとで、債務者が任意に支払った利息の超過部分について、残存元本が存する限りこれに充当することができるかどうかが問題とされた。たとえば、50万円の元金に対して約定利率年 3 割の15万円を年末に支払った場合、年 1 割 8 分を超える 6 万円は返還請求はできないが、元本に充当されたものとして、 2 年目の年末には44万円とそれに対する年 1 割 8 分の 7 万9200円を弁済すればよいのか（元本充当肯定説）、それとも50万円の元本はそのまま残るとみるのか（元本充当否定説）、という問題である。判例は、はじめは否定説をとった（最大判昭和37・ 6 ・13民集16巻 6 号1340頁）が、その約 2 年後に、肯定説に転じた（最大判昭和39・11・18民集18巻 9 号1868頁）。その主な根拠は、規定のない事項については高利制限という立法の精神にかえって処理すべきであるというにあった。

(b) 超過利息の元本充当後の不当利得　　元本充当肯定説のもと、つぎの問題が残った。元本が残っており超過部分の元本充当ができる債務者と超過部分も含む利息および元本をすべて支払ったので元本充当の余地がない債務者とを比較すれば、後者が損をすることになる（正直者が損をする）が、この不均衡をどう解決すべきか。これについて、判例は、超過部分を元本に充当すると計算上元本が完済となったときに債権はすべて消滅し、残りの金額には元本債権の存在を前提とする利息制限法の適用はなく、不当利得（703条）として返還請求ができると述べて、この難問を解決した（最大判昭和

43・11・13民集22巻12号2526頁)。これにより、利息制限法旧1条2項は実質的には死文化することになった。

　(c)　サラ金二法とみなし弁済規定（貸金業法）　最高裁判決の展開の背景には、一般消費者に対する金融（消費者金融）の実情の変遷がある。かつて、消費者金融の中心は質屋営業（質権による担保付の貸付け）であったが、その後、サラリーマン金融（給与所得者＝サラリーマンに対する金融が代表的であったためにこう呼ばれる。略称がサラ金である）と呼ばれる無担保の貸付けでの消費者金融が手軽に利用されることになった。わずかな金銭を借りて簡単に払えるつもりであったが、利息が高くてそのうちに多額の債務を負い、そのために生活破壊という結果になるという社会問題が登場した。最高裁が大法廷判決によって展開した利息制限法旧1条2項の死文化は、このような事態への対応策でもあった。しかし、サラ金問題は下火とならず、かえって、高金利、過剰貸付け、暴力的取立てを生じさせ、いっそうの社会問題化を引き起こした。最高裁判決のために、訴訟になれば返還請求が認められるため、訴訟外での回収が熾烈なものとなり、またそもそも契約内容や返済状況について証拠を与えないという事態が横行した。そこで、1983年（昭和58年）にサラ金2法と呼ばれる立法手当てが図られる。貸金業規制法の制定と出資法の改正である。そこでは、「アメとムチの政策」が採用され、貸金業につき登録制を採用して、規制を強化し、それとともにその実効性確保の一環として、契約書面・受取証書等の書面交付の規律や取立方法に関する規制等の貸金業規制法所定の規制の順守を要件としたうえで、出資法所定の金利を超えない利率の約定のもと、債務者が任意に利息として支払ったときは、有効な利息の弁済とみなす旨のみなし弁済規定が設けられた（貸金業規制法43条）。貸金業者

については出資法の刑罰金利が40.004％とされ、刑罰金利と利息制限法所定の上限金利との間（グレーゾーンと呼ばれた）の利率での利息の支払について元本充当を認める最高裁判決を否定する立法であった。

　貸金業規制法のみなし弁済規定については、批判も多かったが、他方で、消費者金融は一般には少額であり不履行のリスクを勘案すると利率は相対的に高くなること、債務者の属性を問わず、また市中金利の動向も問うことなく一律に上限金利を、かつ、元本額に応じた三段階でのみ定める利息制限法の上限金利の定め方が必ずしも実情にあっていないことや預金や一般からの投資に頼ることができず貸金業者の資金調達（融資のための原資調達）が高コストであったこと、銀行等による消費者金融は限定的であり、健全な貸金業者の育成も重要であったことなども、背景事情にあった。

　(d)　みなし弁済規定の廃止へ　　最高裁は、貸金業規制法旧43条のみなし弁済規定に関して、規制遵守に関しては厳格な順守を要求する一方で、弁済の任意性については利息制限法所定の制限超過利息であることや無効であることの認識を要しないとするなど比較的緩やかな立場をとっていたが（最判平成 2・1・22民集44巻 1 号332頁）、2006年（平成18年）には、それが事実上強制される場合には任意性を欠くことになるところ、事実上強制される場合として、最高裁は、債務者が利息制限法の制限を超える約定利息の支払を遅滞したときには当然に期限の利益を喪失するという特約は法の趣旨に反して無効であるが、この特約のもとでの制限超過部分の支払は、期限の利益喪失等の不利益回避のために制限超過部分の支払を事実上強制することになるとして、債務者に誤解を生じさせなかったといえる特段の事情がない限り、そのような支払は任意性の要件を欠き、

貸金業規制法43条の要件を満たさないと判断した（最判平成18・
1・13民集60巻1号1頁ほか）。この結果、それまでの同規定に依拠
した貸金業者の処理（有効な利息の弁済みなし）はことごとくその基
礎を失うことになり、過払金返還訴訟が続出することになる。他方
で、出資法の刑罰金利も段階的に引き下げられてグレーゾーンの圧
縮が図られていたが、平成18年には、出資法の改正により貸金業者
についてグレーゾーンがほぼ解消されるとともに、貸金業規制法の
改正によりみなし弁済規定が廃止され、そして、ついに利息制限法
の旧1条2項の任意弁済の場合の返還請求否定の規定も削除される
ことになった。

　(e)　過払金返還訴訟　　みなし弁済規定に関する平成18年の最高
裁判決は、同規定の廃止という立法（改正）のきっかけともなった
が、それとともに、過去の同規定に依拠して有効な利息の弁済・元
本充当否定の処理がされていた案件について、過払金返還訴訟を生
むことになった。消費者金融業界に与えたインパクトは大きく、貸
金業者の倒産（会社更生）や事業譲渡等の組織再編・事業再編を生
むことになった。過払金返還訴訟は、一時期とはいえ、リーガル・
ビジネスの1つを形成した。さらに多くの法律問題が、これを契機
として浮上することになった。消費者金融の場合、特定の貸金業者
と複数の消費貸借契約を締結していることが多く、複数契約のもと
で過払金の充当関係がどうなるのかや、過払金返還請求は消滅時効
が時的限界となるところその起算点がどうなるか、また、消滅時効
の完成した債権を自働債権とする相殺の要件（508条）なども過払
金返還訴訟を契機として問われることになった。さらに、倒産手続
における権利行使や、事業譲渡・債権譲渡に伴う過払金返還債務の
負担者の問題なども問われることになった。

　（f）　闇（ヤミ）金融問題　　貸金業法により貸金業者には登録制がとられているが、未登録の、したがって、「闇（ヤミ）」で業として、貸金業法の規制を順守せずに、貸付けを行う業者もある。私法上、このようなヤミ金融業者が著しく高利の貸付けにより元利金等の名目で借主から金銭を取得した場合、その行為は公序良俗違反であって契約は無効であり（90条）、また、借主は貸主に対して不法行為に基づく損害賠償を請求でき、結果的には利息のみでなく貸付金の返還も免れる（最判平成20・6・10民集62巻6号1488頁・基本判例278。この判決の理由づけについて債176⑴を参照）。

　（カ）　特定融資枠契約法　　大企業に対する貸付けにおいては、特定融資枠契約に係る手数料について利息制限法および出資法の特例が定められている（「特定融資枠契約に関する法律」（平成11年法4号）3条による利息制限法3条・6条、出資法5条の4第4項の適用除外）。企業に対する貸付けにおいては、一定の期間、一定の枠内（極度額内）で、その枠内であれば個別審査を経ず自動的に貸付けを行う旨の契約がされることがある。これにより企業における運転資金の安定供給を図ることができる。借主は、融資実行（個々の消費貸借契約の成立）についてオプションをもつことになる。融資者（一般に金融機関）側は、常に、そのための資金を手元で確保しておく必要があり、融資枠を設定し、借主にオプションを与える対価として手数料の支払が約される。このような契約は、融資枠契約、あるいはコミットメント・ライン契約と呼ばれる。実際の貸付けがいくらになるかは状況によるため、結果的に、貸付額が小さかったときは、オプション対価である手数料額が、利息制限法や出資法の規定する上限金利を超える割合となってしまうこともある。このような利息制限法や出資法違反となりかねない懸念は、融資枠契約による事業資

金の確保の障害となっていた。そこで、利息制限法および出資法の趣旨を損ねない範囲で、具体的には、所定の大企業等を対象とする特定融資枠契約に限り、その手数料について、利息制限法・出資法の規定に対する例外が認められている。

13 選択債権

甲馬または乙馬を給付するというように、数個の給付のうちから選択によって定まる1個の給付を目的とする債権である。贈与契約によって生ずる例が多いが、法律の規定によって生ずることもある（117条・196条など参照）。数個の給付がそれぞれの個性に着眼され、個別的に予定されているものであるから、種類債権のようにどれでも一定量をとり分けさえすればよいというわけにはいかない。そこで選択権がだれにあるかおよびその行使が問題になる。民法は詳しい規定を設けている。

(1) 選択権者　　選択権は債務者に属するのが原則だが（406条）、特約によって債権者または第三者（409条参照）に属させてもよい。当事者の一方が選択権を有する場合に、弁済期が到来し相手方が相当の期間を定めて催告をするにもかかわらず選択をしないときは、選択権は相手方に移転する（408条）。表道路に面する土地のうち、米屋を営むのに適する50坪を賃借するという債権は選択債権に類似するものであり、賃貸人が催告を無視して選択をしない場合は賃借人に選択権が移るとした判例がある（最判昭和42・2・23民集21巻1号189頁・基本判例156）。なお、第三者が選択権を有する場合に、選択をすることができず、または選択をする意思を有しないときは、選択権は債務者に移転する（409条2項）。

(2) 選択権行使の方法　　当事者の有する選択権にあっては相手方に対する意思表示であるが（407条1項）、第三者の有する選択権

にあっては債権者または債務者のどちらに対する意思表示でもよい（409条1項）。当事者のする選択の意思表示は、一度これをした以上は、相手方の承諾がなければ撤回することができない（407条2項）。その趣旨は、たとえ自分の欲するほうを給付させる（または給付する）債権でも、一度どれかに決定した以上、勝手にかえることはできないというのである。選択が詐欺または強迫に基づいたような場合には、取り消しうることはもちろんである（96条参照）。

　⑶　選択の効果　　選択債権の目的物を特定させることであるのは当然だが、民法はこの特定の効果に遡及効を与え、かつ、この遡及効は第三者の権利を害すべきではないという制限を設けた（411条）。

　⑺　遡及効　　遡及効を与えたのは、ある場合にはすでに不能となった給付も選択できることを認めようとする趣旨である。たとえば、前例の選択債権で、債務者が選択権を有する場合に、もし甲馬が選択権者たる債務者の過失で死亡したときは、債権は乙馬に特定するから（410条参照）、選択の余地がなくなる。自らの過失により不能ならしめながら、なお選択権を行使して不能となった給付の方を選択できるとするのは公平に反するためである。したがって、（選択権者でない）債権者の過失によって死亡したときは特定しない。そこで、債務者はこの不能となった甲馬を選択すると、その遡及効により、債権の目的がはじめから甲馬だったことになり、それが債務者の責めに帰することのできない事由で滅失したのだから債務者は責任を免れる（412条の2第1項・415条参照）。反対に、債権者が選択権を有する場合に、債務者の過失で死亡したときは、債権者はなおこれを選択して履行に代わる損害賠償を請求できる（415条1項・2項1号）。

　(イ)　第三者の権利　　第三者の権利を害すべきでないという制限は、たとえば、2月1日に選択債権が成立し、2月5日に債務者が甲馬を第三者に売却し、2月10日に債権者が甲馬を選択したような場合にも、甲馬の選択の効力が2月1日に遡及するものとして第三者の権利を害することがないようにしようとの趣旨である。注意すべきは、この趣旨には、選択の遡及効によって単に2月1日に甲馬を給付すべき債権が成立するのみでなく、甲馬の所有権も移転するという理論が予定されているとみるべきことである。遡及効が債権のみに関するものならば、排他性のない債権によって、第三者が害される理由はないからである。前に、売買・贈与というような所有権を移転する契約においては、目的物の所有権がいつ移転するとみるべきかは争われる問題だが、わが民法の解釈としては、所有権移転の可能な状態の成立と同時に所有権が移転するのを原則とみるべきだと述べた（物10(3)参照）。選択債権に関する411条ただし書が以上のような理論的前提に立つものだとすると、これは物権変動に関する上記の解釈の有力な根拠となるわけである。もっとも、物権の変動に関する公示の原則を重要視するときは（物12参照）、選択の遡及効の結果として債権者が2月1日に所有権を取得することになっても、2月5日に所有権を取得する第三者の地位との関係は、もっぱら登記・引渡しその他の対抗要件の有無または前後によって決すべきであるから、411条ただし書は不必要となる。

　(4)　履行不能による特定　　選択債権は履行不能によって特定すること前述のとおりである。すなわち、選択対象である、債権の目的たる給付の中にはじめから不能のものまたは後に至って不能となったものがあり、その不能が選択権を有する者の過失によるものであるときは、選択債権は2個の選択の場合は残りに特定し、3個以

上の場合は残存するものの上の選択債権となる（410条1項。上述(3)㋐参照）。

14　任意債権

　従業員に作業衣を給付すべきだが、時価によって金銭で支払ってもよいというように、債権の第一段の目的となっている給付に代わって他の給付をする権利（補充権・代用権）を伴う債権である。補充権は債務者に属するのを普通とするが、債権者に属することもありうる。補充権のない債権者は本来の給付を請求しうるだけであり、補充権のない債務者は補充給付の受領を強制することはできない。民法はこのような債権について一般的な規定を設けていないが、契約によって生ずることはしばしばあるであろう。法律の規定によって生ずることも絶無ではない。外国の通貨で指定された債権を日本の通貨で支払ってもよいというのがその一例である（403条。最判昭和50・7・15民集29巻6号1029頁参照）。任意債権にあっては第1段の給付が本来の目的であって他は補充的なものであるから、本来のものが債務者の責めに帰することができない事由で不能となれば債権は原則として履行請求のできないものとなる。また補充給付をすべき意思を表示しても選択債権において選択がされた場合のような給付の特定の効果を生ずるものではない。これらの点において選択債権（410条・406条参照）と異なる。

第3章　債権の効力

第1節　序　　説

15　債権の効力概観

(1)　**債権の各種の効力**　　すでに述べたように、債権は債務者に対して一定の行為を要求する権利である。したがって、債権の中核的な効力は債務者に対する効力であるが、それにとどまらず債権の内容の実現や給付の確保のために第三者に対する一定の請求も認められる（第三者に対する効力）。

(ア)　**債権の効力と履行請求権**　　債権の債務者に対する第1の効力として、債権者は、債権に基づき債務者に対してその債務の履行を請求することができる（履行請求権）。履行請求権については、履行が不能であるときは履行請求ができないという形でその限界事由について規定が置かれているにとどまる（412条の2第1項）が、履行請求権があることは当然の前提となっている（債務不履行（415条1項参照）や履行の強制（414条）もこのことを前提としている）。債務者が任意にその行為をするときは債権者にはこれを受領する権能がある。その受領は権利に基づくものとして是認される。このように、債権には債権の内容である給付の受領や保持を正当とする効力があり（したがって、たとえば、債権者の給付の保持には「法律上の原因」（703条参照）がある）、これは給付保持力といわれる。これは債権の最小限度の効力といってよい。一般に、債権の主眼は、債務者から給付を得ることにこそある（たとえば、AのBに対する100万円の金

銭債権を考えると、Bに対し100万円の支払を請求できるAの権利は、Bから100万円を得ること、それを保障される点に債権の主眼がある）から、債権の効力として重要である。これと並んで、債権にはより能動的な効力がある。債権者は債務者に対し債務の任意の履行を請求することができる（債権の請求力といわれる。たとえば、これにより期限の定めのない債務を遅滞に陥らせるなどの効果を生じる（412条3項参照））。通常、債権はさらに強い効力を有する。すなわち、まず債権に基づいて裁判所に訴えを提起して、判決によって債権の存在を確認しかつ債務者に対して債務の履行を命じてもらえる（債権の訴求力といわれる）。つぎに、この判決に基づいて、強制執行を申し立て、国家機関を通じてその債権の内容を強制的に実現してもらえる（債権の執行力といわれる）。これらの債権の能動的な効力（請求力、訴求力、執行力）は、債権者が債務の履行を請求することができるという履行請求権の3段階にわたる具体的な内容でもある（履行請求権の語は多義的であり、論者によってこれら3つのうちどれを履行請求権としてとらえるかが異なるので──たとえば、執行力は414条に別途規定され、履行の強制、現実履行の強制と呼ばれることから、履行請求権は請求力と訴求力を指すものとしてとらえるなど──、文献を見るときには注意しよう）。以上をAがBに対して100万円の金銭債権を有している場合に即してみると、AはBからその債権に基づく債務の履行として100万円の支払を受け、それを保持することができる。Aは、当該債権に基づいて、Bに任意に100万円を支払うよう請求ができるし、また、（Bが任意に支払わない場合に）Bに対し訴えを提起して、「BはAに対して100万円を払え」と命ずる判決（通常は、Aの請求により遅延損害金の支払（＝金銭債務の不履行による損害賠償）も命じられる）を得ることができる。判決が出されて

もなお B の任意の履行がないときは、債権者 A は、この判決に基づき、強制執行を申し立て、B が所有する財産について強制執行の手続によりその換価金から100万円を回収することができる。

しかし、すべての債権が一律にこれらの効力のすべてを有するとは限らない。第1に、上記のうち最小限度の効力（給付保持力）しかない債権もある。訴えないことを当事者が合意した場合（不訴求の合意）や債権を発生させる契約の趣旨から訴求力まで認める趣旨ではないと判断される場合などがある（いわゆる自然債務につき債16参照）。第2に、訴えて判決をもらうことはできる（訴求力まではある）が、それ以上その判決の内容の強制的実現ができない（執行力がない）債権がある。当事者が強制執行をしないと特約しているとき（不執行の合意）などは、このような効力の債権を生ずるものとみるのが正当である（そのような特約がある場合は、債務不履行に基づく損害賠償債権についても判決は得られるが、それ以上に強制執行による強制的な実現までは図られないとみるのが趣旨にかなうだろう）。そのような特約がなくとも、債権ないし債務の性質から強制的な実現になじまないものもある。たとえば、判例では、夫婦の同居義務（752条）の履行について、同居を命ずる判決はされるが、その性質上強制執行はできないとされている（大決昭和5・9・30民集9巻926頁）。第3に、債権の内容を強制的に実現するといっても、近代法は債務者の人格を尊重し、国家といえども無制限にこれを強制できないという理想を固持するので、金銭の支払・特定物の引渡しなどのいわゆる与える債務（所有権などの財産権の移転や物の占有の移転を内容とする債務）を目的とする債権については直接的な強制的実現を認めるけれども、物を製作し、労働に従事するというような、いわゆるなす債務（物の占有の移転（引渡し）以外の作為を内容とする

債務。これに対し、不作為を内容とする債務をなさざる債務という）を目的とする債権については債務者の身体に対する直接的強制を認めない。このことは次節に詳述する。

　(イ)　履行請求権の限界——履行不能　　債権者は、債務の履行が不能、つまり不可能であるときは、その債務の履行を請求することはできない（412条の2第1項）。債務の履行が不能かどうかは、その債権の発生原因、つまり契約に基づく債権であればその契約に照らして（契約の性質、契約の目的、契約締結に至る経緯等の諸事情が考慮される）、法律の規定による法定債権であればそれぞれの法律の規定に照らして、また、取引上の社会通念に照らして、判断される。たとえば、特定物の引渡債務の場合、目的物が滅失したという物理的不能の場合はまさに履行は不可能であるが、そのような場合のみならず、目的物を湖に落としてしまい湖底に沈んでしまったような場合（湖をさらえば発見でき引き渡すことが可能ではあるとしても、取引における社会通念に照らすともはや不可能と評価され、契約上も特に約束していたというのでない限り、このような場合にまで莫大な探索・引上げ費用をかけて引き渡すことまでは要求されないと考えられる——逆にその契約によってそこまで引き受けていると評価されるときは履行不能ではない）、売主が目的物を他の者に売却して（第二売買）登記（不動産の場合。177条）や引渡し（動産の場合。178条）を終えてしまい、他の者が確定的に目的物の所有権を得てしまったような場合も履行不能となる（不動産の二重売買の場合につき最判昭和35・4・21民集14巻6号930頁参照。売主が第二売買の買主と交渉して目的物を取り戻して引渡しをすることは、可能性としてはゼロではないものの、取引における社会通念に照らすと、もはや不可能と評価される）。

　(ウ)　損害賠償請求権・代償請求権

　債権の債務者に対する第2の効力として、債権者は、債務の不履行の場合、債務者に対して債務不履行に基づく損害の賠償を請求することができる（415条。そして、この損害賠償債権についても、請求力、訴求力、執行力があり、最終的には、これについても強制執行により実現を図ることができる）。

　損害賠償は、債権の内容をそのまま強制的に実現することのできない債権についても認められる。そしてその内容は金銭賠償であるから（417条参照）、これについては不執行の合意がない限り常に強制執行ができる。しかし、債権のすべての不履行から損害賠償の請求権を生ずるのではなく、これには一定の要件がある。債権の効力として最も重要な問題の1つであるから第3節に詳述する。

　なお、履行不能の場合において、履行不能をもたらしたのと同一の原因により、債務の目的物の代償である権利や利益を債務者が得たときは、債権者は、その受けた損害の額の限度において、債務者に対し、その権利の移転や利益の償還を請求することができる。代償請求権という（422条の2）。債権の効力というより当事者間の公平の観点からの調整であり、損害賠償の要件を満たさない場合（債務者の責めに帰することのできない事由による債務不履行の場合）にも認められる。

　㈣　履行の引当てとなる債務者の財産（責任財産）

　古代の法律では、債権者は債務を履行しない債務者を売却しまたは奴隷とすることも許された。債務者を拘禁して履行を直接に強制することも比較的近くまで認められた。しかし、近代法が個人の人格の尊重をもって最高の理想としたときは、債務者は結局その財産で債務の責任を負うにとどまり、債務のために人格的強制を受けるべきではないと考えられた。かくして、債務者はその人身ではなく、

その財産をもって債務を履行する責任を負う。債権者が、債権の本来の目的として、あるいは損害賠償として、金銭の支払を請求するときは、債務者の全財産に強制力を及ぼし、これを差し押え換価して弁済に充てることができるのを原則とする。もっとも、主として債務者の生存を維持するために一定の財産は除外されるが（民執131条・152条参照）、それ以外では、特にどの財産ということなく、債務者の全財産を執行の対象とすることができる。債権は債務者の全財産をもって最後の保障とする、といわれるゆえんである（この面での一般債権の引当てとなる債務者の財産を**一般財産**、責任を負う財産という意味で**責任財産**、すべての一般債権のための担保となるという意味で**共同担保**ということがある。）。しかし、この原則にも例外がある。すなわち、債務者の一定の財産にだけ執行できるにとどまる債権や、一定の額に限って執行できるにとどまる債権がある。そこから債務と責任の区別の問題を生ずる（債17参照）。

このように一定の財産を除き債務者の全財産が債務の履行の引当てとなるため、逆にそのような財産（一般財産、責任財産）がなければ債権の効力といっても債権の最終的な実現はおぼつかない。そのため、債権の最後の保障である債務者の全財産が不当に散逸するときは、債権は、これを維持するために、一定の要件のもとに、第三者の財産に干渉する効力をもつ。これは前に一言したように**債権の対外的効力**といわれるものであって、次章に説く。

　(オ)　債権の実現を妨げる第三者に対する効力

最後に、債権も一種の権利として、第三者がその行使を妨げ、またはこれを侵害した場合には、妨害の排除または不法行為による損害賠償の請求が認められるかどうかが問題となる。本節の末尾に略述する（債18参照）。

(2)　**債権者の受領**　　多くの債務は債務者の履行を債権者が受領することによって完成するものである。そこで、債務者が履行しようとするが債権者が受領しない場合、債権者にどういう責任が発生するかということが問題となる。いわば、債権の消極的効力とでもいうべきものである。これが受領遅滞といわれる問題である。本章の第4節で説明する。

16　自然債務

自然債務とは、前に一言したように（債15(1)(ア)）、債務者が任意に履行するときは債権者はこれを受領してもよいが、債務者が弁済しないときに債権者から国家に対して判決その他の助力を求めえない性質の債務である。債権の効力として、給付保持力を有するが強制的な実現のできない（訴求力、もちろん執行力も有しない）ものである。給付保持力もない場合には、その弁済は、たとえ任意にされても、債務のない弁済（非債弁済）であり、債権者の受領は不当利得となってこれを償還すべきはずである（703条以下参照）が、自然債務にあっては、その受領は是認され、不当利得とはならない。民法上、たとえば、消滅時効にかかった債権は裁判所に訴求しえないが、ある場合には相殺の用に供しうるから（508条参照）、その限りにおいてのみ債権としての効力を有する。また、相続において限定承認をすると相続によって得た財産の限度でのみ被相続人の債務等を弁済する責任を負うが（922条参照）、その限度を超える範囲でも任意に履行するときは債務の履行としての効力を認められる（したがって自然債務である）と解されている。徳義上支払うが裁判上の争いとしないという約束があれば、その約束どおりの効果を認めて差し支えなく、不訴求の合意のある債権もその一例である。判例も、馴染の浅い客がカフェーの女給の歓心を買うために将来の自活のため

相当多額の金銭を与えることを約束した場合に、その約束をもって裁判上の請求権を付与する趣旨に出たものと速断することは相当でなく、約束者が進んで履行するときは債務の弁済となるが履行を強制することができない特殊の債務関係とみうる旨を判示したが（大判昭和10・4・25新聞3835号5頁－カフェー丸玉女給事件・基本判例31）、学説の多数はこの判決は自然債務の観念を認めたものと解している。もっとも、戯れの約束であったとすると契約が成立しているのか、心裡留保（冗談など。93条）ではないかといった問題もある。自然債務については、上記の各種の例は、それぞれ特殊のものだから、特例として説明すれば十分であって、これを統一して自然債務という観念を認める必要はないという考え方もある。しかし、債権は債務者に対して給付すべきことを要求するものであるが、債務者にこの要求に応ずるよう行動させる力は、本来、社会の道徳や風習のような法律以外の規範から生ずるものであって、法律はこれについて援助をするという関係に立つものである。したがって、その際に、法律の理想からみて、任意の履行は是認するが、法律によって履行を強制すべきものではない、とすることもありうるはずである。このようにして、自然債務を最小限度の効力ある債権として観念することは、社会的制度としての債権の本質を理解するうえに意義があるばかりでなく、上記の諸制度を理解するにも便宜である。なお、上記の自然債務と、訴えることはできるが強制的な履行を求めえないもの（訴求力はあるが執行力のないもの）をもあわせて、不完全債務と呼ぶこともあり、また、自然債務と不完全債務を同意義に用いる学者もある。

17　債務と責任

　先に述べたように、債権は債務者の全財産に執行することをその

最後の保障とする。しかし、理論的に考えると、債権の本体は債務者に給付を要求し債務者を義務づけるだけのものであるから、この債務者の財産に執行できるということは債務の本質中には含まれない。むしろ、債務者の義務についてその財産が担保となる形である。そこで、債権に基づき債務者が給付の義務を負うことを債務と称し、これに対し、債務者の財産が執行の目的となることを責任という。債権の効力を確実にしようとするには、すべての債務についてこれと同範囲の責任を認めるのが至当である。近代法は、いずれもそれを原則とし、わが民法も同様である。しかし、例外的に、責任が一定の数額に限定されるものがある（数量的有限責任）。たとえば有限責任事業組合の組合員は、その出資の価額を限度として、組合の債務（組合員全員の債務である）を弁済する責任を負う（有限責任事業組合法15条）。また、株式会社の株主はその有する株式の引受価額（会社104条参照）、合同会社・合資会社の有限責任社員（同576条3項・4項・580条2項参照）はその出資の価額をそれぞれ限度として会社の債務を弁済する責任を負う（ただし、株式会社の株主は株式発行の効力発生前に（同34条1項・63条1項・208条）、また、合同会社の有限責任社員は定款作成後設立の登記までに（同578条）、出資の全部を履行しなければならないから、株主や合同会社の有限責任社員については責任を負うことはないのが原則である）。また責任が特定の財産に限定されるもの、たとえば相続の限定承認者（922条参照）があり、この場合は判決においては債務の全額を示し、相続財産の存する限度において執行できる旨を留保する（大判昭和7・6・2民集11巻1099頁）。債権者と債務者の間で債務者の財産中一定の財産に限って強制執行ができるという特約をすることも有効である。さらにおよそ強制執行をしないことを特約することもでき、そのときには責

任のない債務を生ずる。

つぎに、以上とは反対に責任だけあって債務なきもの、すなわち債務のない責任もある。物上保証人（物89(1)(ア)参照）や抵当不動産の第三取得者などがその例である。

こうしてみると、厳密には、債務と責任とは別個のものであることがわかるであろう。

18　第三者の債権侵害

第三者が、債務者の履行を妨げ、また債務者の債務不履行を教唆しもしくは強制した場合に、債権者にどのような救済が与えられるだろうか。正常な関係が維持されるなら所定の給付が受けられるはずの債権者の利益が、第三者によって違法に侵害された場合には、何らかの救済が与えられるべきである。不法行為上の損害賠償請求権および妨害排除請求権の存否が問題となる。

⑴　**不法行為の成立**　　物権と異なり債権には公示がなく、また、特定の人（債務者）に対して請求できる権利であるとはいえ、第三者が不法に債権を侵害した場合、債権者は不法行為として損害賠償の請求ができることは、今日の学説・判例上争いがない。大正4年の判決——Xからその所有山林をできるだけ高価に売却するよう委任されたAら3人が買主Bの代理人Yと通謀して、実際の売買価格より安く売れたことにして、差額をAらとYの4人で着服した事件において、YがXのAらに対する委任契約上の債権を侵害したという不法行為が成立するとした——によって判例法が確立し（大刑判大正4・3・10刑録21輯279頁・基本判例157）、従来反対であった学説も肯定に傾いたのである。詳しいことは後に不法行為の章で述べるが（債181(2)(ア)(b)参照）、債権の侵害についての不法行為の成立の要件は、①債権の帰属自体を侵害した場合（たとえば無権限者が債権の

外観上の受領権者として債務者から給付を受領した場合（478条））や、②債権の目的である給付を侵害して債権を消滅させた場合（たとえば他人の雇用する労働者を拘禁する場合など）を除いては侵害行為の態様の違法度が重視される。なぜなら、債務者自身が既存の債務と矛盾衝突する行為をした場合には、第1次の責任者は背信行為をした債務者であり、それに対する第三者の関与（たとえば二重の契約の締結）は社会通念上違法と評価される場合（原則として第三者の故意を要件とする）にはじめて不法行為の成立が認められるべきだからである。このように①帰属侵害、②給付侵害で債権消滅の場合、③給付侵害で債権は存続する場合、④責任財産を侵害する場合などの類型に分けて、不法行為の成否を考察する（①②は不法行為が成立し、③は態様の違法度が問題となり（たとえば二重譲渡や二重売買の場合「自由競争」の範囲を逸脱するときに不法行為となる）、また、④は詐害行為取消権の行使との関係・調整が問題となる）のが伝統的な見解であったが、これに対し、たとえば二重譲渡であれば177条や178条における自由競争論との関係が問題になるし、引き抜きであれば労働者の職業選択の自由との関係が問題になるなど、より具体的な事案の類型ごとの考察の必要が説かれている。

(2) **債権侵害行為の排除請求権**　物権的請求権（物9(2)参照）に対応する妨害排除請求権を認めるべきかどうかの問題である。主として不動産賃借権について論議される。この問題は、2つの類型に分けて考察すべきである。第1は、第三者が純粋の不法占拠者である場合である。この場合は、賃借人は、**債権者代位権**（423条）により、賃貸人の有する所有権に基づく妨害排除請求権を代位行使すれば、第三者を排除することができる（第4章参照）。第2は、二重賃貸借の場合である。たとえば、対抗要件具備において、優位にある

借地人Ａが劣位にあるが目的地を占有している借地人Ｂに対し、土地明渡し・建物収去を求めるような事例である（たとえば土地の賃借人Ａが登記（605条）を備えたが、引渡未了の段階でＢが土地所有者Ｃから同土地を賃借して引渡しを受け建物を建てた場合（借地借家10条参照））。この場合は、Ａは債権者代位権の行使ができない。なぜなら、土地所有者ＣはＢに対しても賃貸人の地位にあるから、所有権に基づく妨害排除請求権を有しないからである。そこで、第二次大戦後、二重賃貸借型の争いが数多く輩出した。判例は対抗力を有する賃借権は、物権的効力を有し、物権のみならず賃借権を取得した者にも対抗できるから、以後の賃借権取得者に対し建物収去・土地明渡しを請求することができる、と判示した（最判昭和28・12・18民集７巻12号1515頁・基本判例158）。平成29年改正により、判例に立脚した明文化が図られている（605条の４）。すなわち、不動産の賃借人は、対抗要件を備えた場合には、その不動産を占有する第三者に対し返還の請求ができ、また、占有を妨害する第三者に対し妨害の停止を請求できる。平成29年改正前から判例に対しては、対抗要件の具備が必須かをめぐって議論がある。すなわち、対抗要件の具備は対抗力という効果を生じるが、物権的効力や排他性（したがって排他性の具現たる物権的請求権）を生ずるとはいえない。たとえば、保存登記をしていない建物の所有者でも妨害排除請求権を有するのである。したがって、判例理論が妥当かどうかはなお研究を要するとされていた。この議論は、平成29年改正後も残ることになる（605条の４の反対解釈は必ずしも妥当しない）。

第2節　現実的履行の強制

19　現実的履行の強制

⑴　**意義**　　近代法は、一面において、債務者の人格を尊重するとともに、他面においては、できる限り債権の目的の実現に助力するために強制手段を用いる（債15参照。自力救済は原則として認められず、国家が実現のための手法を用意している）。債務者が任意に債務の履行をしないときは、債権者は、履行の強制を裁判所に請求することができる。履行の強制は、民事執行法その他の強制執行の手続に関する法令の規定に従って行われる（414条本文）。かくして、債務者の人格を尊重しつつ、債権の実現のための手法を用意するという課題への具体的対応は、414条のもと強制執行に関する手続法（代表が民事執行法）において制度化されている。

⑵　**現実的履行の強制の要件**　　債権が存在しており、債務者が任意にその債務の履行をしないことが要件である。具体的な手続は強制執行の手続による。強制執行が開始できるための要件は強制執行の手続に関する法令に規定される。民事執行の場合、強制執行の開始の要件として債務名義（民執22条）が必要である。債務名義は、強制執行によって実現すべき実体法上の請求権の存在と範囲を表示した文書で法律上執行力が認められれたものをいう。典型例は確定判決である（同22条1号）。したがって、強制執行のためには、典型的にはまず判決を得ることになる。

　債務の強制的実現は、債務の性質がこれを許す場合でなければならない（414条1項ただし書）。債務の履行が（第三者の行為にかかっているといった場合ではなく）債務者の意思にのみかかり（大決昭和

5・11・5新聞3203号7頁)、強制によっても債権の目的を達しうる
ものであり、かつ強制することが公序良俗に反しないものでなけれ
ばならない。したがって、単に財産の整理をするというような債務
はよいが、強制したのでは目的を達しえない芸術的創作とか、特殊
の設備がなくてはできない事項を目的とする債務の強制はできない。
また子（幼児）の引渡債務（大判大正元・12・19民録18輯1087頁・基
本判例397。民執174条－176条参照）などまではよいが、夫婦の同
居の義務（752条参照）などについては間接強制も認めるべきでは
ない（大決昭和5・9・30民集9巻926頁）。また、強制執行をしな
い合意（不執行の合意）があるときは、強制執行はできない（債15
(1)(ア)参照）。

　債務の履行が可能であることが必要であり、履行不能の場合には
現実的履行の強制はできない（412条の2第1項、債15(1)(イ)参照）。損
害賠償と異なり（415条1項ただし書参照）、債務者の帰責事由（帰責
不可事由のないこと）は要件ではない。

　(3)　損害賠償の請求との関係　　現実的履行の強制ができない（あ
るいは次段に述べる諸種の強制履行の手段中のいずれのものも用いえな
い債権）については、損害賠償を請求するほかはない。また下記の
手段中のいずれかによって、債権を強制的に実現できる場合にも、
債権者はこの手段に訴えずに損害賠償を請求することも、原則とし
て妨げない。さらにまた、強制的に実現した場合にも、たとえば、
履行の遅延したことによってなお損害があるときは、もちろんこれ
を請求することができる。要するに、債権の強制履行は不履行によ
る損害賠償の請求を必ずしも排斥するものではない（414条2項。民
事執行法は間接強制についてこのことを明定している（民執172条4項))。
しかし、これらの損害賠償を請求するには、それぞれ一定の要件を

必要とすることはいうまでもない。次節で述べる。

20 現実的履行の強制の手段

現実的履行の強制は、民事執行法その他の強制執行の手続に関する法令の規定による。認められる手段には**直接強制・代替執行・間接強制等**の種類があり、その具体的内容は民事執行法等に定められている（414条本文参照）。

(1) **直接強制**　国家の力によって、債務者の意思を無視して、直接に債権の内容を実現する方法である。特定の物を引き渡す債務について、国家がこれを債務者から取り上げて債権者に交付し、金銭債権については債務者の財産を処分して一定の金額を調達してこれを債権者に与えるようなのがこれである（物の引渡しにつき民執168条・169条、金銭債権につき同43条—167条の14）。

直接強制は、与える債務（債15(1)(ア)参照）について認められている。金銭債権の実現につき不動産に対する強制執行（同43条以下）・強制管理（同93条以下）、動産に対する強制執行（同122条以下）、債権等に対する強制執行（同143条以下）、物の引渡しを内容とする債権の実現につき物の引渡し等に関する強制執行（同168条以下）等である。

(2) **代替執行**　債務者以外の第三者（債権者または第三者）に債務の内容である行為をさせ、その費用を債務者から強制的に取り立てる方法である（民執171条）。建物を撤去する債務において債権者が第三者を雇ってこれをし、その費用を債務者から取り立てることを許すようなのがこれである。民事執行法上、裁判所が、債務者の費用で、債務者以外の者に代替行為を実施させる旨の決定（授権決定）をし、授権決定を得た債権者は、授権決定の内容に即し、自ら実施または第三者に実施させることができる。たとえば、建物の撤去であれば、「債権者の申立てを受けた執行官は、……の建物を

債務者の費用で収去することができる」といった授権決定となる。実施者はこのように「債権者の申立てを受けた執行官」と指定されることが多いという。また、実施費用については前払いの命令もある（費用前払決定、同171条4項）。代替執行は、機能的には、履行に代わる損害賠償と重なるが、国家機関のリソースを用いて実現できる等の違いがある。

　債務者以外の主体によって実現をするものであるから、債務者以外の主体によっても実現できる性質（代替性）を有する債務や具体的な行為内容について認められる。すなわち、いわゆるなす債務（引渡債務を除く作為債務）のうち、代替性のあるもの（代替的作為）の場合には、当該作為について代替執行ができる（同171条1項1号参照）。家屋を建設する、道路を修繕するとか新聞に謝罪広告（民723条参照。単に事態の真相を告白し陳謝の意を表するもの）を出す（大決昭和10・12・16民集14巻2044頁・基本判例161、最大判昭和31・7・4民集10巻7号785頁・基本判例291）というような機械的な行為がこれに属する。また、不作為を目的とする債務（なさざる債務）については、債務者の費用で、債務者がした行為の結果を除去し、または将来のため適当な処分をすることを裁判所に請求することができる（民執171条1項2号参照）。たとえば家屋を建築せず、溝を掘らず、というような債務について違反行為の結果である家屋・溝などを債権者のほうで除去して、その費用を債務者に請求し、または、不履行を予防するための物的設備ないし損害についての担保の供与などの将来のために適当の処分を請求することができる。

　(3)　間接強制　　債務者に対して、（一定の期間内に）履行しないときは一定の不利益を命ずる旨を申し渡し、債務者の意思や心理に働きかけることで間接的に強制して債務者自身により履行させる方

法である（民執172条・173条、167条の15・167条の16）。電力会社の配電設備（送電線と各戸の設備の連結）をすべき債務について、1週間内に完成せよ、遅延するときは1日10万円ずつの金銭（間接強制金）を支払うべしと命ずるようなのがこれである。課される不利益については、立法例では拘留などの強力な手段もあるが（ドイツ法）、日本法においては、1日について10万円を支払うとか（定期払方式）、一定期間内に履行がなければ直ちに100万円を支払う（一時払方式）というように、金銭（間接強制金）の支払の手段を用いるにとどまる。間接強制金の額は、債務の履行を確保するために相当と認められる額が裁判所の合理的裁量のもとで決定される。間接強制金は、債権者に対して支払われる。このため、債務不履行に基づく損害賠償（415条）との関係が問題となる。支払われた間接強制金は損害賠償金に充当され、間接強制金を上回る損害賠償債権のあるときは差額を損害賠償として債権者が請求することは妨げられない（民執172条4項）。その一方で、損害賠償額を上回る額を間接強制金として定めることも封じられておらず、損害賠償額を上回る部分も債権者は保持することができる（差額を返還する必要はない。債務者に返還することになれば履行確保に必要な額を下回ることになり制度の実を達成できない。また、国家への納付も債権者に対して払うという設計と合致しない）。

　なす債務のうち第三者が代わってすることができない行為（不代替的行為）、たとえば独占的地位を有する配電設備をするというような債務は、代替執行によっては目的を達することができず、間接強制の方法によるほかない。また、不作為債務中、たとえば毎夜10時以後はやかましくしない（一定のデシベル以下に音を押さえる）というような、継続的で、かつその違反行為が有形的な結果を生じな

いものについては代替執行の余地がなく、間接強制によるほかない（同172条 1 項参照）。他の方法がある場合でも、間接強制の利用可能性が認められている（同173条）。すなわち、物の引渡しについても、間接強制の方法によることができる（たとえば、特定物の引渡しについて所在がわからないために直接強制では実現が難しく間接強制の方が現実的な場合がある）。代替執行が可能な債務についても間接強制の方法によることができる。

　間接強制が認められるためには、債務者が何をすべきか具体的に明らかにできること（給付の特定）が必要である（面会交流につき、最決平成25・3・28民集67巻 3 号864頁）。

　(4)　その他の方法　　意思表示をするという債務については、判決等をもって意思表示がされたものとみなされる（民執177条）。

　たとえば同意をする債務などは、債務者に対して同意すべきことを命ずる裁判をもって直ちに債務者の同意に代えることができる。したがって、この裁判に基づいて代替執行も間接強制もする必要はない。たとえば、農地を譲渡した者がすべき許可申請（農地 3 条参照）は申請を命ずる判決書を添付すれば、譲渡人の申請があると同様の効力を生ずる。なお、これに対し、不動産の登記名義の変更のように、判決そのものに基づいてすることができる場合（不登63条 1 項参照）には、強制履行をまたずに目的を達することができる。

　(5)　債権債務の種類との対応関係　　物の引渡債務の強制執行は直接強制の方法によって行うが、間接強制の方法によっても行うことができ、代替執行の方法によって行うことができる作為または不作為についての強制執行は、その方法のほか、間接強制の方法によっても行うことができる（民執173条 1 項）。いずれの方法によるかは、債権者の申立てにより定まる（同条同項）。

　2003年（平成15年）の民法・民事執行法改正（平成15年法134号）
前は、1つの債務に対し1つの執行方法という対応関係と間接強制
の補充性という考え方が採られていた。間接強制の補充性とは、間
接強制は債務者の意思・心理を圧迫するために債務者の人格への侵
襲が大きい手法だと考えられ、その利用は他の方法が利用できない
場合に限られるべきであるという考え方である。しかし、直接強制
と比較して間接強制の方が債務者の人格に対する侵襲が少ないとは
いえないことや、引渡しの目的物である特定の動産の所在が不明で
あるときや、不作為債務を負う債務者が繰り返し地上に工作物を設
置するときなど、直接強制や代替執行では債権の内容の実現の実が
あがらない場合があり、このような場合には間接強制が有用である
ことなどから、平成15年改正によって間接強制の利用範囲が拡大さ
れた（現行の民執173条の新設）。債務者の人格を尊重しつつ、債権
の実現のための手法を用意するという課題への具体的対応の一例を
みることができよう。

第3節　債務不履行に基づく損害賠償の請求

21　債務不履行に基づく損害賠償の請求

　⑴　**概要**　　債務者が債務を履行しないときは、債権者が、これ
によって生じた損害の賠償を請求できることは、普通の債権の原則
的効力である。このことはすでに述べた（債15参照）。債務者（債務
者であるためには債務の存在が前提となる）は、後述のように、債務
の本旨に従って、債務の内容を実現（弁済・履行）すべきである
（415条・493条参照）。このような弁済のない場合を総称して債務不履
行という。

　債務不履行に基づく損害賠償の要件は、①債務不履行（債務の本旨に従った履行のないこと）、②損害の発生、③因果関係（債務不履行による損害の発生）、④債務不履行が債務者の責めに帰することができない事由（帰責不可事由）によるものでないこと、⑤債務不履行を正当化する事由のないこと（同時履行の抗弁など債務者に履行を拒絶できる抗弁権がないなど。これを指して債務不履行が「違法」でないことといわれる）である（415条1項参照）。債務不履行に基づく損害賠償の効果は、損害賠償債権の発生である（415条1項）。損害賠償の内容は原則として一定の金額を支払うというものとなる（417条）。損害賠償の内容については、賠償すべき損害の範囲（416条）、金額の算定（417条の2参照）、支払うべき金額の調整（過失相殺による減額（418条）など）の問題がある。以上の要件・効果に関し、金銭債務についての特則がある（419条）。さらに、損害賠償に関する当事者の合意の扱い（420条）、損害賠償が履行された場合の法律関係（422条）の問題がある。また、損害賠償の問題ではないが、履行不能の場合で同一原因により目的物に代わる利益や権利を債務者が取得したときの代償請求権（422条の2）が規定されている。

　なお、債務の履行は、多くの場合、債権者側からも多かれ少なかれ進んでその受領に協力しなければ完了させることができないものである。そこで、一方で、債務者が信義誠実の原則に従って履行に努力すべきであるとともに、他方で、債権者もまた信義誠実の原則に従って受領すべきことが要求される。これに違反するときは債権者にも責任を生ずる。これを受領遅滞（債権者遅滞）という。債務の履行という観念のもとに、債務不履行と受領遅滞とを並べて考察するのが一般であるが、もっとも、これは、債権の効力というよりは、むしろ、債務者の履行のための努力（提供）に関連した制度と

みるべきものである。

　(2)　**債務不履行の態様**　　従来、ドイツ法を参考に、債務不履行には、履行が可能なのにもかかわらず履行期を経過しても履行しない場合（履行遅滞）、何らかの履行行為はしたものの不完全な履行をした場合（不完全履行）および履行の不能な場合（履行不能）の三態様があると説明されていたが、415条1項本文の債務の本旨に従った履行をしないというのには、履行拒絶（415条2項2号参照）や契約の本来の給付義務に付随した説明義務、情報提供義務などの付随義務違反、さらには雇用契約における使用者の労働者に対する安全配慮義務のように相手方の利益を保護すべきだという保護義務違反のような態様のものを含み、これら三態様には尽きない（債25参照）。また、条文との対応では、履行不能が債務の本旨に従った履行をしないときと並列になっているが（同条1項本文）、これは「しない」には「できない」は含まれないと解釈されないように別途明文化した確認的なものであって、履行不能もまた「債務の本旨に従った履行をしない」場合の1つである（同条1項ただし書の「その債務の不履行」にまとめられる）。また、損害賠償の種類には、履行の遅延による損害の賠償（遅延賠償）や履行に代わる損害の賠償（塡補賠償）があり、履行遅滞は前者を履行不能は後者をもたらすが、たとえば塡補賠償は履行不能の場合に限定されるわけではない（同条2項参照））。

　これらはいずれも損害賠償の原因となる。ただし、上述のとおり、損害賠償義務を生ずるためには、債務者の責めに帰することができない事由がないこと（同条1項ただし書）、履行しないことを正当化する事由がないことなど、その他の要件を必要とするから、以下これらの態様のそれぞれについて詳説する。

⑶　**不法行為に基づく損害賠償との関係**　　医療過誤の場合や労働災害の場合のように契約（診療契約や労働契約）上の債務の不履行による損害賠償と不法行為に基づく損害賠償の両方の要件が充足される場合がある。このような場合には、債権者（損害賠償債権の債権者であり、債務不履行であれば元の債務の債権者、不法行為であれば被害者）がいずれでも選択できるというのが判例であり学説の多数である（請求権競合という）。債務の不履行となる行為が不法行為となることもあるので、契約当事者が契約に基づく債務の不履行による損害賠償だけではなく不法行為に基づく損害賠償についても合意をしていたり（免責・責任制限など）、また、合意の解釈として不法行為に及ぶかが問題となることもある。

　両者の選択が問題になるのは、両者でその内容に差異があるためである。債務不履行に基づく損害賠償と不法行為に基づく損害賠償とでは、主として、①消滅時効、②遅延損害金の起算点、③従業員や業者などの他の主体の行為による場合の責任、行為者に対する請求、④弁護士費用の賠償、⑤生命侵害の場合の遺族固有の慰謝料請求、⑥特別法の適用（失火責任法等）、⑦証明責任といった点で違いがある（これらに尽きない）。これらのうち、①の消滅時効は、平成29年改正前は、債務不履行であれば権利を行使することができる時から10年、不法行為であれば損害および加害者を知った時から 3 年という規律になっており、後者の 3 年を超えた時点では不法行為に基づいては請求できず、消滅時効が問題となりうる局面では大きな違いがあった。このため、不法行為であるのか債務不履行であるのかという損害賠償請求の性質が重要な争点となることもあった。平成29年改正により一般の消滅時効について主観的起算点から 5 年という短期の消滅時効が新設され（166条 1 項 1 号）、また人身損害

（生命や身体の侵害による損害）については平準化が図られており（167条・724条の2）、両者の差異の深刻度は減じている。

　なお、民法典の体系からみると、損害賠償債権（債務）を生じさせる一般的な制度として、債務不履行と不法行為が並び立つものである。そのため両者がしばしば対比される。また、一般に、債務不履行による損害賠償の典型場面として想定されるのは契約上の債務の不履行であり、契約上の債務不履行による損害賠償と不法行為による損害賠償とが対比して論じられることが少なくない。一方で、債務不履行の「債務」は契約上の債務に限られず法定債権（債務）を含むから（415条1項ただし書参照）、「不法行為に基づく損害賠償債務の不履行」という債務不履行による損害賠償（遅延賠償・遅延損害金）という構造となる。

22　履行遅滞

　履行期に履行が可能なのに債務者が履行しないこと（履行の提供をすれば債務不履行責任を負わないので（492条）、厳密には、履行の提供をしないこと）である。債権者は、履行期を過ぎても前述の現実的履行の強制をする権利を失うわけではない。また、遅ればせながら債務者の任意の履行もありうる。しかし、履行が遅れればそれによって債権者は損害を被るのが普通である。さらに、履行が遅れている間に履行が不能になり、あるいは今さら履行されてもそれが債権者に無価値なものになっている場合も起こる。これらの場合には、債務者は債権者に生じた損害を何らかの方法で塡補し賠償する義務がある。この義務の原点としての履行遅滞の要件はつぎのとおりである。

⑴　債務が履行期に履行することが可能なのにもかかわらず履行されないこと

⑵　債務がその履行期に達したこと（遅滞に陥っていること）　履行期に履行がなければ直ちに遅滞の責任を負う状態（履行遅滞）とはならない。いつから遅滞に陥るかは履行期の定めの有無により異なる（412条）。すなわち、履行期が不確定期限のとき（ある人が死亡したときに履行するというような場合（総138⑵参照））は債務者がその期限の到来を知った時かその期限の到来した後に履行の請求を受けた時のいずれか早い時から（同条2項）、また履行期の定めのない場合は債権者が履行を督促（催告）した時から（同条3項。ただし591条参照。また不法行為に基づく損害賠償債権については催告をまたずに遅滞に陥るという解釈が確立している（最判昭和37・9・4民集16巻9号1834頁））でないと、遅滞とならない。ただ、履行期が確定期限であるとき（平成12年10月31日に支払うというような場合）にだけ、期限の到来の時から当然遅滞となる（同条1項。ただし520条の9・520条の18・520条の20（有価証券の場合）および履行に債権者の協力を要するのにそれがない場合は例外）。

⑶　債務者の帰責事由（帰責不可事由の不存在）　不履行が債務者の責めに帰することができない事由に基づくものであるときは、損害賠償請求はできない（415条1項ただし書）。免責事由であり、債務者が証明責任を負う。金銭債務については例外的に不可抗力であっても免責されない（419条3項）。債務者の帰責事由（帰責不可事由）の有無は、契約や法律の規定（法定債権の場合）などの債務の発生原因に照らして、また取引上の社会通念に照らして判断される。契約であれば、契約の性質、契約の目的、契約締結の経緯等のその契約に関する諸種の事情が考慮され、また、一般に取引上の社会通念で

はどうかが考慮される。不可抗力や第三者の妨害行為などが、債務者の帰責不可事由による場合の一例である。したがって、たとえば、自然災害により公共交通機関も道路も利用できなくなったため、約束の日に目的物を届けられなかったといった場合は、通常、債務者の責めに帰することができない事由による履行遅滞と考えられるものの、契約でそのような場合にも（ヘリコプターをチャーターする等々）期日に届けることを保障していたような場合には、該当しないことになる。

　債務者の帰責不可事由の判断に資するものに、債務の性質として結果債務、手段債務の区別がある。自己の所有する特定物を売買した場合の売主の目的物引渡債務と診療契約上の医師の診療債務を例にみると、前者は、目的物の引渡しという結果をもたらすことを約束・保証するものであるのに対し、後者は、患者の全快や治療の成功という結果は保証されておらずそのために最善の注意を尽くして治療行為を行うことが約束されている。前者においては（不可抗力によるのでない限り）結果が実現されなければ債務者に帰責事由がある（帰責不可事由はない）と判断されるのに対し、後者においては結果の不実現だけで帰責事由あり（帰責不可事由なし）とはならず、求められる行為がされたかが評価されることになる（ということは、帰責事由（帰責不可事由）の判断が債務の履行がされたかという判断と重なることになる）。

　(4)　履行補助者　　たとえば、目的物の引渡債務を負う債務者が運送業者に目的物の運送を委託したが、運送業者のミスによって約束の日より遅れて届いたという場合、債務者は損害賠償責任を負うだろうか。債務者が法人でありその従業員が目的物を運んだが、その従業員のミスによる遅延であったらどうだろうか。債務者が債務

の履行行為を債務者以外の第三者に担わせることも少なくない。「債務の履行のために債務者が使用する者」（**履行補助者**。「使用」といっても使用被用関係・雇用関係がある場合に限られない）の行為により不履行の事態となったとき、債務者がどのような要件のもとに損害賠償債務を負うかが、履行補助者の問題である（複雑な相をみせる問題であり、平成29年改正前に学説には 3 つのアプローチが順次登場しており、平成29年改正において立法化も検討されたが見送られている）。これは、他人の行為についての責任という側面を持つ（不法行為責任についての715条、716条と対比され、**被用者的補助者、独立的補助者**という類型化も提唱されている。その帰結は不法行為責任とは異なり、いずれの類型かで免責の基準は異ならず、また不法行為よりも免責の余地は小さい）。同時に、それが債務者の**帰責事由ある**（帰責不可事由のない）債務不履行と評価されるかという問題であるから、そもそも債務者がどのような内容の債務を負っているのかが重要であり、それを踏まえて契約等の債務発生原因や取引上の社会通念に照らして債務者に帰責事由がないと判断されるのかを問うことになる。

　債務の履行における第三者の利用については、まず、第三者を使うことが許されていない場合には、やむを得ない事由があるのでない限り、第三者を使ったこと自体が債務者の帰責事由ある（帰責不可事由のない）債務不履行である（644条の 2・104条・658条 2 項参照）。これに対し、第三者を使うことが許容されている（禁止されていない）場合には、みずから行うことも第三者を用いることもでき、第三者を使ったことが直ちに帰責事由ある（帰責不可事由のない）債務不履行に該当するわけではない。その一方で、たとえば、債務内容が結果を保証するものであるときは、第三者を使ったからといってその点を変じさせるわけではない（目的物の引渡債務は、一般に、

結果を保障したものと解され、債務者みずから行為するときは結果不達成は不可抗力等に拠るのでない限り帰責事由ある（帰責不可事由がない）債務不履行と評価されるのに、運送業者を使ったとたんに適切な業者を選び必要な監督をしていれば足りるということにはならない）。債務の内容に照らして、第三者の利用が評価されることになる。したがって、手段債務について第三者の使用が許容される場合には、債務者がなすべき具体的な行為が、適切な第三者に委託し必要な監督を行うことに尽きるとされる趣旨なのか、それともみずからであれ第三者であれ履行行為につき帰責事由がある（帰責不可事由がない）と評価されるときは債務者に帰責事由ある（帰責不可事由がない）債務不履行と評価される趣旨なのかは、債務の発生原因に照らして判断される。したがって、さらに、特定の第三者を使うことが指定されている場合には（たとえば、特定の運送会社の宅配便で送付するなど）、指定に従って特定の第三者に委託することが債務者に求められるが、それによって結果保証がされないものとなっているのかどうか、第三者のもとでのリスクの負担（指定された運送会社に指定された宅配便での運送を委託すれば債務者の具体的行為としては足り、運送中のリスクについては受取人たる債権者が負担する趣旨なのか、それとも債権者に届くまでは荷送人である債務者が負担する趣旨なのか）は、その指定・契約の解釈問題である。

　判例は、被用者的補助者の事例において、債務者は補助者の選任・監督に過失のないことを証明して責任を免れうるものではなく、この範囲での被用者の行為は即債務者の行為そのものであるとし、被用者の不注意によって生じた結果に対し債務不履行の責任を免れることはできないとしている（大判昭和4・3・30民集8巻363頁・基本判例163）。また、**安全配慮義務（債25(2)）**の履行補助者について、

債務内容との関係で債務者の安全配慮義務違反を否定したものがある（安全配慮義務の履行補助者が道交法上当然に負うべき通常の注意義務を怠ったために発生した事故について、そのような注意義務は安全配慮義務の内容に含まれないとした最判昭和58・5・27民集37巻4号477頁・基本判例165）。かつては賃貸借の例が多く、建物の貸借人の同居家族や転借人のように、債務者とともに、または債務者に代わって目的物を利用する者を利用代用者というが、広義の履行補助者には利用代用者を含み、利用代用者の過失行為の場合に債務者（賃借人）自身の債務不履行責任が認められている（大判昭和4・6・19民集8巻675頁等）。

　以上の法理は、履行遅滞以外の態様の債務不履行についても当てはまる。

　⑸　履行しないことを正当化する事由がないこと（違法なこと）

　債務者が履行を遅延しても、それが正当視されることがある。債務者が留置権（295条参照）・同時履行の抗弁権（533条参照）、危険負担による拒絶権（536条1項参照）などを有する場合がこれである。このような場合には不履行の責任を負わない（事実としての履行遅滞状態にはあっても、債務者に責任を負わせるべき状態としての債務不履行とはいえないという「債務不履行」概念による整理や、違法性がないという整理がされている）。

23　不完全履行

　不完全履行とは、債務者が一応債務を履行し、債権者がこれを受領したのであるが、その内容が「債務の本旨に従った」ものでなく、その意味で不完全なものである（大判昭和3・12・12民集7巻1085頁）。たとえば、鶏の売主が病気の鶏を届け、治療を引き受けた医師が完全な治療をせず、鉱山の調査を頼まれた者がずさんな報告を

したなどである。なお、履行期に遅れて履行遅滞に陥った後で、し
かも不完全な履行をした場合には、履行遅滞と不完全履行が競合す
ることになる。

　(1)　不完全履行の要件

　(ア)　一応債務の履行行為がされたこと　　毎時間20トンの能力が
ある揚水ポンプを引き渡す債務の履行として15トンの能力しかない
ポンプを引き渡し、債権者がこれを受領した場合には、一応履行行
為はあったものとして、不完全履行となる。これに対し、揚水ポン
プを給付すべき債務者が放水ポンプを送付しても揚水ポンプの引渡
しという債務が履行されたことにはならない。債務はなお未履行で
あり、債権者は揚水ポンプの引渡しを請求する権利を失わない（種
類違いの物を引き渡した場合でも不完全な履行として売買その他の有償
契約における契約不適合責任を発生させることがある（562条参照）が、
そもそも目的物を引き渡したことにならない場合もある）。

　(イ)　履行が本来の内容に達していないこと　　履行として給付さ
れた内容が当該債権本来の内容に達していないことである（数量が
不足している場合は、土地が所定の面積に足りなかったというときは不
完全履行であるが、金銭の支払で金額が足りなかったというときは一部
の履行遅滞となる。50冊の本を納入するべきところ48冊だけ納入したと
いうような場合も、50冊を単位とする趣旨であるのかなどの債務内容の
解釈によるところもあるが、2冊については遅滞と考えることができよ
う）。

　(ウ)　債務者の帰責事由（帰責不可事由の不存在）　　履行遅滞の場
合と同様、不完全履行が債務者の責めに帰することのできない事由に
基づくときは債務者は損害賠償責任を負わない（415条1項ただし
書）。

(2)　**追完と拡大損害**　　不完全履行の場合の処理に関連しては注意すべき2つの問題がある。

(ア)　**追完**　　追完の可能な場合と追完の不可能な場合とがある。前者に属するもののうち、債権の目的が債務者の一定の行為である場合には、それによって生じた損害賠償のほかに追完の請求ができる（たとえば不完全な手術のとき完全な手術を求めるなど）。先に挙げた例のうち病気の鶏を届けた場合は改めて健全な鶏を届けさせて追完ができるが、ずさんな調査報告をした場合はその報告を信頼して鉱山を買ったとすれば、追完は意味がなく、不可能ということになる。この区別は解除に関連しても意味をもつ（債100(3)参照）。

売買その他の有償契約において、権利の移転や物の引渡しがされたが、移転された権利や引き渡された目的物がその種類・品質・数量の点で契約の内容に適合しないものであったときの追完請求権については明文の規定があり、その具体的な内容として目的物の修補、代替物の引渡し、不足分の引渡しが定められている（562条・565条・559条。損害賠償につき564条参照）。また、代金減額請求権が規定されている（563条・565条・559条）。これらの追完請求権、代金減額請求権にあっては債務者の帰責事由・帰責不可事由は問題とならないが、債権者に帰責事由があるときは認められない（562条2項・563条3項）。

(イ)　**拡大損害**　　不完全な給付を受領したことから、債権者に、完全な給付が得られないという消極的損害のほかに、第二次的な積極的な損害の発生が生ずることがある。これを拡大損害という。受け取った鶏の病気が、債権者が従前から飼育していた鶏に伝染して大きな損害が発生したような場合がこれに属する。拡大損害のすべてが賠償すべきものとなるわけではなく、通常生ずべき損害に該当

する範囲（416条）でこれについて債務者に損害賠償の責任が生ず
ることを注意すべきである。

24 履行不能

債務の履行が不能であるときは、債権者はその履行を請求するこ
とはできないが、それが債務者の責めに帰することのできない事由に
よる履行不能でない限り、債権者は履行に代わる損害賠償債権を取
得する（415条1項ただし書・2項1号）。この意味での履行不能の要
件はつぎのとおりである。

(1) **債務の履行が不能であること**　　履行不能かどうかは、契約や
法律の規定など債務の発生原因および取引上の社会通念に照らして
判断される（412条の2第1項。債15(1)(イ)）。契約による債権について
契約締結時から不能である（原始的不能）であるとしても、直ちに
契約が不成立・無効とはならないため、契約が有効に成立している
ときは原始的不能の場合にもそのことのみによって債務不履行を理
由とする損害賠償請求が否定されることにはならない（同条2項）。
債務の一部が不能であるときは、その部分について不能の効果を生
じさせるべきだが、もし残部だけでは債務の目的を達しえないとき
は全部不能と同一に取り扱う。

履行期以前でも、履行期に不能なことが確実となれば、その時か
ら履行不能の効果を認めてよい。したがって履行期前の時点で履行
に代わる損害賠償請求が認められる。また、履行期以前でも履行不
能の効果が認められるというこの点はとくに不能を理由とする解除
の場合にも意義がある（債100(2)(ア)参照）。

(2) **債務者の帰責事由（帰責不可事由の不存在）**　　債務者が、不能
がその責めに帰することのできない事由に基づくことを証明できない
ことである（415条1項ただし書）。この点は遅滞について述べたと

同一である。なお、一度債務者の責めに帰すべき事由に基づいて遅滞となった後には、たとえ不可抗力によって不能となっても、その不能は結局その責めに帰すべき事由によるものとして債務者の責任を生じさせるのを妥当とする。したがって、債務者がその債務について遅滞の責任を負っている間に当事者双方の責めに帰することができない事由によってその債務が履行不能となったときは、その履行不能は債務者の責めに帰すべき事由によるものとみなされる（413条の2第1項）。期限に遅れて船積みをしその船が台風にあって沈没した場合（期限どおりに船積みすれば台風にあわなかった場合）などがその例である。

　なお、履行不能と同一の原因により債務者が、債務の目的物の代償である権利や利益（たとえば目的物の焼失による火災保険金債権や火災保険金）を取得したときは、債権者は、その受けた損害の額の限度において、債務者に対し、その権利の移転や利益の償還を請求することができる（代償請求権。422条の2。債31）。

25　その他の不履行

　以上の3つの態様の債務不履行のほかに、前述したように、その他の債務の本旨に従った履行とはいえない態様の債務不履行として、つぎのものがある。

　(1)　履行拒絶　　履行拒絶とは、債務者がその債務の履行を拒絶する意思を明確に表示することであり、それを翻すことが見込まれないほどに確定的なものであることを要する。したがって、「履行はしない」とただ述べただけでは（翻意の可能性もあるので）履行拒絶にはならない。履行期の前後を問わない。履行期前であっても、履行拒絶は解除原因となるし（542条1項2号・2項2号）、損害賠償債権の発生原因となる（415条2項2号参照）。

(2)　**安全配慮義務違反**　　雇用関係において使用者は労働者の労働につき、その生命・身体を害しないように配慮すべき義務を負う。このような安全配慮義務は、当事者の契約意思とは無関係に一定の契約関係や社会的接触の関係（国と公務員、建築工事の元請負会社と下請負会社従業員など）に内在する信義則に基づくものとして、学説・判例の認めるところとなり、労働契約については明文化されるに至っている（労契5条。なお、このような損害賠償と並んで使用者には労働者の業務上の負傷・疾病につき療養補償の義務がある（労基75条、労基規35条・36条））。労災事故、学校事故、医療事故、工事設備事故などの場合に、生命・身体・財産等を侵害しないように配慮すべき付随義務の存在を容認し、その違反として、債務不履行責任を問うことで、被害者（債権者となる）は、不法行為責任を問う場合の過失の立証責任や、損害および加害者を知った時から3年という短期消滅時効の重荷から救われるという実益を享受することができた（債務不履行責任であれば、債務者の帰責事由（帰責不可事由）は債務者（加害者）が立証責任を負うし、平成29年改正前は債務不履行による損害賠償債権の消滅時効は権利を行使することができる時から10年であったからである）。判例は、主として労災事故において顕著な進展をみせた（最判昭和50・2・25民集29巻2号143頁・基本判例164、最判昭和56・2・16民集35巻1号56頁、最判平成6・2・22民集48巻2号441頁・基本判例71、最判平成16・4・27民集58巻4号1032頁・基本判例352）。もっとも、立証責任については、債務不履行の事実の立証は被害者（債権者）が負い、かつ、具体的に何をすべきであったかを特定することが求められたため、立証責任の所在による実際の違いは小さなものとなっており、また、消滅時効についても、平成29年改正により一般の消滅時効につき主観的起算点から5年という短期の消滅

時効が導入され、また、人身損害についての平準化が図られて（166条1項1号・167条・724条の2）違いは小さくなっている。また、遅延損害金の発生時など債務不履行（安全配慮義務）によるほうが被害者に不利な面もある（債21(3)・22(2)・186(3)）。

(3)　説明義務違反

(ア)　契約締結過程における説明義務・情報提供義務　　保険、投資取引、不動産取引、消費者契約などにおいて重視されるのが、相手方の意思決定のための説明義務（情報提供義務）である（消費者契約に関しては消費者契約法3条1項も参照）。変額保険の投資リスク（最判平成8・10・28金法1469号49頁）、出資対象である信用組合の経営破綻の現実的な危険（最判平成23・4・22民集65巻3号1405頁・基本判例205、最判平成23・4・22判時2116号61頁）、特定の商品の先物取引において利益相反関係の生ずるおそれのある取引手法の採用と利益相反リスク（最判平成21・12・18判時2072号14頁）、建物建築のための敷地売買およびその融資における建築計画・返済計画の問題点（最判平成18・6・12判時1941号94頁）などに関して損害賠償原因となる説明義務違反が認められている（一方で否定例もある）。これらは、契約締結過程における信義則上の義務として、契約を締結するか否かを相手方が判断するにあたりその判断に影響を及ぼす情報（意思決定・自己決定のための情報）の提供・説明義務である。人身に関わるのでない財産的な被害の場合であるが、価格の適否等契約内容を十分に検討したうえで契約を締結するか否かを決定する機会を奪うものとして慰謝料請求が認められた例がある（最判平成16・11・18民集58巻8号2225頁。否定例として、地震保険に関する事項の情報提供や説明に不十分な点があったとしても慰謝料請求権の発生を肯定できる違法行為と評価できないとした最判平成15・12・9民集57巻11号

1887頁）。商品の複雑性、当事者間で保有する情報の量・質の格差、情報の理解力、一方当事者の専門性などから、このような説明義務・情報提供義務が認められ得ることは確立している。どのような事項についてどこまでの説明・情報提供が必要かについては、契約類型や当事者の属性等によって異なる。

　また、このような契約締結過程における説明義務・情報提供義務の違反が債務不履行か不法行為かという性質決定に関して、判例は、意思決定に必要な情報をもたないまま契約を締結したことにより被った損害の賠償を問題とするもので、締結された契約に基づいて生じた義務とはいえないとして債務不履行ではないとする（前掲最判平成23・4・22）。学説では、特別な社会的接触の関係に入った者の間の信義則上の義務として契約責任・債務不履行責任として捉えうるという考え方も有力である。

　なお、契約締結過程の説明・情報提供義務については個別に業法で規定されていることも少なくない（保険業294条、宅建業35条、金商37条の3（書面交付））。金融サービス提供法（金融サービスの提供に関する法律、平成12年法101号）は、預金、保険、有価証券先物取引等の金融商品の販売にあたり販売業者に説明義務を課し（4条）、その違反につき業者の損害賠償責任（6条）および損害額の推定（7条）を定めている。また、説明義務違反・情報提供義務違反は、契約締結の意思表示の取消原因ともなりうる（95条・96条1項、消費契約4条1項・2項・5条参照）。

　(イ)　契約上の義務としての説明義務・情報提供義務　　契約上の義務として説明義務・情報提供義務が認められる。医療契約におけるインフォームド・コンセントの重視（一例として末期がんを患者の家族に知らせなかったのが診療契約の付随義務に違反するとした最判平成

14・9・24判時1803号28頁。説明義務違反が不法行為として問題とされ
ることも多い。手術に関する意思決定につき、最判平成12・2・29民集
54巻2号582頁・基本判例285（宗教上の信念から輸血を伴う手術を拒否
する明確な意思を患者が有する場合）、最判平成20・4・24民集62巻5号
1178頁（チーム医療の場合）等）、医療以外の契約における新たなサー
ビスの追加の場合のリスクの説明（いわゆるダイヤルQ2に関する
最判平成13・3・27民集55巻2号434頁・基本判例166）などである。
また、目的物の使用方法に関する情報の提供・説明は、それが契約
締結段階で行われることもあるが、契約上の付随義務である（マン
ションの防火戸の作動・操作方法等に関する売主および売主から委託を
受け売主と同様の義務を負うとされた宅地建物取引業者の買主に対する
説明義務に関し最判平成17・9・16判時1912号8頁）。また、情報提供
が契約の本来的な給付である場合もある（情報提供サービスの契約な
ど）。

　(4)　その他の付随義務　　契約本来の給付義務に付随する義務を
付随義務という。特約により、あるいは信義則上認められる。解除
に関する事例であるが、特約上の租税負担義務の不履行（最判昭和
36・11・21民集15巻10号2507頁。主たる契約の目的に必須的でないとし
て解除否定）、土地売買において代金完済までは地上に建物等を築
造しない特約の違反（最判昭和43・2・23民集22巻2号281頁、必須的
であるとして解除肯定）などの例がある。また、ゴルフクラブ会員
募集用パンフレットに記載された高級ホテル等の施設の不設置が債
務不履行となるとされた例がある（最判平成11・11・30判時1701号69
頁、最判平成11・11・30金判1088号32頁。入会契約上の債務の重要な部
分を構成するときは解除原因となる）。

26 賠償すべき損害に関する原則

債務者がその債務の本旨に従った履行をしないときは、履行が不能であれば格別、債権者は、債権の内容そのものの履行を訴求し、その性質の許す限り直接・間接にこれを強制的に実現できることは先に述べたとおりである（債19・20参照）。しかし、債務の性質が強制履行を許さない場合は、不履行から債権者が被った損害は履行に代わる別の手段、つまり金銭で賠償させるほかはない。債務者の責めに帰すべき事由によって履行が不能になった場合も同様である。そればかりではない。債務者が結局は履行したのであるが、履行を遅滞したり、不完全な履行をしたために債権者が被った損害も、本来の履行に加えて、結局金銭に評価して賠償させるほかはない。このように債務不履行がある場合に、それによって生じた損害を、どの範囲で、どのように評価して賠償させるかが、重要な課題となる。

(1) **損害の種類**　賠償の対象の損害は、いくつかの側面から観察することができる。

(ア) **積極的損害と消極的損害**　たとえば、Ａの価格100万円の物の運送を引き受けたＢが、運送中にその物を滅失した場合には、Ａは100万円の物を失い、100万円の損害を被ることは明らかである。財産が積極的に減少し、または財産を支出した損害を積極的損害という。もしＡがその物を130万円でＣに売る約束ができていたとすれば、Ａはさらに30万円の得べかりし利益を失ったことになる。増えるべきものが増えなかった、または入るべき財産が入らなかったという損害を消極的損害（逸失利益）という。前者が一般に賠償されるべき損害として登場するのは当然であるが、後者も生命・身体等の人身被害の場合に将来収入の喪失として認められる。また商業上の取引等においては営業上の利益の喪失として広く見られるとこ

ろであり、それが通常の損害に当たるかどうかの認定がかなり難しい問題になる（後述(2)(ウ)参照）。

(イ)　**物質的損害（財産的損害）と精神的損害（非財産的損害）**
バスがひっくり返って乗客が腕に負傷し、腕時計がこわれたとしよう。腕時計の時価5万円と、負傷の治療代の支出7万円は、積極的損害であり、いずれも **物質的損害（財産的損害）** である。治療に10日を要し、その期間就労ができなくて得べかりし収入15万円を失ったとすれば、これも物質的損害（財産的損害）であり、また、その負傷のために一生を通じて労働能力を10%失ったとすれば、その計算は複雑であるが（後述(3)参照）、これまた物質的損害（財産的損害）であり、いずれも得べかりし利益の喪失（逸失利益）という消極的損害に当たる。これに対してこの時計が父の遺愛のものであったとか、一生腕が不自由であることなどから受ける精神的な苦痛は精神的損害である。精神的損害およびその他の無形的損害（非財産的損害）の賠償を慰謝料という。身体や名誉などの侵害には、精神的損害が伴うのが普通であるが、物質的・財産的なものの損傷によって精神的な損害が発生することもまれではない。民法は不法行為について財産以外の損害（非財産的損害）に対する賠償請求を明瞭に認めているが（710条）、債務不履行については特に、規定をおいていない。しかし、判例も学説も債務不履行についても同様であると解している。ただし、物質的損害の場合は、原則として慰謝料は認めず、特別事情があるときにのみ（416条2項）、これを認めるとしている（後述(2)(ウ)参照）。

(ウ)　**塡補賠償と遅延賠償**　　履行に代わる損害の賠償を **塡補賠償** という。履行不能や履行拒絶等の場合に認められる（415条2項1号・2号）。また、他の債務不履行、たとえば履行遅滞であっても

契約の解除がされたときは債務の履行が得られなくなるため、填補賠償が認められる。解除権を行使したときはもちろんであるが、解除権の行使が必須ではない（同項3号。継続的な給付を内容とする契約にあってある期の分について填補賠償を求める場合など）。これに対し、履行の遅延による賠償を遅延賠償という。遅延賠償は最終的に履行がされたときにも認められる。不完全履行にあっては、追完に代わる損害賠償や遅延による損害賠償が認められる（なお、同条2項の履行に代わる損害賠償が追完に代わる損害賠償を含むかについては、その性質および要件の理解、特に追完が不能でないときの催告の要否、つまり追完の催告をせずに直ちに追完に代わる損害賠償の請求をすることが認められるか、それともまず追完の催告を要するかといった具体的問題に関わり、見解が分かれる）。

(2)　賠償すべき損害

(ア)　債務不履行と損害との間に因果関係があること　　損害賠償の請求が認められるためには損害が債務の不履行によって生じたものであることを要する。事実として債務不履行と損害の発生が原因・結果の関係にあることである。この事実としての因果関係の証明が必ずしも明らかではなく、証明が難しいこともある。たとえば、交通事故で致命傷を負った者を診療した医師が、注射薬を間違えたとしても、間違えなければ患者は死亡しなかったのでない限り、死亡がこの間違い（不完全履行）によって生じたことにはならない。しかし、現実の事件においては、被害者の負傷がはたして致命傷であったかどうかは必ずしも明らかでない場合が多く、その認定はきわめて難しい（なお、債185参照）。

(イ)　通常生ずべき損害であること　　債務不履行と損害の発生との間に事実としての因果関係があるとしても、賠償すべき損害の範

91

囲は、そのうち当該の債務不履行から通常生ずべき損害に限られる（416条1項）。通常つまり一般的、定型的に発生の蓋然性が認められるかを問題とし、規範的に判断される。たとえば、材木商のAが製材機の部品を修理に出すためにBに修理工場までの輸送を依頼したところ、Bの手違いでその部品はBの倉庫に2週間とめおかれ、そのために修理も2週間遅れてしまった。そのためAはその製材機をその間動かすことができなかったとしよう。Aはどれだけの損害の賠償を求めることができるか。常識的には2週間機械を使えなかった損害が通常生ずべき損害といえよう。しかし、これに具体的な事情が加わると、問題はそう簡単ではない。もし、そのような部品については、予備品が付属しているのが普通だとすれば、Aの損害は、Bの不履行によって通常生ずべきものではなく、Aがそれを備えていなかったことによって生じたとみるべきであろう。いいかえれば、Aの損害は、Bの債務不履行によって生じたことは明らかであるが、不履行によって通常生ずべき損害ではないことになり、賠償の対象とはされないのである。

　また、事業用店舗の賃貸借契約における賃貸人の修繕義務の不履行により生じた賃借人の営業利益の喪失について、別の場所での営業再開等の損害回避・軽減措置を執ることができたと解される以降の損害分すべての請求はできない（最判平成21・1・19民集63巻1号97頁・基本判例168）というように、**債権者の損害軽減義務の観点**が通常すべき損害の範ちゅうかどうかの判断において考慮されている。なお、損害軽減「義務」といっても履行請求ができたり、懈怠が債務不履行となるわけではなく、そうしないことで（賠償が認められずその部分について負担するという）不利益を甘受すべきことになることをこう表現している。

　なお、個別の損害項目につき特殊のものとして**弁護士費用**の問題がある。債務者が任意に債務を履行しないので債権者が訴えを提起した場合に、弁護士に支払わねばならない諸費用は、通常生ずべき損害に当たるか。判例は基本的にこれを否定する（最判昭和48・10・11判時723号44頁、最判令和3・1・22判時2496号3頁）。ただし、不法行為の場合は別であるという（最判昭和44・2・27民集23巻2号441頁・基本判例333、また安全配慮義務違反を理由とする債務不履行について最判平成24・2・24判時2144号89頁）。

　(ｳ)　**特別の事情によって生じた損害**　　416条2項は特別の事情によって生じた損害の場合に「当事者がその事情を予見すべきであったとき」は、賠償の対象となると規定する。知っていたかどうか、知る可能性があったかどうかという事実の話ではなく、規範的に判断される。たとえば売主が目的物の交付を1ヶ月遅延したとする。買主がたまたまこの目的物を第三者に転売する契約をして巨額の利益を得るはずであったのに、1ヶ月の遅延のためにその利益を失ったばかりでなく、この転売が解除されてかえって違約金をとられたとしよう。普通の売買において通常生ずる損害は、1ヶ月間目的物を利用できなかったことから生ずる損害にとどまるであろう。したがって、転売による利益の喪失や、違約金支払による損害は、一般に、特別の事情によって生じた損害である。そこで、規範的な評価として売主が転売の事実を予見すべきであったといえる場合にはこれらの損害も賠償させるのが妥当である。これに対し、買主が仲買を業とする者である場合は、仲買業界の平均的な転売利益は通常の事情による損害であって、特別事情による損害ではない。その仲買業者が平均的な転売利益を大きく超過する額で第三者に転売するという特別の契約を結んでいたような事情があれば、特別事情として問

題になり、売主はその事情を予見すべきであったときに、超過額の賠償に応ずべき立場におかれる。

416条2項をめぐっては、予見の対象（事情か損害か）、時期（契約の場合、契約締結時か債務不履行時か）、主体（契約の場合、契約の両当事者か債務者か）に関して解釈問題がある。予見すべきであったのは「特別の事情」であって、損害ではない。損害と解する説もあるが実際の適用にあたってはそれほど差異を生じないであろう。また、特別の事情を予見すべき時期は、契約成立の時ではなく、債務の履行期であり、履行期までに履行期後の事情を予見すべきかが基準となる（大判大正7・8・27民録24輯1658頁・基本判例167）。予見の主体となる「当事者」は債務者である。債務者が不履行時に特別の事情を予見すべきであったと評価されるときは、債務者は自分の不履行が債権者にその種の事情ゆえにもたらす損害について賠償責任を負うべきだと考えられるからである。

(エ)　相当因果関係説・保護範囲説等　　判例および伝統的な学説は416条につき、因果関係という概念を用いて、損害賠償責任が認められるためには、不履行と損害との間に「相当の」因果関係がなければならないと説く（因果関係がある損害すべてを賠償範囲とする（完全賠償）のではなく、一定の範囲に限定されること（制限賠償）を前提に、それを「相当性」で画する）。これを相当因果関係説という。あれなければこれなしという因果の関係をたどれば、それは際限なく広がっていく。上記の例でも、修理に出した部品が返ってこないので、Aが無理して機械を動かしたところ、機械全体がだめになったとか、その際にAが負傷したとか、いろいろな損害が発生しうる。それらをすべて債務者に賠償させるのは、当事者間の公平を図ろうとする損害賠償制度の趣旨からみて妥当でない。そこで実際上際限

のない因果関係を、通常生ずる因果関係という標準で限ろうというのである。このような相当因果関係説はドイツ法の議論を参考にしたものであるが、日本法では416条が「通常生ずべき損害」という概念をもって賠償範囲を画しており、因果関係という概念を用いる必要はないと批判されている。このような伝統的な学説に対する批判をもとに、わが国の損害賠償論上は、事実としての因果関係の問題と賠償すべき損害の範囲確定は別であり、416条は後者を扱うものであって、保護範囲を定めるものであるとする見解（保護範囲説）が提唱され、有力となっている。これに対し、相当因果関係説がドイツ民法上の構成を前提として生れたという経緯を考慮すれば、構成の異なる416条に関し、相当因果関係説に立つことは正確でないかもしれないが、しかし、日本法では416条の内容を相当因果関係と呼ぶと考えればよいという見解も示されており、また、保護範囲説に対する批判もある。損害賠償論は、古も今も揺れ動いている民法学の一領域である。

(3) 賠償額の算定

(ア) 損害賠償の方法　　当事者間に違約の罰として一定の品物を交付するとか、一定の方法で謝罪するというような特約のある場合を除いて、金銭の支払によるのを原則とする（417条）。精神的損害（非財産的損害）も金銭（慰謝料）で賠償する。慰謝料についてはその債務不履行で一般人の被る苦痛を慰謝するに足るだけの金銭を支払わせることになるが、どのような精神的損害（非財産的損害）にどれだけの慰謝料の支払を命ずべきかは、結局、裁判官の裁量判断によるほかはない。これに対し、財産的損害については、損賠賠償請求者である債権者が、損害額について立証責任を負う。家屋の焼失の場合の屋内の家財一式のように、損害の発生が認められるが損

害の性質上、額の立証が極めて困難であるときは、裁判所が「相当な損害額」を認定することができる（民訴248条）。金銭債務の不履行の場合には、損害の証明は要求されず、損害賠償額は、法定利率より高い利率の約定がある場合は約定利率により、それ以外の場合は遅滞責任が生じた最初の時点における法定利率によって算出される（419条 1 項本文・ 2 項）。

　(イ)　損害額の算定の基準時期　　債務不履行によって得られるはずの目的物が得られなかったような場合、損害額の算定においてはその目的物の時価・市場価格をもって損害額が算出されるのが一般であるが、時価・市場価格が変動するとき、いつの時点の時価・市場価格によるべきか。これが損害額の算定の基準時の問題である。債務不履行によって損害賠償請求権が成立したとき、つまり責任原因発生時とみるのが一応の帰結である。たとえば、昭和50年 4 月 1 日までに移転登記と引渡しを完了する約束の建物の売買契約において、売主がその建物を第三者に二重譲渡し、移転登記もしてしまったとすれば、建物所有権の移転を目的とする債権は、履行不能によって、少なくとも 4 月 1 日には履行に代わる損害賠償（塡補賠償）債権が発生している。その場合、当日の建物の時価に、その弁済までの法定利率による遅延利息（債12(4)参照）を加えたものが損害である。ところが、建物の価格はその後うなぎ上りに騰貴して、昭和60年 4 月には 3 倍になり、事実審の最終口頭弁論期日の62年 4 月 1 日には 2 倍に値下がりしたとしよう。このような場合に買主はいわゆる中間最高価格を基準とした損害賠償の請求を認められるだろうか。判例は、最初は可能だといっていたが、後に次第にこれを修正して、結局、連合部の判決でそれは許されないと判示した（大連判大正15・ 5 ・22民集 5 巻386頁－富喜丸事件・基本判例330）。本件は不法行

為事件であったが、416条が不法行為にも適用されるとしたうえで、中間最高価格時説を否定し、原則として責任原因発生時（債務不履行時・不法行為時）を基準として算定すべきであるという説を採用した。この説を通常生ずべき損害の算定としては肯定してよかろう。しかし注意すべきは、特別の事情によって生じた損害の賠償を否定するものでないことである。判例もこのことを明言し、土地・建物の売買において売主の賠償責任が問題となった事件で、「およそ、債務者が債務の目的物を不法に処分したために債務が履行不能となった後、その目的物の価格が騰貴を続けているという特別の事情があり、かつ、債務者が、債務を履行不能とした際、右のような特別の事情の存在を知っていたかまたはこれを知りえた場合には、債権者は、債務者に対し、その目的物の騰貴した現在の価格を基準として算定した損害額の賠償を請求しうる」という（最判昭和47・4・20民集26巻3号520頁。最判昭和37・11・16民集16巻11号2280頁もほぼ同旨。平成29年改正前の416条2項は「予見し、又は予見することができたとき」と定めており、平成29年改正により、これが「予見すべきであったとき」に改められた。改正前もそう解釈して判断されており、これを明文化したものである）。上記は、履行遅滞や不完全履行による損害賠償額の算定にも準用されるであろう。

　(4)　総合的判断の必要　　注意すべきことは、賠償すべき損害の範囲にしても算定額にしても、以上のような考え方をとるにせよ、実際の適用にあたっては結局、具体的な諸事情を総合的に判断する必要があること、そのため公平の理想に訴えねばならない余地を残すことである。なぜなら、上記の設例について考えても、その通常生ずる損害といい、また特別の事情といい、売買の目的物が買主の使用を目的とするものであるか、転売を目的とする商品もしくは有

価証券であるか、転売の敏速に行われる有価証券のようなものであるか、そうでない不動産のようなものであるか、目的物の市場価格が下落に向かいつつあるか騰貴に向かいつつあるか、売買当事者が商人であるかどうか（商576条・593条2項などに特則がある）など、諸般の事情によって千差万別であって、決して一様に形式的な標準を用いることを許さないものだからである。

27　賠償すべき損害額の調整──減額事由

　最終的な損害賠償額の算出においては、当事者間の公平の観点から、さらに調整（減額調整）が行われる。

　⑴　**過失相殺**　債務の不履行やそれによる損害の発生や拡大に関して債権者にも過失があるときは、損害を債務者だけに負担させるのは公平に反するから、その責任を適当に軽減しようとする制度である（418条）。公平に基づく制度だから、両当事者の過失の大小その他諸般の事情を考慮すべきである。運送契約における債務者Bが債権者Aを自動車で運ぶ途中両者の過失で自動車が衝突し、Aが負傷したように、債務不履行自体に関して債権者の過失が加わった場合（大判大正12・10・20民集2巻596頁）も、Bだけの過失で負傷した後Aが不注意にも適当の治療を怠ったので傷が悪化したように、損害の発生に債権者の過失の加わった場合も、ともに過失相殺となる。また債権者の過失がはなはだしく大きいときは、その他の事情も考慮したうえで、債務者の責任を全部免れさせてもよい。過失相殺は不法行為についても認められる（722条2項、債185⑷参照）が、両者には若干の違いがある。

　債権者が損害の拡大を回避する措置を執ることができたのに、それをせず損害を拡大させたとき、判例はこれを賠償すべき損害の範囲の問題（通常生ずべき損害。416条1項）として扱ったものがある

が（最判平成21・1・19民集63巻1号97項・基本判例168）、学説では418条を根拠に減額の事由となりうるとする考え方も有力である（**損害軽減義務**）。

(2) **損益相殺**　債務不履行によって損害を受けた者が、債務不履行と同じ原因によって得た利益を控除して損害賠償額を定めることをいう。たとえば、売主が機械の引渡義務を遅滞した場合に、買主は、売主に対してその機械を使用して得られたはずの損害賠償を請求できるが、履行遅滞の間に支出を免れた機械の維持費や人件費を差し引くことになる。人身被害の場合に、将来の収入が得られなくなった、その逸失利益を算出するにあたって、将来にわたって得られるはずであった収入総額から生活費が控除されるのもこの考え方による（なお、さらに現在化のために中間利息を控除することが定着している（417条の2参照））。

28　金銭債務の特則

以上の原則に対して、金銭債務は例外となることすでに言及したとおりである。金銭債務は履行不能になることはないから、常に履行遅滞である。金銭債務の遅滞においてはその原因が不可抗力に基づくことを証明しても賠償義務を免れえない（419条3項）。そればかりでなく、債権者側に損害があったかどうかも問題とせずに、当然賠償義務を負わされる（同条2項）。その代わり、賠償額は常に一定の率による。すなわち、原則として法定利率、もしそれ以上の約定利率があったらその約定利率による（同条1項）。無利息で借りた金を弁済期に返済しなければその時から404条2項の率（遅延している間に法定利率に変動があるときも、遅滞の責任を負った最初の時点の法定利率によって計算する）、もし1割の利息付きで借りた金なら、弁済期後もやはり1割である。約定利率が利息制限法所定の制

限を超える場合は、遅延損害金について特約がなければ（利息1条・4条参照）、同法所定の利率に減縮される（債12(6)(イ)参照）。これを普通に遅延利息と呼んでいるが、理論上は損害賠償であって利息ではない。金銭債務に関するこのような例外は、金銭はその作用において万能の力を有するから、これを保有すべくして保有しなかった債権者には常に一定率の損害が発生し、その反面これを保有した債務者にはそれだけの利得が帰属したと考えられるので、債務者の帰責事由（帰責不可事由）の有無を問わず常に一定率の賠償で形式的に取り扱うのがかえって公平だとの考えに基づくものである。その反面として、約定利率または法定利率を超える損害が生じたことを証明しても、その賠償を請求することはできないというのが判例である（最判昭和48・10・11判時723号44頁。学説では批判もある）。ただし、組合の出資金等についてなど個別に例外が認められている（669条・647条・704条・873条2項、会社582条など参照）。

29　損害賠償に関する約定

(1)　賠償額の予定　　当事者があらかじめ債務不履行の場合に賠償すべき額を定めた場合である。

(ア)　賠償額の予定の性質　　注文品の製作に1日遅れれば1万円ずつ賠償をすると約束したり（遅延賠償）、特定の品物の交付が不能になったら代わりに100万円を賠償すると約束するような場合（填補賠償）である。このような場合には、債権者は不履行の事実を証明すればそれだけで約定の賠償額を請求できる。損害を受けたことを証明する必要はない。また債務者が、不可抗力によって不履行となったことや、債権者の実際の損害が約定額と異なることを証明しても、賠償義務を免れることはできないと解すべきである。賠償額の予定は帰責事由の有無、損害の大小などを問題とせず一律に

解決しようとする趣旨であるのが普通だからである。

(イ)　予定賠償額の裁判所による増減　　当事者の約束した賠償額が過大であっても過小であっても、裁判所はこれを増減することはできないのが原則である。このことは平成29年改正前は420条1項後段に明文化されていた。理論的にいえば契約自由の原則の範疇である限り当然自明のことであるが（91条・521条2項参照）、沿革的にみれば理由がある。元来当事者の定める違約の罰は債権者の一方的利益に傾きやすいので，利息、ことに高利とともに制限・禁止されたのであるが、近代法が取引上の自由競争を尊重するに及んで、これを無制限に認めるようになった。民法はこの理想を示したものである。しかし、その後さらに経済的弱者を保護しようとする思想が強くなったので、ドイツ、スイスなどの民法には裁判所は不当に巨額の予定賠償金を適当に減額しうると規定されることになった。労働関係においてはさらに一歩進めて、労働契約の不履行について違約金を定め、または損害賠償額を予定する契約を締結すること自体を禁止している（労基16条、船員33条参照）。平成29年改正前民法の規定に対しても、金銭を目的とする消費貸借上の債務については利息制限法4条の例外があり、通常の制限利率の1.46倍までの賠償額の予定が認められている（営業的金銭消費貸借の場合は、賠償額の元本に対する割合が年2割（利息7条。債12(6)(イ)参照）。約定利率が同法の制限利率を超えているときは制限利率に引き直され、延滞利息も同じ利率で認められるにすぎないことは、前に述べた（債12(6)(ウ)(c)参照）。また消費者契約の場合に一定の損害賠償額の予定条項の無効が明定されている（消費者契約9条。後述(カ)）。そのほかにも不当に巨額な賠償額の予定が公序良俗に反して無効となることのあるのはもちろんである（90条参照）。逆に不当に少額の賠償額の予定

条項が公序良俗に反して無効となることがある。かくして、公序良俗違反等を理由に全部、一部の無効を通じて予定賠償額を増減する判断がされうることから、平成29年改正において裁判所はその額を増減することはできないとする420条1項後段は削除されている。しかし、90条等に基づく場合は別として、実損の有無等に照らして裁判所が当事者の合意を改変（つまり賠償額を増減）することはできないというのは、契約自由の原則から導かれるもので、それが基本である点に変更をきたすものではない。

　(ウ)　解除との関係　　賠償額の予定は履行の請求または解除権の行使とは別問題であるから、前者の存在が常に後者を排斥するわけではない（420条2項）。前例で1日遅延すれば1万円ずつ払うという約束がある場合は、注文品の履行と遅延賠償の支払とをあわせて請求できる。しかし、注文品の製作の遅延に業を煮やし最後通牒を発して契約を解除するときは（541条参照）、その品物の製作に代わる損害の賠償を請求しうるけれども（545条4項参照）、約定の1日1万円というのはその標準とはならない。また、前例の品物の交付が不能となれば100万円支払うという約束では、解除をした場合にも100万円を請求できるが、遅延したときに100万円と品物を交付せよと請求できないのは当然である。このように、予定賠償額が遅延賠償であるか填補賠償であるかによって、履行と解除との関係に差異を生ずるけれども、それは一般の理論から生ずることであって、賠償額の予定に独特の理論があるわけではない。

　(エ)　違約金　　損害賠償額の予定と類似したものに違約金なるものがある。これは損害賠償額の予定よりも漠然とした観念であって、当事者はこれにさまざまの内容を与えることができる。債務不履行があればとにかく違約金を支払い、実際の損害は別に証明してさら

に請求しうる趣旨であったり（違約罰といわれる）、あるいは損害賠償の最低額の予定であったり、あるいは責めに帰すべき事由のないとき（または責めに帰することができない事由のあるとき）は支払わない趣旨であったり、その他種々の趣旨でありうる。しかし、民法は一般にこれを賠償額の予定と推定した（420条3項）。これが最も普通であろうし、また合理的だからである。その結果違約金が損害賠償の予定でないと主張する者がその立証責任を負わされることになる。

　(ｵ)　金銭以外のものによる賠償の予定　　当事者は損害賠償として、あるいは違約罰として、金銭以外のものを予定することがある。この場合は、金銭をもって定めた場合と同様の理論に従ってこれを取り扱う（421条）。

　(ｶ)　消費者契約法の定め　　消費者契約法（平成12年法61号）は、事業者と消費者との間の情報の質、量および交渉力の格差からみて消費者の利益のために、消費者が支払う過大な損害賠償額予定条項・違約金条項の無効を個別に定める（9条）。すなわち、第1に、消費者契約の解除に伴う損害賠償の額または違約金の額を合算した額が、同種の消費者契約の解除に伴い当該事業者に生ずべき平均的な損害の額を超える場合、その超過部分（1号）、第2に、消費者契約に基づく金銭債務の履行遅滞における損害賠償の額の予定または違約金を定めた場合に、支払期日の残額に年14.6％の割合を乗じて計算した額を超える場合、その超過部分（2号）がそれぞれ無効となる（一部無効）。これらに該当しない条項であっても、消費者契約法10条により無効となる余地がある（たとえば、建物賃貸借契約終了後明渡しまでの間の損害金についての賠償額予定条項など、消費者契約の解除以外の局面での賠償額予定条項の場合等）。

⑵　**損害賠償責任の免除・責任制限**　　損害賠償責任の（全部・一部の）免除の合意や、損害賠償について一定額（たとえば、5 万円を限度として、代金額を限度として、など）を上限とする合意（**責任制限条項**）は、公序良俗に反しないかぎり、一般的には有効である（なお定型約款中の個別条項について548条の 2 第 2 項参照）。前述した消費者契約法は消費者の利益を擁護するために、事業者の債務不履行による損害賠償責任（および履行の際の不法行為による損害賠償責任）を免除する一定の条項を無効としている（8 条）。すなわち、①事業者の損害賠償責任の全部免除条項（同条 1 項 1 号・3 号）、②事業者の故意・重過失による不履行の場合の損害賠償責任の一部免除条項（同項 2 号・4 号）である。なお、契約不適合の場合の売主等の損害賠償責任については、あわせて、追完や代金減額という救済方法が定められている場合や他の事業者が損害賠償責任を負う旨が定められているときは、除外される（同条 2 項）。また、事業者に損害賠償責任があるかどうかの判断・決定権限を事業者に与える条項も無効とされる（同条 1 項各号）。客観的に債務不履行による損害賠償の要件を満たすときも、事業者が満たさないと判断・決定することができるのは実質において責任免除を可能とする条項と評価されるからである。

30　損害賠償者の代位

　たとえば、債権者の所有である価額10万円の時計を保管する債務者が、その目的物を損傷し時計としての役に立たなくしたために、その金額である10万円を損害賠償として支払った場合に、その損傷した時計をなお債権者に交付するときは、債権者は不当に利益を受けることになる。その損傷した物は債務者の所有にしなければ公平を失する。そこで民法は、債務者が損害賠償として債権の目的であ

る物または権利の価額の全部を支払ったときは、債務者はその物または権利について当然債権者に代位するものと規定した（422条）。これを損害賠償者の代位という（否定例として最判平成元・4・27民集43巻4号278頁・基本判例169）。代位するというのは、債権者の地位に代わるという意味で、法律的にはその債権の目的物について債権者の有する権利が当然債務者に移転することである（弁済者の代位というときの代位も類似の性質である（499条以下、債62(2)参照））。前例では損傷した時計の所有権は全額の賠償のときに当然債務者に移転する。もし債務者以外の第三者が損傷したのであって、債権者が所有者としてこの第三者に対して、不法行為に基づく損害賠償請求権も取得したとすれば、この損害賠償請求権が当然に債務者に移転する。なお、これらの場合は、法律に基づく当然の移転であるから、動産所有権の譲渡の際の引渡し（178条）や債権譲渡の際の通知等（467条）のような対抗要件を必要としないと解されている。

31 代償請求権

　目的物が滅失するなどして債務が履行不能となったとき、建物の売買において所有権を移転する前に目的物が火災により焼失して売主が火災保険金を得たり、故意に火災を起こした第三者に対し不法行為に基づく損害賠償債権を得たというような場合、目的物の滅失により売主の債務は履行不能となるが、その代償として売主が得た火災保険金や損害賠償債権について、債権者たる買主は、その受けた損害の額の限度において、債務者たる売主に対し、火災保険金の償還や損害賠償債権の移転を請求できる。このように、履行不能の場合において、履行不能をもたらしたのと同一の原因により、債務の目的物の代償である権利や利益を債務者が得たときは、債権者は、その受けた損害の額の限度において、債務者に対し、その権利の移

転や利益の償還を請求することができる。**代償請求権**という（422条の2。なお、火災保険金は火災保険契約に基づき得られる給付であるが、代償に該当するものと認められている）。判例（最判昭41・12・23民集20巻10号2211頁）・学説上認められていた権利であったのが、平成29年改正により明文化された。当事者間の公平の観点からの調整であり、損益相殺や賠償者代位と根幹において共通する。

　履行不能が債務者の責めに帰することができない事由による場合のように、損害賠償請求権が認められない場合にも代償請求権は認められ、そのような場合に特に意義がある。債務者に帰責事由がなく（帰責不可事由があり）損害賠償債権が生じない場合に限定されていないから、債務者の帰責事由（帰責不可事由）の有無を問わず、したがって、損害賠償債権が生じる場合には、債権者が選択することができる（二重取りはできない。これに対し、代償請求権は公平の観点から認められるもので、債権者の保護は損害賠償で十分であるから、損害賠償債権が生じないときに限られるべきであり、したがって、債務者の責めに帰することができない事由による履行不能の場合に限定されるべきであるという見解もある）。

第4節　債権者の受領遅滞

32　受領遅滞

(1)　**受領遅滞の意義**　　債務者が債務の内容を実現するためには、多かれ少なかれ債権者の協力（受領）を要する場合がきわめて多い。毎日午後8時以後はやかましくしないというような不作為債務は協力を必要としない。しかし、その他の債務は、債権者の供給する材料に加工するというような債務はもちろん、金銭を支払う債務さえ

多少の協力を要する（例えば、債務者が約束どおり金銭を持参して債権者に差し出し受け取るよう求めても債権者が受け取らなければ債務を履行したことにはならない）。したがって、債務者ができるだけのことをして、債権者の協力を促すにもかかわらず、債権者が協力しないときは、債務者の責任を軽減し、あるいは債権者の責任を認めるという途を講じなければならない。民法は、債権者の受領を要する債務について、債務者が債務者の側でなすべきことをしたにもかかわらず（これを履行の提供（413条1項）、弁済の提供（492条・493条・494条1項1号）という）、債権者が債務の履行を受けることを拒み、または受けることができないときは、債務は履行されていない状態ではあるものの債務者は債務不履行による責任（遅滞による責任）を負わないことを定める（492条）とともに、その債権者は、履行の提供があった時から一定の責任・負担を負うことを定める（413条）。すなわち、①特定物の引渡債務の場合に債務者が負う目的物の保存義務が軽減され、②増加した履行費用は債権者の負担となり、③受領遅滞となった後に当事者双方の責めに帰することができない事由によって履行不能となったときはその履行不能は債権者の責めに帰すべき事由によるものとみなされる（413条・413条の2第2項）。これを債権者の受領遅滞（債権者遅滞）という（債21(1)参照）。債権者が受領しないときや受領できないときは債務者は供託、すなわち債務の目的物を供託所に保管させることによってすべて債務を免れることも可能である（494条—498条）。しかし、債務の性質によっては供託に適しないものもある。また、債権者が協力しない場合に常に供託を強要することは必ずしも公平であるとはいえない。供託と並んで受領遅滞という制度の必要なゆえんである。

(2)　**受領遅滞の要件**　　受領を要する債務について、履行期に履

行が可能であって、債務者が履行の提供をすること——債務の本旨に従って現実にしなければならない、ただし債権者があらかじめ受領を拒んでいるときは履行の準備をし、これを債権者に通知してその受領を催告をすれば足りる（493条）——が必要である（413条・413条の2第2項。ただし413条2項は明文で履行の提供を要件としていないために、同項についてはこれを要しないという見解もある）。債務者がどんな準備をしていかなる通知をすべきかは債務の種類とそのときの事情とに応じ、社会の取引観念と信義の原則とを標準として決定すべきである。詳細は弁済の提供について述べる（債61参照）。債権者が受領せず（受領拒絶）または受領しえない（受領不能）ことが必要であるが、債権者の受領拒絶や受領不能が債権者の責めに帰すべき事由に基づくことは要しないと解される。

　履行不能か受領遅滞（債権者の受領拒絶・受領不能）かがときに、特に役務提供を内容とする債務について問題となりうる。たとえば、労働に従事する債務につき、交通機関の途絶で労働者が工場に行けないときは、履行不能であるから受領遅滞の問題ではない。使用者が、停電のために工場を休み、または材料を切らせたために工場を休む場合は履行は可能だから受領遅滞となりうる。

　受領拒絶の場合に、債権者が態度を改め、それまでの受領遅滞の効果を承認して、以後は履行の提供があれば確実に受領をする旨を債務者に通知するなど、自己の受領遅滞を解消するための措置を講じたときは、受領遅滞は消滅する（最判昭和45・8・20民集24巻9号1243頁等参照）。

(3)　受領遅滞の効果

　民法は受領遅滞の効果として、①特定物の引渡債務の債務者が負う目的物の保存義務の軽減、②履行費用の増加分の債権者負担、③

受領遅滞後の当事者双方の責めに帰することができない事由による履行不能の場合の債権者の帰責事由擬制を定める（413条・413条の2第2項）。このほか、債権者の受領不能や債務者の弁済提供に対する債権者の受領拒絶は、供託原因となる。したがって、債務者は目的物を供託して債務を免れることができる（494条1項）。また、そもそも、債務者は履行の提供（弁済の提供）をすれば、債権者が受領しなかった（拒絶・不能）ために債務の履行がされていない状態であるからといってそのことによる債務不履行責任を負わない（492条）。たとえば、これをもって債務不履行であるとして損害賠償や違約金をとられたり、担保物権が実行されたり、強制執行を受けたりすることはない。この債務者の免責は、履行の提供（弁済の提供）の効果である。また、期限前弁済の場合に約定利息の発生を止める。弁済期前の提供が本旨に従うものとみられるのは、債務者が期限の利益を放棄することのできる場合であるが（136条参照）、このような場合に提供があるにもかかわらず、なお弁済期までの約定利息を支払わせるのは、あたかも履行遅滞による遅延賠償を支払わせると同一に帰するからである（債28参照）。

　(ア)　**特定物引渡債務の場合の保存義務の軽減**　　特定物の引渡債務にあっては、履行の提供の後は目的物の保存についての注意義務は軽減され、自己の財産に対するのと同一の注意をもって保管すれば足りる（413条1項）。このような場合には何らの報酬なくして債権者のために保管するものであることあたかも無償の受寄者と同様だからである（659条・400条参照）。保存義務の軽減によって生じるリスクは債権者が負担することになる。

　(イ)　**履行費用の増加分の債権者負担**　　受領遅滞のために、債務の履行や目的物の保管の費用が増加したときは、増加額は債権者

の負担となり、債務者は増加額を債権者に対して請求しうる（413条2項。485条ただし書参照）。

　㈦　**受領遅滞中の履行不能の場合の帰責事由**　　受領遅滞中に生じた債権者債務者双方の責めに帰することのできない事由による履行不能は、債権者の責めに帰すべき事由によるものとみなされる（413条の2第2項。売買の場合につき567条2項も参照）。たとえば、約束通り、債務者が目的の特定物を債権者のもとに持参したが債権者が受け取らなかったため、持ち帰り、必要な注意を尽くして保存していたが、自然災害のために目的物が滅失した場合、目的物の滅失によりその引渡債務は履行不能となり、また、履行不能の原因は自然災害であるが、債権者の責めに帰すべき事由による履行不能とみなされ、そのリスクは債権者が負担する（債権者は反対給付の履行を拒むことはできず（536条2項）、また、契約を解除することができない（543条））。債権者が受領していれば債務は満足的に消滅していたはずであり、目的物滅失の不利益も債権者が負うはずであったから、たとえ受領遅滞に債権者の責めに帰すべき事由がないとしても、それは債権者側の事情であって債権者がコントロールすべき事項であるから、債務者はなすべきことをすべてしている以上、受領遅滞下での双方の責めに帰することのできない事由による履行不能については債権者のリスク負担とするのが公平にかなうという判断による。

　㈢　**契約の解除・損害賠償と受領遅滞の性質**　　債務者はさらに債権者の受領遅滞を理由として損害賠償を請求することができるか、また、受領を催告してなお債権者が受領しないときに契約の解除ができるか。これは受領遅滞の性質をどうみるかにかかわる。平成29年改正前は、受領遅滞については413条が「債権者が債務の履行を

受けることを拒み、又は受けることができないときは、その債権者は、履行の提供があった時から遅滞の責任を負う。」とのみ定めていたため、弁済の提供（平成29年改正前の492条は、「債務の不履行によって生ずべき一切の責任を免れる」と定めていた）との関係や受領遅滞の具体的効果とその位置づけに関して議論があり、受領遅滞は**債権者の義務を前提とするもの**かどうかについて、また、具体的には特に債務者からの損害賠償請求や契約の解除の可否について見解が対立していた。**債権者の義務を否定する法定責任説**と肯定する**債務不履行責任説**に大別されるが、法定責任説のもとでも特約により債権者が受領義務を負うことは否定されず、また契約類型や個別の契約の解釈により、また慣習や信義則を基礎に受領義務が導かれる場合があることは認められる。さらに、売買のような双務契約の場合、債権者は反対給付をする債務を負っておりその不履行につき損害賠償や契約の解除をなしうるため、両説の対立点は実際には多くはない（たとえば、特定物の売買において債権者が債務者の履行の提供にもかかわらず受領を拒絶した場合、債務者は、債権者の代金支払債務についての債務不履行を理由に損害賠償請求や契約の解除ができる。ただし、たとえば、目的物を受領して検品をして翌月末に支払うといった契約内容の場合は、代金債務の不履行を理由とする契約の解除等は難しい。片務契約の場合にどうなるかという問題もある）。平成29年改正により弁済の提供との関係の整理や受領遅滞の具体的な効果の明文化が行われたが、受領遅滞の性質や損害賠償・契約の解除については解釈に委ねられている。

　(a)　**法定責任説**　　債権者は受領の義務を負い、受領遅滞はこの義務違反として、あたかも債務者の履行遅滞と同一の本質を有するものであろうか。判例（大判大正 4・5・29民録21輯858頁、最判昭和

40・12・3民集19巻9号2090頁・基本判例159。前者は売買、後者は請負であり、いずれも契約の解除が問題となった事案）および大多数の学者は否と答える。債権は権利であって、その放棄（債務の免除）も債務者の意思を問わずに自由にしうるものだから（519条参照）、これを行使する義務を伴うべきではないというのである。この前提に立ち、受領遅滞は法律的な義務違反ではなく、単に債権者債務者間の信義則から要求される債権者の責任にすぎないとみる（法定責任説）。また、債権者に義務はなく、損害賠償等の特別の規定がない以上、受領遅滞一般につきその効果として損害賠償や契約の解除は導かれない。

　法定責任説のもとでも、債権者の受領義務を当事者が合意する場合にはその効力が認められる。さらに売買・請負契約のように、債権者が目的物の引取りを内容とする契約においては、債権者の引取義務を認め、その違反につき債務者からの契約解除・損害賠償を認める。このように契約類型や個別事情によっては、当事者の合意や契約の解釈、信義則などにより債権者の受領義務が認められ、その違反についての損害賠償請求や契約の解除がありうる（415条や541条－543条の一般則による）。逆にそのような場合を超えておよそ一般に受領を要する債権について債権者の受領義務を認めるのは適切ではないというのがこの見解ということになる。

　判例も、約定の時期までにある鉱区から採掘する硫黄鉱石の全量を買い取る契約の場合に買主は「鉱石を引き取り、かつ、その代金を支払うべき法律関係が存在していた」と解し、中途からの引取の拒絶は「債務不履行の効果を生ずる」ことを認め、損害賠償の支払を命じている（最判昭和46・12・16民集25巻9号1472頁・基本判例160。なお、この契約を鉱石の送付ごとに具体的な売買契約が成立する予約と

みているのかどうか必ずしも明確でない）。

　(b)　債務不履行説　　権利といえどもこれを正当に行使すべき義務を伴うことはその本質に反するものではない。ことに債権・債務は両当事者の信頼の上に立つものである。その内容の実現も多くの場合両当事者の協力によらなければ完成できないものであるから、債権者の協力義務は今日ではもはやこれを法律的な義務、すなわち、一種の債務であるとみるのをむしろ正当とする。この前提に立つときは受領遅滞は債務不履行の一種となる（債務不履行説）。この学説は、平成29年改正前の413条を前提に、民法が受領遅滞について単に413条1ヵ条を設けたにすぎず、それを債務不履行の規定の中に挿入しているのは、債権者側の不受領を債務者側の不履行と同じく債務不履行としての取扱いを受ける趣旨だという（平成29年改正によりいささか状況が変わっているが、平成29年改正後についても、規定の位置に変化はなく、具体化された効果以外は一般則による趣旨であるという説明になろう）。

第 4 章　債権者代位権および詐害行為取消権

33　債権の対外的効力の二方面

　債務者の全財産に執行することが債権の最後の保障となることはすでに一言した（その意味において、債務者の財産は責任財産と呼ばれる）。いわゆるなす債務は、ある程度まではこれを強制的に実現できるが、その手段である代替執行は債務者に費用を請求することであり、また間接強制は損害賠償を命ずることであり（債20(3)参照）、そして損害賠償は金銭賠償である。物の引渡しを目的とする「与える債務」については直接強制をすることができるが、債務者がその物を第三者に譲渡したりして履行が不能となれば金銭賠償によるほかない。このように、債権は結局、金銭の支払という形態に帰することが多い。そしてこの形態においては、債権は、債務者の全財産に対し、これを差し押えこれを換価してその満足を得るために、最も強力な強制手段をもつことになる。しかし、債権者の数が多く、債権総額が債務者の全財産を超過するような場合になると、担保物権を有する債権者だけが優先的地位をもち、他の債権者は担保物権の目的たる財産以外の財産について平等の割合で配当を受けられるだけである（債権者平等の原則、物82(1)参照）。したがって、債務者の全財産の適当な維持は、一般の債権の最後の効力を確保するために欠くことのできない手段である。本来、債務者は自己の所有する財産について、自由に使用し、収益を取得し、処分することができるのが原則である。そこで、このような債務者の財産上の自由に対して、債権者が債務者の財産を維持するためにどこまで介入できるかを明確にすることは難しい問題である。

しかし、もし債務者が、たとえば、他人から取り立てうる債権が
あるのにこれをしないでいるというようなことで、その財産の減少
を防止する処置を講じなかったり、あるいは財産を他人に贈与する
というようなことで故意にその財産を減少する行為をしたりすると
きに、債権者はこれを傍観するよりほかはないとすれば、債権の効
力ははなはだしく減殺される。そこで民法は、債務者が財産の減少
を防止する処置を講じないときは債権者がこれに代わってその処置
を講じ、たとえばその債権を取り立てうるものとし、また債務者が
故意に財産を減少する行為をするときはその行為の効力を否認して、
たとえば贈与の目的物を取り戻しうるものとした。前者が債権者代
位権であり、後者が詐害行為取消権である。このような債務者の責
任財産保全のための両者をあわせて債権の対外的効力という（債15
⑴参照）。

34 債権者代位権

⑴ **債権者代位権の要件**

⑺ **被保全債権**　被保全債権がどの程度具体的に定まっていな
ければならないかについては、あまり論じられてこなかった。判例
は、離婚によって生じうる財産分与請求権について、具体的な内容
が形成されるまでは、その範囲および内容が不確定・不明確である
から、そのような財産分与請求権を保全するために債権者代位権を
行使することはできないとした（最判昭和55・7・11民集34巻4号
628頁・基本判例171）。債権者代位権は、弁済期が到来しなければ、
行使することができないとされていて（423条2項）、弁済期未到来
の債権による裁判上の代位制度も廃止されたのであるから、判例の
考え方は妥当であろう。

⑷ **債権保全の必要性**　債権者が債務者に代わって債務者の権

利を行使することができるのは、自己の債権を保全するために必要
があるときである（423条1項本文）。ここで、保全の必要性というの
のは、債務者の無資力を意味するものと解されている。金銭債権を
保全するための代位権行使については、債務者の無資力を要件とす
ることに疑問はない（最判昭和40・10・12民集19巻7号1777頁）。

　しかし、第1に、たとえば、家主Bが借家人Aと賃貸借契約を締
結したが、前賃借人Cが不法にも家屋を占拠して立ち退かないとす
る。BがCを立ち退かせて家屋をAに提供しない場合に、AはBに
代位してCに対する立退請求をしうるであろうか。もし、債権者代
位権の要件である債権の保全に必要だ、ということをAの賃借権そ
のものの実現に必要という意味に解すれば、Bの資産状態を問わず
に代位権を肯定すべきことになる。これに反し、Aの賃借権がBの
不履行によって損害賠償に代わってもBの財産がこれを満足させる
に足りないことを必要とする意味に解すれば、Bが他に資産を有す
る以上代位権を否定すべきことになる。いずれの意味に解すべきで
あろうか。元来、債権の第三者に対する効力は、債権の最後のより
どころである債務者の一般財産を維持する制度であるということは
前に述べたとおりである。この理論からいうときは、保全の必要性
は、後の意味（換言すれば債務者の無資力）に解すべきものといわね
ばならないはずである。債権の保全という言葉もそのような意味あ
いをもっている。しかし、わが国の判例は、かなり以前から、これ
を前の意味に解し、借家人Aに代位権を認めている（大判昭和4・
12・16民集8巻944頁・基本判例173）。同様の例は他にもある。第2
に、B所有の建物上の抵当権者Aは、この建物の不法占有者Cに対
し、Bに代位してBの有する所有権に基づく妨害排除請求権を行使
することができる（最大判平成11・11・24民集53巻8号1899頁・基本

判例147)。第3に、C所有の不動産がBに売られ、BからさらにA
に転売されたのに、登記がなおCにある場合に、Aは、Bの資産状
態を問わず常に、Bに代位してCの登記をBに移転させることがで
きると認めている（大判明治43・7・6民集16輯537頁）。これらは債
権者代位権の本来の存在理由には明らかにもとる解釈である。しか
し、多数の学者はこれらの判例理論を肯定し債権者代位権の転用と
呼んでいる。結局、学説・判例は、債権保全の必要性を債務者の無
資力と解したうえで、妨害排除請求権・登記請求権などの特定債権
の保全を目的とする場合には、債務者の無資力を要件としないもの
と理解することも可能である（なお、後述するように、平成29年改正
においては、債権者代位権についても重要な改正が行われている）。

　(ｳ)　債務者の権利の不行使　　債務者がいまだその権利を行使し
ていないことである。たとえば、債務者がその有する10万円の債権
の弁済として時計を受け取った（代物弁済）とか、あるいはその債
務を免除したというようなときは、債権者にとって、それがいかに
不利益なものでも、もはや代位権行使の余地はない（最判昭和28・
12・14民集7巻12号1386頁・基本判例170）。ただ、それらが後に述べ
る詐害行為として取り消されることがあるだけである。

　(ｴ)　弁済期の到来　　債権者が代位権を行使するためには、その
債権が弁済期に達していることが原則として必要であるが、単なる
保存行為、たとえば債務者の未登記の権利について登記をする（不
登59条7号参照）というような行為の代位は、弁済期前にもするこ
とができる（423条2項）。平成29年改正前においては、債権の弁済
期が未到来の場合には、裁判所の許可を受けてするいわゆる裁判上
の代位制度が認められていたが（改正前非訟85条－91条参照）、改正
により裁判上の代位制度は廃止された。被保全債権の弁済期が未到

来であっても、民事保全制度の活用によって債権者の保護が図られ
ていること、裁判上の代位の利用例が少ないことなどがその理由で
ある。

　㈢　強制執行による実現の可能性　　被保全債権が強制執行によ
り実現することができない権利であるときは、債権者は代位権を行
使することはできない（423条3項）。従来の判例・学説に従って、
平成29年改正において明文化されたものである。債権者代位権は、
債務者の財産を保全して強制執行の準備をする制度であるから、訴
求力があっても、強制執行することができない債権は、被保全債権
としての適格性を欠くというのがその理由である。たとえば、破産
者について免責許可決定が確定した場合に、破産者は破産債権につ
いて責任を免れるので、破産債権者は破産債権を被保全債権として、
破産者の債権を代位行使することはできない。

　㈣　代位の目的となる権利　　民法423条1項は、債務者の一身
専属権および差押えを禁じられた債権が債権者代位権の目的（対
象）とならないことをただし書で規定するだけで、どのような権利
が代位の目的になるかをとくに明示していない。したがって、原則
としてその代位権行使の目的となる権利が請求権であるか、形成権
であるかなど、権利の種類を問題とせず、債権の保全にとって必要
である限り、債権者は、債務者に属する権利を広く代位行使するこ
とができると解されている。判例では、金銭の支払請求権のみなら
ず、移転登記請求権（前掲大判明治43・7・6）、抹消登記請求権（最
判昭和39・4・17民集18巻4号529頁）、妨害排除請求権（前掲最大判平
成11・11・24）、債権の消滅時効の援用権（最判昭和43・9・26民集22巻9
号2002頁・基本判例172）第三者異議の訴え（大判昭和7・7・22民集11
巻1629頁）、委任契約解除権（大判大正8・2・8民録25輯75頁）などに

ついて、代位行使が認められている。また、学説では、制限行為能力または詐欺・強迫を理由とする取消権についても代位行使が認められるとしている。

(キ) 代位の目的とならない権利　　民法423条1項ただし書は、一身専属権および差押えを禁じられた債権が債権者代位の目的とならないことを規定している。

(a) 差押えを禁じられた債権　　差押えを禁じられた債権（民執152条参照）は、代位の目的とはならない。平成29年改正前には、明文の規定はなかったが、学説は、代位の目的とならないと解してきた。改正法は、そのような解釈論に従って、これを明文化したものである。その理由は、これは主として債務者の生存のために控除されるべき財産であって、債権者のための最後のよりどころとはならないものだからである。またたとえ財産的影響を生ずる権利でも、親権や配偶者の同居請求権というような、非財産的権利は代位の目的とはならない。

(b) 一身専属権　　債務者の一身専属権も債権者代位の目的とはならない。ここにいう一身専属権とは、その権利を行使するか否かを権利者の個人的意思に任せねばならないものをいう（行使上の一身専属権）。なお、相続のときにも、被相続人の一身専属権は相続されない（896条参照）。しかし、これは権利が特にその個人にのみ帰属し、譲渡・相続の対象とならないものを指すのであって（帰属上の一身専属権）、債権者代位権における一身専属権とは多少その範囲を異にする（相続における一身専属権については、相13(2)参照）。一身専属権として、債権者による代位行使が認められない権利として、以下のようなものがあげられている。第1に、認知請求権（787条）、離婚請求権（770条）などの身分法上の権利である。もっとも、こ

れらの権利は、債務者の財産に与える影響は大きくなく、実際上代位権行使が問題となることはないと考えられる。身分法上の権利であっても、財産的内容の権利である夫婦間の契約取消権、離婚による財産分与請求権（768条）、遺留分侵害額の支払請求権（1046条。なお平成30年改正前の1031条による遺留分減殺請求権が債権者代位の目的とならないとした最判平成13・11・22民集55巻6号1033頁参照）などについても、代位行使の目的とならないと解されている。第2に、身分法上の権利ではないが、権利を行使するかどうかが権利者（債権者代位における債務者）の自由な意思によってのみ決定されるべきであると考えられている権利である（たとえば、最判昭和58・10・6民集37巻8号1041頁は、傍論であるが、名誉毀損による慰謝料請求権が行使上の一身専属権であるとし、その具体的金額が当事者間で客観的に確定したときまたは被害者が死亡したときは行使上の一身専属性を失うとしている）。

(2)　代位権の行使

(ア)　行使の方法　　詐害行為取消権については、裁判所に請求できると規定されているが（424条1項）、債権者代位権については、そのような定めはないので、裁判上である必要はなく、裁判外であっても、自由に代位権を行使できる（前述のように、期限未到来の債権に基づく代位権行使については、裁判上でなければならなかったが、平成29年改正により、裁判上の代位制度は廃止された）。その場合に、債権者は、債務者の代理人としてではなく、自己固有の資格において債務者の権利を行使するものであって（大判昭和9・5・22民集13巻799頁等）、債務者の名義ではなく、債権者自身の名義で権利行使すべきものとされている。しかし、行使される権利の義務者は、債務者自身がその権利を行使するときより不利益な地位に立つべきでは

ないから、債務者に対するすべての抗弁を主張できる。たとえば、債務者Bが売主として買主Cに対して有する代金請求権を債権者Aが代位行使する場合には、買主Cは同時履行の抗弁権（533条参照）を行使できる。なお、この場合に、AはCに対して、Bに弁済せよと請求するのが本則であるが、A自身Bに代わってその弁済を受領することもできる。これを許さないと、Bが受領をしないときには代位権は効果を発揮できないからである。

(イ) 行使の範囲　前述のように、債権者代位権は、債権の保全のために、例外的に認められるものであるから、代位権行使の範囲も必要にして最小限の範囲に限られると考えられる。そこで、被代位権利の目的が可分であるときは、債権者は、自己の債権の額の限度においてのみ、被代位権利を行使することができるとされている（423条の2）。平成29年改正前には、明文の規定はなかったが、債権者は、自己の債権額の範囲内においてのみ被代位権利を行使できるとしていた（最判昭和44・6・24民集23巻7号1079頁）。改正法は、このような判例法理を明文化したものである。

(ウ) 相手方の地位　債権者は、自己の名において代位権を行使できるのであるが、行使の相手方（行使される権利の義務者）からすれば、債務者自身がその権利を行使するときより不利益な地位に立つべきではないから、債務者に対するすべての抗弁をもって代位権を行使する債権者に対抗できる（423条の4）。平成29年改正前において、判例では、つぎのような抗弁の対抗が認められていた。たとえば、債権者が債務者の金銭債権を代位行使する場合に、相手方は、債務者に対する反対債権と相殺することができる（前掲大判昭和9・5・22、大判昭和11・3・23民集15巻551頁）。また、債権者が債務者の買戻権を代位行使する場合に、買主である相手方は売主（債務

者）に対する抗弁（買戻権が放棄により消滅している旨）を対抗しうる（大判明治43・7・6民録16輯546頁）。さらに、判例は、土地がAからBに、次いでBからCに譲渡された場合において、A→Bの売買が契約の時に遡って合意解除されたときに、所有権移転登記を得ていなかったCは、Bに代位して、Aに対して所有権移転登記を請求できないとしているが（最判昭和33・6・14民集12巻9号1449頁）、実質的にAのBに対する抗弁（A→Bの売買が合意解約されたこと）を代位権を行使するCに対抗できるとしたものである。改正法は、このような判例法理を一般化し、明文の規定を定めたのである。

　�（エ）　**債権者への直接履行**　　債権者は、被代位権利を行使する場合において、被代位権利が金銭の支払または動産の引渡しを目的とするものであるときは、相手方に対し、その支払または引渡しを自己に対してすることを求めることができる（423条の3前段）。平成29年改正前においては、明文の規定はなかったが、被代位権利の目的が金銭の支払または動産の引渡しであるときには、代位権者は、相手方に対し、自己にそれらの給付をなすべきこと請求できると解されていた（大判昭和10・3・12民集14巻482頁、最判昭和31・1・26裁判集民21号7頁）。また、賃借人が賃貸人に代位して、不法占拠者に対して土地の明渡しを請求する場合にも、同じように、自己に対してその給付をなすべきことを請求し、みずからその給付を受領することができるとされていた（大判昭和7・6・21民集11巻1198頁、最判昭和29・9・24民集8巻9号1658頁）。その理由として、このような債権者への直接給付を認めないと、債務者が受領を拒絶しているときに代位権行使の目的を達成できないこと、債権を代位行使できる権限には、給付を受領する権限も当然に含まれることなどがあげられていた。改正法は、このような判例法理を明文化したものである。

　そして、この場合において、相手方が債権者に対してその支払または引渡しをしたときは、被代位権利は、これによって消滅することも規定された（同条後段）。

　(ｵ)　債務者への訴訟告知　　債権者は、被代位権利の行使に係る訴えを提起したときは、遅滞なく債務者に対し、訴訟告知をしなければならない（423条の6）。債権者代位訴訟を提起した債権者は、株主代表訴訟における株主と同様に、法定訴訟担当（権利義務の帰属主体でない者が法律上当然に、自己の名において訴訟を追行する権限・資格を有する場合をいう）の地位にあり、その判決の効力が債務者に及ぶことから（民訴115条1項2号）、訴訟告知を義務づけ、債務者が代位訴訟に関与する機会を保障したものである（会社849条4項は、株主代表訴訟を提起した株主に会社への訴訟告知を義務づけている）。

　なお、債権者が裁判外で代位権を行使する場合には、債務者への通知等に関する規定はないので、債務者に知らせることなく、代位権を行使することができる。

　(3)　代位権行使の効果

　(ｱ)　債務者への効果の帰属　　行使の効果はことごとく債務者に帰属する。上記の例でCが代金を弁済すれば、たとえAに交付したときでも、Bに対する代金債務は消滅する。のみならず、AはBの財産を代わって受領したにとどまる。Aは、これを自己の債権の弁済に充てるためには、あらためて強制執行手続によらなければならない。詐害行為取消権における425条のような規定はないが、債権者代位権が債務者の責任財産を保全する制度であることから、当然のことと考えられている。したがって、Aは代位権の行使によって何ら優先的地位を取得するのではなく、Bに対する他の債権者もA

の行う強制執行に配当加入し、平等の割合で弁済を受けることができる。ただし、この例のように、AがBから金銭を受領した場合には、Aは、Bに対する債権と相殺することができると解されている。その結果、代位権を行使した債権者が事実上優先弁済を得られることになるが、そのような取扱いについて、学説の評価は分かれているようである。一方で、委任の債権者による代位権行使の効果が総債権者の共同担保なるような手続がないことに起因する欠陥であって、やむを得ないと解する学説が少なくない。他方で、代位権を行使した債権者が他の債権者より優先的に弁済を得られる結果を積極的に評価する学説もみられる。

　なお、Aは代位のために費やした費用について、共益の費用としての先取特権を有するだけである（306条1号・307条、物82⑵・83⑴㋐参照）。

　⑷　債務者の処分権限　　平成29年改正前においては、期限未到来の債権に基づく裁判上の代位について、非訟事件手続法85条以下に規定されていた。それによると、期限の到来していない債権に基づく裁判上の代位を許可する裁判をする場合には、職権をもって債務者に告知がなされ、告知を受けた債務者は、みずからその権利を行使できないと規定されていた（同88条2項・3項）。そして、期限がすでに到来している債権に基づいて代位権を行使して、訴訟を提起した場合についても、判例は同じように解している。すなわち、債権者が代位権を行使して、訴訟を提起した場合において、債務者にその事実を通知するか、または債務者がこれを了知したときは、債務者は自ら権利を消滅させることはもちろん権利の行使することもできないと解されていた（大判昭和14・5・16民集18巻557頁、最判昭和48・4・24民集27巻3号596頁。ただし、後者の判決では、債権者代位を

基礎づける債権が解除により消滅したとして、債務者の訴訟参加による権利行使が認められている)。さらに、学説は、裁判外の代位行使についても、裁判上の代位権行使と同様に、債務者の処分権限を失わせる効果を認めているが、それに反対する見解もみられた。他方で、被代位権利の義務者（相手方）の弁済権限については、代位訴訟の提起によって、相手方の弁済が禁止されるとする見解と代位訴訟の提起に支払を差し止める効力はなく、相手方が被代位権利の権利者（債務者）に対して任意に債務を履行することは許されるとする見解があり、定説はないと考えられていた。

　このような状況において、改正法は、債権者が被代位権利を行使した場合であっても、債務者は、被代位権利について、みずから取立てその他の処分をすることを妨げられないことを明文で規定した（423条の5前段）。債務者の責任財産保全のために、債権者による債務者の財産への干渉を例外的に認めるという債権者代位権制度の趣旨からすると、債務者の処分権限を奪う効果まで与えるのは過剰であるというのがその理由である。そして、この場合においては、相手方も被代位権利について、債務者に対して履行をすることを妨げられないことを規定した（同条後段）。

　(ウ)　代位訴訟判決の効力　　債権者が提起した代位訴訟の判決の効力が債務者に対してどのような影響を与えるかが問題となる。債務者が代位訴訟に当事者として参加した場合（民訴47条）、債務者に訴訟告知がなされた場合（同53条）には、債務者にも代位訴訟の判決の効力が及ぶことについては異論がない。問題となるのは、債務者による訴訟参加がない場合あるいは訴訟告知がなされない場合である。判例は、当初判決の効力が債務者に及ばないとしていたが（大判大正11・8・30民集1巻507頁）、学説の批判を受け、その後債務

者にも判決の効力が及ぶとするに至った（大判昭和15・3・15民集19巻
586頁・基本判例174）。学説の多くもこの見解を支持していた。平成
29年改正においては、前述のように、債権者代位権を行使して訴訟
を提起した債権者は遅滞なく債務者に訴訟告知をしなければならな
いことが規定された（423条の6）。債権者が訴訟告知をしない場合
には、訴訟追行自体が許されず、訴えは却下されるべきであると解
されている。このような見解によれば、債務者には、必ず手続に参
加する機会が保障されているのであるから、判決の効力が債務者に
及ぶとしても、債務者に著しい不利益を与えるものではないといえ
よう。

(4)　債権者代位権の転用

　すでに述べたように、判例は、特定債権の保全のために債権者代
位権の利用を認め、その場合には、一般的に債務者の無資力を要件
としないと解してきた。平成29年改正においては、債権者代位権の
転用に関する一般的な規定は定められなかったが、これまで判例で
認められてきた2つの場合について、明文の規定を置いた。これら
による場合以外の転用については、これまでと同様に、解釈に委ね
られている。

(ア)　民法に定められた転用事例

(a)　買主による売主の登記請求権の代位行使　　すでに述べたよ
うに、AからB、BからCへと不動産が譲渡されたが、いずれの売
買についても移転登記がなされていない場合に、判例は、CがAに
対して、BのAに対する移転登記請求権を代位行使することを認め
ていた（前掲大判明治43・7・6）。CがAに対して、直接に移転登記
を請求すること（中間省略登記）は認められていないので（最判昭和
40・9・21民集19巻6号1560頁・基本判例93。物13(11)参照）、特定債権の

保全のためではあるが、このような代位権行使を認めることは、Ｂが移転登記について協力的でない場合に、Ｃにとって有効な手段であった。そこで、平成29年改正は、このような判例法理を明文化し、「登記又は登録をしなければ権利の得喪及び変更を第三者に対抗することができない財産を譲り受けた者は、その譲渡人が第三者に対して有する登記手続又は登録手続をすべきことを請求する権利を行使しないときは、その権利を行使することができる」と規定した（423条の7前段）。そして、この場合に、423条の4－423条の6の規定が準用されている（同条後段）。この例に則すると、まず、Ａは、Ｂに対して有する抗弁（たとえば、Ｂが代金を支払っていない場合に同時履行の抗弁を主張すること）をもって、Ｃに対抗することができる（423条の4）。また、Ｃが代位権を行使して、Ａに対して、ＡからＢへの移転登記を請求していても、ＢはＡに対して、ＡからＢへの移転登記を請求することができる（423条の5）。そして、Ｃが代位権行使を訴えによってしたときには、Ｃは、遅滞なく、Ｂに訴訟告知をしなければならない（423条の6）。

　(b)　賃借人による賃貸人の妨害排除請求権の代位行使　　ＤがＥから賃借している土地をＦが不法に占拠している場合に、判例は、Ｄは賃借権を保全するために、Ｅに代位して、Ｆに対して妨害排除を請求することができるとしていた（大判昭和4・12・16民集8巻944頁）。Ｄがその土地をいったん占有した後に、Ｆが不法占拠したのであれば、Ｄは占有権に基づき、Ｆに対して妨害排除請求をなし得るが（198条）、ＤがＥから土地の引渡しを未だ受けていない場合には、Ｅの妨害排除請求権を代位権行使することを認めることに意義がある。さらに、判例では、一定の場合に賃借権に基づく妨害排除請求権を認めていた（債18(2)参照）。平成29年改正では、賃貸借の章

に、賃借人が605条の 2 によって対抗要件を備えている場合には（605条、借地借家10条・31条等）、その不動産の占有を妨害している第三者に対して、妨害の停止・返還を請求できる旨の規定が新設された（605条の 4 ）。

　(イ)　その他の転用事例　　抵当不動産が第三者に不法占有されている場合に、抵当権者が抵当権設定者（所有者）に代位して、不法占有者に対して妨害排除請求を請求できるかが問題となっていた（平成15年に廃止される前の短期賃貸借保護制度〔旧395条〕に関して争われていた）。最高裁は、それを認めていなかったが（最判平成 3 ・ 3 ・22民集45巻 3 号268頁）、後に判例を変更し、抵当権者は抵当不動産の所有者に対し、抵当権が侵害された状態を是正して当該不動産を適切に維持または保存するよう求める請求権を有し、この請求権を保全する必要があるときは、民法423条の法意に従い、所有者の不法占有者に対する妨害排除請求権を代位行使することができるとし、さらに、抵当不動産所有者の妨害排除請求権を代位行使する抵当権者は、不法占有者に対し、抵当不動産を所有者のために管理することを目的として直接自己への明渡しを請求することができるとした（最大判平成11・11・24民集53巻 8 号1899頁・基本判例147）。この判決は、短期賃貸借保護制度の廃止前（さらに平成29年改正前）のものであるが、他の場合にも当てはまると考えられる（なお、債110(1)参照）。

　(ウ)　無資力要件の要否　　このように、特定債権の保全のために、債権者代位権の転用を認めた判例では、ほとんどの場合において、債務者の無資力を要件としないことが認められている。特定債権が実現するかどうかは債務者の資力と関係ないからである。平成29年改正により新設された規定においては、債務者の無資力を要件とし

ていない。すなわち、423条の7には、「保全の必要性」という文言はない。また、605条の4は、債権者代位という構成ではなく、賃借人が不法占有者に対して直接に妨害排除請求できるという構成をとっている。

　ところで、不動産の売主の共同相続人の1人が買主に対する売買代金債権を保全するために、他の共同相続人に対する売主の移転登記手続請求権を代位行使する場合について、判例は、債務者（買主）の無資力を必要としないとしている（最判昭和50・3・6民集29巻3号203頁）。学説では、被保全債権は売買代金債権（金銭債権）であるが、最高裁はそれを特定債権とし、無資力要件を不要としたものと解されている。なお、交通事故の被害者が加害者の保険金請求権を代位行使する場合にについて、判例は、金銭債権保全のためであるから債務者の無資力を必要とするとしている（最判昭和49・11・29民集28巻8号1670頁）。この判決について、学説では、債務者の無資力を要件とすべきでないとする見解もみられる（もっとも、保険約款の改訂により、被害者の保険会社に対する直接請求権が認められることになり、債権者代位権の利用は必要なくなった）。

35　詐害行為取消権

　債権者は債務者が自分を害することを知ってした法律行為の取消しを裁判所に請求することができる（424条1項本文）。詐害行為取消権あるいは債権者取消権と呼ばれている。たとえば、AがBに対して1,000万円の貸金債権を有している場合に、Bが所有している土地建物（Bはそれ以外の財産を有していない）を妻であるC（Cは、贈与の結果、BがAに対する債務を弁済できなくなることを知っていた）に贈与したときには、Aは、BのCに対する贈与を取り消すことができる。

　歴史的には、詐害行為取消権制度は、ローマ法でパウルスの訴権として認められていたものに由来する。しかし、日本民法の規定は、債権者代位権と同様にフランス民法典（1167条［現在は、改正されて、1341－2条となっている]）をもとにした旧民法財産編の規定（340条－344条）を修正したものである。ただし、旧民法の規定には、起草者であるボアソナードの考え方が影響していて、必ずしもフランス民法と同一ではない（詐害行為取消権の効果が総債権者の利益のために生ずるとする425条がその典型である）。なお、同じくローマ法のパウルスの訴権に由来するものとして、イタリア都市法を経て、フランス法に取り入れられた破産法における否認権制度がある。日本においても、破産法などの倒産法制に規定が置かれている（破産160条以下、民再127条以下、会更86条以下参照）。ただ、起源を同じくし、債務者の責任財産から逸出した財産を責任財産の中に取り戻すという目的も共通するとはいえ、詐害行為取消権制度と否認権制度は、それぞれの歴史的な発展を経て、大きく変わっている。平成29年の債権法改正においては、これまでの判例・学説の発展をふまえるとともに、倒産法制における否認権との関係を視野に入れて、詐害行為取消権についても大幅な改正が行われた（改正前は3ヶ条であったが、改正により14ヶ条になった）。このことは、詐害行為取消権制度が実務において重要な役割を果してきたことを示すものである。

　(1)　**詐害行為取消権の要件**　　詐害行為として債権者に取り消される行為は、債権者を詐害するものであり、かつ、行為の当事者が詐害の意思を有するものでなければならない。

　(ア)　**債務者の行為に関する要件－詐害行為であること**　　債務者の行為が債権者を詐害するというのは、一言にしていえば、その行

為によって、債権の最後のよりどころとなる債務者の総財産が減少
して、債権者が十分な満足を得られなくなることである。債務者の
総財産が減少する行為であっても、残りの財産によって債権者が十
分に弁済が得られるときには、詐害行為とはならない。たとえば、
上記の例において、BがCに土地建物を贈与しても、Bには他に財
産があって、1,000万円の債務を十分に弁済できる場合には、Aは
贈与を詐害行為として取り消すことはできない。しかし、詳細な点
については実際上きわめて多くの問題を生じている。つぎに基本的
な問題だけを拾いあげることにしよう。

　(a) 財産権を目的とする行為　　詐害行為は債務者の法律行為で
あって財産権を目的とするものに限る（424条2項）。財産権を目的
としない行為の例として、婚姻・離婚・養子縁組などの身分行為が
あげられる。たとえば、債務者が窮乏の際に婚姻をするというよう
なことは、債権者の不利益になることもありえようが、これについ
て債権者の干渉を許すべきではないと考えられる。しかし、身分行
為であっても財産権にかかわる行為は少なくない。これについて、
判例では、詐害行為となることを認めた場合と認めなかった場合と
がある。たとえば、離婚に伴う財産分与（768条参照）に関しては、
一般債権者の共同担保を減少させる結果になるとしても、それが民
法768条3項の規定の趣旨に反して不相当に過大であり、財産分与
に仮託してなされた財産処分であると認められるような特段の事情
がない限り、詐害行為とはならないが（最判昭和58・12・19民集37巻10
号1532頁）、上記特段の事情があるときは、不相当に過大な部分に
ついて、その限度において詐害行為として取り消すことができると
している（最判平成12・3・9民集54巻3号1013頁・基本判例176）。ま
た、遺産分割の協議についても、詐害行為取消権の対象となるとし

ている（最判平成11・6・11民集53巻5号898頁・基本判例177）。これに対して、相続放棄に関しては、他人の意思による強制を許すべきでないことを理由に、詐害行為取消権行使の対象とならないとしている（最判昭和49・9・20民集28巻6号1202頁）。

　(b)　特定債権の妨害が詐害行為になる場合　　詐害行為は債務者の総財産を減少して債権の最後のよりどころを破壊する行為に限る。債権者代位権について認めたように、ある特定の債権そのままの実現を妨げるだけの行為を詐害行為と認めることはしない。詐害行為取消権は——債権者代位権が第三者に対して本来すべきことを要求するだけであるのと異なり——取引行為の効力を奪って第三者に対し重要な影響を及ぼすものだからである。たとえば、BがAに不動産を売った後登記をしない間にCに二重に譲渡し、Cが登記を得た場合を考える。AはBに対して不動産の引渡しを目的とする債権を有するが、B・C間の売買によってAのこの債権は実現不能となる。しかし、これだけではB・C間の売買は詐害行為とはならない。だが、Bがその不動産を時価より安い価格でCに譲渡もしくは代物弁済した場合には、Aの不動産の引渡しを目的とする債権も窮極において損害賠償債権に変じるのであるから、Bが無資力であればB・C間の行為は詐害行為として取消しの対象となる（最大判昭和36・7・19民集15巻7号1875頁・基本判例175）。

　(c)　総財産の額の減少　　詐害行為は債務者の総財産の減少であるから、その行為によって失ったところと、その行為によって得たところとが同じなら詐害行為とはならないはずである。一部の債権者に弁済したり、不動産を時価相当の値で売却するのがその例である。10万円弁済すれば10万円だけ金銭が減るがそれだけ負債も減るから、総財産の額には増減がない。不動産を時価で売れば財産の形

がかわるだけである。しかし、この点に関して、これまでの判例理論では、単純に数字の上だけで詐害行為性を判断しているわけではなく、責任財産の質的な変化を含めた客観的要件（たとえば、不動産の売却により金銭に変わること）と債務者・受益者の主観的要件を総合的に判断しているように思われる。

　たとえば、判例は弁済も資産が総債権者に弁済するには不足であることを知りながら一部の債権者にのみ特に利益を受けさせようとして弁済し、債権者もその事情を知っているときは詐害行為になるという。また不動産の売却も、その代金で債務の弁済に充てようとするときはよいが、そうでないときはたとえ相当の価額で売却しても詐害行為となるという。しかし、これに反対する有力な学説がある（本書の第3版においても、このような判例理論に対して、批判的な見解を述べていた）。しかし、平成29年改正においては、このような判例理論（とくに「債務者の財産の変化」という客観的要件と「債権者を害する行為」という債務者・受益者の主観的要件を総合的に判断して詐害行為かどうかを決定していること）をふまえて、詐害行為に当たるかどうかについての特則を定めている。

　（ⅰ）　相当な代価による財産の処分　　財産の無償譲渡や不当に低い価格による処分については、債務者の責任財産を減少させる行為であるから、それが詐害行為に当たることについては、問題はない。問題となるのは、相当な対価による財産の処分である。平成29年改正前においては、判例は分かれていて、統一性はないように思われた。まず、不動産を売却し、費消しやすい金銭に換えることは、相当代価による場合であっても、詐害行為になるとした判決が少なくない（大判明治44・10・3民録17輯538頁，大判大正7・9・26民録24輯1730頁）。また、処分された不動産が債務者の唯一の財産である

ことに言及する判決もみられる（前掲大判明治44・10・3、大判昭和
3・11・8民集7巻980頁）。他方で、債務の弁済資金を得るために
不動産を売却することは詐害行為とならないとされている（大判大
正8・4・16民録25輯689頁，大判大正13・4・25民集3巻157頁，最判
昭和41・5・27民集20巻5号1004頁）。ただし、債務者が債権者に財
産を売却し、その代金債権と既存債務とを相殺する場合には（実質
的には、複数の債権者のうちの1人にのみ債務を弁済することに等しい）、
適正な価格でなされた売買であっても、詐害行為になるとした判決
もみられた（最判昭和39・1・23民集18巻1号76頁，最判昭和39・11・
17民集18巻9号1851頁）。このような状況において、平成29年改正で
は、債務者が、その有する財産を処分する行為をした場合において、
受益者から相当の対価を取得しているときは、債権者は、つぎに掲
げる要件のいずれにも該当する場合に限り、その行為について、詐
害行為取消請求をすることができると規定した（424条の2）。第1
の要件は、その行為が、不動産の金銭への換価その他の当該処分に
よる財産の種類の変更により、債務者において隠匿、無償の供与そ
の他の債権者を害することとなる処分（隠匿等の処分）をするおそ
れを現に生じさせるものであることである。第2の要件は、債務者
が、その行為の当時、対価として取得した金銭その他の財産につい
て、隠匿等の処分をする意思を有していたことである。そして、第
3の要件は、受益者が、その行為の当時、債務者が隠匿等の処分を
する意思を有していたことを知っていたことである。

　(ii)　特定の債権者に対する担保の供与・債務の消滅に関する行為
　債務者が一部の債権者に債務弁済しても、一方で積極財産が減少
するが、他方で同額の消極財産が減少するので、債務者の財産の絶
対額は変動しない。しかし、債務者の積極財産がすべての債権者に

対する債務を弁済するのに不足する場合において、一部の債権者に対して負担している債務の全額を弁済すると、他の債権者は、債権の全額を弁済を得られないことになる可能性があり、このような一部の債権者に対する弁済は債権者間に不公平を生ずる。しかし、債権者平等の原則の趣旨は、債権者が強制的に弁済を受けようとするときのことであって、債務者が任意に弁済するときにも平等に弁済すべしというのではないと考えることもできる。そのような見解によれば、債務者の任意の弁済が不公平な結果となるときは、債権者はよろしく破産手続開始を申し立ててその弁済を取り戻し、そのうえで平等弁済を受けるべきであると解すべきことになる（破産160条参照）。平成29年改正前において、判例は、債務者が一債権者と通謀して、他の債権者を害する意思をもって弁済したような場合を除いて，債務の弁済は原則として詐害行為とならないとしていた（最判昭和33・9・26民集12巻13号3022頁、最判昭和52・7・12裁判集民121号83頁）。もっとも、債務超過の状態にある債務者が特定の債権者に代物弁済としてなした債権譲渡が詐害行為になるとした判決もみられた（最判昭和48・11・30民集27巻10号1491頁）。

　また、債務者が一部の債権者に十分な担保を供与した場合にも、弁済の場合と同様に、債務者の財産総額に変化はないが、その債権者に優先弁済権を与えることになるので、他の債権者に対して、平等弁済であれば期待できた額の弁済が得られなくなるという不利益を与えることになる。平成29年改正前において、判例は、弁済の場合とはやや異なる判断をしているように思われる。一般に、一部の債権者への担保供与は、詐害行為になるとしていた（大判大正8・5・5民録25輯839頁、最判昭和32・11・1民集11巻12号1832頁、最判昭和37・3・6民集16巻3号436頁）。しかし、例外的に、債務者に詐害

の意思がない限り詐害行為とならないとした判決（大判昭和6・4・18評論20巻民法778頁）、あるいは、営業を継続するために既存債務に担保権を設定することが必要な場合には、詐害行為にならないとした判決（最判昭和44・12・19民集23巻12号2518頁）などもみられた。

　改正では、このような判例をふまえて、この問題に関して、特別の規定が新設された（424条の3）。すなわち、債務者がした既存の債務についての担保の供与または債務の消滅に関する行為について、次に掲げる要件のいずれにも該当する場合に限り、債権者は、詐害行為取消請求をすることができると定めている（同条1項）。第1の要件は、その行為が、債務者が支払不能の時に行われたものであることである。ここで、支払不能の時というのは、債務者が、支払能力を欠くために、その債務のうち弁済期にあるものにつき、一般的かつ継続的に弁済することができない状態をいうとされている。第2の要件は、その行為が、債務者と受益者とが通謀して他の債権者を害する意図をもって行われたものであることである。そして、担保の供与または債務を消滅させる行為が、債務者の義務に属せず、またはその時期が債務者の義務に属しないものである場合において、次に掲げる要件のいずれにも該当するときは、債権者は、その行為について、詐害行為取消請求をすることができると定めている（同条2項）。第1の要件は、その行為が、債務者が支払不能になる前30日以内に行われたものであることである。第2に、その行為が、債務者と受益者とが通謀して他の債権者を害する意図をもって行われたものであることである。

　(iii)　担保の供与による新たな借入れ　　債務者が新たに借入れをしても、一方で、債務者の消極財産が増加するが、他方で積極財産

も同じ額増加するので、財産の絶対額に変動はない。ただ、新たな借入れ担保が供与されている場合には、債務者の一般財産が減少し、他の債権者にとっては、将来平等弁済であれば期待できたであろう額の弁済を得られない可能性があることから、このような新たな借入れが詐害行為になるかが問題となる。しかし、無資力の債務者が生計費、子女の教育費にあてるために新たな借入れをし、その担保として家財などを譲渡担保（清算型）に供する行為は詐害行為とならないとした判決（最判昭和42・11・9民集21巻9号2323頁）、債務者が債権者から厳重な督促を受け、弁済資金を借り入れ、不動産の持分を価格以上の金額で売渡担保に供する行為について、他の債権者を害する意思がなかったとして、詐害行為とはならないとした判決（大判昭和5・10・4新聞3196号9頁）などがある。平成29年改正においては、このような類型に関する立法は行われていない。

　(d)　詐害行為判定の時期　　詐害行為はその行為の当時債権者を詐害するだけでなく、債権者が取消権を行使するときにも詐害していることを要する。たとえば、債務者が不動産を売却したときは資産がほかになかったが、その後取引関係が良くなってその資産で債権総額を弁済しうるというようなときは、その売却行為は詐害行為とはならない。詐害行為取消権はこれによって、債権者を保護しようとする制度であって、債務者に制裁を加えようとする制度ではないからである。

　(イ)　債務者の詐害の意思、受益者・転得者の悪意

　(a)　債務者の詐害の意思　　債権者が詐害行為の取消請求をすることができるためには、債務者に詐害の意思のあることが必要である。ここで、詐害の意思とは、その行為が債権を詐害すること、すなわち、総債権者に対する弁済資力の不足をきたすことを知ること

であると解されている。詐害行為の成立を否定した判決の中には、債務者が一債権者通謀して他の債権者を害する意思をもってした行為でないから詐害行為とならない旨を判示していて、債務者の詐害の意図を要件としたようにみえるものもみられるが（前掲最判昭和33・9・26、前掲最判昭和52・7・12）、一般論としては、判例も債権者を害することを意図しもしくは欲することまでを要しないとしていると解されている（最判昭和35・4・26民集14巻6号1046頁）。債務者の詐害意思については、詐害行為取消権を行使する債権者に立証責任があると解されている。

　(b)　受益者の悪意　　債務者から贈与を受けた者、債務者から不動産を低価格で買い受けた者などのように、詐害行為によって利益を得た者を受益者といい、受益者がその行為の当時において、債権者を害することを知らなかったときは、債権者はその行為を詐害行為として取り消すことができない（424条1項ただし書）。受益者が債権者を害することを認識していれば十分であって、債権者を害する意図は必要ないと解されている。また、受益者の悪意について、その立証責任は受益者が負うものと解されている。すなわち、取消権を行使する債権者は、受益者の悪意を立証する必要がなく、受益者が債権者を害すること知らなかったことを立証しなければならない。

　(c)　転得者の悪意　　平成29年改正においては、受益者に対する詐害行為請求（424条）と転得者（受益者に移転した財産を転得した者）に対する詐害行為取消請求（424条の5）を分けて規定している。このような改正は、転得者は債務者による詐害行為の直接の相手方ではなく、一般的に債務者の経済的状況を知りうる立場にないこと、受益者と転得者に利害状況が異なることを考慮に入れたものである。

　転得者に対して、取消請求する場合には、まず、受益者に対する詐害行為取消請求の要件を満たしていることが必要である（同条本文）。改正前においては、転得者が悪意であれば、その前主である受益者が善意であっても取消請求できるかについて、学説の見解は分かれていたが、改正法は、受益者が悪意であることが必要であることを明確にしたものである。そして、受益者からの転得者が転得の当時債権者を害することを知っていたときに限って、債権者は転得者に取消請求をすることができる（同条1号）。また、転得者からさらに転得した者については、それ以前の転得者を含めて、すべての転得者がそれぞれの転得の当時債権者を害することを知っていたときに限り、債権者はその転得者に対して詐害行為取消請求をすることができる（同条2号）。したがって、善意の転得者からの転得者が悪意であっても、債権者はその転得者に対して詐害行為取消請求をすることができない。受益者に対する詐害行為取消請求の場合と異なり、転得者に対する詐害行為取消請求においては、債権者が転得者の悪意を主張・立証しなければならない。

　(ｳ)　債権者の債権（被保全債権）に関する要件

　(a)　被保全債権が詐害行為の前の原因により生じていること

債務者の行為が債権者を害するというためには、債権の成立より後に詐害行為が行われたことを要すると考えることは自明の理である。ただ、もう少し細かく考えると、詐害行為と債権の成立の先後関係については、微妙な問題がある。1つは、詐害行為よりも前に生じた原因によって、詐害行為よりも後に債権が生じた場合である。たとえば、詐害行為よりも前に生じた債権に基づいて、詐害行為より後に生じた利息債権が被保全債権に含まれるかが問題となる。判例はこれを肯定していた（前掲最判昭和35・4・26、最判平成8・2・8判

時1563号112頁）。もう 1 つは、詐害行為よりも前に成立した債権を
目的として、詐害行為より後に準消費貸借がなされた場合である。
この場合に、準消費貸借上の債権が被保全債権となるかが問題とな
る。判例は、これについても、詐害行為取消しを認めている（最判
昭和50・7・17民集29巻 6 号1119頁・基本判例225）。平成29年改正は、
このような判例の考え方を取り入れ、債権者の債権（被保全債権）
が詐害行為よりも前の原因に基づいて生じものである場合に限って、
債権者は詐害行為取消請求をすることができる旨を明文で規定した
（424条 3 項）。

　(b)　被保全債権が強制執行により実現可能であること　　債権者
の権利が強制執行により実現することができない権利であるときは、
債権者は、その権利に基づいて、債務者のもと詐害行為の取消請求
をすることができない（同条 4 項）。平成29年改正により、新たに
規定されたものであるが、債権者代位権の場合（423条 3 項）と同様
の趣旨によるものである。すなわち、詐害行為取消権も債務者の財
産を保全して強制執行の準備をするための制度であることから、訴
求力があっても強制執行することができない債権は、被保全債権と
しての適格性を欠くというのがその理由である。

　(2)　詐害行為取消権の行使

　(ｱ)　行使の方法　　詐害行為の取消権は裁判上において行使しな
ければならない（424条 1 項）。債権者が他人である債務者のした行
為を取り消すのは重大なことであるというのがその根拠であると説
明されている。そこで、判例は、取消権の行使は必ず訴えの方法に
よらなければならず、抗弁として行使することはできないとしてい
る（大判大正 8・9・10民録25集1591頁）。

　後述するように、平成29年改正前においては、取消権の本質を詐

害行為の取消しとみるか、逸出した財産の取戻しとみるかについては、学説が分かれていたが、改正においては、それまでの判例・通説（折衷説）に従って、詐害行為の取消しとあわせて逸出した財産の取戻しを請求することができる旨の規定を新設した（424条の6）。その場合には、形成の訴え（行為の取消し）と給付の訴え（財産の取戻し）を合わせた訴訟形態をとるものと考えられる。もちろん、行為の取消しだけを請求することも認められているから（大連判明治44・3・24民録17輯117頁）、その場合には、形成の訴えと考えられる。

　そして，取消権を行使する債権者は、自己の資格においてするのであって、取り消した結果、動産・金銭の引渡しが問題となるときには、直接自己に引き渡すべきことを相手方に請求できるとされていた（大判大正10・6・18民録27輯1168頁、前掲最判昭和39・1・23）。後述するように，これについては，平成29年改正において、明文の規定が置かれた（424条の9）。

　(イ)　行使の相手方　　詐害行為取消権は、債務者と受益者との間の詐害行為を取り消し、債務者の責任財産から逸出した財産を債務者のもとに取り戻すことを目的とする制度である。そこで、債権者が取消訴訟を提起する場合において、その制度目的を実現するためには、誰を被告とすればよいかが問題となる。平成29年改正前においては，詐害行為取消請求権の性質との関連において論じられてきた。民法の制定当初において、判例は、債務者および受益者（転得者）を相手としなければならないとしていた（大判明治38・2・10民録11輯150頁）。その後、債務者を相手方とする必要がないとし（前掲大連判明治44・3・24）、さらに、受益者・転得者のみを被告とすべきであって、債務者に対して取消権を行使できないとするに至った（大判明治44・10・19民録17輯593頁）。他方において、悪意の転得

者が生じている場合には，転得者に対して、詐害行為の取消しと財産の返還を請求できるが、受益者に対して、財産の取戻しに代わる賠償を請求することも認められていた（前掲大連判明治44・3・24）。

　平成29年改正は、このような判例の考え方に従って、明文の規定を定めたものである。まず、詐害行為取消請求訴訟が詐害行為の取消しと財産の取戻しを請求するものであること明らかにしたうえで（424条の6）、詐害行為取消請求訴訟の被告とすべき者について明文で規定している（424条の7第1項）。それによれば、受益者に対する詐害行為取消請求の場合には、受益者を被告としなければならない（同項1号）。そして、転得者に対する詐害行為取消請求の場合には、転得者を被告としなければならない（同項2号）。このように，債務者が詐害行為取消訴訟の被告にならないことを前提として、訴訟告知、認容判決の効力が及ぶ者の範囲などの規定を新設している（これらについては後述する。(2)(オ)・(3)(イ)(a)参照）。

　また、受益者・転得者が財産の返還をすることが困難であるときは、債権者は、その価額の返還を請求できることも定められた（424条の6）。

　(ウ)　行使の範囲　　詐害行為取消権は、債権者代位権と同様に、債権の保全のために、例外的に認められるものであるから、債務者の財産的自由に対する制約をできるだけ少なくするような配慮が必要である。換言すれば、詐害行為取消権行使の範囲も必要にして最小限の範囲に限られるべきであると考えられる。平成29年改正前においては、この点について明文の規定はなかったが、債権者代位権の場合と同様に、詐害行為の目的が可分であるときは、債権者が詐害行為取消権を行使できるのは、自己の債権額の範囲内に限定されると解されていた（大判明治36・12・7民録9輯1339頁，大判大正

6・6・7民録23輯932頁等）。改正法は、債権者代位権の場合と同様に、このような判例に従って、その法理を明文化し、詐害行為の目的が可分であるときは、債権者は自己の債権の額の限度においてのみ、その行為の取り消しを請求できると規定したのである（424条の8第1項。なお、債権者代位権に関する423条の2参照）。たとえば、500万円の債権を有する債権者が800万円の金銭による贈与を詐害行為として取り消す場合には、贈与のうち500万円についてだけ取り消すことができる。これに対して、詐害行為の目的が不可分であるときには、たとえ、その価額が債権額を超える場合であっても、債権者は、その行為の全部を取り消すことができると考えられる。平成29年改正前において、たとえば、不動産の贈与を詐害行為として取り消す場合には、債権者の債権額がその不動産の価額に満たない場合であっても贈与の全部を取り消すことができるとされていたが（最判昭和30・10・11民集9巻11号1626頁）、改正後も同様に解されるであろう。そして、受益者・転得者がその財産の返還をすることが困難であるときは、債権者は、その価額の償還を請求することができるとされているが（424条の6）、その場合にも、債権者は、自己の債権の額の限度において、価額の償還を請求できるにとどまる（424条の8第2項）。

　ところで、判例は、抵当権の設定されている家屋の代物弁済が詐害行為となるときには、その取消しは、家屋の価格から抵当債権額を控除した残額の部分に限って許され，価格賠償を請求するほかはないとされる（最大判昭和36・7・19民集15巻7号1875頁・基本判例175）。また、共同抵当権の設定された不動産の売買契約が詐害行為になる場合において、債務の弁済により抵当権が消滅したときも同様に価格賠償によるとされる（最判平成4・2・27民集46巻2号112

頁）。もし、これらの判例が改正後においても維持されるのであれ
ば、価額賠償であるから、詐害行為取消しの範囲は債権者の債権額
を限度とすると解することになるであろう。もっとも、抵当権の設
定されている土地の譲渡担保が詐害行為となるときに譲渡担保の全
部を取り消し、土地の原状回復が認められるとした判決もある（最
判昭和54・1・25民集33巻1号12頁）。最高裁は昭和36年の判決と昭
和54年の判決は事案を異にするものとしているが、これらの判決の
関係については、学説上いろいろ議論があり、見解は一致していな
い。なお，抵当権の設定されている不動産を代物弁済する場合であ
っても、抵当債権額が不動産の価格を超えるときには、詐害行為の
取消しは認められないとする判決もみられる（最判昭和39・7・10
民集18巻6号1078頁）。結局、これらの判決については、特定の債権
者に対する債権を消滅させる行為、過大な代物弁済などに関する特
則を新設した改正法のもとで、その法理が維持されるかどうかは必
ずしも明確ではないといわざるを得ない。

　㈲　債権者への直接履行　　債権者は、詐害行為取消請求訴訟に
おいて、受益者または転得者に対して、詐害行為行為の取消しだけ
でなく、財産の返還を請求する場合において、その返還の請求が金
銭の支払または動産の引渡しを目的とするものであるときは、受益
者に対し、その支払または引渡しを、転得者に対してその引渡しを
自己に対してすることを求めることができる（424条の9第1項前
段）。そして、この場合に、受益者または転得者は、債権者に対し
て、その支払または引渡しをしたときは、債務者に対して、その支
払または引渡しをすることを要しない（同項後段）。また、債権者
が受益者または転得者に対して、財産の返還に代わる価額の償還を
請求する場合にも、同様である（同条2項）。平成29年改正前にお

いては、明文の規定はなかったが、返還を受けるものが金銭の支払または物の引渡しであるときには、債権者は，相手方に対して、自己にそれらの給付をすべきことを請求しうると解されていた（大判大正10・6・18民録27輯1168頁，前掲最判昭和39・1・23）。改正法は、このような判例法理を明文化したものである。なお、債権者代位権に関する改正とも平仄の合うものである（債権者代位権に関する423条の3参照）。

　（オ）　訴訟告知　　詐害行為取消請求は，訴訟によらなければならないのであるが，債権者は、詐害行為取消請求の訴訟を提起したときは、遅滞なく、債務者に訴訟告知をしなければならない（424条の7第2項）。

　（カ）　取消権の期間制限　　債務者が債権者を害することを知って行為をしたことを債権者が知った時から2年を経過したときは、債権者は詐害行為取消請求の訴訟を提起することができない（時効ではないので、時効の更新・停止に関する規定は適用されない）。行為の時から10年を経過したときも、同様である（426条）。詐害行為取消権は第三者に与える影響が大きいので、なるべく早く法律関係を安定させるのが望ましいこと、長期間経過後に訴訟になると、当事者の善意悪意の立証が困難になること、などが短期間の経過によって取消権を行使することができなくなるとした根拠であると考えられる。平成29年改正前においては、取消権の行使期間について、それを時効制度と構成し、詐害行為取消権は，債権者が取消しの原因を知った時から2年間行使しないときは時効消滅し、行為の時から20年間で消滅する（除斥期間と解されていた）としていた（改正前426条）。改正法は、出訴期間の規定とするともに、時効制度の改正にあわせて、20年を10年に短縮している。

⑶　**詐害行為取消権の性質と取消しの効果**

㋐　**詐害行為取消権の性質をめぐる諸学説**　　詐害行為の取消し
は、裁判所に請求してこれを行うと定められている（424条1項）。
しかし、詐害行為取消権がどのような法的性質を有するかについて
は、これまで多くの議論がなされてきた。これは、一方でローマ法
以来の歴史的な経緯をふまえた抽象的・理論的問題であるが、他方
で債権者は裁判所にいかなる請求をすべきか、まただれを被告とす
べきかという訴訟のあり方に関する具体的な問題でもある。取消権
の法律的性質をいかにみるべきかについて、学説を大別すると、取
消権を文字どおりの取消権とみる学説（取消権説あるいは形成権説）、
詐害行為によって債務者の財産から逸出した財産の返還を請求する
権利とみる学説（請求権説）、および取り消したうえで返還を請求
する権利とみる学説（折衷説）があると整理されていた。判例（大
連判明治44・3・24民録17輯117頁）および通説は、折衷説の立場で
あり、債権者が、詐害行為によって債務者の財産から逸出した財産
またはこれに代わる利得の返還を請求することが詐害行為取消権の
本体であって、取消しというのはこの返済請求の理論的前提として
詐害行為の効力を否認することにすぎないと解している。これらの
学説では、訴訟の相手方についても異なる見解をとっている。取消
権説では、受益者および債務者を被告とすべきであるとしている。
これに対して、請求権説および折衷説では、受益者（転得者がいる
ときは転得者）を被告とすべきであるとしている。

　以上のような学説・判例に対して、異なった視点から新しい学説
が主張されていた。その代表的なものは、責任説である。責任説は、
債務者の逸出した財産を、取消権行使によって、受益者に帰属した
ままで債務者の責任財産として扱えば十分であるとするものである。

ただ、手続法に明文の規定がないのに、受益者に強制執行の認容を請求する訴訟ができるのかという疑問が提示されている。さらに、詐害行為取消権制度がローマ法に由来することを根拠に、424条は取消権という訴権を認めた規定であって、債権者は、取消判決を得れば、受益者のもとにある逸出財産に対して強制執行することができるとする訴権説も主張されている。

このような学説・判例の状況をふまえて、平成29年改正では、すでに述べたように、債権者が受益者（または転得者）を被告とする詐害行為取消訴訟によって、詐害行為の取消しと逸出財産の取戻しを請求することができることを明文で規定し、折衷説をとることを明らかにしたのである。

　(イ)　取消しの効果　　平成29年改正前において、詐害行為取消しの効果について、425条は、「すべての債権者の利益のためにその効力を生ずる」と規定していた。この規定は、ボアソナードの起草した旧民法財産編343条に由来するものである。424条の母法であるフランス民法には、取消権の効果に関する規定はなく、学説は分かれていたが、ボアソナードは、少数説である平等主義に基づいて、財産編343条を起草したのである。しかし、総債権者の利益を実現する手続的な規定がないことから、この規定の意義については、見解が分かれていた。また、この問題は、詐害行為取消権の本質をどう考えるか、詐害行為取消訴訟の被告は誰かなどの問題とも密接に関連している。

　判例は、「総債権者のために利益を生ずる」という規定の文言にもかかわらず、取消しの効果は相対的なものであって、取消権を行使した債権者とその相手方の間でのみ取消しの効果を生ずるとしていた（前掲大判明治44・10・19、大判大正6・10・3民録23輯1383頁

等）。取消しの効力を相対的とする判例理論は、つぎのような判例
法理に結びついているように思われる。まず、第1に、取消権を行
使した債権者は、その結果取り戻す動産あるいは金銭を債務者では
なく、自己に引き渡すべきことを請求できるとされていた（大判大
正10・6・18民録27輯1168頁。なお、平成29年改正によって債権者が自
己への直接履行を請求できることが明文化されたことはすでに述べたと
おりである）。その結果として、取消債権者は、取り戻した金銭を
債務者に返還する債務と自己の債権とを相殺することによって、事
実上の優先弁済を得られることになる。ただし、取戻しの目的物が
不動産の場合には、債務者名義の登記の回復（移転登記でもよいと
される）を請求しうるにとどまり、たとえ、取消債権者がその不動
産について引渡請求権を有する場合であっても、直接自己に対する
移転登記手続を請求することはできないされていた（最判昭和53・
10・5民集32巻7号1332頁）。したがって、取戻しの目的物が不動産
（動産であっても登記・登録の制度があるもの）である場合には、取消
債権者以外の債権者も取消債権者の強制執行に配当加入することが
できることになる。第2に、他の債権者は、取り戻された物が一般
財産に回復されたものとして、平等の割合による分配を請求できる
ものではないとされていた（最判昭和37・10・9民集16巻10号2070
頁・基本判例179）。第3に、取消しの相手方が、自己の債権をもっ
て、按分比例による配当要求を抗弁として主張することはできない
とされていた（最判昭和46・11・19民集25巻8号1321頁・基本判例178）。

　しかし，これらの判決の理論と取消しの効果が総債権者の利益の
ために効力を生ずるとする425条との関係をどのように矛盾なく説
明できるかは難問であった。

　このような判例・学説の状況において、平成29年改正では、詐害

行為が取り消された場合における当事者間の関係について、規定が整備された。

　(a)　取消認容判決の効力　　詐害行為取消請求を認容する判決が確定したときは、その判決は、債務者およびそのすべての債権者に対してもその効力を有する（425条）。詐害行為取消訴訟の当事者である債権者および受益者（または転得者）に確定判決の効力が及ぶのは当然であるが、その範囲を債務者およびすべての債権者（確定判決後の債権者も含まれると解される）にまで拡張している点に、この規定の意義がある。相対効と解していた改正前の見解を修正するものである。なお、債務者の財産が転々譲渡され、複数の転得者を生じているような場合には、取消訴訟の被告である転得者以外の転得者・受益者には，確定判決の効力は及ばないと考えられる。

　(b)　受益者との関係　　第1に、債務者がした財産の処分行為（債権の消滅に関する行為は除く）が詐害行為として取り消されたときは、受益者は、債務者に対し、その財産を取得するためにした反対給付の返還を請求することができる（425条の2前段）。たとえば、A（債務者）がその所有する甲不動産をB（受益者）が所有する乙不動産（その価額が甲不動産の価額よりも低い）と交換する契約をした場合において、C（債権者）がBに対して、その交換を詐害行為として取消訴訟を提起し、その交換が取り消されたときは、Bは、Aに対して、給付した乙不動産の返還を請求できることになる。

　なお、債務者が反対給付を返還することが困難である場合には、受益者は、その価額の償還を請求できる（同条後段）。たとえば、上記の例において、Aがすでに、乙不動産を第三者に転売していたような場合には、Bは、乙不動産の価額の償還を請求できる。

　第2に、債務者がした債務の消滅に関する行為が詐害行為として

取り消された場合において、受益者が債務者から受けた給付を返還し、またはその価額を償還したときは、受益者の債務者に対する債権は、これによって原状に復する（425条の3）。たとえば、D（債務者）がE（受益者）に対して負担している金銭債務を弁済した結果、債務が消滅した場合において、F（債権者）がEに対して、その弁済を詐害行為として取消訴訟を提起し、その弁済が取り消され、Eが弁済として受け取った金銭を返還したときは、EのDに対する債権が復活することになる。なお、代物弁済も債務を消滅させる行為であるが、特則があることから（424条の4）、この規定は適用されない。

(c)　転得者との関係　　債務者がした行為が転得者に対する詐害行為取消請求によって取り消されたときは、その転得者は、つぎのような権利行使をすることができる。ただし、その転得者がその前者から財産を取得するためにした反対給付またはその前者から財産を取得することによって消滅した債権の価額を限度とする（425条の4）。第1に、債務者がした財産の処分に関する行為（債務の消滅に関する行為を除く）が取り消された場合には、その行為が受益者に対する詐害行為取消請求によって取り消されたとすれば、425条の2の規定により生ずべき受益者の債務者に対する反対給付の返還請求権またはその価額の償還請求権を行使することができる（同条1号）。詐害行為として取り消されるのは債務者と受益者との間の行為であるのに、取消しによって、転得者が財産を返還するのであるから、受益者の反対給付について、転得者が失った債権の価額を限度として、転得者が行使することを認めるものである。第2に、債務者がした債務の消滅に関する行為が取り消された場合には、その行為が受益者に対する詐害行為取消請求によって取り消された

すれば、425条の3の規定により回復すべき受益者の債務者に対する債権を行使することができる（同条2号）。転得者に対する詐害行為取消請求について、第1の場合と同様に、本来受益者に帰属すべき権利の行使を認める趣旨によるものである。

第 5 章　多数当事者の債権および債務

第 1 節　序　　説

36　多数当事者の債権および債務の態様

⑴　**民法の認める態様**　　A・B・C 3 人が D に対して車 1 台を給付させる債権を有するとか、あるいは D が A・B・C 3 人に対して300万円を支払わせる債権を有するというように、同一の債権関係に多数の債権者または債務者のある場合を一括して、多数当事者の債権および債務という。このような場合の各債権者・債務者間の関係にはさまざまな態様があるが、民法はつぎの種類を規定している。これらは、代表的なものであり、多数当事者の債権・債務関係がこれらに尽きるわけではない（たとえば、全員でなければ権利行使ができない共同債権など。⑶も参照）。

⑺　**分割債権・分割債務関係（427条）**　　債権者が 3 人いれば各自 3 分の 1 ずつ独立の債権を有し、債務者が 3 人いれば各自 3 分の 1 ずつの独立の債務を負担する関係である。これは特殊の制度というほどのものではなく、多数当事者の債権関係は原則としてこのような態様のものと推定されることに意義がある。上記300万円の債務の例では、当事者がこれを分割しないという特約をすれば別であるが、そのような特約がないときは原則として A・B・C それぞれが D に対して100万円を支払う債務を負う。分割債権・分割債務となるためには、債権の目的である給付が可分である必要がある。金銭の支払は通常は可分の給付であるが、常に、このような分割債権・

分割債務となるという意味で「可分」な給付であるとは限らない。金銭債権の内容や性質から当然に分割債権とはならない場合がある（たとえば普通預金契約に基づく普通預金債権の場合（最大決平成28・12・19民集70巻8号2121頁・基本判例422）や投資信託受益権に基づく収益分配金・元本償還債権の場合（最判平成26・12・12判時2251号35頁）など）。

　(イ)　不可分債権・不可分債務関係（428条－431条）　　債権の目的である給付がその性質上不可分なものである。債権者が数人ある不可分債権と、債務者が数人ある不可分債務とがある。上記の例で、車1台を給付させる債権は不可分債権である。

　(ウ)　連帯債権・連帯債務関係（432条－445条）　　債権の目的である給付が性質上可分である場合に、法令の規定（470条・719条・761条、商14条・511条・579条3項、会社9条・52条・54条・430条・580条等）や当事者の意思表示によって、連帯して債権を有し、あるいは連帯して債務を負担するのが、連帯債権・連帯債務関係である。上記300万円の債務の例で、当事者が連帯して債務を負担する旨の合意をした場合、A・B・CがDに対し連帯債務を負担することになる。連帯債権となると複数の連帯債権者の各自が債務者に対して全部の履行を請求することができ、連帯債務となると複数の連帯債務者の各自が債権者に対して全部の履行をする義務（債務）を負う。連帯債権は、明治民法制定時に適用例があまりないとしてそれ以前の旧民法の規定が削除されたが、その後も、解釈上、ある法律関係が連帯債権として説明されるなどしてその存在が認められており、平成29年改正によって多数当事者の債権・債務の分類の見直しに伴い、明文化された。これに対し、連帯債務は普遍的に観られる。全部の履行義務を負う債務者を複数にすることで債権の引当財産を増

大させるから、その意味で債権の効力を強大にする。したがって、当事者の特約によって生じるときは債権の担保として作用する。

(エ)　保証債務（446条－465条の10）　債務者（保証人との対応で主たる債務者という）がその債務を履行しないときに、その履行する義務（債務）を負うのが保証債務である。主たる債務者と保証人とが存在するため、債務を負う者が複数（多数）ある場合の1つである。主たる債務者の債務について保証人が保証債務を負うことでその履行をより確実にする、債権の側からいえばその実現をより確実にすることになるので、もっぱら債権担保の作用をする制度である。質権・抵当権などの物的担保に対して人的担保と呼ばれる（債6(4)参照）。

(2)　3つの問題

以上の各態様のそれぞれについて研究すべき重要な問題はおよそ3つある。第1は、多数ある債権者または債務者間において、いかに請求し、またいかに弁済すべきかということである。第2は、多数ある債権者または債務者の1人について請求・更改・免除、その他債権の効力に影響を及ぼす事由が生じたときに、この事由が他の債権者または債務者にいかなる影響を及ぼすかということである（影響関係）。他の債権者・債務者に対しても効力が生じる場合を絶対的効力、効力が生じない（当該主体限りである）場合を相対的効力という。そうして、第3は、多数の債権者の1人が弁済を受けまたは多数の債務者の1人が弁済をしたときに、これを他の債権者に分与しまたは他の債務者から求償する関係はどうかということである（内部関係・求償関係）。

最後に、多数当事者の債権関係と準共有との関係に注意すべきである。準共有とは所有権以外の財産権を共同所有することであるか

ら（264条）、多数当事者の債権も一種の準共有である。しかし、民法の多数当事者の債権に関する規定は債権の準共有についての特則というべきだから、共有の規定に優先して適用されることになる（物54参照）。

(3) **債権・債務の総有的および合有的帰属**　債権以外の財産権について総有および合有という共同所有形態があるように（物50(2)参照）、債権・債務についても総有的帰属および合有的帰属が考えられる。多数の人が団体もしくは集団を形成していて、それが債権関係の中に主体として登場してくる場合に、これらをすべてその多数の構成員個々の関係として、上記の民法の態様でとらえることは無理である。それらは特自の性格をもっている。民法の認める多数当事者の債権関係のほかにこのような債権関係が存在することを注意すべきである。

(ア)　**債権・債務の総有的帰属**　入会権（263条、294条）の主体である入会集団が入会地に関連して第三者に対して債権を取得した場合は、債権は入会集団に1個の権利として帰属し、各構成員はその債権につき分割的にも全部的にも直接に権利を有しない。物の総有の場合と異なって、共同収益ということも考えられない。入会集団が債務を負担した場合も同様であって、入会集団がその総有に属する財産をもって弁済の責任を負う。ただし、これと並んで各構成員が債権者に対して付随的になんらかの責務ないし責任を負う可能性がないわけではない。

(イ)　**債権・債務の合有的帰属**　民法上の組合が第三者に対して有する債権は構成員の数に応じた数個の債権が組合に合有的に帰属する。各債権の内容は構成員の間に分割されたものでなく、いずれもその全額に及ぶ。そしてその債権の取立てその他の処分は全員が

共同して（内部規制に従って代表者によることは可能）のみ行うことができ、取り立てたものは組合の合有財産となる（668条の「総組合員の共有」の解釈）。合有的債権に対する各員の持分は債権全部についての計算的な割合にすぎず、独立の権利としての性質を有しないから、各員はこれを処分することはできない（677条参照）。組合が第三者に対して負う債務も、以上の債権について述べたところを裏返して考えればよい（675条1項も参照）。ただし、債務の場合には組合の負う合有的債務のほかに、これと並んで各員が個人的債務ないし責任を負担することは別問題である（675条2項参照。なお組合の債権・債務の合有については債161(1)(イ)・(2)、共同相続人のそれについては相28(1)参照）。

37　分割債権・債務関係

　A・B・C 3 人がDに対し300万円の債権を有するときに、分割債権であれば、各自100万円ずつの債権を有する。またDがA・B・C 3 人に対して300万円の債権を有するときに、分割債務であれば、各自100万円ずつの債務を負担する（427条。平等割合であることも推定される）。その場合の各債権または各債務は相互に全く独立したものである。各債権者は自分の債権だけを単独に行使できる。また、各債務者は自分の債務だけを単独に弁済すべきである。債権者の1人と債務者、または債務者の1人と債権者との間に生じた事由は絶対に他に影響を及ぼさない。

　多数当事者の債権関係を一応分割債権・債務関係と推定することは、すべての場合に通ずる一般的な原則としては必ずしも不当ではあるまい。しかし、事情によってはあまりに個人主義的な理論だと思われることもある。数人が一緒に料理屋で飲食したり、数人が一緒に物を買うときに、代金が頭割になるのは、債務者同士の内部関

係としてはもっともであろうが、料理屋との間、売主との間の関係としては実際に適さないことが多かろう。ドイツ民法のように数人が契約によって共同で債務を負担するときは原則として連帯債務となるものと規定する立法例もある（ドイツ民法427条、ヨーロッパ契約法原則第10：102条）。わが商法にも商行為の場合の特則がある（商511条1項参照）。民法のもとにおいても、実際上は連帯とする暗黙の特約を認めるべき場合が少なくないと思う。また、相続の場面では、被相続人の有していた債権もしくは負担していた債務（特に金銭債権・債務）が、相続によって、共同相続人の相続分（900条）に応じた分割債権もしくは分割債務となるものかどうかは、共同相続の性質に関連して争われる重要な問題であるが、判例はこれを肯定する（「可分」債権に関し最判昭和29・4・8民集8巻4号819頁・基本判例421等。ただし分割債権たる「可分」債権に該当するかどうかは当該債権の性質・内容、その原因たる契約の構造等による。「可分」債務に関し最判昭和34・6・19民集13巻6号757頁・基本判例181等。902条の2も参照。詳細は、相16(2)(3)(ウ)(b)・17・28(1)(4)参照）。

第2節　不可分債権および債務

38　不可分債権

多数の債権者が分割することができない給付を目的とする債権を有する関係である。A・B・C 3人がDに対して建物1棟を給付させる債権を有する場合のように性質上の不可分の場合が、不可分債権である。この場合にも、しいていえば、DがA・B・Cに別々に3分の1の持分の給付によって分割的に給付することも不能ではあるまい。しかし、社会観念に従って解すれば原則として不可分とい

うべきである。不可分債権は本来、別個独立に取り扱われるべき本質を有する。各債権者の債権が、給付が不可分だという点において連結した取扱いを受けるにすぎないものである。不可分債権の内容が可分給付に変わったとき、たとえば、A・B・C 3 人のDに対する建物 1 棟を目的とする債権が履行不能によって300万円の損害賠償債権になったときは、分割債権関係となりA・B・C各自100万円の債権を取得する（431条）。これはこの理論の現われである。

　不可分債権について先に述べた 3 個の問題を順次に検討する。

(1)　**請求と履行**　　各債権者は単独で、自分に履行すべき旨を請求できる。また債務者は任意の 1 人を選んでこの者に対する履行ができる（428条・432条）。この点で連帯債権と共通するため、不可分債権には影響関係における一部の規律（更改・免除・混同）を除き、連帯債権の規定が準用される（428条）。すべての債権者が共同しなければ履行を請求できないとし、または各債権者はすべての債権者のために供託させうるにとどまるというもの（共同債権）ではない。共同債権に比べれば、民法の規定は債権の実現のためにははなはだしく便宜であるが、それだけ、1 人の債権者が抜け駆けをして他の債権者が不利益を被ることもないとはいえないであろう。

(2)　**一債権者に生じた事由**　　債権者の 1 人Aについて生じた事由は他の債権者B・Cにどんな影響を及ぼすか。

(ア)　弁済・請求等の絶対効　　債務者DはA・B・Cいずれの 1 人を相手としても有効な弁済をしうることは先に述べたとおりであるから、弁済はもちろん、弁済の提供、受領遅滞も 1 人の債権者について生じたなら他の債権者に効力を及ぼす（絶対的効力）と解すべきである。そして供託・代物弁済もこれに準ずべきである。また、A・B・Cいずれも単独ですべての債権者のために請求しうるので

（428条・432条）、履行の請求およびこれから生ずる効果である時効完成猶予（147条1項参照）、履行遅滞（412条3項参照）なども絶対的効力を生ずる。相殺については明文がある（428条・434条）。

　(イ)　相対効の原則　　(ア)の弁済および請求から生ずること以外の事由は、1人の債権者について生じても、他の債権者には効力を及ぼさない（相対的効力。428条・435条の2）。たとえばAが債務を免除したり（519条）、また建物の代わりに金100万円を給付することにより更改したりしても（513条）、BCはいずれも建物1棟の債権を失わない（429条前段）。この場合においては、BまたはCが建物1棟を履行させたときはAに分与すべき利益、原則として建物1棟の価格の3分の1を債務者Dに償還しなければならない（同条後段）。これは、本来ならばBまたはCがAに100万円または建物の3分の1の持分を分与し、DがAに対して不当利得の返還を請求するという関係になるべきものを簡易に決済させたのである。相対的効力の原則に対しては、当事者（効力が及ぶ他の債権者と債務者）の特約により他の債権者に効力を及ぼすことができる（428条・435条の2ただし書）。

　(3)　求償　　たとえばAがDから履行を受けたときにBやCにどう分与するのかといった不可分債権者A・B・C相互の内部関係については民法に規定がない。法令の規定や当事者の特約があればそれによることになる。法令の規定も当事者の意思表示もないときは、各場合によって決すべきであるが、原則としては平等に利益を分与すべきものとみるのが妥当である。

39　不可分債務

　多数の債務者が分割することができない給付を目的とする債務を負担する関係である。給付が性質上不可分の場合であることは不可

分債権と同様である。判例は、共有山林の管理人に対する共有者たちの費用償還債務や、共同借家人の家賃債務などのように、不可分的な給付の対価は、反対の事情がなければ性質上不可分であるという（借家人が死亡し、3人の子が相続した場合につき、大判大正11・11・24民集1巻670頁）。学説では、連帯債務となるという見解が有力である。いずれも分割債務関係を原則とすることの不都合（債37末段参照）を多少緩和することになる。給付が可分のものになったときは分割債務となることも不可分債権の場合と同一である（431条）。不可分債務はまた連帯債務にも似ているため、影響関係における一部の規律（混同）を除き連帯債務の規定が準用されている（430条）。

(1)　請求　　債権者は各債務者に対して同時または順次に全部の履行を請求しうる（430条・436条）。この点で連帯債務と共通する。債務者側からいえば、債務者は各人が全部の履行をすることができる。全員でなければ履行できない債務（共同債務）は不可分債務には当たらない。

(2)　一債務者に生じた事由　　1人の債務者について生じた事由は、混同の場合を除き、連帯債務と同様である（430条）。相対的効力を原則とする（430条・441条）。すなわち、1人のする弁済・代物弁済・供託およびこれに関連する受領遅滞、相殺は絶対的効力を生ずるが、その他の事由はことごとく相対的効力を生ずるだけである。そして、債権者Dが1人の債務者Aについて免除をしたときは、他の債務者BまたはCに対してなお全部の弁済を請求する権利を失わなず、Dに全部を弁済したBまたはCはAにその負担部分の求償ができる（430条・445条）。Dはさらにその負担部分を償還する必要はない。免除によってDがAの負担を肩代わりする趣旨では

ないと考えられるからであり、別段の意思表示があればそれによる。

　⑶　求償　　不可分債務者相互間の内部関係についても連帯債務の規定（442条―445条）が準用され、これと同様に取り扱われる（430条）。

第3節　連帯債権および債務

40　連帯債権

　数人の債権者が性質上可分な同一内容の給付について、各自独立にすべての債権者のために全部または一部（一部がありうる点が不可分債権と異なる）の履行を請求しうる債権を有し、そのうちの1人が弁済を受ければ他の債権者もことごとく債権を失うという関係を連帯債権という。債務者は債権者のうちいずれかの者に対して履行をすることができ、それによりすべての債権者に対して債務を履行したことになる関係である（432条）。債権の目的が性質上可分である場合に、法令の規定または当事者の意思表示によって連帯債権となる。わが国の実際にはあまりその例がないようである（たとえば、金銭債権がAとBに二重に譲渡されそれぞれの譲渡の確定日付ある証書による債務者Dに対する通知が同時に到達した場合（467条2項参照）のA・BのDに対する債権が連帯債権であると説明されることがある。このほか、金融の分野でシンジケートローンにおける活用も説かれている）。A・B・CがDに対し300万円の金銭債権を連帯して有するとき、AがDから300万円の履行を受けるとB・CはもはやDに履行を請求できず、AはB・Cに利益を分与することになる。各債権者が債権を実現できるので、債権の実現に便利だが、Aが利益を分与しないリスク（分与請求のコストやAの無資力）をB・Cが負担

することになる。このため当事者の意思表示の認定には、そのようなリスクを各債権者が相互に負担しあう意思であることが必要で、その認定は慎重であるべきだと考えられている（たとえば、数人の債権者が同一の契約に基づき同一の内容の債権を取得する場合に連帯の特約が容易に推認されるべきではない。連帯債務とは状況が異なる）。

(1)　**請求と履行**　　各債権者は単独で、自分に全部または一部を履行すべき旨を請求できる。また債務者は任意の１人を選んでこの者に対して履行ができる（432条）。各債権者の履行請求や各債権者に対する履行は「すべての債権者のため」であり、すべての債権者に効力を生じる。

(2)　**一債権者に生じた事由**　　債権者の１人Ａについて生じた事由は他の債権者Ｂ・Ｃにどのような影響を及ぼすか。

(ｱ)　**弁済・請求等の絶対効**　　債務者ＤはＡ・Ｂ・Ｃいずれの１人を相手としても有効に履行をしうるから（432条）、弁済はもちろん、受領遅滞も１人の債権者について生じたなら他の債権者に効力を及ぼす（絶対的効力）と解すべきである。そして供託・代物弁済もこれに準ずべきである。相殺については明文がある（434条）。また、Ａ・Ｂ・Ｃいずれも単独ですべての債権者のために請求しうるので（432条）、履行の請求およびこれから生ずる効果である時効完成猶予（147条１項参照）、履行遅滞（412条３項参照）なども絶対的効力を生ずる。債務者Ｄが債権者Ａを単独で相続する場合のように債権者の１人と債務者の間で混同があった場合は、債務者Ｄ（＝Ａ）が弁済したものとみなされる（債権者Ａ（＝Ｄ）はＢ・Ｃに利益を分与することになる）。

(ｲ)　**免除・更改の部分絶対効**　　債権者の１人Ａが債務者Ｄとの間で更改をして債権が消滅した場合、また、債務を免除して債権

が消滅した場合、その債権者Aの利益分与分の範囲で、他の債権者B・Cにも効力が及び、B・Cも履行を請求できなくなる（利益分与部分絶対効、433条）。A・B・CがDに対し300万円の金銭債権を連帯して有する場合に、AがDとの間で更改によりこの債務を消滅させたときは、B・Cは、Aの利益分与分（特約がなければ平等と推定され、100万円）について履行請求ができなくなり、200万円のみの請求ができる。

(ウ) 相対効の原則　(ア)(イ)以外の事由は、1人の債権者について生じても、他の債権者には効力を及ぼさない（相対的効力。435条の2本文）。ただし、他の債権者Bと債務者Dとの間でAやCの行為・事由がBにも効力が及ぶことを合意していたときは、当該合意に従いBにも効力が及ぶ。効力が及ぶ他の債権者Bとの合意である必要があり、AとDの間でBに効力が及ぶと決めても、Aの行為・事由の効力はBには及ばない。

(3) 求償　AがDから履行を受けたときにBやCにどう分与するのか、A・B・C相互の内部関係については民法に規定がない。法令の規定や当事者の特約があればそれによる。法令の規定も当事者の意思表示もないときは、各場合によって決すべきであるが、原則としては平等に利益を分与すべきものとみるのが妥当である。

41　連帯債務の性質

連帯債務は、数人の債務者が、同一内容の可分の給付について、各自独立に全部の弁済をすべき債務を負担し、そのうちの1人が弁済をすれば、他の債務者もことごとく債務を免れる債務関係である。各債務者の債務が独立のものであって主従の差がない点において保証債務と異なる（437条・448条参照）。保証債務よりも有力な担保制度となりうる原因の1つはこの点にある。連帯債務は必ずしも同一

の原因によって発生する必要はない。Ａ・Ｂ・Ｃ３人が債権者Ｄと順次に別個の契約をして連帯債務者となることも可能である。

　連帯債務は１個の債務か債務者の数の数個の債務かという問題は、主としてドイツの学者が古くから争った問題である。しかし、民法の解釈としては、数個の債務とみるのが通説であり、また正当である。その結果、１人の債務者についてだけ、担保物権が設定されたり、保証人が立てられることも妨げない（464条参照）。

42　連帯債務の発生原因

　連帯債務は法律の規定によって発生する場合が少なくない。債権者を保護したり、共同行為者の責任を加重することを目的とする（470条・719条・761条、商511条、会社430条・580条等）。

　契約によって発生する場合には、その契約は必ずしも１個の契約であることを必要としないことは前に述べたとおりであるが、１個の契約による場合にも、１人の債務者について無効または取消しの原因があっても、他の債務者については完全に有効な債務が成立する（437条）。連帯債務を生じさせる契約であるかどうかは、各場合の契約の解釈によって決すべきこともちろんである（債37参照）。

　連帯債務関係が生じる場合には、複数の債務者が同一の契約から連帯して債務を負う場合のように、各債務者間には共同目的のための主観的連絡があり、内部において各自の負担部分が定められている場合もあれば、そのような主観的な共同という連絡がない場合もある。たとえば、715条によって、使用者と使用者に代わって監督する者とがともに被用者の他人に加えた損害の全部を賠償する義務を負い被用者が709条によって責任を負うような場合には、これらの者の債務はその内容が同一であるばかりでなく、一方が弁済すると他方もまた債務を免れる（債188(2)(ウ)・190(3)参照）。債権者が債務

者の1人に対し、または同時もしくは順次に総債務者に対して、全部または一部の履行を請求しうるという点では同一の契約に基づく場合の連帯債務と同一だが、この場合には連帯債務のように両債務者間に共同目的のための主観的連結がない。一方の弁済で他方も消滅するのは単に債権者である被害者の損害が塡補されるからにすぎない。平成29年改正前は、このようなものを学者は不真正連帯債務と呼んで連帯債務と区別していた。1人の債務者について生じた事由は、弁済その他債権の満足のほかは、ことごとく相対的効力を有するにとどまる点で連帯債務と異なっていたからである（消滅時効につき大判昭和12・6・30民集16巻1285頁。免除につき最判昭和57・3・4判時1042号87頁、最判平成6・11・24判時1514号82頁。ただし、免除者が実際の相手方以外の債務者の債務をも免除する意思を有するときは、免除の効果は、他の債務者にも及ぶ（最判平成10・9・10民集52巻6号1494頁・基本判例321。債190(3)参照））。しかし、平成29年改正により、連帯債務には債権者間に主観的な連結がない場合も含まれるものとして構成され、そのような場合を含めて絶対的効力としても不都合ではない事由（弁済等のほか、相殺、更改、混同）に絶対的効力事由を限定する見直しが行われている。したがって、連帯債務関係を生じるのは、主観的な連結がある場合に限られない。このことは、特に法令の規定による連帯債務について、その法令の趣旨から、個々の規定の適用についての修正の余地を封じるものではない（たとえば、共同不法行為の場合の求償に関し、債務者間の求償よりも被害者への弁済にあてるべきという被害者保護の観点から、442条1項と異なり自己の負担部分を超えて共同の免責を得たときに求償できると解する（改正前の最判昭和63・7・1民集42巻6号451頁が改正下でも妥当すると解するべきではないかが論じられている））。

43　連帯債務の効力

(1)　**債権者の権利**　　債権者は、連帯債務者中の任意の1人もしくは数人、または全員に対して、全部または一部の請求をしうる。数人または全員に対して請求するときには、同時に請求することも順次に請求することも妨げない（436条）。このことは主として訴訟において意義がある。元来債権者は、同一の債権について、1度訴えを提起すれば、その裁判中にも、また判決を受けた後にも、2度訴えを提起することはできないが、連帯債務は別個独立の債務であるから、このようなことも妨げないのである。この理論はさらに破産において現われる。連帯債務者A・B・Cが順次にことごとく破産手続開始の決定を受けたとする。債権者DはA・B・Cの各破産財団に対して、それぞれ債権全額、たとえば300万円で配当に加入できる。だから各破産財団が2割の配当しかしない場合にも合計180万円の弁済を受けうる（破104条2項参照）。もし3分の1の100万円ずつでしか加入できないものとすると、60万円しか弁済を受けられないのだから、これと比べて債権者に有利である。ただし、Cの破産手続開始決定以前にBの破産開始決定手続ですでに60万円の弁済を受けたときには、Cの破産財団には残額（手続開始時現存額）である240万円についてだけ加入できる（破104条1項）。

なお、連帯債務者の1人が死亡し、その相続人が数人ある場合には、相続人らは被相続人の債務の分割されたものを承継し、各自その承継した範囲で本来の債務者とともに連帯債務者となる（最判昭和34・6・19民集13巻6号757頁・基本判例181）。

(2)　**連帯債務者の1人について生じた事由の他の債務者に及ぼす効果**　　連帯債務は、目的は共同であるが、各個独立の債務だから、債権者に満足を与える事由およびこれに関連するもののほかは相対的効

力を生ずる（441条本文）。

　(ア)　弁済等の絶対効　　弁済・代物弁済・供託・受領遅滞が絶対的効力を生ずべきことは明らかである。相殺も同様である。民法は特に相殺について規定をしているが当然のことである（439条1項）。連帯債務者の1人が債権者に対して反対債権を有する場合、それを用いて相殺をするかどうかはその債務者の意思決定にかからしめられるべきであり、他の連帯債務者が相殺することはできないが、その一方で相殺の機会を奪うことも適切ではないことから、他の連帯債務者はその者の負担部分だけ、債務の履行を拒むことができる（同条2項）。300万円の連帯債務者A・B・Cのうち、Cが200万円の反対債権を有し、相殺ができる状態にある（相殺適状。505条）としよう。Bが債権者Dから弁済を請求されたときには、Cの負担部分、たとえば100万円だけは履行を拒むことができ、残額200万円だけを支払えばよい。Bの支払後に残る100万円についてはDがCに請求し、Cが相殺をすることもできれば、現実に支払うこともできる（Dが相殺をすることもできる）。

　当然に絶対的効力を生ずべきこれらの事由のほかに、当事者間の法律関係の決済を簡易にしようとする趣旨に基づき、絶対的効力が認められているものがある。これに属するものは2つある。その1は更改である（438条）。Aが300万円の連帯債務を特定の建物所有権移転の債務に更改する契約をすれば、反対の特約がない限りB・Cは債務を免れ、Aがこれらの者に各自の負担部分だけの求償をすることになる。その2は混同である（440条）。DとAの地位が、たとえばAがDを相続することによって混同すれば、Aは弁済したものとみなされるから、B・Cは債務を免れ、ただAから負担部分だけの求償を受けることになる。

(イ)　相対効の原則　　以上のほかの事由はことごとく相対的効力を有するだけである（441条本文）。たとえば、履行の請求や免除、消滅時効の完成なども相対的効力にとどまる。したがって、債務者全員について履行の請求により遅滞に陥らせたり（412条3項参照）、消滅時効の完成を阻止する（完成猶予、147条1項1号参照）には、1人に対して履行の請求をするだけでは足りず（そうでなければ、履行の請求を受けた以外の他の債務者が知らないまま遅滞に陥ったり、時効完成が阻止されているという事態が生じかねない）、各債務者に対してする必要がある。しかし、債務者間に主観的な共同関係があるような場合もあり、また、債権管理の便宜から1人に対して履行の請求をすれば足りるようにしたいという場合もある。そこで、当事者間（つまり、債権者と効力が及ぶものとされる債務者との間）でその旨を定めることで1人の債務者に対しての履行の請求につき他の債務者に効力を及ぼすものとすることができる（441条ただし書）。すなわち、債権者DがAに履行の請求をしてもA以外の連帯債務者BやCにはその効力は及ばないが、DとBとの間で他の連帯債務者に対して履行の請求がされればBにもその効力が及ぶ旨を合意していたときは、Aに対する履行の請求によってBにも効力が及ぶことになる。他の相対的効力事由についても同様である。

44　連帯債務者相互間の求償関係

(1)　負担部分　　連帯債務者は債権者に対しては各自が全部の履行義務を負うが、その内部では負担部分が分かれる。この理由により、1人の債務者が負担部分以上の弁済をすれば、実質的には他人の債務の弁済となり、他の債務者は不当利得をすることになる。したがって、弁済した債務者はこの利得の償還を求めうるわけである。これが求償権の根拠である。

　弁済をした以外の連帯債務者に債権者から免除を受けていたり、消滅時効が完成していた者がいた場合、その者に対しても求償することができる（445条）。免除も消滅時効の完成も相対的効力事由であるから、連帯債務者の１人Ａについてそれらの事由があっても、債権者Ｄは他の連帯債務者ＢやＣにはなお全部の履行の請求ができる。この場合に、弁済をしたＢがＡに求償できないことになれば、Ｂに不利益を被らせることになり、それは妥当ではないからである。ＢがＡに求償し、ＡがＢに支払をしたときも、Ａが債権者Ｄにその償還を請求することはできない。ＤによるＡの免除は、Ａの負担部分をＤが負担する意思とは考えられないためである（そのような意思での免除も否定されないが、これは免除の意思表示の解釈の問題となる）。消滅時効の完成の場合も同様の扱いとなる。

　負担部分は債務者間の特約や連帯債務から受けた利益の割合、不法行為の場合は過失の割合などで定まるが、これらの事情のないときは平等の割合と解するのが妥当である。負担部分は零でもよい。Ａが借金をしてＢ・Ｃが保証の意味で連帯債務者となったようなときには、Ｂ・Ｃの負担部分は零であるのを普通とする。

　⑵　求償権の成立とその行使

　㋐　求償権の成立要件　　１人の債務者が弁済その他自己の財産をもって他の債務者の債務を免れさせることである（442条１項）。自己の負担部分を超える弁済であることを要しない（同条１項。大判大正６・５・３民録23輯863頁）。なお、法令の規定による連帯債務について、特に不法行為による連帯債務の場合に、平成29年改正前の判例・通説は、負担部分を超えた弁済の場合に求償が可能となるとしており（最判昭和63・７・１民集42巻６号451頁）、被害者保護の観点からこれを基礎づけていた。その趣旨が被害者保護にある以上、

それが減じられるべきではなく、442条1項の規定にもかかわらず、法令の規定の趣旨からそれとは異なる従前の扱いがなお妥当すると解するべきかが論じられている（債務者の主観的連結を要しないものとされ、それがない法令の規定による場合も連帯債務の規定の適用対象となったが、法令の規定の趣旨の尊重から個別の規定の適用において修正の余地がありうることにつき、債42参照）。

　(イ)　求償の範囲　　求償の範囲は共同の免責を得るために支出した財産の額（財産の額が共同の免責を超えるときはその免責を得た額。442条1項。たとえば、300万円の金銭債務を350万円の宝石で代物弁済をしたときは、300万円となり、250万円の宝石で代物弁済をしたときは250万円となる）、免責のあった日以後の法定利息（404条）および避けることができなかった費用その他の損害の賠償を包含する（442条条2項）。

　(ウ)　求償の割合　　求償の割合は各債務者の負担部分の割合に応ずる。その行使に関連しては特則がある。

　(エ)　事前・事後の通知　　連帯債務者の1人が弁済等をして共同の免責を得るには、その事前と事後にその存在を知っている他の債務者に通知する義務を負う。他の連帯債務者の保護のためであるが、連帯債務関係は主観的な連結を必須とはしておらず、他の債務者の存在を知らない場合もありうるが、その存在を知らない者に対して通知することを期待できないので、あくまで他の連帯債務者があることを知っている場合にその者に対する通知義務である。この通知を怠るときは求償権の制限を受けることがある。たとえばA・B・Cが同一の契約に基づきDに対して300万円の連帯債務を負っている場合（したがって、債務者は相互にその存在を知っている場合である）に、Aが通知しないで弁済したところ、Bが債権者Dに対して

相殺に適する150万円の反対債権をもっているようなときは、Bは
この債権中その負担部分100万円だけAの求償権に対して相殺をも
って対抗することができる。AはこのBの100万円の債権（相殺に
よって消滅すべきであった債権）をDから請求するほかはない（443
条1項）。また、Aが弁済後に通知しないでいる間にBがこれを知
らずに（弁済をするにあたりAやCに通知をしたうえで）重ねて弁済
したとする。そのときはBは自分の弁済を有効なものとみなすこと
ができる（443条2項）。これにより、AはBに求償できず、BがA
に求償できることになる。問題なのは、1人が弁済をして通知しな
い間に、他方がさらに通知せずに弁済したときにいかに取り扱うべ
きかである。2重の弁済の生ずるのは案外こうした場合に多いかも
しれない。このような場合には両者ともに過失があるのだから443
条の適用はなく、原則にかえり最初の弁済を有効とするのが妥当で
あろうと思う（最判昭和57・12・17民集36巻12号2399頁・基本判例180
——443条2項は1項を前提としており、事前の通知につき過失のある
連帯債務者まで保護する趣旨ではない）。

　(ｵ)　償還無資力者がある場合　　Aが300万円を弁済し、B・C
から100万円ずつ求償する際にCが無資力だったとする。その負担
部分100万円はAとBとで負担部分に応じて、すなわち50万円ずつ
負担する（444条1項）。「負担部分に応じて」であるから、Bの負担
部分が零であったときは、Aが100万円を負担するが、AもBも零
であったときはAとBが等分で（50万円ずつ）負担する（同条2
項）。ただし、Cに求償できなくなったのがAの過失に基づくとき
はBに対して分担を請求することはできない（同条1項・3項）。

　(ｶ)　弁済者の代位　　最後に、共同の免責により連帯債務者の1
人が求償権を有する場合には債権者に代位する（499条・500条）。連

帯債務は対内関係で他人の債務の弁済だからである。代位の詳細は後述する（債62参照）。

第 4 節　保証債務

45　保証債務の意義・性質

(1)　**保証債務の意義**　保証債務は、主たる債務者がその債務を履行しないときに、その履行をすることを内容とする債務である（446条）。主たる債務と同一内容を有する従たる債務であって、主たる債務を担保する作用をなすものである（446条参照）。保証人は主たる債務と別個の債務（保証債務）を負担する。単に主たる債務の責任だけを負担するのではない（債17、物89⑴(ｱ)参照）。この点で物上保証と異なる。その債務の内容は主たる債務と同一であるから、主たる債務者以外の者では給付できない債務について保証がされたときには保証債務の内容が問題となる。たとえば、銀行に働く者のための保証においては、将来その者が不都合な行為をして銀行に対し損害賠償債務を負担するようになった場合の金銭支払債務を保証するものとみるべきである。すなわち一種の条件付債務の保証である。これに対し、いわゆる身元保証または身元引受けと称するものには、上記と異なり、当人の疾病その他の事故について一切を引き受け、使用者に迷惑をかけないという趣旨のものも少なくない。そのような合意の場合は主たる債務というものがないから保証ではない。損害担保契約（主たる債務の存在を前提とせず、一定の損害についてそれを塡補することを内容とするもの）と呼ばれるものの一種である。雇用契約に関連して述べる（債140参照）。

(2)　**保証債務の特質**　保証債務は、もっぱら主たる債務を担保

することを目的として存在するものであることから、つぎのような特質を有する。

　(ア)　付従性　　保証債務は主たる債務に対して付従性を有する。これは質権・抵当権の有する付従性と全く同一のものである。すなわち、主たる債務がなければ保証債務は成立できず、主たる債務が消滅すれば保証債務もまた消滅する。しかし、その主たる債務は必ずしも現実に発生していることを要せず、与信契約などがあるときは、将来増減する債務額を一定の限度まで保証するいわゆる根保証（債50(2)参照）が成立しうる（根保証の場合特に個人の保証人については保護の必要があり、判例は期間の定めのない継続的根保証において相当の理由がある場合に根保証人の解約告知権を肯定する（最判昭和39・12・18民集18巻10号2179頁参照））ことは、根抵当におけると同様である。また主たる債務が明瞭に条件付きのものであるときは、保証もまた条件付きに効力を生ずるものと解するのが妥当であることも、質権および抵当権におけると同様である（物88(1)・89(3)・100(1)参照）。のみならず、根抵当や将来の債務のための質権・抵当権においては、成立と同時に現実の権利が発生して、排他性による順位を保有するものと解釈しなければならないので、そこに反対説を生ずる余地があるが、保証にあってはそうした必要がない（保証債務には排他性も順位もない）から、問題はいっそう平明である。

　上記のほかに、保証債務の付従性については、質権および抵当権については問題とならなかったものが1つある。それは、保証債務はその目的または態様において主たる債務より重いことはないということである。保証債務は前述のように、主たる債務とは別個の債務だから、それ自体の目的および態様がある。しかし、これは主たる債務の目的または態様より重くあってはならない。たとえば、主

たる債務が10万円で保証債務が12万円だったり、主たる債務が条件付きなのに、保証債務が無条件だったりすることは許されない。このような場合には、保証債務の目的または態様は主たる債務のそれと同様に減縮される（448条1項）。反対に主たる債務が120万円で保証債務が100万円までだったり、主たる債務が無条件なのに保証債務が条件付きだったりすることは妨げない。また保証人が特にその債務について違約金や損害賠償の額を約定することも妨げない（447条2項）。この場合には、保証債務の目的または態様自体がかえられるのではなく、単にその履行を確実にすることが考えられているにすぎないからである。保証人の関与なく負担が加重されるのは相当ではないから、主たる債務の目的や態様が保証契約の締結後の加重されたときであっても、保証人の負担は加重されない（448条2項）。ただし、主たる債務者について破産手続開始決定がされ主債務について免責を受けたときは、主債務は免責となる（自然債務になるという考え方と消滅するという考え方がある）が、保証債務や物上保証には影響を及ぼさない（破産253条2項）。この限りでは主債務よりも重い負担となるが、担保の機能の発動が最も必要とされる局面であることを考慮した規律である。

(イ)　随伴性　　保証債務は主たる債務に対して随伴性を有することも質権・抵当権におけると同じである（物88(2)参照）。ただし、根担保の場合、元本確定前に主債務につき債権譲渡がされたときの保障債務の帰趨については議論があり、必ずしも根抵当（398条の7）と同様の扱いとなるわけではなく、根保証契約の解釈による（最判平成24・12・14民集66巻12号3559頁・基本判例183参照）。

(ウ)　補充性　　保証債務はその従たる性質から、債権者に対して第二次的な地位にあり、主たる債務者が履行しないときに、はじめ

て履行すればよいのが常である（446条1項参照）。これを**保証債務の補充性**という。その法律的な現われとして、保証人は、債権者に対して、まず主たる債務者に請求せよという抗弁権（**催告の抗弁権**）と、まず主たる債務者の財産に執行せよという抗弁権（**検索の抗弁権**）とをもつ（452条・453条）。しかしこれは普通の保証に限る。いわゆる連帯保証にはこの補充性はなく、したがってこれらの抗弁権もない（454条）。このことは後に述べる（**債49⑴**参照）。

46 保証契約

⑴ **保証契約の当事者**　保証債務は保証契約によって成立する。この契約の当事者は保証人と債権者である。保証人は債務者に頼まれて保証人となることが少なくない。また、債権者と債務者との間には保証人を立てる約束が存在することも多い（450条参照）。しかし、いずれも保証契約の成立そのものとは関係がない。前者は主債務者と保証人との間の保証委託契約であり、後者は債権者と主債務者との間の主債務に関する特約である。また、主債務者の同意を要する必要はなく、主債務者からの委託は不要であり、主債務者が知らない場合や主債務者の意思に反する場合でも、保証契約の締結・保証債務の発生は妨げられない。ただし、**委託を受けた保証人**であるか、無委託であるか、主債務者の意思に反したものであるかによって、主債務者の情報提供義務や主債務者に対する保証人の求償の範囲などに違いを生じる。

⑵ **要式性**　保証契約は、**書面**（またはその内容を記録した電磁的記録）でしなければ、その効力を生じない（446条2項・3項）。保証契約が安易に締結され、保証人が後日過大な負担に苦しめられるのを防止するため、平成16年に追加された。もっとも、これだけではそのような防止に万全とはいえず、その後、貸金業法や利息制限

法においても保証人保護を念頭においた改正がされており（平成18年改正。債12⑹参照）、また、民法典においても平成29年改正により保証人保護の観点からの規律が新設されている。

⑶　契約締結時の情報提供　　まず、個人の保証人保護の観点から、保証によるリスクを十分に理解しないまま安易に保証契約の締結に至るのを防止するために、主債務者が事業のために負担する債務について保証人となること（根保証を含む）を依頼する（保証委託）場合には、主債務者は、自己の財産・収支の状況、主債務以外の債務負担の有無・額・履行状況、主債務の他の担保について保証人に対して情報を提供しなければならない。保証人が主債務者の財産状況を適切に把握できるようにするためである（465条の10第 1 項）。情報の不提供や誤った情報の提供のために保証人が誤認をして保証契約締結の意思表示をした場合は、債権者が主債務者の情報の不提供や虚偽情報提供を知りまたは知ることができたとき、保証契約の取消しができる（同条 2 項。平成29年改正による新設）。

　これは主債務者による情報提供であるが、利息制限法に関して述べたように、貸金業者による保証人に対するきびしい取立てが社会問題となったため、貸金業法（債12⑹㈦参照）においては、保証契約を慎重に締結させるために、契約締結の事前に貸付契約に関する所定の事項を記載し保証契約の内容を説明する書面を保証人に対して交付する義務が貸金業者に課されている（貸金業16条の 2 第 3 項・第 4 項。平成18年改正による新設）。

　また、主債務者が事業のために負担する貸金等債務を個人が保証する場合（根保証を含む）には、経営者が自身の経営する会社の借り入れについて保証をする場合（経営者保証）などリスクの理解が期待できると考えられる一定の場合を除き、保証契約の締結に先立

ち契約締結の前1ヶ月以内に、公正証書により保証意思を表示する必要がある。公証人が保証意思を事前に確認する手続を要求することで保証のリスクについての認識を確保し、軽く考えて保証契約を締結することを防止する趣旨であり、この手続を経ずになされたときは当該保証契約は無効となる（465条の6－465条の9。平成29年改正による新設）。

(4) 保証人となる資格　　何ら法律上の制限はない。当事者間の契約でいかなる人でも保証人となりうる。ただ民法は、法律上（たとえば29条1項、建設21条等）または契約上、債務者が担保の方法として保証人を立てる場合には、つぎの2つの要件を備える人を保証人とすべきことを規定する。行為能力者であることと、弁済の資力を有することである（450条1項）。保証契約の取り消されることを防ぎ、保証債務の実効性を確実にしようとする趣旨である。したがって、保証人が弁済の資力を失った場合には、債権者は債務者に対し、要件を具備する他の人を保証人とするように請求できる（同条2項）。ただし、債権者のほうから特定の人を指名して保証人としたときは、これらの資格はいっさい問題とはならない（同条3項）。債務者がこれらの要件を備える人に保証人となってもらうことのできないときには、期限の利益を失うほか（137条3号参照）、保証人を立てる債務の不履行となる。しかし民法はこれを救うために、その場合には、債務者は、質権や抵当権などの十分な担保を供して、保証人に代えることができるものと定めた（451条）。

(5) 主たる債務の不成立・無効・消滅と保証契約　　保証債務に付従性があることから、保証契約の効力も主たる債務の存在を前提とすることになる。すなわち、主たる債務が何らかの理由によって成立しなかったり、またはすでに消滅しているときは、保証契約は無

効である。また、主たる債務が行為能力の制限を理由として取り消すことができるものであるときは、保証債務は一応成立するが、もし主たる債務が後に取り消されると、保証債務もまた消滅する（なお、取消権行使前も保証債務の履行を拒絶する抗弁事由となる（457条3項））。しかし、例外が定められている。すなわち、この場合に、もし保証人が保証契約の時にその取消しの原因を知っているときは、主たる債務が取り消されると同一内容の独立の債務を負担する意思だったものと推定する（449条）。行為能力の制限によって取り消される債務であることを知って保証人となる者は、万一取り消されても債権者に迷惑をかけない意思を有すると一応考えるのが、普通の場合に適するという趣旨である。民法はこの保証人が独立の債務を負担するという推定を取り消すことができる債務の不履行の場合にも広げている。しかし、これは無意味な文言と解すべきである。

　保証された債務が、契約の解除によって消滅し、原状回復義務にかわった場合には（545条1項参照）、契約上の債務と解除による原状回復義務は別個の債務であって保証の対象となるのは前者のみであり、前者の消滅によって保証債務も消滅するというのがかつての判例であったが、学説は、保証人の意思の推定を根拠にしてこれに反対するものが強かった。その後判例は、特定物の売買における売主のための保証の事例につき、契約が解除された場合の損害賠償義務（同条4項参照）についてはもちろん、特に反対の意思表示のない限り、原状回復義務についても保証の責任を負うと判示するに至っている（最大判昭和40・6・30民集19巻4号1143頁・基本判例182）。保証契約の解釈の問題である。

　⑹　**保証債務の範囲等**　　保証契約によって定められた保証債務が、その目的または態様において主たる債務のそれらより重いとき

は、主たる債務の限度まで縮減されること、および保証人は自己の
債務だけについて違約金または損害賠償額を約定できることは、す
でに述べた（448条・447条2項、債45⑵⑺参照）。

　⑺　保証契約の性質と保証の機能　　保証契約は保証債務を発生さ
せる契約であり、契約当事者の一方である保証人が他方である債権
者に対して保証債務を負うのみで、保証人は反対給付や対価を得な
い片務・無償の契約である（片務契約、無償契約の概念については債86
⑵⑶参照）。成立には書面を要するため要式契約である。主債務の担
保であり、主債務者の財産だけではなく保証人の財産を引当てにで
きることによって（責任財産の拡大）、債権者が主債務の内容である
給付や利益をより確実に得られるようにする。保証人に十分な資力
がある場合は、主債務者の信用を保証によって補う面もある。

　保証人は法人もあれば個人もある。法人の場合（法人保証）には、
親会社が子会社の債務について保証する場合や、信用保証協会や保
証会社が債務の保証をする場合など、ビジネスの一環あるいはビジ
ネスそのものとして保証契約を締結し、保証人となるのが通常であ
る。これに対し、個人が保証人となる場合（個人保証）、その事情
はさまざまである。個人企業やファミリービジネスの場合に経営者
である代表取締役個人が会社の借入れについて保証するような場合
（経営者保証といわれる）は、会社の信用を財政面（保証人個人の財産
も引当てになるという面）および活動面（不適切な経営は保証人個人の
財産の喪失につながるから、適切な経営行動について信頼を補完する面）
の両面において補完する（さらに小さな個人企業の場合、会社の財産
と個人・家族の財産が明瞭に分けられていないこともあり、それへの対
処という面もある）。これに対し、友人・知人・親族に依頼されて個
人が保証人となる場合は、ビジネスではなく、むしろ友人や家族と

しての関係を基礎として情誼から保証債務を負担することが多い。しかも、主債務者が債務を履行する限りは保証人はその債務を履行しなくて済むため、保証人としてどのようなリスクを引き受けることになるのか十分な理解がないまま契約締結に至ることも稀ではない。軽率な契約締結、過大な負担が問題となる。このため、個人保証の利用を制約すべきであるという議論もある（たとえば個人について連帯保証の禁止など）が、それは採用されていない（たとえば、事業のための借入れのような場合に経営者保証以外の個人保証（連帯保証）も可能であることを前提に公証人による保証意思確認手続が設けられている。(3)参照）。住宅ローンや賃貸借の賃借人の債務について親族が保証することで法人に委託する場合に支払うことになる委託料の支払をしないで済むとか、また主債務者が債務を履行し保証債務の履行が求められることもなく推移するというような場合もあり、一律の連帯保証の禁止は、融資を得られる途を制約したり、保証委託料の支払を事実上強制したりすることにもつながりかねないという面ももつ。かくして、個人保証の利用を制約するとしてもその範囲の問題がある。また、利用の可否と並んで、契約締結における慎重さの確保と保証債務による負担の適正化が重要な課題であり、民法においても、平成16年改正、平成29年改正において一定の対応が図られている。また、経営者保証であっても、過大な負担の問題はある。適切な経営を行っていても事業が立ちいかなくなることはあり、そのときは、個人の財産のほとんどを投げ出さなくてはならなくなるのが、私法上の権利義務として相当なのかという疑問もある（保証人の債務内容の縮減などの議論につながる）。政策上も、事業に対する融資は事業自体の評価に基づいて行われるべきで、過度に保証に依拠すべきではないといえるし、保証債務の存在が適時の適切

な経営行動（積極的な事業展開や早期の再生など）をゆがめる面もある。また、起業家育成・支援の観点もあり、保証が起業のブレーキになりかねない概念もある。また同様の観点から経営する事業がうまくいかなかった場合に再チャレンジのための機会の保障も重要であり、保証がその機会を狭める懸念もある。中小企業金融における経営者保証の適正化という課題については、業界の自主的な準則として「経営者保証に関するガイドライン」や事業承継時に焦点をあてたその特則が策定されている。

(8) 民法の規定の概要　　民法は、「多数当事者の債権及び債務」の1つとして「保証債務」の款を設けている。これは、主債務と別個に保証債務が存在し、複数の債務および債務者が存在する関係であることの反映である。そのようなものとして3つの法律関係、つまり、債権者と債務者（保証人）との関係、1人（主債務者または保証人）について生じた事由、求償関係（保証人から主債務者に対する、また保証人間）が規律対象となる。多数当事者関係という面がある一方で、保証は担保としての性格を有するし、また、保証契約に基づく権利義務関係という点では民法が規定する契約類型の1つでもある。契約の内容として保証債務には継続的な根保証（契約）（465条の2第1項参照）、主債務者と連帯して保証する連帯保証（454条参照）、保証人・保証債務が複数となる共同保証（456条参照）などの類型があり、特有の規律がある。さらに保証債務については保証人保護の要請や保証債務の適正化の課題があり、加えて保証がされる場面や事情が多様であるため、規律内容も、たとえば、委託を受けた保証人であるのかどうかによる違いや、保証人の保護についても、個人保証に限るかどうか、また個人保証でも通常の保証か根保証か、主債務が事業債務（事業のために負担した債務）であるか、貸金等債

務（465条の3第1項参照）であるか、また事業債務で、かつ、貸金等債務であるか、などによって規律対象が画されている。複雑な様相をみせているが、これは保証債務をとりまく状況の多様さとその考慮の分岐を示すものでもある。

47　保証債務の効力

(1)　**債権者の権利**　　保証債務の範囲は、特約がない限り、主たる債務に関する利息、違約金、損害賠償、その他その債務に従たるすべてのものを包含する（447条1項）。これは質権の範囲と同趣旨であって、抵当権より広い（346条・375条、物90・102参照）。債権者の権利の実現のためには、まず債務者に請求しまたはまずその財産に対して執行することは、その要件ではない。しかし、普通の保証では、つぎに述べるように、保証人は抗弁することができる。

(2)　**保証人の抗弁権**

(ア)　**催告・検索の抗弁権**　　保証人は保証債務の補充性に基づき、催告の抗弁権と検索の抗弁権とをもっていること、すでに一言したとおりである。

(a)　**催告の抗弁権**　　催告の抗弁権とは、債権者が債務者に請求もしないでいきなり保証人に請求してきたときに、まず主たる債務者に請求せよと主張できることである（452条本文）。もっとも、連帯保証人はこの抗弁権をもたない（454条）。また普通の保証でも、主たる債務者が破産手続開始の決定を受け、または行方不明のときはこの抗弁権がない（452条ただし書。このほか保証人破産の場合にはこの抗弁権はない（破産105条））。催告の抗弁権を行使したにもかかわらず債権者が主たる債務者に請求することを怠り、後に全部の弁済を受けえなくなったときは、ただちに請求すれば弁済を受けえたであろう限度において、保証人はその義務を免れる（455条）。しか

し、債権者がこの抗弁によって要求されることは、どんな形式でもただ請求することなのだから、実際上この抗弁権の価値は少ない。

　(b)　検索の抗弁権　　これに反し検索の抗弁権は比較的実効が多い。保証人がこの抗弁権を行使するには、主たる債務者に弁済の資力があり、かつ、その執行の容易なことを証明しなければならない（453条）。ここに弁済の資力というのは、債務の全額を弁済するに足りる資力であるかどうかについて学説が分かれており、判例の態度も一貫していない。多数の説は肯定する。しかし、取引観念上相当な額と認められる程度の弁済をする資力があれば、必ずしも全額弁済の資力がなくともよいと解するのが妥当である。そうでないとすれば、保証人の地位はあまりに不利益だからである。執行が容易かどうかは各場合について判断して定める。概していえば、金銭・有価証券などは執行が容易だが、不動産はそうではない。検索の抗弁権が行使されたにもかかわらず債権者がただちに執行しなかったときは、後に保証人に対して全額の弁済を請求できないことになること、催告の抗弁権におけると同様である（455条）。なお連帯保証人は検索の抗弁権ももたない（454条）。また保証人破産の場合に抗弁権が認められないことも同様である（破産105条）。

　(イ)　主債務者の相殺権・取消権・解除権　　保証人は、主たる債務者が債権者に対して有する債権をもって相殺することができるとき（相殺権を有するとき）は、相殺権の行使によって主債務者がその債務を免れる限度において、保証債務の履行を拒むことができる（457条3項）。連帯債務者相互の場合と同一趣旨である（439条2項、債43(2)(ア)参照－ただし保証人は主債務者の相殺権を理由に履行拒絶ができるが、主債務者は保証人が反対債権を有し保証債務と相殺できることを理由に主債務の履行を拒絶することができないことはいうまでもない）。

主債務者が契約（意思表示）の取消権や解除権を有するときも同様である（457条3項）。

　㈬　その他の抗弁権　　また、たとえば、買主の代金債務の保証人は買主の有する同時履行の抗弁権（533条参照）を主張できるなど、保証人は主債務者が主張することができる抗弁をもって債権者に対抗することができる（457条2項）。保証債務の付従性の現われである。

　⑶　主債務の履行状況についての債権者の情報提供義務

　㈠　主債務の履行状況に関する情報提供義務　　保証人が現実にどのような負担を負うことになるかは主債務の履行状況に依存する。そこで債権者には、債権者が把握している主債務の履行状況に関する情報（元本や主債務に関する利息・違約金・損害賠償等の従たるものすべてについての不履行の有無、それらの残額、そのうち弁済期が到来しているものの額）を保証人に提供する義務が課されている（458条の2）。あくまで、保証人から請求があった場合に対応する義務であり、たとえば定期的に報告するといったものではない。請求があったときは遅滞なくこれらの情報を提供しなければならない。このような規定がなくとも、保証契約における信義則上の義務として導きうるものと考えられるが、債権者が把握している主債務の履行状況の詳細については、守秘義務や個人情報に関わるものがありうるため債権者としては十分な情報を提供できない、あるいはすることを委縮する可能性がある。そこで、上記の範囲では情報提供義務を負うとしてこの懸念を解消することとしている。また、そのような守秘義務や個人情報との関係での懸念がありうるため、主債務者から委託を受けた保証人の場合に限定されている。保証人が個人であるか法人であるかは問わない。義務違反の効果については規定がな

く、義務違反・債務不履行に対する一般の救済方法（履行請求、損害賠償請求など）による。

　（イ）　主債務者の期限の利益喪失に関する情報提供義務　　主債務者が期限の利益を喪失したときは、一気に残債務全額の履行期が到来し、遅滞による損害賠償が積み重なっていき、それは保証債務による保証人の現実の負担をふくらませていくことになる。そのような状況について早期に知ることで保証人としてはいち早く保証債務を履行して遅延損害金が積みあがるのを防ぐことができる。しかし、主債務者の期限の利益喪失は保証人に当然わかる事項ではない。このような事情から、債権者は、主債務者が期限の利益を喪失した場合には、その期限の利益喪失を債権者が知った時から2ヶ月以内に保証人にその旨を通知しなければならず（458条の3第1項）、この期間内にその通知をすることを怠ったときは、主債務者が期限の利益を喪失した時点から債権者が現にその旨の通知するまでに生じた遅延損害金の部分は、保証人に対し保証債務の履行を請求することができなくなる（同条2項）。なお、通知懈怠により請求できなくなる遅延損害金は、期限の利益喪失によって加わったものに限定される（同項かっこ書）。また、この規律は個人保証の場合の規律である（同条3項）。保証人の請求を要しない情報提供義務であることや、期限の利益喪失に伴う遅延損害金の増加部分に手当てをする規律であり、その負担が法人にはそこまで深刻なものとは必ずしもならないと想定されることから、生活者でもある個人という特に保護の必要性が高い場面に限った規律となっている。委託を受けた保証人であるかどうかは問わない。

　⑷　主たる債務者または保証人について生じた事由の効果

　（ア）　主たる債務者に生じた事由　　主たる債務者について生じた

事由は、原則として、ことごとく保証人についても効力を生ずる。保証債務は、その付従性により、主たる債務の変更に応じて変更するものだからである。民法は主たる債務の消滅時効の完成猶予および更新は、単に債権者の請求のみならず、強制執行および債務者の承認などを含めすべての事由が保証人について効力を及ぼすものと定めた（457条1項）。時効は各当事者について別々に進行すべきものだという原則からみれば例外だが（153条、総151(3)参照）、主たる債務が消滅しない限り保証債務も存続させようとする趣旨である。問題は主たる債務について限定相続（922条参照）が行われたときである。疑問の余地ある問題だが、限定相続は債務そのものには影響なく、単に責任の範囲を制限するものと解し、保証人の責任は何ら制限されることはないとみるのが実際にも適すると思う。主債務の破産免責については保証人に効力が及ばないことは明文がある（破産253条2項、債45(2)(ア)参照）。

　(イ)　保証人に生じた事由　　保証人について生じた事由は、保証債務の履行（弁済）等その主たる債務を消滅させる行為のほかは、主たる債務者に何らの影響を及ぼさない。ただし、連帯保証については例外がある（458条、債49(2)参照）。

48　保証人の求償権

　保証人が保証債務を履行して主たる債務者に代わって弁済等自己の財産をもって債務を消滅させる行為をしたときは、保証人は他人（主たる債務者）のために費用を支出したのだから、その償還を求めうるのは当然である。ただし、この求償権の法律的根拠（性質）は場合によって異なる。保証人が主たる債務者の委託を受けて保証人となったものであれば、その弁済は委任を受けた者（受任者）が委任事務の処理をすることに該当する。したがって、この場合の求償

は委任事務の処理に必要な費用の償還請求に当たる（649条・650条参照）。また、保証人が主たる債務者の委託を受けることなしに保証人となったものであれば、その弁済は事務管理に該当する。したがって、この場合の償還は事務管理者の費用の償還請求に当たる（702条参照）。民法は保証人の求償について詳細な規定を設けているが、その根本は上記の理論に準拠するものである。なお保証人は、「弁済をするについて正当な利益を有する者」であるから、弁済により当然に債権者に代位し、その求償権の範囲内において債権者の有していた権利を行使することができるのはもちろんである（499条・500条、債62⑵⑺・⑶参照）。

(1) 委託を受けて保証人となった場合

(ア) 求償権行使の要件　　普通の委任においては受任者は常に費用前払いの請求権を有する（649条）。しかし委託を受けて保証人となったときは、まず主たる債務者を免責させて後に求償するのが原則である（459条1項）。

この原則に対しては例外として、あらかじめ求償することができる3つの場合が認められている（460条。委託を受けた保証人の事前求償権）。その1は、主たる債務者が破産手続開始の決定を受けたが、債権者がその破産財団の配当に加入しないとき。その2は、債務が弁済期にあるとき。その弁済期は保証契約の当時のものを標準とする。保証契約の後に債権者が主たる債務者に期限を猶予しても、保証人はこれに関係なく最初の弁済期を標準としてあらかじめ求償できる。その3は、保証人が過失なく債権者に弁済すべき旨の裁判の言渡しを受けたときである。なお、保証人がこれらの例外的場合にあらかじめ求償した場合にも、債務者は無条件にこれに応ずる必要はない。自分を完全に免責させるように請求できるのは当然だが、

さらに保証人に担保を供させることができる（461条1項）。これは保証人が前払いを受けた金銭で間違いなく主たる債務を弁済すべきことを担保するものである。また主たる債務者は、供託をし、担保を供し、または保証人の責任を免れさせて、あらかじめする求償を拒絶することもできる（同条2項）。

　(イ)　求償の範囲　　連帯債務と同様である。すなわち、主たる債務を消滅させるために保証人が支出した財産の額（ただし、主たる債務の額を超える財産による代物弁済のように保証人が支出した財産の額が消滅した主債務の額をこえるときは、消滅した主債務の額である）、免責のあった日以後の法定利息および避けることができなかった費用その他の損害の賠償を包含する（459条・442条2項。また650条も参照）。

　ただし、保証人が主債務の弁済期前に弁済等の債務消滅行為をした場合は、求償権の範囲は、主債務者がその当時利益を受けた限度となる。（459条の2第1項前段）したがって、債務消滅行為の時点で主債務者が債権者に対し相殺できる反対債権を有していた場合には、主債務者が相殺ができたはずだと主張すると、相殺により消滅したはずの範囲は保証人は求償ができないことになる。この場合、保証人は、相殺がされたならばそれにより消滅すべきであった債務（つまり主債務者が債権者に対して有する反対債権）の履行を債権者に対して請求することができる（同項後段）。また、法定利息等についても、免責のあった日以後ではなく、主債務の弁済期以後の法定利息、その弁済期以後に債務の消滅行為をしたとしても避けることのできなかった費用その他の損害賠償が包含される（同条2項）。また、主債務者は期限の利益を奪われるべきではないから、保証人が求償権を行使できるのは、債務消滅行為以後直ちにではなく、主

債務の弁済期以後となる（同条 3 項）。以上は、主債務の弁済期前に保証人が債務の消滅行為をすることは主債務者の委託の趣旨に反すると考えられ、また、主債務者がそれにより不利益を被るべきではないと考えられるためである。

　(ウ)　求償権の制限　　保証人は弁済等の債務消滅行為をする前と後とに主たる債務者にこれを通知すべきであって、通知を怠ると求償権の制限を受けることがある。このことは連帯債務におけると全く同一だから再説しない（463条 1 項・ 3 項。443条・債44(2)(エ)参照）。

　また、主たる債務者は弁済等の債務消滅行為をした場合、みずから委託をした保証人に対しては二重弁済を防止すべく、その旨を通知すべきであり、主債務者が保証人に対して通知しなかったために保証人が善意で弁済等の債務消滅行為をしたときは、保証人は自分の弁済等の債務消滅行為を有効とみなすことができ、それによって主債務者に対して求償することができる（463条 2 項）。なお、主たる債務者が弁済等の債務消滅行為をする場合、保証人に対する事前の通知は問題とならない。主たる債務者が保証人に対して求償することはないため弁済等をする前に通知しなかったとしても求償権制限の問題はおよそ生じないからである。

　(2)　委託を受けないで保証人となった場合　　さらに 2 つの場合に分けられる。

　(ア)　主債務者の意思に反しないで保証をした場合　　保証をしたことが主たる債務者の意思に反しない場合には、保証人が弁済をし、その他自己の財産をもって主たる債務者にその債務を免れさせたときは、その当時（つまり債務消滅行為の時点で）主たる債務者が利益を受けた限度において求償することができる（462条 1 項・459条の 2 第 1 項前段。702条 1 項・ 2 項も参照）。したがって債務消滅行為の

時点で主債務者が債権者に対し相殺できる反対債権を有していた場合には、主債務者が相殺ができたはずだと主張すると、相殺により消滅したはずの範囲は保証人は求償ができないことになり、また、その場合、保証人は、主債務者の反対債権を行使して相殺がされればそれにより消滅すべきであった債務の履行を、債権者に対して請求することで債権者から回収を図ることができる（462条1項・459条の2第1項後段）。利息や損害賠償の請求をすることはできない。

　(イ)　主債務者の意思に反して保証をした場合　　保証をしたことが主たる債務者の意思に反するときは、「現に」つまり求償の当時主たる債務者が利益を受ける限度においてのみ求償することができる。したがって、免責以後求償の時までに主たる債務者が反対債権を取得し相殺の原因を有したときにも、主債務者はこれをもって保証人の求償に対抗できる。その結果、保証人はその範囲で求償権を失い、保証人は、この債権者に対する反対債権を行使しうることになる（462条2項。702条3項も参照）。

　なお、(ア)(イ)のいずれの場合も、主債務の期限前の弁済等であったときは、主債務の弁済期以後でなければ求償権を行使できない（462条3項・459条の2第3項）のは、委託を受けた保証人の場合と同様である。

　(ウ)　求償権の制限　　(ア)の場合において、保証人は弁済等の債務消滅行為をした後にこれを主たる債務者に通知するのを怠ったときは求償権の制限を受けることがあるのは、委託を受けた保証人の場合と同じである（463条3項）。委託を受けた保証人の場合と異なり事前の通知については問題とならない。通知をしたとしても、そもそも求償権行使ができるのはその当時主債務者が利益を受けた限度においてであるためである。また、(イ)の場合には、保証人による事

前の通知はもとより、事後の通知も問題とならず、主債務者の意思に反して保証をした保証人が弁済等の債務消滅行為をした後に、主債務者が弁済等の債務消滅行為をした場合、主債務者は自己の債務消滅行為を有効であったものとみなすことができる（同条3項）。

　主たる債務者の通知は、(ア)(イ)いずれの場合も問題とならない。事前の通知が問題外であるのは委託を受けた保証人の場合と同様である。事後の通知も、委託を受けない保証人については、主債務者がその存在を知らないこともある。また、存在を知っていたとしても主債務者が委託をしたわけでもない場合に主債務者に通知の負担を負わせるのが適切ではないと考えられるためである（463条2項の規律は委託を受けた保証人の場合に限られる）。

　(3)　**債務者が複数の場合**　　保証人が主たる債務者の委託を受けたかどうかとは関係なく、主たる債務者が多数ある場合の保証人の求償関係には特殊の問題がある。もっとも、主たる債務が分割債務であるときは、別に問題はない。問題は、主たる債務が不可分債務または連帯債務の場合である。この場合に、もし保証人がすべての債務者のために保証しているときは、求償権についてもすべての債務者は不可分債務または連帯債務を負担すると解すべきである。これに反し、保証人がもし債務者の1人のために保証しているときは、理論からいえば、保証人はその債務者に対して全額の求償をし、その債務者から他の債務者に対して負担部分の求償をすることになるわけである。しかし、民法はこの2度の手数を省略するために、保証人をして保証しなかった各債務者に対しても直接その負担部分だけの求償をしうるものとした（464条）。

49　連帯保証

　連帯保証は保証人が主たる債務者と連帯することを保証契約にお

いて約束した場合に生ずるものである。その保証としての効力ははなはだ強く、ほとんど連帯債務のような観を呈する。しかし、連帯保証もまた付従性を有する点において連帯債務との間に根本的な差を示す。すなわち、主たる債務が不成立のときは連帯保証もまた成立しない。主たる債務が消滅すれば連帯保証もまた消滅する。この点において、連帯債務が437条によって規律されるのと根本的に異なる。連帯保証の保証としての特質はつぎの諸点である。

(1)　催告・検索の抗弁権の否定　　連帯保証人は催告および検索の抗弁権をもたない（454条）。これは前述したことである（債47(2)(ア)参照）。その結果、借金証書が執行受諾の公正証書にでもなっていれば、債権者は主たる債務者の資力の有無にかかわらず直ちに連帯保証人に対して強制執行をしうるのであるから、連帯保証人たる者は十分の覚悟を要する（民執22条5号参照）。

(2)　連帯債務規定の準用　　主たる債務者について生じた事由は原則として保証人についても効力を生ずる（債47(4)(ア)参照）。これに対し保証人について生じた事由は、弁済等主たる債務を消滅させる行為のほかは主たる債務者に影響を及ぼさないのが基本であるが、連帯保証の場合には例外があり、連帯債務の規定が準用されている（458条）。すなわち、連帯保証の場合は、連帯保証人について更改があった場合の債務の消滅（438条）、連帯保証人が相殺権を行使したときの債務の消滅（439条1項）、混同があった場合の弁済擬制（440条）については主たる債務者についても効力が生じる。それら以外の事由（たとえば履行の請求、免除、消滅時効など）については連帯保証人について生じた事由は主たる債務者に対しその効力を生じないのが原則であるが、債権者と主たる債務者との間で連帯保証人について生じた事由が主たる債務者に効力を生ずることを合意し

ていたときは、主たる債務者に対しても効力が及ぶ（441条）。もっとも、混同に関する440条の準用については立法論としてはたして妥当であるかどうかは疑問もある（準用されないとすれば、保証債務は混同により消滅するのみで、弁済擬制に伴う求償の問題は生ぜず、あとは債権者と主債務者との関係が残るのみであり、それで足りるという考え方に立てば、準用の必要はない）。また、相殺に関する439条１項の準用については、そもそも通常保証においても保証人による相殺は保証人の財産をもってする債務の消滅行為の１つであり、主債務者についても効力を生ずるから連帯保証に特有ではない。

(3) **分別の利益の否定**　連帯保証の場合、保証人は主債務者と連帯して債務を負い、債権者は主債務者および保証人に対し、順序を問わず、全部の履行を請求できるから、連帯保証人が複数あるときも、主債務者と連帯してその全部を弁済する債務をそれぞれの連帯保証人が負うと考えられるため、連帯でない保証人が複数の場合の分割債務化すなわち分別の利益（456条、債50(1)(ア)参照）は、連帯保証については否定される。このように連帯保証人が数人ある場合は、各保証人は分別の利益を有しないと解されるが、保証人間に連帯の特約があるか、商法511条２項の適用がある場合でなければ、保証人相互間に連帯債務ないしこれに準ずる法律関係は生じない（平成29年改正前の連帯保証人の１人に対する免除につき他の連帯保証人の債務に何ら効果を及ぼさないとする最判昭和43・11・15民集22巻12号2649頁）。

50　特殊な保証

(1) **共同保証**　数人の保証人が同一の主たる債務を保証する関係を共同保証という。つぎのような特色を示す。

(ア) **分別の利益**　各保証人が１個の契約で保証人となった場合

193

はもちろん、別々の契約で保証人となった場合にも、各保証人は債務額を全保証人間にそれぞれ等しい割合でその一部を保証する（456条）。これを保証人の分別の利益という。しかし、連帯保証のとき、保証人間に連帯の特約あるとき、および主たる債務の目的が不可分なときは分別の利益はない。

　(イ)　求償権　　共同保証人が主たる債務者に対して求償することについては特別の問題はない。ただ、共同保証人は一定の場合に他の保証人に対しても求償権を有することを注意すべきである。第1に、互いに連帯しない保証人の1人が、自分の保証すべき数額以上の弁済をしたときは、他の保証人に対して求償権を取得する。しかしこれは、本来義務のないことをしたのだから、あたかも委託を受けないで保証人となった者の弁済と類似の関係である。したがって民法は、これを462条によって規律することにした（465条2項）。第2に、主たる債務が不可分であるなど分別の利益のない場合には、保証人は債権者に対しては全額を弁済する義務を負うのであるが、保証人同士では負担部分だけの義務を負うにとどまるとみるべきであるから、その関係は連帯債務者相互間の関係に酷似する。そこで民法も、この場合に保証人が自己の負担部分を超えて弁済したときに（この点は、自己の負担部分を超えない弁済等でも求償が認められる連帯債務の場合（442条1項）と異なる）、他の保証人に対して取得する求償関係については、連帯債務者相互間の求償関係の規定を準用することにした（465条1項）。民法は分別の利益のない場合を示すために、「各保証人が全額を弁済すべき旨の特約ある」場合といっているが、これは各保証人間の連帯と同意義に解してよい。また各保証人が各別に連帯保証をした場合は民法に掲げていないが、これも同様に取り扱うべきである。

(2) 根保証（継続的保証）　事業資金のために、中小企業の金融などではいわゆる根保証が行われる。いわば債権の根を押さえて担保するという意味で根保証という言葉が使われ、根抵当（398条の2。物116以下参照）における「根」と同趣旨である。増減する債権についての保証である。従来から判例上、期間の定めのない継続的根保証契約は、主債務者に対する保証人の信頼が害されたような事情があり、債権者が信義則上看過できない損害を受けるような特別の事情がないときは、保証人から一方的に解約ができる（最判昭和39・12・18民集18巻10号2179頁）とされ、また、責任限度額・期間の定めのない根保証債務は、すでに発生している現実的債務を除き、保証人の相続人はこれを承継しない（最判昭和37・11・9民集16巻11号2270頁）とされてきた。また、さらに保証人の保護を図るため、平成16年の民法改正により、貸金等根保証契約の保証人の責任等の規定が追加され、また、平成29年の民法改正により、そのうちの一部の規律（極度額、元本確定事由）が、継続的売買における売買代金債務や建物賃貸借における賃料等の賃借人の債務の保証などを含んだ、個人の根保証契約に拡張された。いずれも法人による保証は対象外である。

　定義を確認しておくと、根保証契約とは、一定の範囲に属する不特定の債務を主たる債務とする保証契約をいい、個人根保証契約とは根保証契約で保証人が法人でないものをいう（465条の2第1項）。また、貸金等債務とは、金銭の貸渡しまたは手形の割引を受けることによって負担する債務をいい、個人貸金等根保証契約とは、個人根保証契約であってその主たる債務の範囲に貸金等債務が含まれるもの（つまり個人が貸金等債務を根保証すること）をいう（465条の3第1項）。根保証に関する規定の主要な内容は、以下のとおりであ

る。

　(ア)　要式性　　この契約は、書面（電磁的記録を含む）でしなければ、その効力を生じない（446条2項・3項。保証契約一般についての規律である）。

　(イ)　極度額の定め　　個人根保証契約は、極度額を定めなければ、その効力を生じない（465条の2第2項）。極度額の定めは書面（電磁的記録を含む）でしなければ効力を生じない（したがって保証契約自体が効力を生じない。同条3項・446条2項・3項）。保証人は、主たる債務の元本、利息、違約金、損害賠償等主債務に従たる債務の全てについて、また、その保証債務について約定された違約金、損害賠償について、その全部につき極度額を限度として、履行をする責任を負う（465条の2第1項）。根保証契約にあっては、保証契約締結後に主たる債務が追加されるため、保証人の負担の上限を定めることで、個人の保証人を保護する趣旨である。この趣旨から極度額は確定的な金額でなければならない。したがって、たとえば建物賃貸借の賃借人の債務についての根保証契約における「賃料の4ヶ月分を極度額とする」という定めは、それとともに賃料の額が確定した形（たとえば、「月額〇万円」）で書面（電磁的記録）で定められているなどして極度額の確定金額が書面（電磁的記録）で定められているといえるのでなければ有効な極度額の定めがあったとはいえず、また、賃料の額が変動しうるもので変動後は変動後の賃料を基準とするものであるときも有効な極度額の定めとはいえない。

　(ウ)　元本の確定

　(a)　元本の確定の意義　　元本の確定があると、それまで不特定の債務を主債務として担保するものであった根保証契約が、以後は、確定した元本とこれに対する利息、違約金、損害賠償等についての

み保証債務を負うものとなり、その後に新たに生じる元本について
は履行責任を負わない（根保証から通常保証へと転じることになる）。

　(b)　元本の確定事由　　根保証契約締結後の状況の変化によって
保証人が履行責任を負担する元本をそれ以上追加させるべきではな
いと考えられる事由が生じたときは、主債務の元本を確定させるこ
とで、個人保証人の負担を適切な範囲に限定するべく規定されてい
るのが元本の確定事由である。具体的には、以下の場合に、個人根
保証契約における主たる債務の元本は確定する（465条の4第1項）。
①債権者が保証人の財産について金銭の支払を目的とする債権につ
いての強制執行または担保権の実行を申し立てた場合（ただし、強
制執行や担保権実行手続の開始があったときに限られる）、②保証人が
破産手続開始の決定を受けた場合、③主たる債務者または保証人が
死亡した場合。

　これらに加えて、個人貸金等根保証契約の場合には、つぎの場合
にも主たる債務の元本が確定する（465条の4第2項）。④債権者が
主たる債務者の財産について金銭の支払を目的とする債権について
の強制執行または担保権の実行を申し立てた場合（ただし、強制執
行や担保権実行手続の開始があったときに限られる）、⑤主たる債務者
が破産手続開始の決定を受けた場合。④、⑤については、主債務者
の資力悪化を示す事象であるから貸金等債務を主債務とする場合に
は適切であるが、たとえば建物賃貸借の賃借人の債務についての根
保証の場合、④や⑤の事由が生じても賃貸借契約は続いていき、そ
れが無保証の賃貸借契約に当然に転じるのは、債権者（賃貸人）の
利益を過度に奪うことになり相当ではないと考えられたためである。

　(c)　元本確定期日　　根保証契約において特定の日が到来したと
きに元本が確定する旨の元本確定期日を定めることができる。個人

貸金等根保証契約については元本確定期日に関する規律があり、基本的には、個人貸金等根保証契約は 3 年で元本が確定し（465 条の3 第 2 項）、書面（電磁的記録を含む）でする特約によって 5 年まで伸長ができる（同条 1 項・4 項）。ただし、変更の日から（または、現在の期日の前 2 ヶ月以内に、現在の期日から）5 年を超えない範囲で、その都度（したがって自動変更・更新条項は効力を有しない）、書面（電磁的記録）で元本確定期日を変更することで、さらに伸長することができる（同条 3 項・4 項）。なお、保証人に有利な定め（個人貸金等根保証契約締結から 3 年内の元本確定期日を定める場合や、元本確定期日を前倒しにする変更をする場合）については、書面（電磁的記録）を要しない（同条 4 項かっこ書）。

　貸金等根保証契約に限定されて個人根保証一般の規律とはなっていないのは、たとえば建物賃貸借の賃借人の債務についての根保証の場合、賃貸借契約の期間はさまざまであり、また期間満了により当然に終了するわけではなく借地借家法による継続保障が図られているため、3 年あるいは 5 年を超えて賃貸借が継続する場合は、無保証の賃貸借となるが、それを債権者（賃貸人）に強いるのは適切ではないと考えられたためである。

　(d)　元本確定前の履行請求　　なお、根保証契約は「一定の範囲に属する不特定の債務を主たる債務」とするが、元本の確定（元本確定期日の到来や元本確定事由の発生）をまってはじめて保証の対象となる主債務が特定する、根抵当権と同様のもののほか、主債務の範囲に含まれる個別の債務が発生する都度保証がされるというものがある（個別債務集積型）。前者であれば元本確定前に保証債務の履行を求めることはできないが（根抵当権につき398 条の 3 第 1 項参照）、後者であれば元本確定前でも主債務となる個別の債務の弁済期が到

来すれば保証債務の履行を求めることができる（履行に伴い極度額
が減じていくと解される）。後者の場合には、元本確定期日の定めは
主債務の範囲の終期を定める（それより後に発生するものは保証の対
象とならない）ものとなる。いずれであるかは保証契約の解釈の問
題であるが、通常は後者を考えるのが合理的であるとする判例があ
る（最判平成24・12・14民集66巻12号3559頁・基本判例183）。

　(エ)　保証人が法人である根保証契約における求償権保証　　保証
人が法人である根保証契約には、上記の(イ)(ウ)の規定は適用されない。
したがって、たとえば極度額の定めがなくとも根保証契約は有効で
ある。しかし、法人が保証人である場合でも、その法人（保証人）
が主たる債務者に対して有することになる求償権について個人保証
をとることがある。たとえば、事業会社の金融機関に対する債務に
ついて保証会社が根保証をするとともに、それによって保証会社が
事業会社に対して有することになる求償権について、事業会社の役
職者個人が保証をする、あるいは根保証をするといった場合である。
このような求償権保証・根保証における個人保証人（465条の5第3
項参照）についても、その保護が要請されるため、つぎの規律が設
けられている。第1に極度額について、法人根保証契約により法人
保証人が主債務者に対して有する求償権についての個人の保証人の
保証契約は、法人根保証契約に個人根保証契約なら要求されるはず
の極度額の定めないときは、求償権についての個人保証人による保
証契約は効力を生じない（同条1項。なお、個人保証人による求償権
の保証が根保証であるときは個人根保証契約ゆえの極度額の定めが必要
である（465条の2第2項）。また、法人根保証自体は極度額の定めがな
くとも効力を有する）。第2に、元本確定期日およびその変更につい
て、法人保証人の貸金等根保証契約に元本確定期日の定めがない

（または456条の３第１項・第３項の規定が適用されたとしたら、無効で
あるような元本確定期日が定められている）場合、その求償権につい
ての個人保証、またはその求償権を主たる債務の範囲に含む根保証
契約は、効力を生じない（465条の５第２項）。これは、法人の根保
証とはいえ、実質的には、求償権保証を通じて個人保証人が、大本
の主たる債務を保証しているのと同様に保護されるべき状況にある
ことを勘案して、極度額および元本確定期日に関してその保護を及
ぼすものである。

　(3)　身元保証　　雇用契約につき、労働者が使用者に対して負担
する債務につき身元保証が行われるが、この問題は雇用の個所で扱
う（債140参照）。

第6章　債権の譲渡

51　債権の譲渡の意義と機能

(1)　**債権譲渡の意義**　　債権の譲渡は、債権をその同一性を保って債権者から他の者に移転するものである。債権者が譲渡人となり、譲受人との間の譲渡契約によって行われるほか、遺贈（964条）も可能である。債権譲渡により債権は譲渡人から譲受人に移転し、通常、その担保も譲受人に移転する（担保の付従性・随伴性）。

　また、債権の譲渡は、一般に、譲渡人の意思表示によって行われる場合を指す。これに対し、債権の移転は、任意の譲渡による場合のほか、法律の規定によって当然に移転する場合を含む（弁済による代位（501条）や相続による承継（896条）など）。このほか、民事執行手続による債権の移転もある（転付命令（民執159条）、譲渡命令（同161条）参照）。さらに、債権の帰属に変更はないが、債権者以外の他の者が債権を行使する場合として、金銭債権について差押えがされて差押えをした債権者（差押債権者）が取り立てる場合（同155条）や、債権について質権が設定され、質権者が取り立てる場合（366条）がある。これらの場合には債権者の交替こそないが、債務者から一定の給付を受けることができる地位は実質的に差押債権者や質権者が享受することになり、債権譲渡と連続性がある。このため、債権譲渡の法律関係を論じる際に、債権差押えや債権質との関係などが考慮されることが少なくない。以上に対し、債権の同一性を保たない形で債権者が交替する方法に更改（513条2号）がある。

(2)　**債権譲渡の機能**　　債権譲渡が行われるのにはさまざまな目的がある。たとえば、取立権能を与え、取立てのコストの縮減や専

門性の利用のために使われる（取立てのための債権譲渡。なお、取立てのためには、債権を譲渡する場合のほか、取立権能のみを与える場合があり、いずれであるかは当該契約による）。とりわけ金銭債権の場合には、債務者の資力により実際の経済的価値は左右されるが、債務者の資力が安定しているときは、金額が特定していれば、不動産のように価値が変動することがなく、安定した価値ある財産といえる（さらには、債務者の資力にばらつきがあるときも、多くの債権をまとめることでリスク分散ができるし、また譲渡当事者間の特約によってリスク対応が可能である）。そこでそのような価値ある財産を活用するために、債権譲渡が用いられる。すなわち、現時の事業資金（投資など）の調達のための譲渡や、融資を得るための担保としての譲渡（担保目的の債権譲渡・債権の譲渡担保）も少なくない。弁済に代えて債権譲渡が行われることもある。

52　債権の譲渡性

(1)　**債権の譲渡性および債権譲渡の自由の原則と例外**　　債権は譲り渡すことができる（466条1項本文）。これは、債権の譲渡性と譲渡自由の原則を定める。いずれについても、物権の場合には規定がなくとも当然であって規定するまでもないと考えられているのに対し、債権について明文が置かれているのは、債権は、古くは、債権者と債務者との間の人格的な鎖と考えられ、他人への譲渡はできないものとされたが、後になって、債権が財産として独立の価値あるものとみられるようになり、一般にその譲渡性を認められるに至ったという歴史的背景がある（債6(3)参照）。また、明治期の民法典論争において、債権譲渡の自由、すなわち、債権者が債務者の承諾を得ることなく自由に債権を譲渡することができることを認めるべきかどうかが一大論争点となったという民法制定過程の事情も背景にある。

　将来発生する債権（将来債権）の譲渡も認められる（466条の6第
1項。その一例として最判平成11・1・29民集53巻1号151頁・基本判例
187）。この場合、将来に債権が発生したときは、譲受人は発生した
債権を当然に取得する（同条2項）。

　(2)　**債権の譲渡性の原則と例外**　　債権は譲渡性があることを原則
とする（466条1項本文）。しかし、債権は、所有権などと異なり、
その内容に種々の別があるから、その譲渡性も一律に論ずることは
できない。譲渡性の原則に対して、いくつかの例外がある。

　(ｱ)　**性質による譲渡禁止**　　債権の性質がこれを許さないときは
例外である（466条1項ただし書）。家庭教師に教えさせる債権、画
家に肖像を描かせる債権などのように、債権者が替わると給付の内
容が変わってしまう債権はもちろん譲渡性がない。そこまでではな
くとも、物の借主の債権のように、債権者が替わると権利の行使に
顕著な差を生ずるので、債務者は元来特定の債権者に対してのみ義
務を負担したとみるべき債権も、一般に譲渡性がない（612条1項。
594条2項も参照。なお、賃借権（612条）の場合は、賃借権譲渡により
移転するのは借主の使用収益の権利だけではなく用法順守義務が伴うう
え、賃料支払債務という義務・債務もあわせて移転するから、賃借権の
譲渡は債権譲渡というよりむしろ契約譲渡（契約上の地位の移転（539条
の2））である）。

　このように性質による譲渡禁止にはさまざまな場合があり、譲渡
禁止の意味についても、およそ譲渡ができない場合（給付内容が変
わるなどの場合など）もあれば、債務者の承諾があれば譲渡ができ
る場合（債権者の権利行使態様が重要である場合など）もある。違反
に対する効果は、そもそも性質上の譲渡制限に該当するかどうか自
体とともに、契約や法律の規定等の債権の発生原因に照らして、判

断される。

　(イ)　特約による譲渡禁止・譲渡制限

　(a)　譲渡禁止・制限特約の意義　　債権者と債務者とで譲渡の禁止や制限の特約をすることはできる（譲渡制限特約・譲渡制限の意思表示）。譲渡を禁止したり、譲渡には債務者の承諾を要するとするなどして、債務の履行先を固定することで、二重弁済のリスクを回避したり、履行先の特定のための事務負担やコストを回避したり、相殺の利益を確保するなどの債務者にとっての履行先固定の利益があるが、他方で、債権者としては債権の譲渡を通じた財産の活用の機会を制約されることになる。債権譲渡を制限するのは専ら債務者にとって有利であるため、このような特約が結ばれる場面では債権者と債務者の力関係において債務者のほうが優位である場面が少なくない。なお、履行先を固定するためであるから、譲渡のほか質権設定（担保設定）も対象とされる。

　これに反した債権譲渡は債権者（譲渡人）の特約違反となり、債務不履行に基づく損害賠償責任等を発生させうる。

　(b)　第三者に対する効力　　第三者（債権譲渡制限・禁止特約の当事者は、債権者と債務者であり、特約に反して譲渡がされた場合の譲受人は、特約については第三者となる）に対しては特約の効力がそのまま認められるわけではない。まず、善意かつ無重過失の第三者（譲受人等）に対しては、特約を対抗することができない。したがって、特約に反して債権が譲渡がされたときも譲渡は有効であって、譲受人から債務の履行を求められた場合、債務者は、特約違反であることを理由にそれを拒むことはできない。

　(c)　悪意・重過失の第三者に対する効力の一般則　　これに対し、悪意または善意・重過失の第三者に対しては、その効力は、預貯金

債権とそれ以外の債権（売買代金債権や請負代金債権など）の場合と
で異なる。預貯金債権以外の債権一般の場合、特約に違反して譲渡
がされた場合も、譲渡の効力は妨げられない（有効である）。したがっ
て、譲受人は債権者となるが、債務者には債権譲渡禁止・制限特
約によって、履行先を固定する利益があるから、譲受人から履行請
求があっても、債務者は履行を拒んで元の債権者（譲渡人）に対し
て履行することができ、元の債権者（譲渡人）に対し履行するなど
して債務を消滅させたときは、債務の消滅を譲受人に対し対抗する
ことができる（466条3項。ただし、同条4項。譲受人等に対する債権
者が強制執行をした場合も同様である（466条の4第2項）。譲受人等の
債権者は差押えをしても譲受人等の権利以上の権利や権限を有すること
にはならないためである）。元の債権者である譲渡人は、もはや債権
者ではない（譲渡は有効であり、譲受人が債権者となっている）が、
債務者から弁済を受領できる地位（受領権限）はあり（これに対し取
立権限は、譲受人から付与されていない限り有しない）、受領したとき
は、譲受人との関係でそれを保持する権限がない以上は、それを譲
受人に交付しなければならない。債務者の側からみると、譲受人等
の第三者の主観は測りがたいにもかかわらず、善意無重過失者であ
るときは履行拒絶は債務不履行となり、悪意・重過失者のときは履
行拒絶が正当となるため、譲渡制限特約の付された金銭債権の債務
者は、当該債権が譲渡されたときは、その全額を供託することがで
きる（466条の2第1項）。供託をした債務者は、譲渡人と譲受人の
双方に、遅滞なくその旨を通知しなければならないが（同条2項）、
供託金を取得できる（還付請求権を有する）のは譲受人である（同条
3項）。

　(d)　預貯金債権の特則　　預貯金債権の場合には、譲渡禁止・制

限特約が付されるのが通常であり、日常的に大量に迅速な支払が求められるという実態に照らして円滑な払戻しを確保する必要があること等を勘案して、預貯金債権については特則が設けられている。すなわち、特約違反でも譲渡の効力は妨げられないという466条2項の規律は預貯金債権については排除され、債務者（金融機関）は、悪意または善意・重過失の譲受人等に対し、特約を対抗することができる（466条の5第1項）。この意味に関して、判例は、銀行預金には一般に譲渡禁止の特約が預金証書に記載されており、また預金の種類によっては明示の特約が記載されていなくとも譲渡禁止は周知の事柄であるとし、このことを重過失で知らなかった第三者は悪意と同視され、譲渡によってその債権を取得しえないとする（最判昭和48・7・19民集27巻7号823頁・基本判例185）。特約違反の預貯金債権の譲渡の場合、譲渡自体も効力を生じないとする考え方（物権効）が採用されているとみられる。また、判例は、債務者が譲渡を承諾したときは、譲渡時に遡って譲渡が有効となるが、その間に生じた第三者の権利を害することはできない（116条の法意による）とする（最判昭和52・3・17民集31巻2号308頁、最判平成9・6・5民集51巻5号2053頁・基本判例186）。一方で、判例は、無効の主張の可否につき、特約に反して債権を譲渡した債権者はその特約の存在を理由に譲渡の無効を主張する独自の利益を有しないとしている（最判平成21・3・27民集63巻3号449頁）。

　(e)　差押え・強制執行、法定の移転　　債権譲渡禁止・制限特約によって強制執行のできない財産を作出することはできないため、強制執行においては効力を有せず、譲渡禁止の特約のある債権でも債権者に対して債権を有する者は、特約についての善意・悪意を問わず、差押えができ、かつ、転付命令による移転ができる（466条

の 4 第 1 項・466条の 5 第 2 項。最判昭和45・4・10民集24巻 4 号240頁・基本判例184)。また、法定の債権移転(弁済による代位や相続による承継など)もこれにより制限されない。

(ウ) **法律による譲渡禁止**　民法に規定はないが、法律上譲渡を禁止された債権に譲渡性のないことはもちろんいうまでもない。金銭債権のように本来譲渡性の最も強いものであっても、ある特定の債権者個人に弁済を得させようとする趣旨の債権にその例が多い。たとえば恩給受領の債権などが、その適例である(恩給11条 1 項本文、なお881条。また、法律の規定による禁止の場合は、譲渡等の任意処分のほか差押えも禁止されていることが少なくない。労基83条 2 項、雇保11条など参照)。

(3) **証券に化体した債権**　何といっても、最も譲渡性の顕著なのは、金銭の支払や商品の交付を目的とする債権が証券に化体した場合である。この場合には証券という紙片——それもペーパーレス化が進んでいる——の譲渡が本体となり、債権はこれに追随するように考えられる。平成29年改正により有価証券に関する規定が民法に設けられた(520条の 2 −520条の20。債77・78参照)。

(4) **電子記録債権**　手形等のペーパーレス化の要請や事業者の資金調達の円滑化等に対応すべく、導入されているのが電子記録債権である。電子記録債権とは、発生・譲渡につき電子債権記録機関の記録原簿への電子記録を要件とする金銭債権である。電子記録債権法により、電子記録債権の発生(15条以下)、譲渡(17条以下)、消滅(21条以下)、記録事項の変更(26条以下)、電子記録保証(31条以下)、質権(36条以下)、分割(43条以下)等が定められている。電子記録債権は、発生の原因となった法律関係とは別個の債権であって、原因債権の無効等の影響を受けることがない。電子記録債権に

関する意思表示等についても特則が定められている。すなわち、無効・取消しについての民法95条・96条の特則（12条）、無権代理人による電子記録の請求につき民法117条2項の特則（13条）、無権限者の請求の場合における電子記録機関の責任（14条）である。

53　債権の譲渡と対抗要件

　⑴　**債権の譲渡行為**　　債務の譲渡は債権譲渡契約によってされるのが最も一般的である。AのBに対する債権をCに譲渡する場合、この譲渡契約ひいては譲渡の当事者は譲渡しようとする債権者Aと譲受人Cである。債務者Bは関与しない（債権譲渡の当事者は、譲渡人と譲受人であり、債権の債務者は債権譲渡については第三者となる）。その承諾も必要ではない。また、この契約は意思表示だけで効力を生ずる。一般の債権は債権証書が作られない場合も多いが、作られている場合でも債権証書の交付も要件ではない。なお、債権譲渡契約がされたときに、いつ債権譲渡の効果（債権の移転）を生ずるかという問題も、所有権の売買・贈与などにおいていつ所有権移転の効果が生ずるかというのと同じに解してよい（物10⑵参照）。要するに、債権譲渡は債権編の規定だが、その理論は債権という財貨の譲渡であって、その点では所有権の譲渡と異ならない。したがって、譲渡された債権がすでに消滅していたり、また債務者に資力がなく債権が経済的に無価値であったりした場合の譲渡人の担保責任の問題は、債権の売買であれば所有権を譲渡したときの売主の責任と同様に、担保責任・契約不適合責任の問題となる（565条・562条－564条・569条等参照）。

　将来発生する債権を一括して譲渡することや既発生債権と将来債権を一括して譲渡すること、さらにはその予約も、対象となる債権が譲渡人が有する他の債権から識別できる程度に特定されていれば

有効になしうる。将来の債権の発生の可能性が低いとしても当然に
譲渡の効力が否定されるわけではない（最判平成11・1・29民集53巻
1号151頁・基本判例187、最判平成12・4・21民集54巻4号1562頁）。
将来債権を含む包括的な譲渡（一括しての譲渡は集合債権の譲渡と呼
ばれるが、譲渡されるのは個々の債権であって、集合債権という1つの
債権が観念されるわけではなく、動産の場合の集合物概念とは異なる）
が、それにより譲渡人の営業活動に社会通念上相当な範囲を著しく
逸脱した制限となる場合や、他の債権者に不当な不利益を与える場
合には、公序良俗に反するとして無効となることがある（90条。前
掲最判平成11・1・29）。

　(2)　対抗要件　　債権の譲渡を第三者に対抗するには対抗要件を
必要とすることも物権の変動におけると同様である（177条・178条、
物12参照）。その手段は債務者に対する通知または債務者からの承諾で
ある（467条）。将来債権の場合も同様である（467条1項かっこ書。
最判平成13・11・22民集55巻6号1056頁）。

　また、特別法（動産及び債権譲渡の対抗要件に関する民法の特例等
に関する法律）により、法人が行う金銭債権の譲渡については、債
務者不特定の将来債権（クレジット会社が今後5年間に生じるクレジッ
ト料債権を譲渡する場合のように、誰が債務者となるか特定しない将来
発生する債権——債務者が特定しないため譲渡の時点では債務者への通
知や債務者からの承諾はなしえず、民法上の対抗要件は具備できない。
後述(ウ)参照）の譲渡を含め、債権譲渡登記ファイルに記録する方法
（債権譲渡登記）が認められており、それにより後述の民法467条2
項の確定日付のある証書による通知があったものとみなされる（4
条・8条）。

　第三者に対抗するという意味は一応物権変動におけると同じに解

してよいが（物12参照）、物権変動の場合と異なるのは、債権譲渡の場合には、債務者Ｂと債務者以外の第三者、たとえば債権の二重譲受人Ｄという性格の異なる関係者が登場することである。債権はその実現のためには債務者の行為を要するから債権の譲受人Ｃが債権者たる地位を譲渡行為の第三者である債務者Ｂに対抗できることが重要であるが、譲受人と債務者との間は、両立しない権利や地位を争う関係ではないから、対抗要件というより、むしろ、譲受人が権利を行使するための要件である。債務者に対しては通知または承諾が、債務者以外の第三者に対しては、確定日付のある証書による通知または承諾が求められる。

　なお、債権の譲渡についての対抗要件の規律であるが、債権帰属や行使権限に変更がある類似の場合にも、同様の規律が及ぶ（質権につき364条、弁済による代位（弁済につき至当な利益を有する者以外の代位の場合）につき500条、共同相続で法定相続分と異なる相続による承継（特定財産承継遺言や遺産分割。法定相続を超える部分）につき899条の２）。

　（ア）　債務者に対する対抗要件とその効力　　譲受人Ｃが債務者Ｂに対してその債権を行使するためには、債権者（譲渡人）ＡからＢにその事実（債権がＣに譲渡されたこと）を通知する必要がある。譲受人ＣがＡに代位して（423条）通知することは認められないが、ＣがＡに代理して、あるいはＡの使者として通知することは認められる。担保目的譲渡（譲渡担保）において、担保権の実行通知がされるまでは譲渡後も譲渡人Ａが取立てを行うことを想定して、通知にその旨と譲渡人による取立てへの協力への依頼が記されていた場合も、（取立権限が譲受人から譲渡人に付与されていることを並記したものであって、）債権譲渡の通知として有効である（前掲判平成13・

11・22）。通知は譲渡と同時でなくてもよいが、事後の場合、通知の時からBに対し対抗力を生ずる。

　Aからの通知がない場合でもBがA・C間の譲渡の事実を認識したことを表明すれば——法文はこれを承諾というが、同意すること、すなわち、意思表示ではない——Cはその譲渡をもってBに対抗できる。承諾の相手方はA・Cいずれでもよい。

　以上の通知または承諾がなければ、Bが譲渡の事実を知っていてもCはこれに対抗できない。CがBに対して訴えを起こしても、その訴えは不適法であり、CがBに対して請求をしても時効の完成猶予の効力もない。

　(イ)　債務者以外の第三者に対する対抗要件　　譲受人Cが債務者B以外の第三者（たとえば二重譲受人D）に対してその債権を対抗するためには、「確定日付のある証書」（公正証書や内容証明郵便など。民法施行法5条）による通知または承諾が必要である。債務者以外の第三者に対する関係でも債務者への通知や債務者からの承諾を要求しているのは、債権を譲り受けようとする者は債務者に債権の存否や帰属について問い合わせることが想定されており、債務者の認識を通じて公示の機能を発揮させることが想定されている（債務者をインフォメーションセンターとする考え方であるが、債務者には照会に応答する義務もなくインフォメーションセンターや公示としては不完全であることは否めない）。

　債権譲渡の予約段階で確定日付ある証書による通知・承諾があったというだけでは、その後、予約が完結され譲渡があったとしても、債務者には譲渡の存否も時点も正確な認識が得られない（予約、つまり将来譲渡があるかもしれないという事実の認識しかない）ため、第三者に対する対抗要件が備えられたとは認められない（最判平成

13・11・27民集55巻6号1090頁・基本判例188）。

　確定日付ある証書による通知または承諾が求められているのは次の理由による。すなわち、確定日付のない単なる通知または承諾は、第三者を保護する方法としてはなはだ弱い。たとえば、実際はCに2月1日に譲渡してBに通知をし、Dには2月5日に譲渡してBに通知した場合にも、A・B・D3人が通謀してDへの譲渡が1月30日に行われ、その通知も同日にされたように虚偽の書類を作成すると、Cの債権譲受けは効力を生じないことになりかねない。そこで民法は、この債権譲渡通知（または承諾）の日付を遡及する不正を防止するために、債権譲渡の通知（または承諾）は確定日付ある証書によらなければ債務者以外の第三者には対抗できないものとした（467条2項）。その結果、第1の譲受人Cについては普通の手紙で通知をし、第2の譲受人Dについては確定日付のある証書で通知をしたときは、DがCに優先し、債務者もDを真の債権者と認めねばならない（大連判大正8・3・28民録25輯441頁）。もっとも、Dへの譲渡についての通知のある前にCがすでに弁済を受けてその債権が消滅してしまったときは、DはCに優先することはできない（大判昭和7・12・6民集11巻2414頁）。なお、C・D両者についてともに普通の手紙で通知した場合は、C・Dのいずれも優先しないから債務者はどちらに対しても支払を拒絶することができ、またいずれかに弁済すれば免責されるという見解と、債務者への対抗要件はいずれも備えているから債務者はどちらに対しても支払を拒絶することはできず、ただいずれかに弁済すれば免責されるという見解（後述の同時到達の場合と同様に考える見解）とがある。また、判例はCについてもDについても、ともに確定日付ある証書による通知がされた場合には、確定日付の先後ではなく、Bへの到達の先後によって

優劣を決すべしとする（最判昭和49・3・7民集28巻2号174頁・基本判例189）。債務者の認識を通じて公示とするという制度設計から債務者に情報が到達した時点の先後で決すべきという考え方である。確定日付ある証書は通知・承諾がそれによってなされれば足り、到達時が確定日付の形で示されることまでは要求されていないため、確定日付ある証書による不遡及による保護にも限界がある（到達時は一般の証明方法によるから、到達時について結託して虚偽の時点をいうことを排除できない）。債権がCとDに二重に譲渡され、確定日付のある譲渡通知が同時にBに到達したときは、CおよびDはBに対しそれぞれ譲受債権全額の弁済を請求できる（最判昭和55・1・11民集34巻1号42頁・基本判例190）。到達の先後が不明のため債権額が供託されたときは、債権額に応じた還付請求権の分割取得が認められる（最判平成5・3・30民集47巻4号3334頁・基本判例191）。

　なお、上記にいう債務者以外の第三者という表現はかなり広いが、二重の譲受人や債権を差し押えたAの債権者のように、互いに相手方と債権の帰属を争う関係にある者に限ると解すべきである（物14⑵(ア)参照）。したがって、たとえばBの他の一般債権者たちは、AからCへの譲渡について通知・承諾が確定日付ある証書によらないことを理由にCが譲受債権を行使するのを拒むことはできない（大判大正8・6・30民録25輯1192頁）。

　(ウ)　債権譲渡登記　　法人による金銭債権の譲渡に限られるが（譲受人は法人に限定されない）、債権譲渡登記をすれば、債務者以外の第三者との関係で、確定日付のある証書による通知があったものとみなされるので、債務者以外の第三者に対する対抗要件を具備することができる（動産債権譲渡特例法4条1項前段）。このとき、登記の日付が確定日付となるほか（同項後段）、優先関係決定基準と

しての到達時についても登記の日付がその時点と解される。債権譲渡登記は、債務者の認識を通じた公示という制度設計ではなく、登記をもって公示とするものである。これにより、将来の顧客に対するリース料債権など、現時点では誰が債務者となるかわからない将来締結する契約から発生する金銭債権についても、譲渡行為の段階で（将来の債務者の登場・特定を待つことなく）債務者以外の第三者との関係で対抗要件を備えることが可能になる（債務者不特定の将来債権の譲渡の場合）。また、債務者が特定している場合でも、譲受人から取立権限の付与を受けて譲渡人が取立行為を継続することが想定される場合で、多くの債務者に逐一通知をするコストをかけるのが無駄であるときや、取引上の理由から（譲渡人にとって債権発生原因である契約の）契約相手である債務者に債権譲渡を知らせたくないときなど、債務者に通知をすることなく、債務者以外の第三者（譲渡人の差押債権者や譲渡人倒産のときの破産管財人など）に対する対抗要件は具備して、譲受人の地位を安定化したいという要請がある（債務者に知らせないという意味でサイレントの債権譲渡）。債権譲渡登記は、このような要請に応える制度である。

　債権譲渡登記によって具備されるのは債務者以外の第三者に対する対抗力であり、債務者に対しては、債権譲渡およびその登記がされたことについて、登記事項証明書を交付して通知をするか（この場合の通知は、譲渡人だけではなく、譲受人もできる）、債務者が承諾をしたとき、債務者との関係でも確定日付（登記日付がそれにあたる）ある証書による通知があったものとみなされる（動産債権譲渡特例法4条2項）。

54　債務者の抗弁

　⑴　**同時履行の抗弁、弁済による消滅、取消し、解除等**　　債務者に

対する債権の譲渡の対抗要件である通知・承諾がされない限り、譲受人は債務者に対抗できないから、通知・承諾があるまでは、債務者は、たとえ債権譲渡の事実を知っていたとしても、譲受人の請求に対し、拒絶ができ、また、譲渡人に対して弁済等をすることができる（467条1項）。対抗要件の具備後は、債務者は、その時点（対抗要件具備時。466条の6第3項参照）までに譲渡人に対して生じた事由（同時履行の抗弁権、弁済による債務の消滅、債権発生原因契約について意思表示の取消しや契約の解除など）をもって、譲受人に対抗することができる（468条1項）。取消しや解除については、対抗要件具備時に取消事由・取消原因があって取消しの可能性があれば足り、取り消されていることまでを要しない。解除についても、解除されていることまでを要しないが、解除事由・原因が発生していることを要するという見解と解除事由・原因が発生していなくともその基礎があればよいという見解とがある。たとえば、請負契約に基づく請負人Aの注文者Bに対する報酬債権がCに譲渡され、債務者Bに対し債権譲渡の通知がされた後に、請負人Aがその仕事完成義務を履行しなかったために、Bが契約を解除した場合、債務不履行は対抗要件具備後のことであっても、BはCに対して契約の解除を対抗できるかである。第1説によれば債務不履行がいまだない以上は対抗できないという帰結になるのに対し、第2説によれば請負契約上の反対給付（仕事完成義務）が対抗要件具備時に存在している以上（その後の債務不履行によって）解除に至るべき基礎が存在していたから対抗できるという帰結となる（最判昭和42・10・27民集21巻8号2161頁参照）。

(2) 相殺 債務者の抗弁の1つに相殺（債73(2)参照）がある。AのBに対する債権（甲債権）に対し、甲債権の債務者BがAに対し

債権（乙債権）を有しているときは、Bは、乙債権と相殺して甲債権（Bにとっての債務）を消滅させることができる。甲債権がCに譲渡されると、Bは、Cに対して債権を有しているわけではないが、譲渡人Aに対して主張できたはずの乙債権による相殺をCに対しても対抗することができる。このようにBがCに対し相殺を対抗するためには対抗要件具備時までにどのような状態でなければならないのかという問題があり、相殺については特別の規定が設けられている（469条）。対抗要件具備時に相殺の要件を満たしている（債権の発生のほか弁済期の到来など。相殺適状という。505条）必要はなく、①反対債権（乙債権）が対抗要件具備時に取得されているか（469条1項）、②取得はその後であっても（ただし他人の債権を取得したときは除かれる）、対抗要件具備時より前の原因に基づいて反対債権が発生したものであれば、BはCに対し相殺を対抗できる（同条2項1号）。さらに、相殺については対抗要件具備時までの状態（いわばそれまでに譲渡人に対して生じた事由）に着目した債務者の利益の保護に加えて、相殺される両債権の関連性に着目して相殺による両債権の決済およびそれについての債務者の利益の保護が図られている。すなわち、③たとえ①②でなくとも反対債権が甲債権の発生原因たる契約に基づいて発生したものであるときは、BはCに対し相殺を対抗できる。たとえば、甲債権がAB間の売買契約に基づく代金債権であって、それがCに譲渡され、債務者Bに通知された場合を例にとると、通知の時点（対抗要件具備時）において、BがAに対し貸金債権（乙債権①）を有していたとき（①）、あるいは、BがAの委託を受けて保証をしており、対抗要件具備後に保証債務を履行してAに対し求償債権（乙債権②）を有するに至ったとき（②）、あるいはCへの譲渡は将来債権譲渡であって、対抗要件具備後にAB間

で契約が締結され甲債権が発生したが、引き渡された物が契約に適合しない品質のものであったためにBがAに対し損害賠償債権（乙債権③）を取得したとき（③）、Bは、Cの甲債権についての履行請求に対し、乙債権との相殺（対当額での甲債権の消滅）をもってCに対抗できる。

(3) 抗弁の切断　　債務者による抗弁の対抗は、譲受人からすれば、債権を譲り受けたにもかかわらずその利益を得られない（弁済、取消し・解除、相殺などの場合）、あるいは、円滑に実現ができない（同時履行の抗弁の場合）ことになって、債権譲渡の意義が減殺される。そこで、平成29年改正前の民法には、異議をとどめない承諾の制度があった。債務者から債権譲渡を承諾すると債務者に対する対抗要件が具備されるが、抗弁事由があるにもかかわらず債務者が異議をとどめずに承諾をしたときは、譲渡人に対抗できた事由を譲受人に対抗できないとされていた（改正前468条1項前段。悪意者や過失のある者を保護する必要はないから、譲受人は抗弁事由につき善意無過失でなければならない（最判平成27・6・1民集69巻4号672頁））。また、この規定のもと、「異議をとどめず承諾する」という定型文言があらかじめ記載された書面に債務者の署名を求めることも行われていた。民法が異議をとどめない承諾について抗弁の対抗を制限するのは、債権譲渡は債権の同一性を失わせずに（したがって抗弁付きで）移転するものだという理論の一大特例であり、このような特例を認めた理由は、債権の譲受けに安全な手段を認め、債権の融通性を増そうとするためであった。しかし、抗弁事由にはさまざまなものがあり、みずからの関与がないまま債権が譲渡されて、そのように譲渡されたという事実を認識したことを表明するにすぎないのに――「承諾」という文言であるが、同意などの意思表示ではな

いことに改めて注意——（しかも、実際には、抗弁の存在を意識しないまま定型文言の記載された書面に署名するなどの現実もあった）、すべての抗弁が対抗不能となってしまうのは、合理性に欠けると批判されていた。債務者Bは、たとえばAに一部弁済済みであったような場合には、Aから弁済として払い渡したものを取り戻す（相当する金額の金銭の支払を求める）ことができ、また、その債務を消滅させるためにAと和解または更改などをして別な債務を負担しているときは、この債務を成立しなかったものとみなすことができ（同項後段）、譲渡人との間での清算が用意されていたとはいえ、その場合にはBがAの無資力の危険を負担することになったり、和解や更改が無意味となりかねない。このため、平成29年改正において、異議をとどめない承諾の制度は廃止され、改正前468条1項は削除された。

　改正後、異議をとどめない承諾の制度がないもとでも、たとえば同時履行の抗弁や危険負担の拒絶権などの個々の抗弁事由についてその主張の遮断をもたらすことは可能であるが、それには、債務者が抗弁事由を認識しながら抗弁を主張できる地位を放棄する意思表示が必要であると解される。

第7章　債務の引受け

55　債務の引受けの意義

(1)　**債務の引受けの意義と種類**　　債務の引受けとは、債務者Bの債権者Aに対する債務と同一の内容の債務を引受人Cが負担すること、またはその旨の契約をいう（470条1項・472条1項参照）。これによって債務者Bが債務を免れ、新債務者・引受人Cのみが代わって完全に同一の債務の債務者となる場合（免責的債務引受）と債務者Bと新債務者・引受人Cとの双方が債務を負担する場合（併存的債務引受）とがある。したがって、それぞれの契約内容は、併存的債務引受契約の場合は、Cが、Bと並んで（連帯して）、BのAに対する債務と同一の内容の債務を負担すること（債務引受け）、免責的債務引受契約の場合は、Cが、BのAに対する債務と同一の内容の債務を負担し、Bがその債務を免れること、である。このうち、免責的債務引受については、債権の移転である債権譲渡に対置して、債務の移転であるという捉え方と、引受人による債務の引受けと債権者による債務免除の組み合わせである（併存的債務引受け＋免除）という捉え方がある。なお、商法・会社法は営業・事業の譲渡について、一定の条件のもとに、譲渡人・譲渡会社の債務につき譲受人・譲受会社が重畳的に債務を負担することとし、さらに、一定期間の経過によって免責的債務の引受けと同じ効果が生ずるものとしている（商17条1項・3項・18条、会社22条1項・3項・23条参照）。

(2)　**債務の引受けの機能**　　債務の引受けの経済的作用は大きい。BがAに50万円の債務を負担し、その所有する時価100万円の不動産に抵当権を設定しているときに、この不動産をCに譲渡するにあ

たって、代価を50万円とし、50万円の債務を引き受けてもらうこと
などは、便利である（抵当不動産の譲渡に伴う被担保債権についての
債務引受）。またBに加えてCも債務者となる併存的債務引受の場
合はもとより、免責的債務引受にあっても旧債務者Bの資力よりも
新債務者Cの資力が大きいときは、債権は引受けによってその担保
力を増大する。ことに、Bの営業状態が思わしくないときに、Bの
営業全体を債務とともに資力の大きいCに譲渡すれば、関係当事者
の債権関係が円滑に処理される。破たんに瀕した営業がこのように
処理されるのはまれではない。営業内容の悪化した場合だけでなく、
企業における組織再編は通常の経済活動であり、通常の営業や事業
の譲渡の際に、単にその営業・事業を構成する積極的な財産だけで
なく、その営業・事業に包含される債務も一括して引き受けられる
ことも少なくない（事業譲渡の場合の債務引受。会社22条－23条の２、
商17条－18条の２も参照）。債務引受や契約上の地位の移転（539条の
２）をあわせ行うことで、営業・事業譲渡の場合に単に積極的財産
の総合たる企業施設および債権だけでなく、消極的財産である債務
をも包含し、それに尽きない契約上の地位を含めた営業・事業ない
し企業自体の譲渡が可能となる。企業活動以外でも、共同相続にお
いて、積極財産は遺産分割によって最終的な帰属が決定されるが、
債務については貸金返還債務や売買代金債務のような可分な債務は
相続分に応じて当然に分割されるところ、たとえば遺産分割の結果
特定の相続人が積極財産を相続することとした場合に、当該特定の
相続人が他の共同相続人の債務を引き受けて、積極財産と消極財産
をひとまとめにするといったことも、債務引受を通じて行われる。

　(3)　**債務の引受けの可能性**　　債務の引受けの規定は、明治民法
には存在せず、平成29年の民法改正により導入された。古くは、Ａ・

B間の債務はBという債務者を代えればもはやその同一性を持続することができないものであるという発想（債権は債権者と債務者との間の「法鎖」という発想）から、A・C間の債務はA・B間の債務と同一のものではありえないと考えられ、A・B・Cの全員の契約によった場合でも、債務の引受けはできないのではないかという問題もあったが、債権関係は特定人の間の人格的な鎖ではなく、一個の財産的関係だとみる理解のもとでは、単に債権のほうからみて債権者Aの人格がその債権の要素でないばかりでなく、債務のほうからみて債務者Bの人格もその債務の要素ではない、と考えられており、明文がないなかでも、債務の引受けが可能であることは判例・学説によって認められていた。

　ただ、債権と異なり、債務については、債務者が誰であるかによって債務の履行可能性が左右される場合も少なくないことや、債務は債務者の資力いかんによってその経済的価値が大いに異なるという特有の事情がある。そのため、これらの事情がその要件面に反映することになる。すなわち、債務引受の要件として、債務の内容が他の者によっても履行可能なものであることが必要である（移転可能性と呼ばれる）。また、債権者Aの意思を全然無視しBとCの（新旧）両債務者間の引受契約だけで引受けの効果を生じさせることはできない（470条2項・3項・472条2項・3項）。この点において、債権の譲渡が、債務者の意思に関係なく（債務者の関与として債務者の承諾があるがこれは意思表示ではなく債務者への通知と並ぶ対抗要件具備方法の1つにすぎず対抗要件具備方法としても必須ではない）、新旧両債権者の契約によって効力を生ずるのとは異なる。債権者の意思的関与は、免責的債務引受の場合には債務者が代わってしまうから当然の要請であり、また、併存的債務引受の場合にも、新たな債

権取得でありその意味で利益ではあっても債権者となる者の意向を無視して押し付けることはできない（第三者のためにする契約（債95）と同じ利益状況である）ためである。

(4)　**履行の引受け**　債務の引受けに似て非なるものに履行の引受けがある。債務者Ｂと第三者Ｃとで、ＣがＢの債務を弁済すべきことを約束する契約である（準委任契約（656条））。Ｃはこれによって第三者の弁済をする義務を負うことになる。債務は、後述のように、債務者以外の第三者も弁済できるのを原則とする（474条参照）。したがって、この第三者の弁済の可能な債務については履行の引受けも可能なわけである。ただし、この場合には、ＣはＢに対して義務を負うにとどまり、債権者Ａに対しては直接何らの義務を負わない（したがって、ＡからＣに対して請求することはできない）ことに注意すべきである。

56　免責的債務引受

(1)　**債務の引受可能性**　免責的債務引受契約がなされるためには債務が第三者による同一内容の債務負担（引受け）を許す性質のものでなければならない（移転可能性）。債権には、その性質上債権者の変更（譲渡）を許さないものがあるのと同様に、債務者の変更（引受け）を許さないものもある。それぞれの債務についてこれを検討すべきである（466条１項ただし書、債52参照）。金銭や種類物の交付を目的とする債務は一般に可能であるが、債務者個人に着眼したなす債務には移転の不可能なものが多いであろう。たとえば、著名なＢ画家がＡの依頼を受けてその肖像を描くというＢ画家の債務は、通常は、そのまま同一内容の債務としてＣ画家が負うとすることはできない性質のものだろう。

(2)　**免責的債務引受契約の当事者**　第１に、債権者Ａと（旧）債

務者Bおよび引き受けようとする新債務者Cの三人の契約でできることには疑いがない。第2に、債権者Aと引受人となるCとの契約でもできる（472条2項本文）。Bの意思は要件ではなく、その意思に反する場合であっても可能である。債務免除（519条）が、債務者の意思に反するかどうかを問わず、債権者の一方的意思表示によってできることを考慮したものである。債務者Bとの関係は免除の性質をもち、またCの債務引受はそれとセットであるから、債権者Aが債務者Bに対して免責的債務引受契約をした旨を通知した時に、免責的債務引受契約の効力（Cの債務負担とBの免責）が生じる（472条2項後段）。第3に、B・C間で契約をし、債権者Aが引受人となる者Cに対して承諾をすることによってもすることができる（同条3項）。平成29年改正前は、債権者Aが契約当事者となることを必要とするというのが判例であったが（大判大正14・12・15民集4巻710頁・基本判例192）、しかし、Aの意思を無視できないとはいえ、Aの立場を尊重するためには、あえてAを契約の当事者とする必要はなく、通説は、債務引受契約はB・C間の契約によって成立し、Aの承認を条件とすると解しており、同様の考え方が明文化された。この場合、Aの承諾が得られなかったときのB・C間の契約がどうなるか（無効となるのか、併存的債務引受契約となるのか、あるいは履行の引受けとなるのか）は、B・C間の契約の趣旨による（その契約の解釈を通じて決定される）。

　(3)　**免責的債務引受の効果**　　CはBが負担していたのと同一の内容の債務を負担し、Bはその債務を免れる。同一の内容の債務を負担するから、引受人Cは、免責的債務引受の効力が生じた時点（A・B・C間の契約による場合は契約の効力発生時（通常は契約時）、A・C間の契約による場合はAからBへの通知の効力発生時（通知時）、

Ｂ・Ｃ間の契約による場合は契約およびＡの承諾の効力発生時）におい
て債務者ＢがＡに対し主張することができた抗弁をもって、Ａに対
抗することができる（472条の 2 第 1 項）。Ｃが負担するのは債務で
あって、Ｂの債務の発生原因となった契約上の地位や表意者たる地
位はＢにとどまるから、契約の解除権や意思表示の取消権はＢが有
し、行使できるものであって、Ｃが有するものでも、行使できるも
のでもない。しかし、取消権や解除権の行使によって契約等が効力
を失うとそれに基づく債務も消滅するため、Ｃは、Ｂが当該債務の
発生原因である契約等の取消権や解除権を有するときは、免責的債
務引受がなければこれらの権利の行使によってＢが債務を免れるこ
とができた限度で、Ａに対して債務の履行を拒むことができる（同
条 2 項）。

　問題はＢの債務についてその担保として設定された担保物権や保
証債務がある場合にその運命がどうなるかである。担保物権の負担
を負う者（当初の設定者や第三取得者）や保証人は、誰が債務者であ
るか（それによって担保物権が実行されて権利を失うこととなったり、
保証債務の履行を求められる可能性が変わりうる）に重大な関係を有
するから、債権者は、免責的債務引受の効力発生に先行してあらか
じめ、またはそれと同時に、引受人に対する意思表示によって、そ
れらの担保を引受人の負担する債務の担保へと移し（担保の移転。
被担保債権が差し換わる）、従前の債権の状況と同様に担保された状
況を作り出すことができるが、引受人以外の者が担保物権の負担者
や保証人であるときはそれらの者の承諾を得なければならない
（472条の 4 第 1 項－ 3 項）。保証の場合は、そもそも保証契約の締結
に書面を要するので（446条 2 項・ 3 項）、この承諾についても書面
によらなければならない（472条の 4 第 4 項・ 5 項）。

　B・C間では、CからBに対する求償権は発生しない（472条の3）。たとえば、前述の抵当権付不動産の譲渡の例の場合、Cの負担分は売買代金を減じることで織り込まれており、それに加えて求償権が発生することがないのは当然であろう。当然にCがBに対する求償権を取得するわけではないが、それはBとCとの間で求償権の発生を合意することを妨げるものではないし、また、CがBの債務を引き受けるに至った原因関係に応じて、互いにそれから生ずる権利を取得し、義務を負担することがあるのはいうまでもない。

57　併存的債務引受

　⑴　**併存的債務引受（重畳的債務引受）**　　併存的債務引受は、債務者Bが依然債務を負担し、引受人Cがこれと併存して、同一内容の債務を、Bと連帯して負担するものである（470条1項）。重畳的債務引受とも呼ばれる。

　債務の引受可能性（移転可能性）が要件となることは、免責的債務引受の場合と同様である。Cによる債務負担が、BがAに対する債務を履行しないときに代わって履行する責任を負うというものであるときは、保証債務（446条1項）であって債務引受ではない（併存的債務引受の場合は連帯債務（436条）となる）。保証債務の場合には、書面でしなければならない（446条2項・3項）等の規律がかかる。また、特に個人保証人の保護の観点からの規律もある（債46）。このため、保証の規律を潜脱する趣旨で併存的債務引受が行われる場合には、保証に関する規定が類推適用される（その規律をかいくぐることはできない）と解すべきである。

　⑵　**併存的債務引受契約の当事者**　　第1に、A・B・C三者の契約でできることはいうまでもない。第2に、債権者Aと引受人となるCとの契約でもできる（470条2項）。債務者Bの意思は要件では

なく、その意思に反する場合であってもよい。保証について主たる
債務者の意思に反しても債権者と保証人となる者との契約でできる
こと（462条2項参照）、併存的債務引受がその作用においてはあた
かもCがBの保証人となるようなものであることに着目したもので
ある（大判昭和11・4・15民集15巻781頁）。第3に、B・C間の契約
でできる。B・C間の契約によって契約当事者でない第三者AにC
に対する債権を取得させるから、この場合は、第三者のためにする
契約（537条1項）の一種といえるので、第三者のためにする契約に
関する規定に従う（470条4項）。第三者のためにする契約において
は、第三者の権利の発生のためには第三者からの債務者に対する受
益の意思表示が必要である（利益といえども押し付けることはできな
い）ため、この場合も、債権者Aの引受人Cに対する承諾が必要で
あり、その時からB・C間の契約の効力が生じる（同条3項。第三
者のためにする契約の場合は、契約自体の効力発生ではなく、第三者の
債権の発生が受益の意思表示にかからしめられている）。

　(3)　併存的債務引受の効果　　Cは、Bと同一の内容の債務を負担
するから、Cは、併存的債務引受の効力が生じた時点（A・B・C
間の契約による場合およびA・C間の契約による場合は契約の効力発生
時（通常は契約時）、B・C間の契約による場合はAの承諾の効力発生時
（承諾時））でBがAに対して主張できた抗弁をもってAに対抗する
ことができる（471条1項）。また、Bの債務の発生原因である契約
等についてBが取消権や解除権を有するときは、Cは、これらの権
利の行使によってBがその債務を免れるべき限度において、Aに対
して債務の履行を拒むことができる（同条2項）。いずれも免責的
債務引受と同様の規律である。併存的債務引受によってBとCとは
Aに対し連帯債務を負うことになるため、連帯債務の規定（436条

以下）が適用される。したがって、たとえば、Aは、BとCに対し、同時にあるいは順次に全部または一部の履行を請求することができるし（436条）、また、CがAに対し弁済をしたときは、CはBに求償することができる（442条）。Bの債務の担保については、Bの債務が引き続き存続するのでそのままBの債務を担保するだけで、免責的債務引受と異なり、その移転といったことはない。

第8章　債権の消滅

第1節　序　　説

58　債権の消滅

⑴　**債権消滅の原因**　　債権はその目的を達すれば消滅するが、その他の特殊な原因によって消滅する場合はかなり多い。債権を消滅させる理由によって類別するとつぎのようである。

㋐　**目的の達成によるもの**　　弁済（473条以下）。平成29年改正によって、弁済によって債権が消滅する旨の明文の規定が新設された（473条）。

㋑　**債権を存続させる必要がなくなることによるもの**　　混同（520条）。債務者の責めに帰することができない事由による履行不能もこれに属する。

㋒　**債権の消滅を目的とする法律行為**　　債権者の意思だけでできるのは免除（519条）、債務者の意思だけでできるのは相殺（505条以下）および供託（494条以下）、債権者債務者間の行為でできるのは代物弁済（482条）および更改（513条以下）である（ただし、当事者の一方が交代する更改の場合には、例外が定められている）。

以上のほかにも、債権は時効によって消滅する（166条以下）。また、その債権の発生原因である法律行為の取消し・契約の解除などによっても消滅する。

⑵　**債権の消滅と債権関係**　　個々の債権は孤立してあるのではなく、多くの場合に債権関係の中に包容されている。したがって、⑴

に述べた債権の消滅原因によって債権自体は消滅しても、債権関係がすべて消滅するとは限らない。たとえば、特定物の買主の債権は、その物の交付によって一応消滅するが、その物が種類、品質または数量に関して契約に適合しない場合には、売主はなお担保責任を負わねばならないし、その物の滅失によって買主の本来の債権が消滅した場合には代金債権の運命が問題となる。借家契約が終了して借家人の債権も家主の債権も消滅した場合でも、その債権関係の後始末をどのように処理すべきかを考えねばならない。多くは契約関係と重複するが、契約によらない債権（たとえば負担付受遺者の債権）についても、当該の債権関係を支配する信義則によってその関係の妥当な処理を講ずるべきである。

　なお、一度消滅した債権は、当事者の合意で復活させることができないのが原則であるが、法律によって、特別の目的のために、消滅すべき債権を存続させ（499条以下参照）、もしくは消滅しなかったものと擬制される場合のあることに留意すべきである（破169条参照）。

第2節　弁　　済

59　弁済の意義

　弁済は債務の内容を実現する債務者の行為である。履行ともいう。肖像を描くというような事実的行為であることもあり、所有権を移転するような法律行為であることもある。弁済があれば債権はその目的を達して消滅する。債務者以外の者でも弁済できるのが原則であることは後述のとおりだが、本節においては債務者が弁済をするものとして説明する。第三者が弁済できる場合には、本節に述べる

ことはすべて第三者たる弁済者にも適用されることを記憶されたい。

　弁済は、多くの場合、債務者単独では完成されず、債権者のほうからこれに協力しなければならないものであること、そうして債権者がこの協力義務に応じなかったときは受領遅滞の責任を負うこと（413条）については、前に述べた（債32(2)）。本節においては、この債権者と債務者との共同行為として完成されるべき弁済を、もっぱら債務者側から考察するのであるが、その根底には、このような債権者の協力義務の存在を前提とすることを忘れてはならない。

60　弁済の方法──具体的な規定

　弁済は債権者と債務者との協力によって完成される。したがって、正確にいうと、債務者はまず債権者の協力がなくともできるだけのことをして、債権者の協力を促すことになる。そして、場合によっては、債権者の協力によって債務者がさらに債務内容の実現を進め、そのうえで再び債権者の協力を求めるというように、両者の歩み寄りによってはじめて弁済が完成するという複雑な関係となることもあろう。だから、弁済の実現についての債務者の義務を考えるにあたっては、債務者はいつどこで、どんな行為をなすべきかという個別的な問題のほかに、債務者はまずどの程度のことをして債権者の協力をまつべきか、という一般的な問題も考えねばならない。

　民法は前者の個別的な問題について483条以下に具体的な規定を設け、後者の一般的な問題については「債務の本旨に従って」現実に、あるいは通知によって、という抽象的な標準を示した（493条参照）。しかし、その趣旨は両者相合して弁済の実現のためにすべき債務者の義務の内容を示すものである。いいかえれば、債務者は社会の取引慣行を顧慮し、信義誠実の原則の要求するところに従って債務の内容の実現に努力すべきである（1条2項、大判大正14・

12・3民集4巻685頁－大豆粕深川渡事件・基本判例193参照）。ただ、その実現をすべき時期とか場所とかに関しては、さらに民法が具体的に示したところに従うことを要する、という趣旨である。本段にはまずその具体的な規定を一通り説明する。

(1) 弁済の目的物に関する規定

(ア) 特定物の現状引渡し　特定物の引渡しを目的とする債務では、契約その他の債権の発生原因および取引上の社会通念に照らしてその引渡しをすべき時の品質を定めることができないときは、弁済者は、引渡しをすべき時（履行期）におけるその物の状態で引き渡さなければならない（483条）。平成29年改正前においては、単に、引き渡すべき時の現状で引き渡すことを義務づけるにとどまっていたが（改正前483条）、改正によって、物が特定物であっても、その品質は契約等によって定まるものであることを基本として、品質を定めることができない場合に引渡し時の現状による引渡義務のあることを明らかにしたものである。債権成立の後履行期までに損傷したときは、損傷の状態で引き渡してよい。しかし、債務者は引渡しをするまで善良な管理者の注意をもってその物を保存しなければならないから（400条、債9(1)参照）、その損傷が債務者の過失に基づくときはその責任を問われる。また、履行期までに生じた果実は債務者が取得してよいが、履行期後に生じた果実は引き渡さねばならない。ただし、売買については重要な例外がある（575条参照）。

(イ) 他人の物の引渡し　弁済として他人の物を引き渡したときは有効な弁済とはならない。弁済者と債権者との間では、自分の物をもってさらに有効な弁済をしないと、その物を取り戻すことはできない（475条）。もっとも、債権者が引渡しを受けた物を善意で消費したり、またはさらに第三者に譲渡したりしたときには、その弁

済は有効となり債務者は債務を免れる。ただし、この場合にもその目的物の本来の所有者の権利は影響されないから、この者から債権者に対して不当利得の償還その他の請求ができる。そのときには、さらに債権者からこの弁済者に対して求償をすることになる（476条）。——この規定は弁済者と債権者の間の法律関係を簡易に決済しようとする趣旨である。しかし、これが適用される場合は実際上きわめてまれであろう。思うに、これらの規定は後にさらに自分の物の引渡しができることを予定しているから、不特定物の引渡しを目的とする債権に限る。しかも、もし、債権者が弁済として受領するにあたり、その物を弁済者の所有物であると信じたときは、即時取得（192条以下、物28参照）の理論によって所有権を取得することが多い。その場合には、債権者はこれによって債権の目的を達するから他人の物の引渡しは有効な弁済となる。そして、他人の物を弁済に用いたことは真の所有者と弁済者との間で解決されるべき問題となるだけである。

　(ウ)　制限行為能力者の引渡し　　譲渡につき行為能力の制限を受けた者、たとえば未成年者が単独で、弁済として物を引き渡した場合には、この引渡行為は1つの法律行為であるから、これを取り消せるはずである。しかし、平成29年改正前においては、この場合にも別に有効な弁済をしなければ、前に引き渡した物の返還を請求できないし、また、債権者が善意でこれを消費したり譲渡したりしたときは弁済が有効になるとされていた。すなわち、この他人の物を引き渡した場合と全く同じに取り扱われるとされていた（改正前476条・477条）。しかし、この場合には、有効な弁済をした後にしか引き渡した他人の物の返還を請求できないことになり、制限行為能力者が物を売却した後に、そのことを理由に売買契約が取り消され

た場合との均衡を失するという批判があり、また、制限行為能力者の保護の観点からも問題があるとされていた。そこで、平成29年改正では、476条の規定は削除された。その結果、制限行為能力を理由としてその債権を生じた原因である法律行為を取り消せば、もちろん、その弁済の目的物を取り戻すことができる。

(2)　弁済の場所に関する規定　　弁済の場所は特約や慣習によって定まることが多い。しかし、それで定まらない場合には、①特定物の引渡しを目的とする債務は、債権発生の当時にその物が存在した場所において弁済をし、②その他の債務は、弁済をする時の債権者の住所においてこれをする（484条1項）。この後のものを持参債務と呼ぶことはすでに述べた（債10(3)(ア)参照）。

(3)　弁済の時に関する規定　　平成29年改正前において、民法には、弁済の時に関しては直接の規定が置かれていなかった。しかし、一般には履行期にこれをすべきは当然であると考えられていた。もっとも、債務者が期限の利益を放棄できる場合には、履行期以前の弁済も本旨に従った弁済となるとされていた（136条、総140(1)参照）。そして、平成29年改正において、法令または慣習により取引時間の定めがあるときは、その取引時間内に限り、弁済をし、または弁済の請求をすることができる旨の規定が484条に追加された（同条2項）。商行為における取引時間に関する商法520条の規定を民法に取り入れ、一般法の準則としたものである（同時に商法520条は削除された）。

(4)　弁済の方法　　　預金また貯金の口座に対する払込み　　弁済は、債務の本旨に従った給付を実現することを意味する。後述するように、弁済の提供について、債務の本旨に従っているかどうかが論じられることが多い（大判明治44・12・16民録17輯808頁（金銭債務の全部

を消滅させるに足りない弁済の提供は債務の本旨に従った弁済の提供にならないとした）、最判昭和37・9・21民集16巻9号2041頁（銀行の自己宛振出小切手の提供を債務の本旨に従った弁済の提供と認めた））。最近では、金銭債務について、現金で支払う代わりに債権者の預金口座に振り込む方法が広く行われているが、平成29年改正では、そのような方法による場合について、弁済の効力を生ずる時点を定める規定を新設した。すなわち、債権者の預金または貯金の口座に対する払込みによってする弁済は、債権者がその預金または貯金に係る債権の債務者に対してその払込みに係る金額の払戻しを請求する権利を取得した時に、その効力を生ずるとしている（477条）。銀行実務の過程においてこの時点がいつであるかは、必ずしも明確ではない。改正前において、誤った銀行振込みに関して、振込依頼人から受取人の銀行の普通預金口座に振込みがあったときは、両者の間に振込みの原因となる法律関係が存在するか否かにかかわらず、受取人と銀行との間に振込金額相当も預金契約が成立するとした判決がみられるが（最判平成8・4・26民集50巻5号1267頁）、受取人の口座に入金記帳された時点において預金契約が成立することを前提としていると理解されている。このような判例からすれば、「払戻しを請求できる時」は入金記帳時を意味するものと考えられるが、改正法は、あえて「入金が記録された時」という表現をとっていないことから、この時点がいつであるかは、解釈論に委ねられていると解されている。

(5) **弁済の費用に関する規定**　特約（弁済が不動産物権の登記である場合の登録税についてみられる）ないし特別の慣行のない場合には債務者が負担すべきである。しかし、債権者の住所の移転その他の行為によって費用が増加したときは、その増加額は債権者に請求で

きる（485条）。

61 弁済の提供

　債務者が弁済の実現のために債権者の協力をまたずに、まず、み
ずからできるだけのことをすることを、**弁済の提供**という。弁済の
提供としてどういうことをすべきかについては、古い判例では債務
者に厳しかったが、その後それぞれの債務につき、一般の取引慣習
を顧慮し信義誠実の原則の要求するところに従って決すべきものと
するに至った。またその場所とか、目的物とかについては、民法が
具体的に規定するところに従うべきものであることも前段に詳述し
た。本段ではどの程度のことをすべきかに関する民法の抽象的な規
定について述べる。

　(1)　**提供の態様**　　弁済の提供は、①原則として、債務の本旨に
従って現実にしなければならない（現実の提供、493条本文）。たと
えば、金銭の持参債務は金銭をもって支払場所に出向くべきである。
②しかし、例外として、債権者があらかじめ受領を拒み、または債
務の履行に着手するのに債権者の行為を要するときは、弁済のため
にみずからできるだけの準備をし、これを債権者に通知してその受
領をうながし、または協力を求めるだけでよい（言語上の提供また
は口頭の提供）（493条ただし書）。たとえば、債権者の指定する場所
に商品を送付すべき債務は、商品発送の準備をしたうえで債権者に
送付先の指定を求め、債権者の肖像を描く債務はアトリエの準備を
整えて債権者の来訪を求めるべきである。

　このように、現実の提供といい、言語上の提供というのも、実は
観念上大別されたまでのことである。実際上は程度の差にすぎない
ものであって、結局は、取引慣行と信義誠実の原則によって決すべ
きである。たとえば、金を貸してくれる人を伴って登記所に出頭す

るようなものは金銭債務の現実の提供となることが多かろう。また商品発送の準備をし、アトリエで描く準備をするといういわゆる言語上の提供において必要な準備も、その程度は場合によって種々に異なるものである。家賃のように継続的に弁済すべき債務について家主の受領拒絶の意思が明確な場合には、その後の家賃については言語上の提供をしなくとも債務不履行にならないとされる（最大判昭和32・6・5民集11巻6号915頁・基本判例198）。そして、家主が一度でも受領を拒絶したら、その後の家賃につき家主の受領拒絶の意思は明確であると判断してよいともされる（最判昭和45・8・20民集24巻9号1243頁）。

　なお、弁済の提供の程度いかんは実際上しばしば争われる問題である。しかし、そのほとんどすべては契約の解除と関連するので、後に契約の解除を検討するときに、もう一度触れることにする（債100(1)(ア)参照）。

　(2)　**提供の効果**　　債務者が債務の本旨に従った正当な提供をすると、債権者が受領その他の協力をしないために弁済が完成するに至らなくとも、それは債務者の責任ではない。したがって、債務者はその時から債務を履行しないことから生ずる一切の責任を免れることになる（492条。平成29年改正によって、文言の微修正がなされたが、実質的な内容は変更されていない）。これが提供の効果である。その具体的な内容および受領遅滞との関係はすでに詳述した（債32(3)参照）。

62　弁済と弁済者の代位（代位弁済）

　(1)　**第三者の弁済**　　債務者以外に第三者もまた弁済をすることができる（474条1項）。第三者が債務の内容を実現してもなお債権の目的を達することができるときは、これによって債権を消滅させ

るのが便利だからである。しかし、第三者の弁済が許されない4個の例外がある。

(ア) 性質上の禁止　第1は、債務の性質が第三者の弁済を許さないものの場合である（474条4項前段）。これはもとより当然のことを規定したものと考えられる。たとえば、有名な画家に絵を描かせる債権が名もない第三者によって弁済されては、債権者は満足できないであろう（なお雇用に関する625条2項・3項参照）。

(イ) 当事者の反対意思による禁止　第2は、当事者が反対の意思を表示したとき、すなわち、債権者と債務者の間で、必ず債務者自身が弁済すべきことを約束したような場合である（474条4項後段）。ただ注意すべきことは、第三者が弁済するとは、その者が独立の立場で弁済することをいい、債務者の補助者として使用されることをいうのではない。債務者は、先に述べたように、補助者の行為について責任を負うべきであるが、補助者を使用することは、原則としてすべての債務について許されるのである（債22(4)参照）。この規定は、平成29年改正前の474条1項ただし書の規定を実質的に維持したものであるが、当事者が反対の意思を表示しているときは、弁済するについて「利害関係を有する第三者の弁済」も禁止されると解されていて、立法論としては批判されていた。つぎに述べるように、改正によって、「弁済をするについて正当な利益を有する者」と修正されたが、この問題はなお残っているといえよう。

(ウ) 債務者の反対意思による禁止　第3は、弁済をするについて正当な利益を有しない第三者は債務者の意思に反して弁済をすることができないことである（474条2項本文）。改正前においては、「利害関係を有しない第三者」と規定されていたが、改正によって、「弁済をするについて正当な利益を有する者でない第三者」と修正

された。弁済による代位に関する規定の文言に合わせて修正したものである（改正前500条参照）。もっとも、改正前においては、利害関係を有しない者として、債務者の親族、知人などがあげられていたが、改正後においても、これらの者は弁済することに正当な利益を有しないものと考えられる。他方で、改正前においては、物上保証人、抵当不動産の第三取得者、後順位抵当権者、借地上の建物賃借人は利害関係を有する者と解されていたが、改正後においても、これらの者は弁済することに正当な利益がある者と考えられる。債務者にとっては、第三者弁済によって利益を得ることになるといえども、その意思に反して債務者に利益を押しつけることはできないという立法の趣旨であろう。したがって、この意思は表示されない内心の意思でもよいと解されている。

　そして、弁済するについて正当な利益を有しない第三者が債務者の意思に反して債務を弁済しても、弁済としての効力はないことになる。したがって、債務は消滅せず、債権者と弁済者との間の不当利得の関係が生ずると考えられる（債175(3)）。ただし、債務者の意思に反することを債権者が知らなかったときは、弁済は有効とされる（474条2項ただし書）。

　�　債権者の反対意思による禁止　　第4は、弁済をするについて正当な利益を有しない第三者は、債権者の意思に反して債務を弁済することができないことである（同条3項本文）。結局、債権者としては、弁済者が正当な利益を有するかどうかを判断したうえで、正当な利益を有しない第三者による弁済の受領を拒絶できるのであって、正当な利益を有する第三者による弁済の受領を拒絶することはできないのである。ただし，このような第三者が債務者の委託を受けて弁済する場合であって、債権者がそのことを知っていたとき

は、その弁済は有効とされる（同項ただし書）。

(2) **弁済者による代位（代位弁済）**

(ア) **求償権の発生**　第三者が弁済をするのは種々の理由に基づくであろう。しかし、債務者に贈与するつもりであり債務者がこれを承諾しているときとか、債務者に対して負担する債務の決済のためとかでない以上は、多くの場合、弁済によって支出したものを、債務者から求償することができる。たとえば、依頼されて弁済したときは委任事務処理の費用として求償することになり（650条参照）、頼まれないが債務者のためを思って弁済したときは、事務管理の費用として求償することになる（702条参照）。

(イ) **求償権の確保**　民法は弁済者の求償権を確実にするために、弁済者は弁済を受けた債権者の有する権利を代位して行使できるものと定めた（499条・500条）。これを弁済による代位または代位弁済という（なお、債務者に代わって弁済することを代位弁済と呼ぶことがあり、誤解を避けるために、最近では、「弁済による代位」という用語が用いられることが多い）。連帯債務者または保証人が弁済をしたときにも他の債務者または主たる債務者に対して求償権を有することは前述した（442条・459条・462条）。これらの者は、債権者に対してみずから債務を負担する者であるから、その意味では、その弁済は自分の債権の弁済である。しかし、内部の実質的な意味では、保証人はもとより、連帯債務者もその負担部分を超える部分は、他人の債務の弁済である（債44(1)参照）。したがって、代位弁済の適用においては、保証人はもちろん、連帯債務者も弁済をする第三者と同視してよい（債44(2)(エ)・48参照）。

(3) **代位弁済の生ずる要件**　第三者が債務者のために弁済をし、その結果として債務者に対して求償権を取得することが、最も基本

的な要件である。もっとも、正式の弁済のほかに代物弁済・供託などをして債務を消滅させるものも弁済と同視してよい。

　平成29年改正前においては、さらに、弁済をするについて正当な利益を有する者（たとえば物上保証人・担保不動産の第三取得者・保証人・連帯債務者など）について、上記の要件だけで代位を生ずる法定代位（改正前500条）と、それ以外の者について弁済をしかつ同時に債権者の承諾を得ないと代位の効果を生じない任意代位（改正前499条1項）とを要件において、区別していた。これに対して、平成29年改正では、債務者のために弁済した者は、債権者の承諾を要することなく、債権者に代位するとしている（499条）。その意味において、法定代位と任意代位の区別はなくなったといえよう。そして、債務の弁済をするについて正当な利益を有する者が弁済する場合を除いて、債権譲渡の対抗要件の規定が準用されている（500条[467条の準用]）。すなわち、債務者以外の者による弁済によりその者が債権者に代位することについて、債権者から債務者への通知または、債権者の承諾（承諾の相手方は債権者または弁済者のいずれでもよいと解される）がなければ、弁済による代位の効果を債務者および第三者に対抗できない（467条1項）。とくに、通知・承諾が確定日付のある証書によらなければ、弁済による代位の効果を債務者以外の第三者に対抗できない（同条2項）。弁済による代位の効果は、債権者から弁済者に債権が移転するのと同様であることから、債権譲渡の対抗要件の規定を準用していると考えられる。ただし、弁済をするについて正当の利益を有する者に関しては、債務者・第三者に対して、当然に代位の効果を対抗しうるものであって、債権譲渡と同様の対抗要件を具備する必要はないとしている。結局、改正法では、債務の弁済をするについて正当な利益を有しない者が弁

済する場合について、改正前の任意代位に実質的に当たる場合と同様な扱いをしているのである（改正前499条2項参照）。この場合にも、代位の効果は、つぎに述べるように、債権者の権利の移転であるが、債権者と弁済者の合意によって債権の譲渡が行われるのではない。しかし、代位が生ずることを明瞭にする必要があるので、民法は、対抗要件について、債権譲渡の場合と同様の手続を必要とすることとし、対抗要件を備えないと代位の効果を第三者に対抗できないとしたのである（500条）。

(4)　代位弁済の効果　　3方面に分けて考察しなければならない。

(ア)　代位弁済者と債務者との間

(a)　権利の移転　　平成29年改正前には、代位者は、求償権の範囲内において、その債権の効力および担保として債権者が有していた一切の権利を行使することができると規定されていた（改正前501条本文）。これに対して、改正法では、一切の権利を行使できることとそれが求償権の範囲内に限られることを2つの項に分けて規定した（501条1項・2項）。後者について、共同保証人間の関係を明文化したことによるものである（これについては、つぎに述べる）。501条1項では、「一切の権利を行使することができる」という文言になっているが、権利が移転する趣旨であると解されている。また、債権の効力として有する権利とは、債権者の権能を指すのであって、つまり、債権そのものが移転するという意味である。担保として有する権利は担保物権（代物弁済予約上の権利を含む（最判昭和41・11・18民集20巻9号1861頁））はもとより保証人に対する権利も含む。そのほか、利息債権、連帯債務者に対する権利などもことごとく代位される。理論的にいえば、第三者の弁済によって債権は消滅するはずであるが、弁済による代位の生ずる場合には、この消滅の効果

が生じないで、債権者の債権は付従的な権利とともに弁済者に移転する。合意に基づく権利の譲渡ではないから、弁済をするについて正当な利益を有する者が代位する場合には、対抗要件を必要としない。なお、弁済者は、弁済による代位の利益を受ける場合にも、債務者に対して有する求償権そのものには何らの影響を受けない。したがって、代位して債権者の権利を行使しても、また自分の求償権を行使しても、それは弁済者の自由である。

　また、弁済者が代位の効果として行う権利の行使は、自己の権利に基づいて債務者に対して求償をすることができる範囲内に限られるが、共同保証人か保証人の1人が他の保証人に対して債権者に代位する場合には、自己の権利に基づいて当該他の保証人に対して求償をすることができる範囲内に限られる（同条2項）。この規定は、平成29年改正において、新たに定められた規定である。

　(b)　一部代位　　弁済者が一部の弁済をすれば一部の代位を生ずる。たとえば、AのBに対する100万円の債権をCが70万円だけ弁済したとすれば、Aは残額30万円の債権を有し、Cは70万円だけの代位をすることになる。平成29年改正前においては、「代位者(C)は債権者(A)とともにその権利を行使する」と規定されていた（改正前502条1項）にとどまる。そのために、債務者に対する関係において、債権者と弁済者の優劣関係が必ずしも明確ではなかった。そこで、初期の学説は、債権者と代位者が同一の地位に立つものと解し、分割行使が可能であれば、代位者が独立して権利行使ができること、担保物の価格が債権総額に充たないときは、債権者と代位者の間でそれぞれの債権額に按分されると考えていた。判例においても、一部代位者が債権者とは別個に抵当権の実行として競売の申立てができるとしていた（大決昭和6・4・7民集10巻535頁）。しかし、その

後の学説は、弁済者は、債権者の同意を得て、債権者とともに権利を行使しうるにとどまり、また債権者より劣後するものと解するようになった。判例もまた、競売申立権に関するものではないが、債権の一部につき代位弁済がされた場合に、この債権を被担保債権とする抵当権の実行による売却代金の配当については、代位弁済者は債権者に劣後するという債権者優先説の立場を示すに至った（最判昭和60・5・23民集39巻4号940頁）。このような学説・判例の状況のもとにおいて、平成29年改正は、一部代位の場合について、債権者が弁済者に優先することを明確にした。第1に、弁済者が代位の効果として、債権者とともにその権利を行使する場合に、債権者の同意を得ることが要件とされた（502条1項）。第2に、債権者は、その場合であっても、単独で権利行使することができる旨を明文で規定した（同条2項）。第3に、債権者が弁済者とともに権利を行使する場合あるいは単独で権利を行使する場合のいずれにおいても、債権者は、その債権の担保の目的となっている財産の売却代金その他の当該権利の行使によって得られる金銭について、代位者が行使する権利に優先すると規定し（同条3項）、債権者が代位者に優先することを明確にした。なお、民法はこの一部代位の場合に、その債権発生の原因であるＡ・Ｂ間の契約を解除する権利はＡだけが有するものと規定し、もしＡが解除したときは、ＡはＣに対してすでに受領した70万円と利息とを償還しなければならないと規定した（同条4項。改正前502条2項を4項に繰り下げたにすぎない）。しかしこれは当然のことである。解除権はＡが契約当事者として有する権利であって、債権の効力として有するものではない。したがって、全部の代位を生じたときもＣは解除権を取得するものではない。また解除によってＡの債権は最初からなかったことになるから、Ｃか

ら受けた弁済は債務のない弁済（非債弁済）となる。したがって、Aは不当利得を受けることになり、これを返還しなければならないことも当然である（705条・703条参照）。

　(イ)　代位弁済者相互間　　代位の利益を受けることができる者が数人あるときは、相互の間に問題を生ずる。たとえば、AのBに対する債権につきCが保証人となり、Dが物上保証人となったとする。Cが弁済すれば、CがDの不動産についての抵当権を行使して損失を免れ、Dが弁済すれば、DがCの財産に執行して損害を免れうるものとすると、早い者勝ちの不公平な結果となる。そこで民法は各自の求償権について、その保護すべき必要の強弱に応じて、代位の順位と割合を定めた。平成29年改正前においては、保証人と第三取得者との間（改正前501条1号・2号）、第三取得者相互間（同条3号）、物上保証人相互間（同条4号）および保証人と物上保証人との間（同条5号・6号）に分けて規定していた。もっとも、保証人および物上保証人が第三取得者に代位できることは、改正前501条本文から当然のこととされ、同条1号は、保証人が第三取得者に代位する場合の付記登記の要件について規定し、同条2号は第三取得者が保証人に代位しないことを規定するにとどまっていた。しかし、保証人が第三取得者に代位するために先取特権・質権・抵当権の登記に代位を付記しなければならない時期について、規定に定められている「あらかじめ」の意義が明確でないこと、抵当不動産の第三取得者が債務者からの第三取得者のみを意味するのか、物上保証人からの第三取得者を含むのかが明確ではないことなどに関して、学説が対立していた。そこで、改正においては、これまでの枠組みを維持しながら、以下に述べるように修正された。

　(a)　保証人と担保不動産の第三取得者との間　　改正前と同様に、

保証人および物上保証人が第三取得者に代位できることは、改正後501条1項から導かれるので、改正法は、第三取得者が保証人および物上保証人に対して代位しないことだけを規定した（501条3項1号）。そして、第三取得者というのは債務者から担保の目的となっている財産を取得した者のみを意味することも明文化された。なお、改正前においては、物上保証人と第三取得者との関係は必ずしも明確でなかったが、一般に、物上保証人は保証人と同視されると理解されていたことから、改正法では、物上保証人は第三取得者に対して代位するが、第三取得者は物上保証人に代位しないことが明確になった。後述するように、物上保証人からの第三取得者は物上保証人として扱われることになったことも（同項5号参照）、改正法における債務者（最終的に債務を負担すべき者である）からの第三取得者の位置づけの根拠となっていると思われる。

　なお、平成29年改正前においては、保証人は、「あらかじめ」担保物権の登記に代位の付記をしなければ第三取得者に対抗することができないとされていた（改正前501条1号、不登84条）。その立法趣旨は、保証人は担保物権の存在することをあてにして保証するのだから、第三取得者に対しても代位させることを妥当とするけれども、第三取得者に対して保証人が代位することを公示しておかないと、この者に意外な損失を被らせるおそれがあることを考慮したことであると解される。しかし、保証人が弁済する前に第三取得者を生じた場合にもこの制限を加えることは必ずしも、適当でないと考えられる。なぜなら、保証人が存在するときは、第三取得者は、この保証人が将来代位するかもしれないことを覚悟すべきであるのみならず、いつ現われるかわからない第三取得者の取得以前に代位の付記登記をすることを保証人に要求することははなはだ無理であるから

である。そこで、多くの学説および判例は、保証人がこのような制限を受けるのは、第三取得者の生ずる前に弁済した場合に限る——いいかえると、保証人が弁済したときは、代位の付記登記をしておかないと、その後の第三取得者に対抗しえないという意味——と解していた（最判昭和41・11・18民集20巻 9 号1861頁）。そこで、改正では、この場合にのみ付記登記を要求することが他の場合との均衡を失することへの疑義などから、付記登記を要しないこととなった。

　(b)　第三取得者相互間または物上保証人相互間　各不動産の価格に応じて代位することができる（501条 3 項 2 号・ 3 号）。結局、各自の不動産の価格の割合だけの負担に甘んずべきことになる。なお、第三取得者から担保不動産を取得した者、物上保証人から担保不動産を取得した者については、後述するように、それぞれ第三取得者、物上保証人とみなされる（同項 5 号）。

　(c)　保証人と物上保証人との間　いずれもその数に応じて代位することができる。そして、物上保証人が数名あるときは、その間においては、保証人の負担部分を除いた残額について、各財産の価格に応じて、債権者に代位する（501条 3 項 4 号）。たとえば、5,000万円の債務に保証人が 3 人、物上保証人が 2 人いれば、まず前者が 3 人で3,000万円、後者が 2 人で2,000万円と分け、ついで後者の2,000万円はさらに不動産の価格に応じて 2 人に分け、前者の3,000万円はさらに求償権の額（保証人の負担部分）にしたがって（原則として平等の割合） 3 人に分け、それぞれの額について代位される。これと異なる割合の特約は有効である（最判昭和59・ 5 ・29民集38頁 7 号885頁・基本判例199）。複数の保証人および物上保証人中に二重の資格をもつ者があるときは、公平上二重資格者を 1 人と扱うべきだとされる（最判昭和61・11・27民集40巻 7 号1205頁・基本判例200）。

なお、財産が不動産の場合に、保証人が代位するためには、あらかじめ付記登記をすることが必要であるとされていたが（改正前501条6号）、平成29年改正により、付記登記は不要となった。

(d) 第三取得者または物上保証人から担保不動産を譲り受けた者

第三取得者から担保の目的となっている財産を譲り受けた者は、第三取得者とみなされて、501条3項1号および2号の規定が適用される。また、物上保証人から担保の目的となっている財産を譲り受けた者は、物上保証人とみなされて、同項1号、3号および4号の規定が適用される（同項5号）。債務者からの譲受人は、最終的に債務を負担するという債務者の地位を受け継いでいるのに対して、物上保証人からの譲受人は、他人のために担保を提供したにすぎない物上保証人の地位を受け継いでいるという差異を規定上において明確にしたものである。

(ウ) 代位弁済者と債権者との間　債権者は代位者に対して代位の権利の行使を容易にしてやらなければならない。すなわち、全部の弁済をした代位者に対しては、債権に関する証書および自分の占有する担保物を交付すべきである（503条1項）。また、一部の弁済をした代位者に対しては、債権証書にその代位を記入し、かつ代位者に自分の占有する担保物の保存を監督させるべきである（同条2項）。注意すべきは、民法がさらに、担保を喪失または減少させた債権者に対して、弁済をするについて正当な利益を有する者が免責されることを認めているということである（義務という語は用いられていないが、実質的には、代位者のために担保の保存をすべき義務を課しているといえよう）。たとえば、抵当権と保証人とがある場合に、債権者が抵当権を放棄したとする。債権者は保証人に請求できるからよいであろうが、保証人は弁済しても抵当権を代位できなくなっ

てはなはだしく不利益である。そこで民法は、弁済をするについて正当な利益を有する者（ここでは、代位権者と呼ばれている）がある場合において、債権者が故意または過失によってその担保を喪失し、または減少させたときは、その代位権者は、代位をするにあたって担保の喪失または減少によって償還を受けることができなくなる限度において、その責任を免れる。そして、その代位権者が物上保証人である場合において、その代位権者から担保の目的となっている財産を譲り受けた第三者およびその特定承継人についても、同様の扱いがなされている（504条1項）。この規定は、平成29年改正前504条と実質的に異ならないが、物上保証人から抵当不動産を譲り受けた者も同条の免責の効果を主張できるとした判例（最判平成3・9・3民集45巻7号1121頁）を一般化したうえで、取り入れたものである。

　ただし、債権者が担保を喪失し、または減少させたことについて取引上の社会通念に照らして合理的な理由があると認められるときは、免責の効果は認められない（同条2項）。

63　弁済受領者

　(1)　**債権者の弁済受領**　　債権者は弁済を受領する権能を有することはもちろんである。しかし、例外として債権者が弁済受領の権能を有しないことがある。

　(ア)　**差押債権**　　債権が差し押えられたときがその最も重要な場合である。AのBに対する債権がAの債権者Cによって差し押えられたときは、Aはその弁済を受領する権能を失い、Bはこれを弁済できなくなり、転付命令を得た差押債権者に支払うべきである（民執145条・160条参照）。第三債務者BがそれにもかかわらずAに弁済をすれば、差押債権者Cは、その損害を受けた限度においてBの弁

済の効力を否認し、あらためてBに弁済を請求できる（481条1項、最判昭和40・11・19民集19巻8号1986頁・基本判例196）。もっともこの場合、Bが無効となった弁済についてAに対して求償権を行使できることはもちろんである（同条2項）。

　　(イ)　質入債権　　AがBに対する債権を質入れしたときは、Aはこの債権を取り立てられなくなると解すべきことは前述した（物97(1)(エ)参照）。

　　(ウ)　破産債権　　債権者につき破産手続開始の決定があったときも債権者はみずからその債権を取り立てることができなくなる（破78条1項参照）。

　(2)　受領権限のない者への弁済　　弁済は、弁済受領権者（債権者または債権者の権限を正当に行使する者）に対してこれをしなければ、弁済としての効力がないわけである。しかし民法は、弁済受領権者への弁済が有効であることを前提として、特殊の場合には弁済受領の権限のない者に対する弁済も有効なものとする規定を置いた。

　　(ア)　受領権者としての外観を有する者への弁済　　たとえば、預金証書と印を所持する者のように、取引上の社会通念に照らして、あたかも受領権限がある者（債権者がその典型であるが、債権者から受領権限を与えられた者も含む）のような外観を呈する者に対してした弁済は、弁済をした者が善意であり、かつ、過失がなかったときに限り有効となる（478条）。弁済にあたって、いちいち受領者が正当な権限を有するかどうかを審査するのは、弁済者に酷なだけでなく、債権の取立ても敏活に行われなくなるからである。民法制定時における本条では、母法であるフランス民法にならって、「債権の準占有者」という表現が用いられていた。学説では、債権者のような概観を呈する者と解されていたが、本来、準占有者というのは、

自己のためにする意思をもって債権を行使する者を意味することから（205条。なお、準占有については、物33・34参照）、後述するように、詐称代理人に478条が適用されるかが論じられるなど、わかりにくい表現であった。他方で、判例は、民法478条の適用範囲を拡大し、金融機関が定期預金者でない者を預金者と誤認してその者に貸付けを行い、貸付債権と預金債権とを相殺する場合（最判昭和59・2・23民集38巻3号445頁・基本判例197）や、生命保険会社が契約者貸付制度に基づいて保険契約者の代理人と称する者の申込みによって貸付けを行った場合（最判平成9・4・24民集51巻4号1991頁）にも、478条が類推適用されるとしていた（この場合は、表見代理によるべきだとする学説もあった）。

　そこで、改正法は、従来の学説・判例の理解に従って、その表現を「受領権者以外の者であって取引上の社会通念に照らして受領権者としての外観を有するもの」と改めたものである。したがって、従来の法理を実質的に変更するものではない。

　なお、民法制定時には、弁済者の要件として、旧478条には、「弁済者ノ善意ナリシトキニ限リ」と定めていたが、通説・判例は善意について、無過失を要件とすべきだとしていた（最判昭和37・8・21民集16巻9号1809頁・基本判例194、現金自動入出機による預金の払戻しに関する最判平成15・4・8民集57巻4号337頁・基本判例195）。そこで、平成16年の民法改正（この改正により現代語化が行われた）では、この通説・判例に従い、明文で無過失の要件を定めた。平成29年改正でも、その考え方は維持されている。預金者保護法（偽造カード等及び盗難カード等を用いて行われる不正な機械式預貯金払戻し等からの預貯金者の保護等に関する法律、平成17年法94号）3条は、この不正払戻しの場合に、478条を適用しないと定めている。

　また、平成29年改正前においては、無記名債権（原則として、証券の存在を要件とすると解されていた）について、動産とみなされていたので（改正前86条3項）、その所持人も本条の適用においては債権の準占有者とみて妨げないと解されていたが、改正によって、無記名証券には、記名式所持人払証券の規定が準用されることになったので（520条の20。その結果、記名式所持人払債権に準用される指図債権の規定も準用される）、債務者の支払免責については、520条の10によって処理されることになった（債82参照）。

　平成29年改正前においては、債権の準占有者に対する弁済に関する規定とは別に、受取証書の持参人に対する弁済に関する規定を置いていた。すなわち、受取証書の持参人は、弁済受領の権限があるものとみなされ、その者に対してした弁済も、弁済者が過失なくしてこれを弁済受領の権限があるものと誤信したときは、有効な弁済となると定められていた（改正前480条。478条がフランス民法に由来するのに対して、本条はドイツ民法に由来すると考えられている）。ただし、本条の保護を受けるためには、判例・学説によれば、一方で、受取証書が真正なものであるか、そうでなくとも表見法理から真正なものと主張できるもの（たとえば、受領書用紙と印を保管させられている者が偽造したとき）でなければならないと解され、他方で、弁済者の悪意または過失のあることは、弁済の無効を主張する者が立証しなければならないと解されていた。これに対して、改正法では、480条は削除された。したがって、受取証書の持参人に対する弁済についても、478条が適用され、受取証書の持参人に弁済受領権限があると誤信したことについて、弁済者が善意無過失であれば（弁済者が立証責任を負う）、その弁済は有効なものとされる。

　(イ)　指図債権等の債務者の保護　　指図債権、記名式所持人払債

権または無記名債権の証券所持人が正当な債権者でない場合にも、これに対する債務者の弁済は、悪意または重大な過失に基づかない限り有効となることは、後述するとおりである（520条の10・520条の18・520条の20、債79(6)・80(6)参照）。

(ウ)　**受領権者以外の者への弁済**　　上に述べたような特別の規定のある場合を除いては、弁済受領の権限のない者に対してした弁済は、絶対に弁済として効力がないわけである。しかし、何らかの理由によって真正な債権者が、この無効な弁済によって利益を受けたときは、その限度において弁済の効力を生ずるものとされる（479条）。法律関係を簡易に決済しようとする便宜規定である。

64　弁済の充当

(1)　**弁済の充当の意義**　　ＢがＡに対して同種の給付を目的とする数個の債務を負担するとき、たとえば、数口の借金をしている場合に、弁済として提供した金額が全債務を完済するに不足であるときは、これをいずれの債務の弁済に充てるべきかは、重要な問題である。利息の有無、その利率、担保の有無などによって債務の態様の異なる場合には、いずれの債務を先に消滅させるかは、当事者にとって重大な利害関係をもつからである。このような場合に、どの債務の弁済に充てるかを定めることを弁済の充当という。もっとも、ＡＢ間の契約によって充当すべき債務を決定した場合には、そのとおりの効果を生ずるから、別に問題は生じない。問題はこのような契約がない場合である。

平成29年改正前においては、当事者間の合意による充当に関する明文の規定は置かれていなかったが、合意による充当も認められると解されていた。そして、合意がない場合について、一方の意思表示による指定充当（改正前488条）と指定がない場合などにおける法

定充当（改正前489条）の規定に整理されていた。また、1個の債務の弁済として数個の給付をすべき場合において、弁済者がその債務の全部を消滅させるに足りない給付をした場合に、指定充当および法定充当の規定が準用されること（改正前490条）、元本・利息・費用を弁済する場合に、弁済者がその債務の全部を消滅させるに足りない給付をしたときは、費用・利息・元本の順序で充当しなければならないこと（改正前491条1項）も規定されていた。

　これに対して、改正法では、まず、「弁済をする者と弁済を受領する者との間に弁済の充当の順序に関する合意があるときは、その順序に従い、その弁済を充当する」と規定し、弁済充当における合意による充当が優先するという原則を明確にした（490条）。そのうえで、指定充当、法定充当、元本・利息・費用の充当などに関する従来の規定をほぼ踏襲している。

　⑵　充当の順序

　㋐　費用・利息・元本の順　　まず、元本のほかに利息および費用を支払うべき場合には、必ず、最初に費用、ついで利息、最後に元本に充当しなければならない（489条1項）。改正前491条1項と同じである。そして、もし費用、利息または元本のいずれかのすべてを消滅させるに足りない給付をしたときには、改正後488条の規定（指定充当と法定充当をまとめて規定している）が準用される（同条2項）。改正前491条2項では、法定充当に関する改正前489条が準用されていたので、指定充当の余地はないと解されていたが、改正により指定充当の規定も準用されることが明らかになった。

　㋑　同種の給付を目的とする数個の債務の場合　　同種の給付を目的とする数個の債務（たとえば、複数の元本債務）相互間においては、まず当事者に充当を決定する権利が与えられる（指定充当とい

う）。そして、当事者による指定がない場合には、法律の規定によって充当が決定される（**法定充当**という）。

(a)　**指定充当**　　指定充当においては、第1に、弁済者が給付の時にこれを指定できる（488条1項）。指定は、弁済受領者に対する意思表示によってする（同条3項）。もし弁済者が指定しなかったときは、第2に、弁済受領者が受領の時にこれを指定できる（同条2項本文）。この場合にも、指定は弁済者に対する意思表示によってする（同条3項）。そして、弁済受領者が充当を指定をした場合にも、もし弁済者がただちにこれに異議を述べたときは受領者の充当は効力を失う（同条2項ただし書）。この効力を失った場合に、さらにどのように充当すべきかについては、民法に規定がない。しかし、弁済者があらためて指定できるのではなく、つぎの法定充当によるものと解するのが通説である。

(b)　**法定充当**　　弁済者、弁済受領者がいずれも弁済の充当を指定しないときは法律の定める順序に従って充当する（同条4項）。その順序は以下のとおりである。①弁済期の到来したものとしないものとがあるときは、到来したものを先にする（同項1号）。②弁済期の到来したもの相互間またはその到来しないもの相互間においては、債務者にとって利益の多いものを先にする（同項2号）。たとえば、利率の高いもの、担保のあるものなどが弁済の利益が多いことになるが、利益が錯綜する場合には諸般の事情を考慮して具体的に認定するほかはない。③債務者にとって弁済の利益の同じものの間においては、弁済期の先に到来しているもの、または弁済期の先に到来すべきものを先にする（同項3号）。④以上の諸点について何らの差異のないものの間においては、各債権の額に応じてすべての債務の一部に充当する（同項4号）。

㋒ １個の債務の弁済として数個の給付をすべき場合　　１個の債務の弁済として数個の給付をすべき場合（数ヶ月分の賃料債務や数回分の月賦弁済債務を負担する場合など）にも、そのいずれの給付に充当すべきかの問題がおきる。しかし、これは同種の数個の債務相互間と全く同じに取り扱う（491条）。

65　弁済の証拠

弁済をする者は、弁済と引換えに、その受領者に対して受取証書の交付を請求できる（486条）。代物弁済または一部弁済でも同様である。平成29年改正前においては、引換給付であることが明確でなかったが、学説・判例では、弁済と引換えに受取証書の交付を請求できると解されていた。改正法は、このような解釈に従って、引換給付であることを明文化したものである。受取証書の形式には別に制限がない。債権の同一性を示すものが普通であるが、取引上受取証書と認めうるものであればよい。作成交付の費用は債権者の負担と解される。なお債務の全部を弁済した者は、その債権についての証書の返還を請求できる（487条）。弁済以外の事由、たとえば相殺・免除などによって消滅したときも同様である。ただし、この場合には、受取証書と違って、弁済と引換えに返還すべきことは請求できない――証書を返さなければ弁済しないとはいえない――と解されている。

第3節　供　　託

66　供託の意義

供託とは、弁済者が弁済の目的物を債権者のために供託所に寄託して債務を消滅させることである。債権者が受領しなくても、債務

者は提供さえすれば債務不履行の責任を免れ、かつ場合によっては
債権者に受領遅滞の責任を問いうることは前述した（492条・413条、
債32・61(2)参照）。しかしこの場合にも債務は残存する。債務者がも
し債務を消滅させてしまいたいと思えば供託をするほかはない。こ
のように、債権者の協力なしに債務を消滅させることに供託の実益
がある。供託は弁済者が供託所に債務の目的物を寄託する契約であ
るが、後に述べるように、債権者はこれによって供託所に対して供
託物を受領する債権を取得するから、供託契約には、第三者のため
にする契約（537条・538条）を包含するといわねばならない。

67　供託の成立

(1)　**供託原因**　　供託によって債務を免れうるためには、一定の
原因（供託原因）がなければならない。民法は、3つの供託原因を
定めている（494条）。

(ア)　**弁済の提供をした場合において債権者が弁済の受領を拒んだ
とき**　　第1の供託原因は、弁済の提供をした場合において、債権
者が弁済の受領を拒んだときである（494条1項1号）。平成29年改
正前においては、「債権者が弁済の受領を拒み」としか表現してい
なかったので、弁済の提供をすることなく供託ができるかが争われ
ていた（弁済の提供に関する493条ただし書があらかじめ受領を拒んで
いる場合を想定した規定となっていることとの対比で、債権者があらか
じめ弁済の受領を拒んでいる場合に、供託の前提として、弁済の提供を
必要とするかという問題も合わせて、論じられていた）。判例は、債権
者があらかじめ受領を拒んだときは、債務者がさらに弁済の提供を
し、債権者が受領遅滞に陥ったときにはじめて供託ができるとして
いた（大判明治40・5・20民録13輯576頁、大判大正10・4・30民録27輯
832頁）。ただし例外として、債権者があらかじめ受領を拒絶してい

る場合に、給付に必要な準備をしてこれを債権者に通知しても（いわゆる口頭の提供である）、その効果がないことが明確なときは、債務者は弁済の提供を要せず、直ちに供託ができるとする判決もみられた（大判明治45・7・3民録18輯684頁）。そこで、改正法は、このような判例法理に従って、「弁済の提供をした場合において、債権者がその受領を拒んだとき」と規定し（494条1項1号）、供託をするためには、弁済の提供が必要であることを明確にした。ただし、あらかじめ債権者が受領を拒んでいて、弁済の提供をしても、債権者が受領しないことが明確である場合に、なお、弁済の提供をしなければ、供託できないと解すべきか、弁済の提供をすることなく供託できると解すべきかについては、今後に残された問題であると思われる（なお、改正前の学説では、後者の見解をとるものが多かった）。

　(イ)　債権者が弁済を受領できないとき　　第2の供託原因は、債権者が弁済を受領できないときである（494条1項2号）。改正前と異ならない。

　(ウ)　弁済者が債権者を確知できないとき　　第3の供託原因は、弁済者が債権者を確知できないときである（同条2項本文）。ただし、債権者を確知できないことについて、弁済者に過失がある場合には、供託をすることができない。改正前と実質的に同じであるが、供託の有効性を争う者（債権者など）が弁済者の過失を主張し、立証する責任を負うことを明らかにするために、条文の構成・表現を改めたものである。

　(2)　供託契約の当事者　　寄託をする者は弁済者であるが、寄託を受ける者は場合によって異なる。金銭および有価証券については、債務の履行地にある供託所（495条1項、供託1条）、その他の物品については、法務大臣の指定した倉庫営業者または銀行（供託5

条）である。しかし、なお供託所の定まらない場合には、裁判所に請求して供託所を指定しまたは供託物の保管者を選任してもらえる（495条2項、非訟94条）。この最後の方法によれば不動産の供託も可能であろう。

(3)　**供託の目的物**　　金銭または有体物に限る。ただ、供託に不適当な物、滅失損傷その他の事由により価格の低落のおそれある物、または保存につき過分の費用のかかる物、そのほか、供託することが困難な事情がある物については、裁判所の許可を得てこれを競売に付してその代金を供託するという便法が認められている（497条、商524条参照）。これを**自助売却**という。

(4)　**供託の通知**　　供託は供託所（またはこれの代わりになる前(2)に挙げた者）に寄託することによって効力を生ずる。ただし、供託者は遅滞なく債権者に供託をした旨の通知をしなければならない（495条3項）。これを怠ると損害賠償の義務を負わされる。

68　供託の効果

(1)　**供託物還付請求権**　　供託によって、債権者は、供託所に対して供託物を受領する債権すなわち**供託物還付請求権**を取得する（498条1項）。債務者が供託によって債務を免れるのは、このように供託所が債務者の肩替わりをするような関係になるからである。供託には第三者である債権者のためにする契約を包含するといったのはこのことである。ただ、普通の第三者のためにする契約においては、第三者の権利はその受益の意思表示によって発生するのだが（537条3項）、供託においては、債権者はこのような意思表示をせずに当然に権利を取得することを特色とする（従来から、異論なく認められてきたところであるが、改正によって明文化されたのである）。債権者がこの権利を行使するには1つの制限がある。たとえば、売

主が品物を給付するのに対して買主が代金を支払うべき場合に、買主がこの代金債務を供託したときは、売主は買主に品物を給付しその証拠を呈示しなければ供託物を受け取ることはできない（498条2項、供託10条）。なお、金額に争いのある債権について、供託金額が債権者の主張額に足らない場合でも、債権者が別段の留保なしにその供託金を受領したときは、その債権の全額に対する弁済供託の効力を認めたものと解される（最判昭和33・12・18民集12巻16号3323頁。なお、最判昭和42・8・24民集21巻7号1719頁参照）。

(2) **債務の消滅** 供託によって債務は消滅する（494条）。

(3) **供託物取戻請求権** もともと供託は債務者の便宜を考慮したものであるから、他に累を及ぼさない限りは、供託物を取り戻させて債務を復活させてもよいわけである。そこで、民法は、供託者は供託物を取り戻すことができるとし、これを取り戻したときは供託をしなかったものとみなす（496条1項）。すなわち、債権は復活する。ただし、債権者がすでに債務者または供託所に対して供託を受諾する意思を表示し、あるいは供託を有効と宣言した判決が確定し、または供託によって債務が消滅したために質権または抵当権も消滅した後は、取り戻すことはできない（同条2項）。なお、この供託物取戻権の消滅時効は供託時からでなく、供託の基礎となった債務について紛争の解決などによってその不存在が確定するなど、供託者が免責を受ける必要がなくなった時から進行する（受領拒絶を原因とする供託に関する最大判昭和45・7・15民集24巻7号771頁・基本判例201、債権者不確知を原因とする供託の場合も同様とする最判平成13・11・27民集55巻6号1334頁）。

第4節　代物弁済と更改

69　代物弁済と更改との関係

(1) 両者の差異　たとえば、100万円の債務の代わりに自動車1台を給付して債務を免れるのが代物弁済であり、100万円の債務を自動車1台の債務に改めるのが更改である。ともに、債権者と弁済者との契約により、債権の本来の内容の実現によらず、他の対価によって債務を消滅させる制度である。平成29年改正前においては、代物弁済契約を要物契約と解する見解によれば、代物弁済においては他の対価の授受が現実に行われるのに反し、更改においては、他の対価を授受しようとする更改後の債権が成立するにとどまる点に差異があると説明されてきた。これに対して、改正では、「弁済者と債権者との間で、債務者の負担した給付に代えて他の給付をすることにより債務を消滅させる旨の契約をした場合において」と文言が改められ、代物弁済契約が諾成契約とされた（482条）。したがって、この点において、両者の差異はなくなった。ただ、更改では、更改前の債権債務関係が更改後の債権債務関係に置き換えられるのに対して、代物弁済では、当初の給付債務と代物給付債務とが併存するのか否かは、代物弁済契約の意義をどのように解釈するかに委ねられている（さらに、併存することも代物給付のみ存続することも認められるとすれば、そのいずれであるかは、代物弁済契約当事者の意思の解釈問題である）。また、代物弁済では、更改と異なり、債権者が交替したり、債務者が交替したりすることは考えられていない。

(2) 既存債務のための手形の交付　既存債務のために手形を交付することは代物弁済か更改か、実際上重要な問題である。

　(ア)　履行のために手形を交付した場合　　たとえば、BがAから物を買って代金500万円を支払う場合に約束手形を振り出したとする。500万円の代金債務はこれによって消滅するか。この問題は、結局当事者の意思によって決すべきである。しかし普通には、代金債務は消滅しないとみるのが適当である。当事者は一応手形という支払手段を履行のために交付しただけで、債務はまだ終局的に決済されないものとみるのが普通だからである（大判大正11・4・8民集1巻179頁）。したがって、債権者はまず手形によって支払を請求する（場合によってはその手形を他で割り引いてもらう）義務を負い、現実に支払を受ければ、その範囲だけ代金債務も目的を達して消滅するが、手形によって支払われなかったときは、別に代金債務を請求することを妨げない。しかし、当事者が特に履行に代えて手形によって決済しようとする意思を明瞭に表示しているときは、手形の交付だけで代金債務は消滅する。そして、債権者は以後手形上の権利だけを主張することができ、手形が支払われないときにも手形法上の権利によって債務者を追及できるだけである。

　(イ)　履行に代えて手形を交付した場合　　例外的に履行に代えて手形を振り出した場合に既存債務が消滅するのは代物弁済としてであろうか、それとも更改としてであろうか。これは理論によって決すべきものであって、代物弁済とみなければならない。手形は1つの有価物であるからその交付は対価の現実の給付だからである。そればかりではない。後述のように、更改にあっては、更改前の債務の消滅と更改後の債務の発生とは1個の契約によって行われ、更改前の債務が存在しないときは更改後の債務も成立しないという関係に立つ。しかし、Bが手形の交付によって手形上の債務を負うのは、手形行為という別個独立の行為に基づくものである。しいて更改だ

とすると、Ｂが、500万円の代金債権が事実存在しないにもかかわらず誤って手形を振り出したような場合には、手形債務も成立しないことになるはずである。しかし、これは、手形が無因行為として既存債務のない場合にも有効に成立するという手形法の根本理論を破壊するものであって、とうてい許されない。この理論は、前例のように既存債務について約束手形を振り出した場合だけでなく、その裏書交付にも適用されるし、また小切手・為替手形などの振出または裏書交付のすべての場合にも適用されるべきものである。

70　代物弁済の成立と効果

　弁済者は勝手に代物弁済をする権利があるのではないことはもちろんである。債権者の承諾を得て、すなわち、債権者との契約によってできるだけである（482条）。この契約は弁済者が特定の物を給付し、債権者が債権を失うことを目的とする契約であるから、有償の契約である。したがって、100万円の債務の代物弁済として給付した自動車に欠陥があったようなときは、売買の規定を準用して、あたかも100万円で買った特定の自動車に欠陥があった場合と同様に取り扱うことになる（559条参照）。すなわち、代物弁済者は、売買の目的物が契約内容に適合していなかった場合における売主と同様の責任を負うことになる（債113(2)(ア)参照）

　なお、平成29年改正前においては、代物弁済契約は、金銭債権に代えて不動産による代物弁済の予約または条件付代物弁済契約という形で仮登記担保として利用されてきた。詳しくはすでに物権法で解説している（物131以下参照）。しかし、代物弁済契約が諾成契約となったことから、あえて予約という形式をとる必要はなくなった。

71　更改の成立と効果

(1)　更改の成立

(ア)　更改の意義　　平成29年改正前において、更改は更改前の債務と要素の異なる更改後の債務を成立させることによって更改前の債務を消滅させる諾成契約であるとされていた（改正前513条1項参照）。しかし、更改前後の両債務がはたして要素を異にするかどうかは一概には決定できないと考えられていた。他方で、更改に関する民法の条文構成からは、債権者の代わる場合、債務者の代わる場合および債務の目的または態様の変わる場合の3つの場合に更改が生ずることを前提としていると解することができる（514条・515条・518条、改正前513条2項参照）。そこで、改正では、債務の要素を具体的にこの3つの場合に書き分けている。すなわち、従前の債務に代えて、新たな債務として、従前の給付の内容について重要な変更をするもの、従前の債務者が第三者と交替するもの、従前の債権者が第三者と交替するものを発生させる契約をしたときは、従前の債務は更改によって消滅すると定めている（513条）。しかし、債権者が代わっても、債権譲渡においては、同一の債権が移転するのだから、更改を生じないことはもちろんである。同様に、債務者が代わっても、債務の引受けにおいては、更改を生ずるはずがない。また、債務の目的や態様においても多少の変更を生じても、当事者間において債務の同一性を失わせたくないとする意思であることが少なくない。更改は、債務関係を一新し、従来の担保や保証を全部消滅させるものであって、当事者にとって不利益なことも少なくないからである。したがって、具体的な場合にあたって更改であるかどうかを決するには、単に更改前後の債務の外形だけでなく、当事者の意思も検討し、慎重にこれを定めなければならない。売掛代金

債務を消費貸借上の債務に改めるような場合に多く問題になる（588条参照）。なお、改正前において、条件付債務を無条件債務としたとき、無条件債務に条件を付したとき、または条件を変更したときは債務の要素の変更とみなすと定めていたが（改正前513条 2 項）、条件にも多種多様なものがあり、給付の内容の重要な変更に当たらない場合も少ないと考えられることから、改正により削除された。なお、債務の履行に代えて為替手形を発行する関係は前々段で述べた。

　(イ)　更改契約の形式　　更改契約には何らの形式を必要としない。

　(ウ)　債権者の交替による更改の対抗要件　　ただ、債権者の交替による更改は確定日付ある証書によらないと第三者に対抗できないものとされる（515条 2 項）。これはこの種の更改の当事者である新旧債権者および債務者の通謀によって第三者を害することを防ごうとするものであって、債権譲渡に関する467条 2 項と同じ趣旨である（債53(2)(ア)・(イ)参照）。

　(2)　更改契約の当事者　　更改の種類によって異なる。①債務者の交替による更改、すなわち、BのAに対する債務を消滅させてCのAに対する債務を成立させる更改は、A・B・C 3 人の契約でできることもちろんだが、A・Cだけの契約でもできる（改正後514条 1 項）。平成29年改正前においては、Bの意思に反するときは効力を生じないとされていたが（改正前514条ただし書）、債権者と引受人との間でする免責的債務引受の要件（472条 2 項参照）と平仄を合わせて、このただし書は削除された（債56(2)参照）。なお、債務免除において、債務者の意思に反するかどうかを問題にしないこととも整合する。②債権者の交替による更改、すなわち、AのBに対する債権を消滅させてCのBに対する債権を成立させる更改は、A・

Ｂ・Ｃ３人の契約によるべきものと規定されている（515条１項）。改正前においては、明文の規定はないが、三者間で契約すべきものと解されていた。改正法は、それに従って明文化したものである。③債務の目的または態様を変更することによる更改は、同一債権者・債務者間の契約であることは説くまでもあるまい。

(3)　更改の効力

(ア)　更改の効力とその発生時点　　更改契約をしたときに、更改前の債務が消滅して更改後の債務が成立することには何らの問題もない（513条本文）。ただ、債務者の交替による更改が債権者と更改後に債務者となる者との間でなされるときは、更改前の債務者が契約の当事者でないことから、債権者が更改前の債務者に更改契約をしたことを通知した時に、その効力を生ずるとされている（514条１項後段）。

(イ)　更改前の債務の消滅と更改後の債務の成立との因果関係
注意すべきは、この更改前の債務の消滅と更改後の債務の成立とは互いに原因・結果となっているものであって、もし更改前の債務が存在しなかったり取り消されたりすれば更改後の債務は成立せず、また反対に更改後の債務が成立しなかったり取り消されたりすれば更改前の債務は消滅しないことになる。平成29年改正前においては、２つの例外が認められていた。１つは、債権者の交替による更改において、債務者が異議をとどめずに承諾した場合に、更改前の債務が存在しなかったときであっても、更改後の債務が成立することである（改正前516条で改正前468条１項が準用されていた）。規定の趣旨は、債権譲渡において、債務者が異議なく承諾した場合と同じに考えるということである。もう１つは、更改によって生じた債務が成立せずまたは取り消された場合において、当事者がその事由を知っ

ていたときは、改正前の債務は消滅することである（改正前517条の反対解釈として認められていた）。この規定の趣旨は、更改後の債務が成立しないことを知りながら、あえて更改をする者は、せめて更改前の債務の消滅だけはこれを欲するものとみるのが至当であるという理由に基づくものと推測される。

改正法では、これらの条文は削除された。516条については、債権譲渡において、異議をとどめない承諾をした債務者にとって、抗弁を喪失するという予期しない効果が生ずるのは、債権譲渡の当事者でない債務者に不測の不利益を被るのを甘受させることになり、妥当でないという理由から、468条1項の規定が削除されたことから（債権譲渡について、債54(3)参照）、更改においても、516条の規定を削除したものである。517条については、その反対解釈により、更改後の債務に無効・取消原因があることを知っていたときは、更改前の債務が消滅することになり、その原因を知っていた債権者が、一律に免除の意思表示をしたものとみなすに等しく、合理性を欠くとして、削除されたのである。

結局、冒頭に述べたように、更改前の債務が存在しなかったり取り消されたりすれば更改後の債務は成立せず、また反対に更改後の債務が成立しなかったり取り消されたりすれば更改前の債務は消滅しないことになるというのが基本原則である。ただ、当事者間において、これと異なる意思のもとに更改をすることも考えられないことではない。したがって、改正後においては、基本原則をふまえて、個々の事案について、個別に判断されることになる。

　(ｳ)　担保の移転等　　債権譲渡や債務引受においては、債権債務関係の同一性が維持されたままで、移転すると観念されていることから、それに付随する担保物権や保証債務も移転するのが原則であ

る（もっとも、債務引受の場合には、担保提供者・保証人にとって、担保権が実行されたり、保証債務の履行を請求されたりすることについて、引受人の資力は重要な要素であるから、特別の規定が設けられている（472条の4）。これについては、債56⑶参照）。これに対して、更改においては、更改によって、一方で新たな債務が発生し、更改前の債務は消滅するから、更改前の債務に伴った抗弁権・担保権・保証債務などはすべて消滅する。前と同じ担保物権や保証人を更改後の債務につけても、それは別の新しいものであって更改前の債務のものと同一性はない。ただ民法は、質権または抵当権だけは、更改前の債務の目的の限度においてこれを更改後の債務に移転することができるという特例を設けている。移転することによって、その順位を維持できることに大きな意味がある。また、平成29年改正前においては、更改の当事者は、更改前の債務の目的の限度において、その債務の担保として設定された質権または抵当権を更改後の債務に移すことができるが、第三者がこれを設定した場合には、その承諾を得なければならないと規定していた（改正前518条）。これに対して、改正法では、第1に、更改の当事者ではなく、債権者（債権者の交替による更改の場合には、更改前の債権者）が単独で質権・抵当権の移転をすることができると改めている（518条1項本文）。質権・抵当権の設定者でない更改前の債務者または更改後の債務者が移転を拒絶できるという事態が生ずることを避けるためである。第三者が設定した質権・抵当権については、その同意を必要とする点は改正前と異ならない（同項ただし書）。第2に、質権・抵当権の移転は、あらかじめまたは同時に更改の相手方（債権者の交替による更改にあっては、債務者）に対してする意思表示によってしなければならないという規定を新設した（同条2項）。更改契約によって、更改前

の債務が消滅すると、担保権は消滅するのであるから、その消滅以前に移転しなければならないという趣旨である。免責的債務引受と同様の処理である（472条の4第2項）。

第5節　相　　殺

72　相殺の意義

　相殺とは、債務者がその債権者に対して自分もまた同種の債権を有する場合に、その債権と債務とを対当額において消滅させる単独の意思表示である。BがAに対して1,000万円の債務を負担する場合に、BもまたAに対して500万円の債権を取得したというときには、別々に両方から弁済をさせることは、不便なばかりでなく、不公平となることもある。不公平になるというのは、Aが破産でもした場合を考えると、Bは自分の債務の1,000万円は全部取り立てられるにもかかわらず、自分の債権の500万円は破産債権となって何割かの配当を受けうるにすぎないからである。そこでこのような場合には、BからAに対して相殺するという意思表示をすれば、両債権は対当額で消滅し、AからBに対する500万円の債権だけが残ることとしたのである。このように、相殺は同一当事者間の対立する債権・債務を相等しい数額において消滅させる制度である。なお、相殺制度は債権担保の作用を営む。この例でAのBに対する債権がCに譲渡され、もしくはCによって差し押えられた場合に、Bは自分のAに対する債権との相殺をもってCに対抗できるとすれば（469条1項）、実質的にはBのAに対する債権の支払が担保されていることになるからである。

　相殺は当事者間の契約によってもすることができる（これを相殺

契約とも合意相殺ともいう)。この場合には、民法の規定する制限は一切無関係であるから、広い範囲で相殺が行われうる。たとえば、AがBに対し、BがCに対し、CがDに対し、DがAに対し、各債権を有するような場合には、民法の単独行為による相殺(これを法定相殺という)は不可能だが、A・B・C・Dの契約によれば可能である。手形の決済などはこのような原理に基づいて行われるものであって、この意味において、広義の相殺制度は貨幣に頼らない取引を可能にする。

73 相殺の要件

(1) 相殺の要件　　相殺ができるためには、同一当事者間に、同種の目的を有する債権が対立して存在し、両債権がともに弁済期に達していることが必要である(505条1項)。もっとも、相殺するほうのBの債権(自働債権)は必ず弁済期に達していることを必要とするが、相殺されるほうのAの債権(受働債権)は、弁済期に達していなくとも、Bが期限の利益を放棄できるときは(136条参照)、なお相殺をすることができる。このほかには、両債権の弁済期の異なることや、利率の異なることなどは、もちろん相殺の妨げとはならない。履行地の異なることも同様に妨げとならない。ただ、この場合には、相手方が履行地で履行を受けないことによって被る損害を賠償する義務を負うだけである(507条)。

このように、債権者と債務者との間で対立する債務が存在し、将来において、弁済期が到来すれば相殺できる場合には、当事者には相殺に対する期待が存在する。そのことから、債権が譲渡され、その債務者が、譲渡通知を受けたにとどまり、かつ、この通知を受ける前に譲渡人に対して反対債権を取得していた場合において、譲受人が譲渡人である会社の取締役である等の事実関係があるときには、

被譲渡債権および反対債権の弁済期の前後を問わず、両者の弁済期が到来すれば、被譲渡債権の債務者は、譲受人に対し、反対債権を自働債権として、被譲渡債権と相殺することができるとした判決がみられる（最判昭和50・12・8民集29巻11号1864頁・基本判例203。なお、債権譲渡と相殺の関係について、債54(2)参照）。

(2)　**相殺が許されない場合または制限される場合**　当事者間の数個の債権がこのような事情にあるときは相殺適状にあるという。相殺適状が存するにもかかわらず相殺の許されなかったり、制限されたりする例外がかなり多い。

(ア)　**債権の性質が現実の履行を必要とし、相殺をしては債権の目的を達することができないもの（505条1項ただし書）**　AとBとが互いに2日間だけ刈り入れの手伝いをするというような労働の給付を目的とする債務は相殺できない。

(イ)　**当事者が相殺の禁止または制限の意思表示をした債権**　当事者は、相殺を禁止し、または制限することができる。もっとも、この禁止または制限の意思表示は、第三者がこれを知り、または重大な過失によって知らなかったときに限り、その第三者に対抗することができる（505条2項）。たとえば、譲渡禁止特約のあることを知らずに、債権者から債権を譲り受けた第三者が、その債権を相殺に用いることができるのである。なお、平成29年改正前においては、このような意思表示は、善意の第三者に対抗できないと規定していたので（改正前505条2項）、第三者の善意について、誰が主張立証責任を負うのかが不明確で、考え方が分かれていた。改正によって、特約を対抗するためには、債権者あるいは債務者が第三者の悪意または重過失であることを主張立証しなければならないことが明確になった。そして、この改正内容は、債権の譲渡制限特約の対抗に関

する466条2項の改正と整合性がとられている。

　㈡　自動債権に抗弁権が付着するとき　　たとえば、前例のBの500万円の債権が売買代金であるのにBがまだ品物を提供していようなときである。これは民法に規定がないけれども、公平を失しないために解釈上一般に認められている。

　㈢　受働債権が不法行為によって生じたものであるとき　　平成29年改正前においては、不法行為により生じた債権を受働債権とする相殺を全面的に禁止する旨が定められていた（改正前509条）。これに対して、改正法では、つぎの2つの場合に限定して、不法行為債権を受働債権とする相殺を禁止している。第1に、悪意による不法行為に基づく損害賠償の債務者は、相殺をもって債権者に対抗することができない（509条1号）。一方で、AがBに対して、1,000万円の金銭債権を有して、他方で、Aが不法行為によってBに1,000万円の損害賠償債務を負う場合に、Aは、相殺によって不法行為債務を消滅させることはできないということである。不法行為の債務は必ず現実に弁済させようとする趣旨である。さらに、任意に履行しない債務者に対して債権者が自力救済その他の不法行為をしたうえで、それによって相手方が取得する損害賠償債権を受働債権として相殺をもって対抗するようなことを許さないという狙いも含んでいる。したがって、不法行為の被害者が不法行為によって生じた債権を自動債権とする相殺をすることは自由である（最判昭和42・11・30民集21巻9号2477頁）。ここで、相殺が禁止されるのは、すべての不法行為ではなく、悪意による不法行為に限られている。悪意というのは、単なる故意だけでは足りず、積極的に害を与える意欲が必要であると考えられている。また、損害賠償請求権の内容は財産的損害であるか生命・身体の損害であるかを問わず、すべて

の損害を含むものである。第2に、人の生命または身体の侵害による損害賠償債務の債務者は、相殺をもって債権者に対抗することができない（同条2号）。悪意による不法行為に起因する損害賠償債務には、1号が適用されるので、この規定が適用されるのは、それ以外の不法行為に基づく場合および債務不履行に基づく場合（たとえば、医療契約上の債務不履行、安全配慮義務違反など）における人身損害による損害賠償債務を対象とするものである。ここでも、被害者に現実の賠償を得させるという趣旨のもであるとともに、損害賠償の中でも、生命・身体の損害を重大な損害として被害者の救済を重視する改正法の趣旨によるものである（たとえば、消滅時効期間に関する167条・724条の2参照）。

　いずれにせよ、ここで相殺が禁止されている不法行為債務にかかる債権が第三者に譲渡された場合に、その譲受人に対する関係において、不法行為債務者が相殺を対抗することは許されている（509条ただし書）。

　平成29年改正前においては、自動車の衝突事故のように、1つの事故による2つの損害賠償請求権相互間の相殺については、不法行為の誘発のおそれはなく、救済の公平や損害賠償の紛争を一体的に解決を図る観点からも、相殺を認めるべきという見解が有力であった。もっとも、最高裁は、被害者の現実の救済を重視し、物的損害同士の相殺についてもこれを否定していた（最判昭和49・6・28民集28巻5号666頁）。改正法でも、この問題は解決されておらず、従来と同様に、学説・判例による解釈に委ねられている。

　(オ)　受働債権が差押えを禁じられているとき（510条）　必ず現金で支払うことを義務づけられている債務、たとえば労働契約上の賃金は、反対債権で相殺をすることはできない（労基17条・24条1

項本文参照）。受働債権が差押えを禁じられたものであるとき、相殺を禁じている民法510条も同じ趣旨である。Aの債権がAの恩給・賃金などで法律上これを差押えできないものであるとき（民執152条、労基83条2項、船員115条など参照）は、Aに現実に弁済することを要するから、Bから相殺することも許されないのである。

　(カ)　受働債権が差し押えられているとき（511条）　差押えを受けた債権の第三債務者は、差押え後に取得した債権による相殺をもって差押債権者に対抗することはできないが、差押え前に取得した債権による相殺をもって対抗することができる（511条1項）。たとえば、AのB（第三債務者）に対する債権がAの債権者Cによって差し押えられているときは、Bはその命令を受けた後に（差押えの効力は、差押命令が第三債務者に送達された時に生ずる（民執145条5項））Aに対して取得した債権をもって相殺をしても、これをもって差押債権者に対抗できない。弁済に関する481条1項と同一の趣旨である（債63(1)(ア)参照）。平成29年改正前において、511条は、「支払の差止めを受けた第三債務者は、その後に取得した債権による相殺をもって差押債権者に対抗することができない」と規定されていた。そこで、支払の差止めを受ける前に取得した債権による相殺は認められると解されていた。第三債務者が支払の差止めを受ける前に取得した債権については、将来、自分が負担している債務との相殺により確実に債権を回収できるという第三債務者の期待を保護し、それを他の債権者の債権執行に優先させる趣旨であると解されていた。しかし、他方で、相殺の要件として、双方の債権が弁済期にあることが必要とされていることから（505条1項本文）、差し押さえられた債権の弁済期が未到来の場合に、差押えと相殺の優劣が問題とされてきた。自働債権（前記例ではBのAに対する債権）の弁済

期は到来しているが、受働債権（AのBに対する債権＝Cが差し押さえた債権）の弁済期が未到来であっても、Bは期限の利益を放棄して（136条2項）、相殺をもってCに対抗することができる（最判昭和32・7・19民集11巻7号1297頁）。問題となるのは、双方の債務が存在するが、差押えの時点で自働債権あるいは双方の債権の弁済期が未到来である場合である。判例は、かつて、自働債権が差押えの当時未だ弁済期に達していない場合でも、受働債権の弁済期より先にその弁済期が到来するものであるときは、相殺をもって差押債権者に対抗しうるものと解すべきであるが、自働債権の弁済期が受働債権の弁済期より後に到来する場合は、相殺をもって差押債権者に対抗しえないものと解すべきであるとした（最大判昭和39・12・23民集18巻10号2217頁）。制限説と呼ばれている。しかし、最高裁は、それからまもなく、判例変更をし、債権が差押えられた場合に、第三債務者が債務者に対して反対債権を有していたときは、その債権が差押え後に取得されたものでない限り、上記債権および被差押債権の弁済期の前後を問わず両者が相殺適状に達しさえすれば、第三債務者は、差押え後においても、この反対債権を自働債権として被差押債権と相殺することができるとするに至った（最大判昭和45・6・24民集24巻6号587頁・基本判例202）。無制限説と呼ばれている。そこで、平成29年改正では、このような判例による無制限説を取り入れて、511条が修正された。改正前と同様に、差押えを受けた債権の第三債務者は、差押え後に取得した債権による相殺をもって差押債権者に対抗することはできないとしながら、差押え前に取得した債権による相殺をもって対抗することができることを明文化した（同条1項）。そして、債権の取得時に関して、新たな規定を設けた。まず、差押え後に取得した債権が差押え前の原因に基づいて生じた

ものであるときは、その第三債務者は、その債権による相殺をもって差押債権者に対抗することができるとした（同条2項本文）。ただし、第三債務者が差押え後に他人の債権を取得したときは、その債権をもって差押債権者に対抗することができないとした（同項ただし書）。これらの規定は、相殺権の保護に関する破産法の考え方を民法に取り入れたものである。

　差押えと相殺が問題となるのは、多くは定期預金をした者に銀行が融資をした場合に、定期預金が第三者によって差し押えられたときに、銀行が貸付債権で定期預金と相殺することによってこの第三者に立ち向うときである。そこで、銀行取引では、定期預金が差し押えられるなど融資を受けた者の経営状態が悪化したときには、貸付債権は弁済期をまたずに直ちに到来する旨の特約を付する慣行が生じた。この特約は一般に相殺の予約と呼ばれている。この大法廷判決は、法定相殺につき前述のとおり判示するとともに、相殺の予約も有効と認めて、それがあれば差押時から直ちに相殺をもって対抗できると判示したものである。こうして、相殺は担保的機能を果たすことを認識する必要がある。改正法では、相殺予約の効力に関する規定は置かれていない。したがって、相殺予約と差押えの優劣については、従来と同様に解釈に委ねられている。

　(3)　時効消滅した債権による相殺　　最後に注意すべきは、自働債権が時効によって消滅した後でも、時効消滅以前に相殺適状にあったときは、相殺をなしうることである（508条）。元来、相殺は意思表示によって効力を生ずるから、相殺適状になっても相殺をしない間に債権が消滅すれば相殺適状はなくなって、相殺ができなくなるはずである。しかし、時効で消滅したときはなおさかのぼって相殺適状における相殺の効果を認めることが公平であるから、このよう

な特則を設けたのである（債16、総145参照）。

74　相殺の方法と効果

⑴　**方法**　　相殺は相手方に対する意思表示によってこれをする。この意思表示には条件または期限を付することができない（506条1項）。条件を許さないのは相手方を不当に不利益な地位に立たせないためである（総135⑶参照）。また期限を許さないのは遡及効ある相殺に期限を付するのは無意味だからである（総139⑵参照）。

⑵　**効果**

㋐　**債務の消滅**　　相殺の効果として両債務は対当額において消滅する（505条1項）。そして、両債務の額が異なる場合には、対当額を超える部分が存続する。たとえば、自働債権が100万円で、受働債権が150万円である場合に、相殺が行われると、自働債権全部と受働債権のうち100万円が消滅し、受働債権のうち50万円が残ることになる。

㋑　**相殺充当**　　もし、自働債権または受働債権が多数存在したり、元本のほかに利息や遅延損害金があったりするときは、そのいずれとの間で相殺をすべきかの問題を生ずる。これはあたかも前述した弁済の充当と同一の問題である。そこで、平成29年改正前においては弁済充当に関する規定を全部相殺充当に準用していた（改正前512条）。しかし、弁済と異なり、相殺には後述するように遡及効が認められていることから（506条2項）、自働債権または受働債権として複数の債権があり、当事者間において相殺の順序についての合意がない場合には、どの自働債権とどの受働債権との間で相殺が行われるのかが確定しないと充当の対象となる利息・遅延損害金の金額が定まらず、直ちに491条（改正前）を準用できないという問題があった。この問題について、判例は、自働債権または受働債権

として複数の元本債権を含む数個の債権があり、当事者のいずれも
がこの元本債権につき相殺の順序の指定をしなかつた場合には、ま
ず元本債権相互間で相殺適状となつた時期の順に従つて相殺の順序
を定めたうえ、その時期を同じくする元本債権相互間および元本債
権とこれについての利息、費用債権との間で民法489条、491条（い
ずれも改正前）の規定の準用により相殺充当を行うべきであるとし
ている。そこで、平成29年改正では、このような判例法理を取り入
れ、相殺充当に関する規定を新たに定めた（弁済充当の規定の一部
を準用している）。当事者間において相殺充当の合意があるときは、
それによるが、合意がないときは、以下のように充当される。

　(a)　相殺の順序　　債権者が債務者に対して有する1個または数
個の債権と、債権者が債務者に対して負担する1個または数個の債
務について、債権者が相殺の意思表示をした場合において、当事者
が別段の合意をしなかったときは、債権者の有する債権とその負担
する債務は、相殺に適するようになった時期の順序に従って、その
対当額について相殺によって消滅する（512条1項）。

　(b)　相殺する債権者の債権が負担する債務の全部を消滅させるに
足りないとき　　この場合に、当事者が別段の合意をしなかったと
きは、つぎのように、相殺充当が行われる（同条2項）。第1に、
債権者が数個の債務を負担するときは、488条4項2号から4号ま
での規定が準用される（同項1号）。すなわち、まず、すべての債
務が弁済期にあるとき、または弁済期にないときは、債務者のため
に弁済の利益が多いものに先に充当する。つぎに、債務者のために
弁済の利益が相等しいときは、弁済期が先に到来したものまたは先
に到来すべきものに先に充当する。これらの事項について相等しい
債務の相殺については、各債務の額に応じて充当することになる。

第2に、債権者が負担する1個または数個の債務について元本のほか利息および費用を支払うべきときは、489条の規定が準用される（同項2号）。すなわち、費用、利息および元本の順序で相殺充当するが、そのいずれかのすべてを相殺する足りないときは、488条4項2号から4号の規定が準用される。

　(c)　相殺をする債権者の負担する債務がその有する債権の全部を消滅させるのに足りないとき　(b)と同じに扱われる（同条3項）。

　(d)　1個の債権の弁済として数個の給付をすべきものがある場合または1個の債務の弁済として数個の給付をすべきものがある場合　債権者が債務者に対して有する債権に、1個の債権の弁済として数個の給付をすべきものがある場合における相殺、または、債権者が債務者に対して負担する債務に、1個の債務の弁済として数個の給付をすべきものがある場合における相殺については、512条の規定が準用される（512条の2）。

　(ウ)　相殺の遡及効　相殺の効果として重要なのは、両債権はその相殺適状を生じた当時において対当額で消滅したとみられることである（506条2項）。これを相殺の遡及効という。たとえば、Aの10％の利息付債権が2月1日に弁済期に達しその後も10％の利息を生じていたときに、Bの無利息債権が3月1日に弁済期に達し、その後は3％の遅延利息を生じていたとする（419条1項参照）。そこでBが4月1日に相殺をしたとすると、両債権は4月1日までの利息を加えた内容において相殺されるのではなく、3月1日に対当額で消滅したことになる。したがって、Bの債権については利息は勘定に入らず、Aの債権については3月1日までの利息の全部と元本の一部とが相殺によって消滅し、それ以後は相殺の残額が元本として利息を生じていくことになる。これは相殺適状を生じた以上、当

事者の相殺の意思表示の遅速によって影響させず、この時の状態で相殺の効力を生じさせるのを公平とするという趣旨である。しかし、一方の債務がすでに弁済によって消滅したり、または不履行を理由として契約が解除されたりして債権がはじめから存在しない状態となったときは、もはや相殺によって遡及的に関係を清算することは許されなくなる。

第6節 免 除

75 免 除

　免除とは、債権を無償で消滅させる行為である。債務者の承諾を要せず、債権者が単独ですることができる（519条）。債務者がこれを欲しないときは利益を強いられることになるから、民法の規定は不当だと非難されている。免除をするには、債権放棄の意思が債務者に対して表示されれば、どんな方法でもよい、証書を墨で抹消してこれを債務者に送付するような方法でもよい。免除は債権者の自由であるが、もし、この債権について質権が設定されていれば免除できないことはいうまでもない。のみならず、さらに広く、免除によって第三者の権利を害するようなときには、免除は許されないと解されている（物114(3)参照）。

第7節 混 同

76 混 同

　たとえば、債務者が債権者を相続するように、債権者の地位と債務者の地位とが同一人に帰属することを混同という。このような場

合には、債権を存続させる必要がないから、これを消滅させる。もっとも、この債権が第三者の権利、たとえば、質権の目的であるときは、混同によって質権の目的物を消滅させるべきではないから、例外として債権はなお存続させられる（520条）。これらの理論は、物権の消滅原因としての混同と全く同じである（179条、物17参照）。なお、有効な転貸借がある場合に賃貸人と転借人の地位が同一人に帰属しても、賃貸人と賃借人、賃借人と転借人の関係は当然には消滅しない（最判昭和35・6・23民集14巻8号1507頁）。

第9章　有価証券

第1節　序説

77　平成29年改正前

　平成29年改正前の民法では、債権譲渡に関して、まず、466条において、債権の譲渡性を規定し、つぎに、467条・468条において、一般的な債権譲渡について規定するほか、469条から473条までにおいて、証書が存在する債権の譲渡について規定していた。前者は、債権の発生・行使・移転に証券を必要としないものであり、売買代金債権、貸金債権、賃料債権などのように、債権者がその名前によって特定されている普通の債権をいい、指名債権と呼ばれている。これに対して、後者は、指図債権、記名式所持人払債権、無記名債権など、債権と証券とが結びついている債権をいい、証券的債権と呼ばれていた。

　比較法的観点からすると、証券的債権に関する規定を定めている日本民法はかなり特異である。1804年のフランス民法では、売買の中に債権譲渡の規定を置いていた。しかし、ボアソナードは、債権譲渡の重要性を強調していたが、実際には、旧民法では、債権譲渡に関しては、1ヶ条のみ置かれているにすぎなかった（財産編347条）。しかも、裏書による証券の譲渡については、商法に委ねていた（同条5項）。そして、明治民法では、「債権譲渡」という節を設け、指名債権の譲渡に関する規定とともにこれらの証券的債権に関する規定が置かれることになったのである。起草者は、外国では特

別の規定を置いている立法例は稀であるが、日本において指図債権に類する債権が少なくなく、規定を設ける必要があると考えていたようである。実際には、商法に規定が参照されているが、必ずしも民法と商法の整合性が図られているとはいえなかった。すなわち、広い意味における商法の分野では、手形・小切手、株式など、権利の発生・移転・行使の全部または一部について証券によってなされることが必要とされる有価証券が存在する。そこで、このような有価証券と民法上の証券的債権とがどのような関係にあるのかが問題となる。学説では、民法の規定を有価証券の規定と解する見解もあるが、近時の有力説は、民法の規定は有価証券に至らない段階の債権について規定するものであり、証書の存在と債権の移転・行使との関連性が有価証券に比して不完全なものと解しているとされている。そして、民法が定めるような証券的債権は、今日の社会においてほとんど存在しないと考えられていた。要するに、民法の証券的債権に関する規定は、有価証券に関する通則的な役割を果たしていないだけでなく、商法とのあいだに不統一があり、立法的解決が必要と考えられてきた。

78　平成29年改正

　このような状況において、平成29年改正においては、債権譲渡と切り離して、民法典の中に有価証券（流通することが想定されている）に関する章を新設し、有価証券に関する一般的な規定（有価証券の譲渡に限られない）が置かれることになった（520条の2－520条の20まで）。これに伴い民法では、証券的債権の譲渡に関する民法469条から473条までの規定のほか、民法86条3項（無記名債権を動産とみなすとする）および363条（債権譲渡に証書の交付を要するものを質権の目的とするときに、質権の設定が証書の交付によって効力を生

ずるとする）・365条（指図債権を質権の目的とするときに、証書に質権の設定の裏書をしなければ第三者に対抗できないとする）の規定が削除された（総86、物97参照）。また、商法516条2項（指図債権および無記名債権の弁済は債務者の現在の営業所においてしなければならないことを定めた）および517条から519条まで（指図債権等の証券の提示、有価証券の喪失の場合の権利行使方法、有価証券の譲渡方法および善意取得に関する）の規定も削除された（なお、取引時間に関する商法520条も削除された）。

第2節　有価証券

79　指図証券

(1)　**指図証券の意義**　　民法は、指図証券についての定義規定を置いていない（平成29年改正前の指図債権についても同様である）。指図証券というのは、これまでの指図債権に当たるものであるが、証券に記載された債権者またはその者に指定された（指図された）権利者に対して弁済すべき旨を定めた証券をいう。手形、小切手、倉庫証券等がこれに当たる。

(2)　**指図証券の譲渡**　　改正前の民法469条が削除され、これに代えて、指図証券の譲渡について、改正法520条の2は、「指図証券の譲渡は、その証券に譲渡の裏書をして譲受人に交付しなければ、その効力を生じない」と規定している。改正前469条では、指図債権について、証書の裏書・交付（民法では、裏書と交付を別個の行為と観念している）を第三者対抗要件としていた。このような法制度は、民法における不動産・動産の譲渡、債権の譲渡と統一的なものであった。すなわち、物の移転について、当事者間では、合意だけで譲

283

渡の効力が生ずるが（176条）、第三者にそれを対抗するためには、不動産については登記（177条）、動産については引渡し（178条）が必要とされている（物14・15参照）。また、債権の譲渡については、債務者に対する通知または債務者による承諾（467条）が必要とされている（債53⑵参照）。これに対して、商法、手形法、小切手法など有価証券法では、証券の裏書・交付（有価証券法理では、証券の交付も「裏書」の概念に含まれる）を効力要件としている。このように、民法と有価証券法との間に齟齬があった。もっとも、改正前469条については、有価証券法にならって、証券の裏書・交付は対抗要件にとどまらず、効力発生要件と解すべきとする学説が有力であった。そこで、改正法では、有価証券法理に合わせた規定としたのである。

　次に、改正法520条の3は、指図証券の譲渡の裏書の方式について、「指図証券の譲渡については、その指図証券の性質に応じ、手形法（昭和7年法20号）中裏書の方式に関する規定を準用する」と規定している。手形法では、11条以下において、裏書について詳細に規定している。たとえば、裏書は、指図証券またはこれと結合した紙片（補箋）にこれを記載し、裏書人が署名しなければならない（手13条1項）。通常は、被裏書人（証券の譲受人のこと）を指定するが、指定しないこともできる（同条2項、白地式裏書という）。そして、改正法520条の4は、「指図証券の所持人が裏書の連続によりその権利を証明するときは、その所持人は、証券上の権利を適法に有するものと推定する」と規定している。手形法では、手形の所持人が裏書の連続によりその権利を証明するときは、その所持人は、証券上の権利を適法に有するものとみなすと規定されているが（手16条1項）、判例は、ここでいう「みなす」は「推定する」の意味であり、手形債務者は、裏書の連続する所持人が権利者でないことを

証明すれば、その権利行使を拒むことができるとしている（最判昭和36・11・24民集15巻10号2519頁）。また、判例は、手形債務者は、所持人が無権利者であることだけでなく、善意取得していないこと（手16条2項参照）も証明しなければならないと解している（最判昭和41・6・21民集20巻5号1084頁）。改正法520条の4の規定内容は、このような手形法における判例の解釈をふまえて、手形法16条1項に従ったものである。したがって、指図債権の債務者は、裏書の連続によりその権利を証明した証券の所持人に対して、権利者でないこと（さらに証券の所持人が証券上の権利を善意取得していないこと）を証明すれば、その権利行使を拒むことができる。

(3) 指図証券の善意取得　改正法520条の5は、「何らかの事由により指図証券の占有を失った者がある場合において、その所持人が前条の規定によりその権利を証明するときは、その所持人は、その証券を返還する義務を負わない。ただし、その所持人が悪意又は重大な過失によりその証券を取得したときは、この限りでない」と規定している。この規定もまた、手形法16条2項の規定に従ったものである。すなわち、指図証券の所持人が裏書の連続によりその権利を証明したときは、証券の占有を失った者に対して、その証券を返還する義務を負わない。ただし、所持人が悪意または重大な過失によりその証券を取得したときは、返還しなければならない。

(4) 指図証券の譲渡における抗弁の制限　抗弁の制限について、改正前472条は、証券の流通保護の観点から、人的抗弁（特定の相手方に対してのみ主張できる抗弁のことをいう）切断の法理を定めていた。すなわち、「指図債権の債務者は、その証書に記載した事項及びその証書の性質から当然に生ずる結果を除き、その指図債権の譲渡前の債権者に対抗することができた事由をもって善意の譲受人

に対抗することができない」と規定していた。改正では、この規定が削除され、新たに、改正法520条の6が設けられた。すなわち、同条は、「指図証券の債務者は、その証券に記載した事項及びその証券の性質から当然に生ずる結果を除き、その証券の譲渡前の債権者に対抗することができた事由をもって善意の譲受人に対抗することができない」と規定している。改正前472条と実質的に異ならないものである。

　(5)　指図証券の質入れ　　平成29年改正前においては、債権譲渡についてその証書を交付することを要する債権に質権を設定する場合に関して、363条は、証書を交付することによって、質権の設定の効力を生ずることを規定していた（ちなみに、平成15年に行われた担保物権・民事執行制度の改正によって、質権設定の効力要件として、証書の交付を必要とするのは、債権譲渡においても証書の交付が必要とされるような債権に限ることとし、それ以外の指名債権については、仮に証書が交付されていたとしても、当事者の意思表示のみによって質権自体は有効に成立することを明らかにした）。質権設定については要物性が定められているが（344条）、有体物でない債権に質権を設定する場合においても、証書が存在するときは、その交付を質権の効力要件とすることによって、動産・不動産質との均衡を図ったものである。また、365条は、指図債権に質権を設定する場合に、証書に裏書をしなければ第三者に対抗できないことを規定していた。指図債権の譲渡について裏書・交付を対抗要件としていた改正前469条に合わせたものである。このような構成は、指名債権の質権設定について、債権譲渡と同じように、通知・承諾を対抗要件としていることと同じである。

　平成29年改正では、363条および365条を削除し、これに代えて、

改正法520条の7において、指図証券の質入れについて、改正法520条の2から改正法520条の6までの規定を、指図証券を目的とする質権の設定について準用することを規定している。すなわち、指図証券の譲渡と同じに扱われる。したがって、質権設定は、証券に裏書をして、それを質権者に交付しないとその効力を生じない（520条の2の準用）。また、裏書きの方式については、手形法の規定が準用される（520条の3の準用）。たとえば、裏書に質権の設定を示す文言があるときは（質入裏書）、所持人は証券から生ずる一切の権利を行使することができる（手19条1項本文）。

(6) 指図証券の弁済の場所、証券の提示による履行遅滞及び債務者の調査の権利等　第1に、指図証券の弁済の場所について、改正法520条の8は、「指図証券の弁済は、債務者の現在の住所においてしなければならない」と規定している。債務の弁済場所については、一般原則として、特定物の引渡しは債権発生の時にその物が存在していた場所、その他の弁済は債権者の住所地（持参債務）と定められているが（484条1項。債60(2)参照）、この規定は、指図証券についての特則として、債務者の住所地（取立債務）と定めたものである。

　第2に、指図証券の債務者が履行遅滞責任を負う時点について、改正法520条の9は、「指図証券の債務者は、その債務の履行について期限の定めがあるときであっても、その期限が到来した後に所持人がその証券を提示してその履行の請求をした時から遅滞の責任を負う」と規定している。債務の履行期と履行遅滞の関係については、412条に原則が定められている。これによると、確定期限の定めがある場合には、債務者は、その期限が到来した時から履行遅滞の責任を負うとされている（同条1項。債22(2)参照）。

　第3に、指図証券の債務者が調査をする権利について、改正法520条の10は、「指図証券の債務者は、その証券の所持人並びにその署名及び押印の真偽を調査する権利を有するが、その義務を負わない。ただし、債務者に悪意又は重大な過失があるときは、その弁済は、無効とする」と規定している。その内容は、指図債権の債務者の調査に関する改正前の470条（削除された）と異ならない。

　(7)　指図証券の喪失およびその場合の権利行使方法　　指図証券の所持人がその証券を喪失したからといって、証券によって表章されている権利を直ちに失うわけではない。しかし、前述のように、他人が指図証券を善意取得することが認められているので（520条の4）、第三者が指図証券を善意取得した結果、所持人が証券権利を失うことになる。そこで、一方で証券を無効とする手続の利用について定め、他方で証券を喪失した権利者が証券の権利を行使する方法を定めている。平成29年改正前においては、民法施行法は、指図証券、無記名証券、記名式所持人払証券について、公示催告手続によってこれを無効にすることができる旨を規定していた（同法57条）。そして、公示催告手続において、除権判決により、証券が効力を失う結果、権利者は権利を行使することができるとされていた。

　平成29年改正は、公示催告手続により指図証券を無効にし、権利者が権利を行使することができる旨を民法に規定し、明確にした（その結果、民法施行法57条は不要となり、削除された）。すなわち、第1に、指図証券の所持人は、非訟事件手続法（平成23年法律第51号）100条に規定する公示催告手続によって、指図証券を無効とすることができる（520条の11）。そして、第2に、金銭その他の物または有価証券の給付を目的とする指図証券の所持人がその指図証券を喪失した場合において、非訟事件手続法114条に規定する公示催

告の申立てをしたときは、その債務者に、その債務の目的物を供託させ、または相当の担保を供してその指図証券の趣旨に従い履行をさせることができる（520条の12）。具体的には、指図証券を喪失した所持人（証券を喪失しなければ権利行使ができた者である）の申立てにより（非訟114条）、裁判所がその申立てが適法かつ理由があると認めるときは、公示催告手続の開始決定をする（同101条）。その決定において、一定の期間内に権利の届出をすべきこと、届出をしないとき失権の効力を生ずることなどが定められるが、その内容は裁判所の掲示場に掲示し、官報に掲載する方法によって公告される（同102条・117条）。そして、定められた期間内に適法な権利の届出または権利を争う申述がないときは、裁判所は、申立ての権利につき失権の効力を生ずる旨を裁判し（除権決定という）、指図証券の無効を宣言する（同106条・118条）。

80　記名式所持人払証券

(1)　**記名式所持人払証券の意義**　記名式所持人払証券というのは、債権者を指名する記載がされている証券であって、その所持人に弁済をすべき旨が付記されているものをいう（520条の13において定義がなされている）。具体的には、記名式所持人払小切手（小5条2項）がこれに当たる。

平成29年改正前においては、記名式所持人払債権については、471条しかなく、同条は、記名式所持人払債権の債務者の調査の権利について、指図債権の債務者の調査の権利に関する470条を準用する旨を規定していた。

これに対して、平成29年改正では、記名式所持人払証券の譲渡、善意取得、質入れ等についての規定を定めている。

(2)　**記名式所持人払証券の譲渡**　第1に、改正法520条の13は、

「記名式所持人払証券〔……〕の譲渡は、その証券を交付しなければ、その効力を生じない」と規定している。改正前には、譲渡方法についての規定はなく、見解が分かれていた。指図債権あるいは無記名債権と同視するとすれば、債権の譲渡は合意によって効力を生ずるが、証書の交付によって第三者に対抗できると解される。しかし、証書の交付を効力要件と解する見解もみられた。改正法は、有価証券としての法理に従って、証券の交付を効力要件としたものである（なお、記名式所持人払証券は、証券上に所持人に弁済すべき旨の記載があるのであるから、指図証券のように裏書を必要としないのは当然である）。

　第 2 に、改正法520条の14は、「記名式所持人払証券の所持人は、証券上の権利を適法に有するものと推定する」と規定している。指図証券に関する改正法520条の 4 と同趣旨の規定であるが、証券上に所持人に弁済すべき旨の記載があるのであるから、証券を所持しているという事実のみで権利が推定されるとしているのである。

　(3)　**記名式所持人払証券の善意取得**　　改正法520条の15は、「何らかの事由により記名式所持人払証券の占有を失った者がある場合において、その所持人が前条の規定によりその権利を証明するときは、その所持人は、その証券を返還する義務を負わない。ただし、その所持人が悪意又は重大な過失によりその証券を取得したときは、この限りでない」と規定している。指図証券に関する520条の 5 と同様の規定である。

　(4)　**記名式所持人払証券の譲渡における抗弁の制限**　　改正法520条の16は、「記名式所持人払証券の債務者は、その証券に記載した事項及びその証券の性質から当然に生ずる結果を除き、その証券の譲渡前の債権者に対抗することができた事由をもって善意の譲受人に

対抗することができない」と規定している。指図証券に関する520条の6と同様の規定である。

　(5)　**記名式所持人払証券の質入れ**　　記名式所持人払証券を目的とする質権の設定について、改正法520条の13から改正法520条の16までの規定が準用されている（520条の17）。

　(6)　**指図証券に関するその他の規定の準用**　　記名式所持人払証券の弁済の場所、証券の提示による履行遅滞および債務者の調査の権利、証券の喪失、その場合における権利行使方法等について、指図証券に関する改正法520条の8から改正法520条の12までの規定が準用されている（520条の18）。

81　その他の記名証券（指図証券および記名式所持人払証券以外の記名証券）

　(1)　**その他の記名証券の意義**　　ここで、その他の記名証券というのは、債権者を指名する記載はなされいる証券であって、指図債権および記名式所持人払証券でないものをいう。たとえば、手形・小切手、貨物引換証などの指図証券も裏書禁止文句が記載されているときは、ここでいう記名証券に当たる（手11条・77条、小14条、商574条）。

　(2)　**その他の記名証券の譲渡、質権設定等**　　指図証券および記名式所持人払証券以外の記名証券について、改正法520条の19は、1項において、「債権者を指名する記載がされている証券であって指図証券及び記名式所持人払証券以外のものは、債権の譲渡又はこれを目的とする質権の設定に関する方式に従い、かつ、その効力をもってのみ、譲渡し、又は質権の目的とすることができる」と規定し、2項は、指図債権に関する改正法520条の11および改正法520条の12の規定をその他の記名証券に準用している。したがって、その他の

記名証券については、債権譲渡や質権の設定については、一般の債権の譲渡や質権設定の方式に従い、その効力を生ずるものとされている。ただし、有価証券であることから、証券の引渡しも必要であると解される。そして、善意取得・抗弁の制限など有価証券の流通保護に関する制度は認められないが、証券を喪失した場合には、改正法520条の11による公示催告手続によって無効とすることができ、また、改正法520条の12による権利行使の方法をとることができる。

82　無記名証券

(1)　**無記名証券の意義**　　無記名証券というのは、これまでの無記名債権に当たるものであって、特定の受取人の記載を欠く証券をいう。権利者の記載が全くないもののほか証券の所持人あるいは持参人を権利者とする旨の記載のあるもの（いわゆる所持人払証券あるいは持参人払証券）もこれに含まれると解されている。たとえば、無記名式小切手、無記名社債などがこれに当たる（小5条3項、会社681条4号参照）。

(2)　**無記名証券の譲渡、質権設定等**　　改正前86条3項および473条を削除し、これに代えて、無記名証券について、記名式所持人払証券の規定（520条の13－520条の18）が準用されている（520条の20）。

平成29年改正前においては、無記名債権は動産とみなされていたので（改正前86条3項）、その譲渡等については、動産（物）と同じに扱われることとしていた。すなわち、譲渡については、意思表示のみで効力を生ずるが（176条）、第三者に対しては証券の引渡しがなければ対抗できない（178条）とされていた。また、改正前473条は、指図債権の譲渡における債務者の抗弁の制限に関する改正前472条を無記名債権に準用していた。改正法は、これらの規定を削除し、記名式所持人払証券の規定をすべて（520条の13－520条の18）

準用することとしたので、記名式所持人払証券と同じに扱われる。すなわち、無記名証券の譲渡や質入れは、証券の交付によって行われ、善意取得・抗弁の制限など流通保護の規定が適用される。

83 免責証券

(1) **免責証券の意義**　免責証券というのは、債務者が証券の所持人に弁済すれば、所持人が正当な権利者でない場合であっても、悪意または重大な過失がない限り、債務者が免責される証券をいう（債務者の主観的要件については、善意・無過失を要するとする見解もある）。たとえば、手荷物引換証、携帯品預証、下足札、銀行預金証書などがこれに当たるとされている。多くの有価証券では、証券の所持人が証券上の権利を適法に有するものと推定されていて、免責性が認められていることから、一見すると、このような証券も、有価証券と同様の面をもっているものと考えられる。しかし、このような証券は、特定の債権者と債務者間において、債権債務の証拠証券に、債務者の利益のために免責的効力が認められているものにすぎず、本来、証券が流通することを目的とするものではない。また、有価証券のように、証券が権利を表象するものでもない。そこで、免責証券は、普通の指名債権であると解されている。平成29年改正前はもちろん、改正後の民法においても、有価証券として扱う規定は置かれていない。

(2) **免責証券の譲渡、債務者の保護等**　前述のように、免責証券は権利を表章するものではないから、免責証券の譲渡ということは考えられず、証券が対象としている債権について、指名債権譲渡や質権設定の規定が適用されるものと解される（債権譲渡については、債51・52参照）。そして、有価証券に関する改正法520条の2以下の規定が適用されるものではない。

第10章　契約総説

第1節　序　　説

84　契約の意義

　契約は、債権発生の原因として最も重要なものであるばかりでなく、現代社会の私法関係において、最も重要な役割を演ずる制度である。そのことについては先に述べたからここでは繰り返さない（債4(1)参照）。今その法律的性質を述べれば、契約は相対立する2個の意思表示の合致した法的行為であって、債権の発生を目的とするものである（総93(1)参照）。その意思表示は申込みと承諾であるのを普通とするが、必ずしもそれに限らないことは次節に述べる。なお、広い意味では、債権の発生を目的としない合意、たとえば、夫婦関係や親子関係の発生を目的とする婚姻・縁組のような身分的な合意も、所有権の移転や地上権・抵当権の設定を目的とする物権的な合意も、契約と呼ばれる。しかし、債権編で研究する契約は、債権の発生を中心的目的とする合意に限る。なお、社団の設立のように相対立する意思の合致ではなく、同じ目的に向けられた意思の合致は、契約とは異なり、合同行為と呼ばれる（総93(1)参照）。しかし、民法では、組合の設立を契約の一種とみて典型契約として規定している。

85　契約自由の原則

　契約自由の原則というのは、契約関係は契約当事者の自由な意思によって決定されるものであって、国家は原則としてこれに干渉せ

ずこれを尊重しなければならないとするものである。このような契約自由の原則について、私法の原理として認められている私的自治あるいは意思自治（前者は主としてドイツで、後者は主としてフランスで展開されてきた理論である）との関係をどのように考えるかについて、学説の見解は必ずしも一致しているわけではないが、契約自由の原則は、所有権絶対の原則および過失責任の原則と並んで近代民法における基本的な原理の1つであると考えられてきた。たとえば、最初の近代民法典であるフランス民法典1134条1項は、「適法に形成された合意はその当事者間においては法律に代わる」と規定している。この規定は、直接には契約の拘束力を認めたものであるが、意思自治の原則を定めたものであり、契約自由の原則もそこに含まれていると理解されてきた（なお、この規定は、2016年改正により、1103条となっているが、契約自由について新たに1102条が置かれている）。

　日本においても、旧民法はフランス民法にならって「適法ニ為シタル合意ハ当事者ノ間ニ於テ法律ニ同シキ効力ヲ有ス」と規定していた（財産編327条1項）。しかし、旧民法に代えて制定された明治民法では、この規定は置く必要がないとされた。ただ、契約自由の原則は、契約法における基本的な大原則であることは、当然のこととして認められてきた。たとえば、判例では、契約は公序良俗に反しない限り、その内容を自由に決めることができるとするもの（大判大正6・11・15民録23輯1780頁）、契約は要式契約を除くほか意思表示によってのみ成立するとするもの（大判明治33・2・21民録6輯2巻70頁）がみられるが、契約自由の原則を前提として、このように判示しているものと考えられる。

　そして、契約自由の原則に含まれるものとして、具体的には、契約を締結するか否かの自由、契約の相手方を選択する自由、契約の内容

を決定する自由、契約の方式を定める自由などがあげられてきた。

　いずれにせよ、契約自由の原則は、個人の自由な意思によって契約関係が形成されることによってすべての人々にとってより理想的な社会が形成されるという考え方のうえに成り立っているといえよう。しかしながら、資本主義が発展し、契約当事者の経済的・社会的な力関係が均衡を失うようになると、むしろ契約の自由という名のもとに、弱者が不利益を被るような弊害が生まれてくる。そこで、いろいろな面において、契約自由の原則を制限することが行われてきた（意思自治の衰退と表現されることもある）。たとえば、Ａ金融機関と統合契約を締結していたＢ銀行が、後にＡがＣ金融機関との間でした経営統合の協議等の差止めを求める仮処分の申立ては、保全の必要性を欠くとした最決平成16・8・30民集58巻6号1763頁は、仮処分における保全の必要性というきわめて手続法的な判断にかかわるものであるが、その根底において、契約自由の原則とその限界をわれわれに考えさせる事案であるように思われる。また、法律の指導原理が、個人に対してできるだけ多くの自由を保障しようとすることから、すべての人に人間らしい生存を保障しようとすることに移るのに従って（憲25条参照）、契約自由の原則も大きな制限に服するようになったことも指摘しなければならない（総92(2)参照）。

　しかし、平成29年改正によって、明文の規定が置かれることとなった。まず、521条1項は、「何人も、法令に特別の定めがある場合を除き、契約をするかどうかを自由に決定することができる」と規定している。つぎに、同条2項は、「契約の当事者は、法令の制限内において、契約の内容を自由に決定することができる」と規定している。また、522条2項は、「契約の成立には、法令に特別の定めがある場合を除き、書面の作成その他の方式を具備することを要し

ない」と規定している。このように、改正法は、これまで学説で認められてきたことを明文化するものであるが、相手方選択の自由については、特に明文の規定は置かれていない。相手方選択の自由が国籍や職業による差別につながるおそれを危惧したためと考えられている。また、妥当な範囲における相手方選択の自由は、521条1項に含まれると解することもできる。

　ところで、これらの規定では、法令によって契約の自由が制限されることが認められている。以下においては、契約の自由に対する制限の主要なものを概観する。

　⑴　契約締結の自由とその制限　　契約自由の原則は、契約締結の自由、すなわち、契約を締結するかしないかの自由をその一内容とする（521条1項）。

　㋐　承諾の自由と義務　　まず、ある人が契約の申込みをした場合において、それを受領した相手方は、承諾するかどうかの自由を有するのが普通である。しかし、これに対しては多くの例外が認められていて、相手方に承諾義務が課されていたり、承諾が擬制されたりしている。

　なお、契約締結の自由からすれば、契約の交渉過程において当事者は何ら拘束されることなく、契約を締結するかどうかを自由に判断できるはずである。しかし、契約締結の過程において信義則上説明義務や注意義務が当事者に課せられるとし、契約責任あるいは不法行為責任を認める判決が少なくない（最判昭和59・9・18判時1137号51頁・基本判例204、最判平成23・4・22民集65巻3号1405頁・基本判例205。債権法における信義則について債21⑵参照）

　(a)　承諾義務　　第1に、電気・水道・運送・放送などの独占的企業（電気17条、水道15条、鉄営6条、道運13条、海運12条、放送148

条など参照）、公証人などの公共的職務（公証3条参照）、医師・助産師などの公益的職務（医師19条1項、保健師助産師看護師39条など参照）については従来から、正当な理由がなければ業務ないし職務を拒むことができないという公法的義務が課されている。もっとも、これは公法的・取締法的義務だから、これに違反した場合にも、——不法行為上の責任を生ずることは明らかであるが、——当然に契約が成立するというわけではない。あるいは、事業者に対して、特定の利用者に不当な差別的取扱いをすることを禁止している（倉庫10条）。

（b）　承諾の擬制等　　第2に、一定の者が申込みをした場合には、相手方は法律の定める一定の事由がなければ拒絶できず、承諾したものとみなされる例が少なくない。借地・借家などの継続的契約の期間の更新請求がその適例であるが（借地借家5条・28条）、借地人の建物買取請求権（同13条・14条）、借家人の造作買取請求権（同33条）なども同様である。

（c）　承諾の強制　　第3に、一定の者の申込みがあればこれと協議して契約を締結する義務を負わされ、それに従わないときは、一定の国家機関の裁定で契約の効果が当然に発生するものとされる例もある。隣接鉱区相互間の鉱区の増減の協定（鉱業89条以下）などがその例である。これは命令契約と呼ばれるものであり、純粋の契約概念を遠く離れるが、最初に協議（合意）をするという観点からは、やはり承諾を強制される一面をもっている。ちなみに、労働法上認められる使用者の団体交渉に応ずる義務（労組7条2号参照）は締約義務を含まない。

（イ）　申込義務　　申込みをする義務を認めることは、その例が少ない。しかし、戦時中に重要物資について、一元的集荷配給の機構

を作って物資の全面的な合理的配分を企てたときには、特定の物資を生産する者や所持する者は、それを一定の機関に売却すべき義務を負わされた。いわゆる供出義務である。そして、今日でも政府による食糧の買入れ・売渡しの制度がその例として残っている（食糧29条参照）。なお、テレビを備えつけた者（正確にいえば日本放送協会の放送を受信することのできる受信設備を設置した者）は日本放送協会と放送の受信についての契約をしなければならない、と定められている（放送64条）のも、申込みをする強制を含んでいる。

(2)　**内容決定の自由とその制限**　　契約自由の原則の重要な内容は、契約を締結する者はその内容を自由に決定することができるという点にある（521条2項）。しかし、今日では、これに対しても多くの制限が存在する。

(ア)　**法律による制限**　　第1に、物価統制令（昭和21年勅令118号（現在法律としての効力を有している））によって対価の決定の自由を制限し、利息制限法（債12(6)参照）、臨時金利調整法および出資法（高金利を刑事罰の対象としている）によって金利を制限することは、今日なお強力に行われている（なお、利息の制限については、債12(6)参照）。

(イ)　**経済的優位者の権利の制限**　　第2に、経済的な地位のかけ離れている者の契約については、優勢な地位にある者にとってあまりにも有利な契約条項は、その効力を否認される。借地借家契約における「貸主の請求次第何時でも立ち退く」という条項がその適例である（旧借地11条、旧借家6条、借地借家9条・30条、農地18条8項など参照）。また、労働契約についても、労働基準法、労働契約法によって、労働者保護の観点から合意による契約内容を制限する規定が置かれている（労基13条、労働契約12条参照）。

　(ウ)　付合契約・約款　　第3に、大衆を相手にする、多かれ少な
かれ独占的性質を帯びる企業の締結する定型的な——したがって、
企業者が契約内容を一方的に定め、相手方はこれをそのまま承諾す
るよりほかに仕方のない——約款については、大衆ないし消費者の
側には事実上内容変更の自由がない。このような契約の内容の決定
および締結方法に着目し、学説はこのような契約を付合契約（con-
trat d'adhésion）と呼び（フランス法学に由来する）、その契約条項を
普通契約約款（Allgemeine Geschäftsbedingungen）と呼んできた（ド
イツ法学に由来する）。このような契約現象が社会に登場した当初は、
このような契約の当事者間に合意が存在するのか、換言すればこの
ような契約が相手方を拘束する根拠は何かが議論されてきた。その
後、このような契約の拘束力を認めたうえで、契約内容を適正なも
のとすることが行われるようになった。

　まず、このような場合に、公共的な企業について、これを国家の
監督に収めて、契約約款の認可を要するものとする場合が多い（電
気18条・19条、道運11条など参照）。また、ある事業を行うためには、
国の免許あるいは許可を必要とし、その免許審査・許可の過程にお
いて、契約約款の内容を審査することを法律で定めている場合があ
る（保険業4条2項・5条1項3号、割賦12条2項・15条1項5号等参
照）。

　そして、消費者保護の観点から約款を規制する法律が諸外国で制
定されるようになり、日本でも平成12年に消費者契約法が制定され
るに至った（これについては後述する）。

　なお、労働契約において、団体交渉によって成立した労働協約を
基準として、個々の労働契約の内容をこれに適合するように改定す
るのも——国家的監督に代わる協約をもってしている点に労働関係

の特殊性を示してはいるが――同様の思想の表れである（労組16条
－18条参照）。

　これまで、付合契約・約款についての法の状況は以上のようであ
ったが、平成29年改正によって、約款に関する基本的な原則が民法
の中に定められることとなった（548条の2以下）。その内容につい
ては後述する（債104参照）。

　㈤　事情変更の原則　　第4に、学説、判例は、契約が締結され
た後に、当事者の予想しなかった急激な経済的変動が生じ、契約の
文言どおりに効力を認めることが、信義則に反するようになったと
きは、いわゆる事情変更の原則の法理によって、一方の当事者にそ
の契約を解除する権利を認め（大判昭和19・12・6民集23巻613頁）、
または、その契約内容を、変更した事情に適応するように改定する
権利を認めている。この原則は、かつて地代・家賃の値上げや身元
引受人の責任の制限に関して、判例によって認められたが、その後
立法によって明らかにされた（借地借家11条・32条、身元保証3条・
4条、農地20条など参照）。

　㈥　契約内容の改定　　第5に、締結された契約の内容があまり
にも不合理なときには、事情の変更をまたずに、その改定を認める
こともある。もっとも、みずから承諾したことは責任をもって履行
すべきである。すなわち、「契約は守らなければならない」という
ことも、契約的正義の要求であり、現代法の1つの理想であるに相
違ないのだから、事情変更の原則の理論を適用するにあたっては、
きわめて慎重でなければならない。しかし、契約締結当時に、すで
に異常な経済的社会事情の存在する場合などには、なおこれを認め
るべきである。かつて、羅災都市借地借家臨時処理法17条が著しく
不当な借地借家条件を改定することを認めていたのは、その例であ

る（なお、この法律に代わるものとして平成25年に制定された大規模な災害の被災地における借地借家に関する特別措置法では、不当な借地借家条件の改定に関する規定は置かれていない）。

　(カ)　不公正取引の差止め等　　最後に、「公正かつ自由な競争を促進し、……一般消費者の利益を確保するとともに、国民経済の民主的で健全な発達を促進する」目的で制定された、いわゆる独禁法（昭和22年）は、事業者の「私的独占又は不当な取引制限」を禁止し（3条）、これに関する基本原則を規定している。そして、この禁止に違反する行為は契約（たとえば、会社の合併、営業の譲受け、再販売価格維持などの契約で同法の禁止に違反するもの）を含めてその差止めやその排除策の必要な措置を命ずる権限を公正取引委員会に与えている（7条）。委員会は所管事項に関して規則を定め（76条）、また多くの取引方法を不公正なものとして指定している（2条9項・72条）。契約の自由に対する制約の新しい分野であり、経済法学の主要な研究対象となっている。

　(キ)　消費者法　　消費者基本法（昭和43年に制定された消費者保護基本法（法78号）は、消費者の保護から自立へという趣旨で平成16年に消費者基本法（法70号）へと名称を変更）のもとで、消費者の権利を保障するための各種の法律が契約の効力を制限している。消費者契約法（平成12年法61号）、割賦販売法（昭和36年法159号）、特定商取引に関する法律（昭和51年法57号。制定時には、訪問販売等に関する法律という名称であったが、平成8年の改正で現在の名称に変更された）、宅地建物取引業法（昭和27年法176号）等における無効、取消し、クーリングオフなどである。詳細は、それぞれの個所で説明する。

　(3)　**方式の自由とその制限**　　個人の意思に法律関係を創造する効力を認める契約自由の原則は、契約の方式についても、自由なのを

原則とする（522条2項）。もちろん、契約の存否や内容について争いを生じたときは、これを挙証しなければならないのだから、契約を締結する際には文書を作成しておくことが便利である。しかし、何らかの方法で挙証することさえできればよく、一定の方式を履践する必要はない。これが方式自由の原則である。もっとも、この点については、前記2つの自由とは異なって、多くの制限が存在する。しかし、その制限は国家的な利益から当事者の経済的自由を拘束しようとするのではなく、かえって近代の複雑きわまりない経済取引界の事情に応じ、取引の安全・迅速・確実を図り、あるいは、当事者に慎重な熟慮を促そうとするものであることは、特に注意を要する。たとえば、手形・株券・運送状のような広い意味での有価証券について、その記載事項までが定められていて（手1条、小1条、会社216条、商571条など参照）、証券上の権利移転に裏書という形式が定められていること（手11条以下、小14条以下）などがその例である（前述のように、平成29年改正により、有価証券に関する節が新設され、指図債権の譲渡について、証券に裏書をして譲受人に交付することが明文化された520条の2。債79(2)参照）。民法においても、物権の変動を目的とする行為について、登記・引渡しをしなければ第三者に対抗できないこと（177条・178条）、債権の譲渡について、通知・承諾がなければ第三者に対抗できないこと（467条）も、当事者間の合意だけでは、当事者が期待していた法律行為の効力が完全に生じないことを示すものである。あるいは、贈与契約について何ら方式が定められていないにもかかわらず、書面によらない贈与は自由に解除しうるとされていること（550条）も法が書面に重要な意味を与えていることの表れである（もっとも、この規定は贈与の当事者特に贈与者に慎重な判断をさせるという趣旨が強い）。

　そして、民法以外の法律では、契約について書面の作成や相手方への交付を義務づけていることが少なくない。たとえば、労働協約は書面によらなければ効力を生じない（労組14条）。また、農地または採草放牧地の賃貸借契約（農地21条、なお、歴史的には、賃借権を含めて所有権以外の権原に基づいて他人の農地を耕作することを小作と呼んでいた）や建設工事の請負契約（建設19条）も書面を作成すべきものとされる（ただしこれは効力発生要件ではない）。なお、民法においても、平成16年の改正によって、保証契約は書面（電磁的記録を含む）でしなければその効力を生じないとされている（446条2項・3項・465条の2第3項）。もっとも、この規定は、保証契約書を作成しなければならないことを意味するものではなく、保証人の意思が書面によって確認できることで十分であるという趣旨である。そして、平成29年改正によって、諾成的消費貸借については、書面ですることが定められた（587条の2）。

　以上は、今日行われている主要なものである。なお、それぞれの契約について述べるところをあわせて参照されたい（債108（売買）・121（消費貸借）・130（賃貸借）・136（雇用）など）。

86　契約の分類

　契約は種々の立場から分類される。重要なものをつぎに列挙する。

　(1)　有名契約（典型契約）・無名契約（非典型契約）・混合契約　　民法の規定する13種の契約が有名契約であって、そのいずれにも属さないものが無名契約である（リース契約、フランチャイズ契約等）。有名契約の2種以上のものの性質を兼ねているもの（たとえば注文によって物を作製して売る契約は、請負と売買の両性質を兼ねる）を特に混合契約という。どんな内容の契約を締結するかはわれわれの自由であって、それにいちいち名前をつける必要もない。しかし、当事

者の締結した契約の内容が不完全・不明瞭の場合には、あるいはこれを補充し、あるいはこれを解釈する必要がある。そこで民法は、最も普通に行われる典型的な契約の13種の型を規定して、解釈の標準を示している（このような意味において、広く行われている契約だけでなく、多様な型の契約を民法に定めることが重要であると考えられる）。13種の契約に制限しようとする意味をもつものでないことはしばしば述べたとおりである。平成29年改正の審議過程においては、新たな契約類型を付加すること、既存の契約類型を削除することも検討されたが、最終的には従来の13種の契約がそのまま維持されている。

(2) 双務契約・片務契約　契約によって当事者双方が債務を負担しそれが互いに対価（報酬）である意義を有するものが双務契約であって、売買・賃貸借などがこれに属する。契約によって一方の当事者だけが債務を負担するもの、たとえば贈与、および双方の当事者が債務を負担するけれども、それが互いに対価である意義を有しないもの、たとえば使用貸借などは片務契約である。同時履行の抗弁権および危険負担の法理がもっぱら双務契約に適用されることに区別の実益がある（533条・536条）。

(3) 有償契約・無償契約　当事者双方が互いに対価的意義を有する給付をするかどうかの区別である。すなわち、契約当事者が契約によって得る利益に対して、売買のように対価を給付するものが有償契約であり、贈与のように対価を給付しないものが無償契約である。双務契約はことごとく有償契約だが、有償契約は双務契約より広い概念である。たとえば、利息付消費貸借などは片務契約であるが有償契約である。消費貸借はつぎに述べるように要約契約であって、貸主が金銭を借主に交付してはじめて効力を生ずるものとされ

るから（587条参照）、この契約によっては借主の返還義務を生ずるだけであり、したがって片務契約に属する。しかし、利息を支払うべきときは、貸主の元本貸与と借主の利息の支払とは互いに対価的意義を有するから、有償契約である。有償契約にはすべて売買の規定、なかでも売主の担保責任に関する規定が準用されるところに区別の実益がある（559条参照）。

(4)　**要物契約・諾成契約**　　契約の成立するために単なる合意だけでは足らず物の引渡しその他の給付を必要とするものが**要物契約**であって、そうでないものが**諾成契約**である。平成29年改正前においては、民法の典型契約のうち、要物契約とされていたのは消費貸借（587条参照）・使用貸借（改正前593条参照）・寄託（改正前657条参照）の3つに限られていた。これらの契約においては、物の引渡しがなければ契約は成立しないから、その法律効果に重要な特色を示していた。しかし、これらの契約を要物契約とすることは主として沿革上の理由によるものであった。すなわち、ローマ法に由来し、フランス民法でも要物契約とされているものを旧民法に取り入れたものであって、それが明治民法にも引き継がれたのである。しかし、これらの契約を要物契約とすることについて、今日ではあまり実質的理由がないと考えられていて、判例・学説は要物性を緩和する傾向にあった。詳細は消費貸借について述べる（債121参照）。このような状況において、平成29年改正では、使用貸借および寄託については、諾成契約とされた（593条・657条）。また、消費貸借についても、要物契約を原則としながら、書面でする消費貸借については、諾成契約を認めている（587条の2）。

87　契約の通則

(1)　**民法の規定する通則**　　民法は債権編の第2章契約に第1節

総則を設け、契約の成立、契約の効力、契約上の地位の移転、契約の解除および定型約款の5つの事項について契約の全体にわたる通則を定めている。

　㋐　契約の成立　　これについては第1款（521条－532条）で契約の自由を定めるとともに、申込みと承諾による当事者の意思表示の合致による場合を基本として、どのような事情によって契約の成立が肯定されもしくは否定されるかに関して、詳しい規定を置いている。ただし、従来は、主として隔地者間において申込みと承諾の意思表示がなされて契約が成立する場合を想定した規定の定め方になっていたが、平成29年改正によって、隔地者間に限定することなく、一般的に申込みと承諾によって契約が成立することを前提に申込みと承諾について定めている。さらに、懸賞広告による広告者と行為者もしくは応募者との関係を契約とみて、その成立の条件と効果とについて規定している。

　㋑　契約の効力　　これについては第2款（533条－539条）で、3個の事項について規定する。その1は、双務契約の当事者間における同時履行の抗弁権（533条）についてであり、その2は、同じく双務契約における危険負担（536条）についてであり、その3は、趣を異にして第三者のためにする契約という特殊の契約（537条－539条）の効力について規定する。契約の一般的な効力については特別に規定していない。もっぱら、13の契約類型ごとに、それぞれの契約の効力を規定している。

　㋒　契約上の地位の移転　　これについては第3款（539条の2）で契約上の地位の移転について規定している。

　㋓　契約の解除　　解除は、原則として契約をその成立に遡って消滅させるものであるが、第4款（540条－548条）で解除権の成立、

行使、解除の効果、解除権の消滅について規定している。

(オ)　定型約款　　定型約款というのは、不特定多数の者を相手方とする定型取引における契約条項であるが、第5款（548条の2 - 548条の4）で定型約款の合意、内容の表示、変更について規定している。

(2)　その他の通則　　民法が第2章契約において規定する契約の通則は上に述べた事項で尽きる。第2節贈与以下の13種の各種の契約の成立、効力、消滅等については、それぞれの個所で規定している。しかし、すべての契約に通ずる原則として検討すべき2、3の点がある。もっとも、予約および手付に関する規定は、その性質においては契約の通則であるが、売買の節におかれているので、そこで解説することとする。

(ア)　債権契約　　本章に述べる契約はその効力として債権を生ずる。物権の変動を目的とする物権契約（物権行為（物10(3)参照））や親族関係に関する身分契約と異なる。債権の内容は、契約当事者の合致した意思表示において企図されたところに従う（総91参照）。したがって、各場合千差万別に異なったりする。民法は売買以下13種の契約についてその内容を定めているけれども、それは一応の標準であって、物権の種類を限定するのとは全く意味の異なるものであることは、債権の目的に関する要件を説く際に詳述した（債8(1)(イ)参照）。

(イ)　有効要件　　契約によって当事者の企図した債権関係が生ずるためには、その成立させようとする債権そのものが適法であり、公序良俗に反しないこと、確定できるものであることの諸要件を必要とする（債8(1)参照）。のみならず、その契約自体も強行法規や公序良俗に反するものでないことを要する。たとえば、法令の規定も

しくは強制執行を免れるために財産を友人に売ったことにする行為（刑96条の2参照）や、相手方の無知に乗じて高価な物を著しく安く買う売買契約は、成立する債権そのものは違法でなくても、契約としては公序良俗に反して無効である。契約もまた法律行為の一種であることから当然であって、特に説明するまでもないことと思う（90条・91条、総98-100参照）。

　(ウ)　契約締結上の過失　　平成29年改正前においては、債権が効力を有するためには、債務者が給付する内容が実現可能なものでなければならないと解されてきた。学説では、給付がはじめから不可能な場合を原始的不能と呼び、債権が成立後に不可能になった場合を後発的不能と呼び、この2つを区別されてきた（債8(1)(ウ)）。そして、原始的不能が契約によってもたらされている場合を契約締結上の過失（culpa in contrahendo）の問題として、過失ある当事者が相手方に対して損害賠償責任を負うかが論じられてきた。ドイツ民法には、契約締結上の過失を認める規定が置かれているが（ドイツ民法305条。2001年債務法改正により、305条は削除されたが、新311条が契約締結上の過失を含めた一般的な規定となっている）、日本の民法にはそのような規定はない。しかし、多くの学説は、ドイツ民法の規定を参考に、契約締結上の過失による責任を認めるべきであると解してきた。たとえば、先に詳しく述べたように、Aが軽井沢の別荘をBに売る契約を締結した場合に、その別荘が契約締結の前夜すでに焼失していたときには、別荘を引き渡せという債権は不能なことを目的とするから成立することができない。したがって、Aの代金を請求する債権もまた成立することができず、結局、売買契約は効力を生じないことになる（債8(1)(ウ)・92参照）。Bは別荘を引き渡してもらえないことから生ずる損害――別荘を使用できない損害、C

に転売して得たであろう利益の損失など——を賠償させることはできない。しかし、このような不能な契約を締結したことにＡの過失があるときには、少なくともＢが契約を有効だと誤信したことによって被った損害——軽井沢に検分に行った損害、Ｃから廉価な別荘の申込みがあったがＡから買えると思って拒絶したことによる損害など——だけはＡが賠償しなければならないとするものである。その根拠に関しても学者の説くところは一致しないが、債権法の大原則である信義誠実の原則にその根拠を求める見解が少なくない。すなわち、われわれは社会の一員として、他人と契約関係に入るにあたっては不能な契約を締結して相手方に損失を被らせることのないように十分注意すべきだということが、信義誠実の原則から要求され、これを怠ったときは相手方が契約を有効であると誤信して被った損害を賠償すべき義務を負うと考えるものである。ただし、すでに述べたように（債8⑴㈦）、原始的不能の場合にも契約は有効に成立するという前提に立ちながら、契約締結上の過失ある当事者の責任を認める見解も近時有力に主張されていた。そして、平成29年改正において、契約の成立時に債務の履行が不能であっても、契約が成立することを前提として、債務者が債務不履行に基づく損害賠償債務を負うことが明文で規定された（412条の2第2項）。

　㈢　事情変更の原則　　これについては先に一言したが（債11⑵末尾）、単純な債権についてではなく、契約関係についてこそ事情変更の原則を適用すべき場合が多いのである。これは、この原則の起源が「事態が現状のままである限りにおいて契約は効力を持続する」（clausula rebus sic stantibus）という当事者の意思にあるとされることからも推測できる（なお、英米ではフラストレーションの法理、ドイツでは行為基礎論、フランスでは不予見論などとして事情変更の原

則が論じられている）。第一次および第二次大戦前後の経済事情の激
変によって、諸外国においても、あるいは契約は失効したとなし、
場合によっては裁判所が契約内容の変更を命ずる例さえもみられた。
わが国でも価格統制令の施行を理由として事情変更による解除権を
認めた判例があるが（大判昭和19・12・6民集23巻613頁）、その適用
は一般に慎重である（最判昭和29・2・12民集8巻2号448頁・基本判
例213、最判昭和31・4・6民集10巻4号342頁、最判平成9・7・1民
集51巻6号2452頁参照。いずれも事情変更の原則の適用は認めていない）。

　たとえば、前掲最判昭和29・2・12は、賃借建物の明渡しに関する
裁判上の和解について、事情変更の原則による解除が認められると
いう法理を是認しながら、「本件において契約締結の当時と原審口
頭弁論終結の時との間に戦災等のため、原審認定のような、住宅事
情の相違があるからといつて、本件和解につき直ちに上告人（賃借
人のこと：引用者注）の解除権を容認しなければならない信義衡平
上の必要があるものとはみとめられない」と判示し、その法理の適
用を否定している（債167⑷参照）。

　平成29年の改正においては、従来の学説・判例をふまえて、事情
変更の原則を明文で規定することが検討されたが、結局明文化は見
送られた（ちなみに、ドイツでは、2002年の債務法改正により行為基礎
に関する規定が明文化された（313条））。したがって、これまでと同
様にこの法理については、学説・判例の展開に委ねられている。

第2節　契約の成立

88　契約成立の要件と態様

⑴　**要件**　　契約は相対立する数個の意思表示の合致であること

は前に述べたとおりである。この合致は当事者の一人が原案を示し（申込み）、他の者がこれに同意する（承諾）という方法で実現するのが普通である。この申込みおよび承諾はそれぞれ1個の意思表示であるから、その内容は意思表示の解釈の法理によって決まる。すなわち、申込みと承諾とが合致するとは、申込みと承諾という2つの意思表示が、その解釈によって定められる内容において一致することである。申込者・承諾者の内心の意思内容が合致することではない。解釈によって定まる内容が一致しないなら（不合意）契約は不成立に終わる。しかしこれさえ一致していれば、契約は成立し、その内容は定まる。ただ、それぞれの当事者の意思表示について、この内容が内心の意思内容と一致しなかった場合には、意思と表示の不一致（心裡留保・虚偽表示・錯誤）あるいは瑕疵ある意思表示（詐欺・強迫）として、申込みまたは承諾の無効・取消し、したがって契約の無効・取消しの問題が生ずることがあるだけである（93－96条）。これは意思表示の解釈の理論からいっても当然のことである（総103－107参照）。

　ではつぎに、解釈によって定まる内容はどの程度に一致すべきであるか。いいかえれば、契約の細目に至るまで明確にされ、かつ、それが一致しなければ契約は成立しないものであろうか。必ずしもそうではない。解釈によって決まる申込みと承諾の内容が、当事者がその契約の重要なものとする点において一致し、かつ、当事者の具体的な事情および取引慣習を顧慮して細目を決定しうるものであればよい。要するに、契約については、法律行為解釈の理論が最も強く適用されるのである（総94－97参照）。

　⑵　特殊の態様

　㋐　交叉申込みによる契約の成立　　　学者は普通に、契約の成立

にはこのように、意思表示の客観的内容の一致すること（客観的合致）のほかに、両当事者が相手方と契約を締結しようとする意図のもとに当該の意思表示をしたと認められるべきこと（主観的合致）も必要だという。これは理論的に正当である。しかし、このような分析が実益を示すのは、主として、いわゆる交叉申込みによって契約は成立するか、という問題を考えるについてである。

交叉申込みとは、AがBにある車を100万円で売るという申込みをした場合に、Bがこの申込みを受ける前にその車を100万円で買うという申込みをした場合である。Bの意思表示を承諾とみてしまうわけにはいかない。承諾は特定の申込みに対してされねばならないものだからである。交叉申込みはあくまでも申込みの交叉である。ではこれによって契約は成立するか。問題は契約の要素である主観的合致というものは、Aの特定の意思表示と合致しようとする意図を要するか、それとも単にAと契約を締結しようとする意図だけで足りるか、によって解決される。Bの申込みにはこの前の意図はないが後の意図だけはあるからである。そうして、わが国の多くの学者は契約の成立に要する主観的合致は後の意図だけで足り、交叉申込みによって契約は成立すると解する。なお、このように考えるときは、交叉申込みは申込みと承諾とによらない特殊の契約成立の態様であり、後の申込みについても民法の承諾の規定は適用されないと解されている。もっとも、平成29年改正前においては、契約成立の時期は承諾が発信された時とされていたので（526条1項）、交叉申込みにおける後の申込みに承諾に関する規定が適用されないことに大きな意味があったが、改正により承諾が到達した時に契約が成立することになったので（526条1項が削除された結果、意思表示の到達に関する一般原則である97条が適用されることとなった）、承諾の規

定が適用されないことの意味は少なくなった。

　(イ)　意思実現による契約の成立　　契約は、普通の申込み・承諾、および上記の交叉申込みのほかに意思の実現といわれるものによっても成立する。たとえば、AがBに書物を送付しながらこれを1,200円で売ると申し込んだ場合に、Bがこの書物に署名して読みはじめるというような、承諾の意思表示と認めるべき行為をしたとする。民法は、Bが特に承諾の通知を必要としない旨の意思表示をした場合または承諾の通知を要しない慣習があるときには、このような事実があった時に契約は成立するものと定めた（527条）。これを意思実現による契約の成立という。普通の場合と比較すると、相手方に承諾の意思が通知されない点に特色を有する。

89　申込み・承諾による契約の成立

　(1)　申込み　　承諾と結合して契約を成立させる意思表示である。承諾さえあれば契約は成立するのだから、申込みをするお客さんを招き寄せようとするいわゆる申込みの誘引とは異なる。この場合には、誘引に応じてお客さんのするのが申込みであって、誘引者は原則としてこれに承諾すると否との自由を有し、承諾してはじめて契約は成立する。申込みは必ずしも特定人に対してされる必要はない。一般公衆に対してもよい。そのうち懸賞広告と優等懸賞広告については民法に規定があるから後に述べる（529条－532条）。

　(ア)　申込みの効力発生時期　　特定の人に対する申込みは、相手方に到達したときに効力を生ずる点については、一般の意思表示と異ならない（97条1項）。そして、一般の意思表示では、表意者が意思表示発信の後到達までの間に死亡し、意思能力を喪失し、または行為能力の制限を受けたときであっても、その効力が発生することに何らの影響がないと定められていて（同条3項、総109(1)(ウ)参照）、

申込みの意思表示についても、原則として同様に扱われるのであるが、例外的に申込みがその効力を生じない場合が規定されている。すなわち、申込者が申込みの通知を発した後に死亡し、意思能力を有しない常況にある者となり、または行為能力の制限を受けた場合において、申込者がその事実が生じたとすればその申込みは効力を有しない旨の意思を表示していたとき、またはその相手方が承諾の通知を発するまでにその事実が生じたことを知ったときは、その申込みは、その効力を有しない（526条）。この規定は、平成29年改正前の525条を修正し、要件の明確化するとともに、申込者の死亡等についての相手方の認識時点を明記したものである。もっとも、この規定は、申込みが発信されてから到達するまでの間について適用されるだけである。申込みは到達によって完全に効力を生ずるから、その後に申込者が死亡しても、その相続人が申込者の地位を承継するかどうかが問題となり、申込みの内容いかんによっては地位が承継されないことがあるだけである（たとえば、雇ってくれという申込みなど）。また、申込到達後に制限行為能力者となっても何らの影響を生じない。

　（イ）　申込みの拘束力　　申込者は申込みを撤回できるか。相手方が承諾して契約が成立した後は撤回できないが、その前でも、相手方はこれを信頼し承諾をすべきかどうかの考慮を始めるのが普通だから、みだりに撤回を許すべきではない。この申込みの撤回を許さない効力を申込みの拘束力という。民法によると、第1に、承諾の期間を定めて、申込みをした場合には（たとえば、ある物を売却するが、今月中に承諾せよと申し込んだ場合）、その期間（この例では今月中）は撤回をすることが許されない（523条1項本文）。ただし、申込者が撤回する権利を留保したときは、承諾期間内であっても、撤

回することができる（同項ただし書）。第2に、これに対して、承諾の期間を定めずに、隔地者にした申込みは、承諾を受けるのに相当の期間は撤回できないが、その後は撤回できる（525条1項本文）。この相当の期間は、申込みを受けた者が諾否を考慮し、かつ承諾の通信をするのに必要な日時を基礎として定める。そして、申込者が撤回する権利を留保したときは、申込者は、いつでも申込みを撤回することができる（同項ただし書）。なお、平成29年改正では、対話者間において承諾期間を定めずに申込みをした場合について、明文の規定が置かれた。対話者間において、承諾期間を定めずなされた申込みは、その対話が継続している間は、いつでも撤回することができる（同条2項）。そして、対話が継続している間に申込者が承諾の通知を受けなかったときは、その申込みは効力を失い（同条3項本文）、相手方は対話の終了後に承諾することはできない。ただし、申込者が対話の終了後もその申込みが効力を失わない旨を表示したときは、相手方は対話の終了後に承諾をすることができる（同項ただし書）。なお、申込みの撤回と承諾との関係については、後述する。

　(ｳ)　申込みの承諾適格　　申込みに対していつまで承諾しうるかが問題となる。これを申込みの承諾適格という。承諾と結合して契約を成立させうる実質的効力の意味である。承諾適格は申込みが効力を生じてから発生することはいうまでもない。また申込みが適法に撤回されたら、その承諾適格のなくなることはもちろんである。ただ撤回のない限りいつまで存続するかが問題である。民法によると、第1に、承諾期間を定めた申込みはその期間内だけ適格を有する。しかも、その期間内に承諾が到達しなければ申込みはその適格を失う（523条2項）。そして、平成29年改正前においては、承諾の

発信時に契約が成立すると定めていた（改正前526条１項）ことから、承諾の通知の延着について、承諾期間の定めのある申込みに対する承諾の通知が承諾期間の経過後に到達した場合であっても、通常の場合にはその期間内に到達すべき時に発送したものであることを知ることができるときは、申込者は、遅滞なく、相手方に対してその延着の通知を発しなければならず（改正前522条１項本文）、申込者が延着の通知を怠ったときは、承諾の通知は、承諾の期間内に到達したものとみなされる（同条２項）と規定していた。その結果、契約は成立することになっていた。この規定は申込撤回の延着に対する改正前527条と同様の特別取扱いである。しかし、平成29年改正により、これらの規定は、契約の成立について到達主義に変更したことに合わせて、削除された。したがって、承諾の通知が承諾期間経過後に到着した場合には、たとえその通知が承諾期間内に到達すべき時に発送したものであることを知ることができるときであっても、契約は成立せず、延着の通知もする必要がない。第２に、承諾期間の定めのない申込みについて、いつまでに承諾すべきかを一般的に定めた規定は民法に置かれていない。隔地者間の契約については、申込みが撤回されない限り永久に承諾できると解することの不当なのはもちろんであるから、取引慣習および信義則に従って相当の期間が経過した後は、申込みは承諾適格を失うと解するのが正当である（商法508条１項は、商人間の契約について同趣旨のことを規定している）。そして、対話者間の契約については、すでに述べたように、平成29年改正により明文の規定が定められ、対話の継続している間は、いつでも申込者が申込みを撤回することができ（525条２項）、対話が継続している間に承諾の通知を受けなかったときは、原則として申込みは効力を失い、相手方はその後に承諾することが

できない（同条3項）。

　㈗　申込みの撤回と承諾　　申込みの撤回は、その意思表示が相手方に到達すると効力を生ずる（97条1項）。平成29年改正前においては、相手方による承諾の発信によって契約が成立するとされていたので（改正前526条1項）、申込者が相手方の承諾により契約がすでに成立していることを知らずに、撤回の意思表示を相手方にする場合があり得た。その場合には、撤回の効力は生じないと解すべきものと思われる。そこで、民法では、申込者を救済するために、申込みの撤回の通知が承諾の通知を発した後に到達した場合であっても、通常の場合にはその前に到達すべき時に発送したものであることを知ることができるときは、承諾者は、遅滞なく、申込者に対してその延着の通知を発しなければならず（改正前527条1項）、承諾者が前項の延着の通知を怠ったときは、契約は、成立しなかったものとみなす（同条2項）旨を規定していた。平成29年改正では、契約の成立時期を承諾の発信時とする規定を削除し、意思表示の到達に関する一般原則（97条1項）によることとしたことに合わせて、撤回の延着に関するこの規定も削除した。したがって、申込みの撤回と承諾がともになされたときには、その2つの意思表示の先後によって、契約の成否が決まることになった。たとえば、撤回の通知が相手方（承諾者）に到達するよりも前に、承諾の通知が申込者に到達したときは、契約が成立し、撤回は効力を生じないことになる。反対に、承諾の通知が申込者に到達するよりも前に、撤回の通知が相手方（承諾者）に到達したときは、撤回が効力を生じ、契約は成立しないことになる。なお、電子消費者契約法（電子消費者契約及び電子承諾通知に関する民法の特例に関する法律、平成13年法95号）では、パソコンなどを利用する隔地者間の契約においては、申込みの

撤回の意思表示の遅延はあまり考えられないので、改正前民法527条は隔地者間の契約において電子承諾通知を発する場合には、適用しないと定めていた（同法4条）。しかし、民法の改正により改正前527条が削除されたので、この規定も削除された。

(2) 承諾　　申込みと結合して契約を成立させる意思表示である。この点は申込みと同一性質であるが、特定の申込みについて、その効力発生後に、申込者に対し、申込受領者によってされるものであることが、承諾の有する特質である。なお、申込みと承諾とが契約を成立させるためには、両者の間に主観的および客観的の合致を必要とすることはすでに述べた（債88(2)(ア)参照）。

(ア) 承諾の自由と制限　　申込みを受領した者は、承諾するかどうかの自由を有するのを原則とすること、および、今日では多くの点でその自由が制限されていることは、先に述べた（債85(1)参照）。そこに述べた社会経済的立場からの制限のほかに、当事者が将来契約を締結しようという目的で予約をしたときは、本契約の締結について拘束を受けることはいうまでもない（556条・559条参照）。また、商法は平常取引をする間柄の者からの申込みに対しては、遅滞なく諾否の通知をしなければならず、その通知をしないと承諾したものとみなす旨を定めている（商509条）。取引の敏速を尊重する商法の立場から認められた信義則の表れである。——以上のような特別の場合を除いては、申込みを受けた者に承諾義務はない。また諾否の返答をする義務もない。したがって、申込者が勝手に「拒絶の御返事がなければ承諾とみなします」などといっても効果はない。

(イ) 承諾の効力発生時期　　承諾について最も問題となるのは、承諾がいつ効力を発生するかである。平成29年改正前民法では、一方で、隔地者間の契約は承諾の通知を発した時に成立すると定めて

いた（改正前526条1項。なお、立法者によれば、発信主義は取引の実務に適合するとしているが、この規定はイギリス法に由来する数少ない例の1つであるとされている）。そこで、隔地者間の契約において、承諾は常に発信によって効力を生じ（もちろん、申込みに承諾適格があることが必要であるが）、契約もまたこの時に成立するものと解される。他方で、申込みに承諾期間の定めがあるときは、承諾がその期間内に申込者に到達しないと申込みはその効力を失うと規定していた（改正前521条2項）。そこで、この場合には、申込みが効力を失う結果、承諾も効力を生ぜず、したがって契約も結局不成立に終わる。しかし、申込みに承諾期間の定めがないときは、承諾が何らかの理由で到達しない場合にも、契約はなお発信によって効力を生じ、その不到達によって何らの影響を受けないものと解すべきであると考えられる。このような解釈は、民法の条文に忠実な見解であることは疑いないが、到達主義の原則（97条参照）に対しては重大な例外を認めるものである。したがって、わが国の学者にはこの見解に対してなお到達主義の理論を加味しようとするものが多く、その解釈は多岐に分かれていた。このような状況において、平成29年改正は、改正前526条1項を削除し、契約の成立の有無およびその時点について、意思表示に関する一般原則によることとした。すなわち、承諾の通知が申込者に到達したときに、その時点において契約が成立することになる。国際的にも到達主義をとる国が多いことも削除した理由の1つである。なお、前掲の電子消費者契約法では、パソコンなどを利用する隔地者間の契約においては、到達主義によっても契約の成立がそれほど遅くならないこと、国際的にも到達主義をとる国が多いことなどの理由から改正前民法526条1項は隔地者間の契約において電子承諾通知を発する場合には、適用しないと

定めていたが（同法4条）、民法の改正に合わせて、その規定も削除された（もっとも、電子契約では、承諾の意思表示はほぼ即時に申込者に到達するので、契約成立の時点という意味では、発信主義をとるか到達主義をとるかの違いはほとんどない）。

　(ウ)　変更を加えた承諾　　承諾は申込みの内容と合致すべきであるから、申込みに条件を付しその他変更を加えた承諾は、これによって契約を成立させることができないことはもちろんである。しかし、民法はさらにこのような承諾は申込みの拒絶とともに新たな申込みをしたものとみなしている（528条）。したがって、たとえば、夜店の古物商が時計を「5,000円でいかがですか」と申し込んだのに対して客が「3,000円にしなさい」と答えた場合には、古物商が「よろしい。まけましょう」といえば契約は成立する。これに反し、客が「これを3,000円にしなさい」と申し込んだのに対して古物商が「5,000円で買って下さい」と答えた場合には、客が立ち去りかけたところで、「よろしい。まけましょう」といっても契約は成立しない。古物商が「5,000円なら」といったのは3,000円の申込みを拒絶して新たな申込みをしたとみられ、客の3,000円の申込みは失効しているからである。あらためて客の承諾を必要とする。

　(エ)　遅延した承諾　　承諾は申込みが承諾適格を有する間にされることを要する。ただし、承諾期間を過ぎてから申込者に到達した遅延承諾は申込者においてこれを新たな申込みとみなすことができる（524条）。したがって、申込者がこれに承諾をすれば契約は成立する。

　(3)　競争締結　　競売・入札などのように、一方の当事者に競争させて、比較的に最も有利な条件で契約を締結する方法を競争締結という。競争者が互いに他の競争者の条件を知ることができる競売

と、そうでない入札の２つの方法がある。前者はいわゆるせりを行うもので、さらに２つに分かれる。その１つは、競売申出者が一定の価格を示し、次第に低い価格を示して受諾者の現われるのをまつせり下げ競売である（いわゆる、たたき売りを想起せよ）。この場合の競売の申出は申込みに当たり受諾は承諾であり、受諾によって契約は成立する。他の１つは、申出者は価格を示さないでより高価のせりをまつせり上げ競売である。この場合には、それ以上高価の申出がない最高価格のせりに対しても、なお承諾するかどうかの自由を留保しているのが普通である。つまり、この場合には、せりは申込みであって、それに対する承諾がないと契約は成立しない。もっとも、せり上げ競売でも競売申出者が最低価格を示した場合には、競売の申出が申込みであり、最高価格の申出が承諾である。

　後者、すなわち入札は、多くの場合に申込みの誘引にすぎず、入札が申込みであり、落札の決定が承諾である。そして、物品の納入契約や請負契約などの入札においては最も有利な入札者に落札しない自由を留保し、入札者の資力や業績を考慮して落札者を決定する場合が少なくない。すべて入札に当たって示される表示の内容によって定まる。

第３節　懸賞広告と優等懸賞広告

90　懸賞広告

　⑴　**意義と構成**　　エベレストの頂上に達した者に1,000万円を贈ると広告するように、不特定多数の人に対する広告の方法によって、ある一定の行為をした者に、一定の報酬を与える旨を表示することを懸賞広告という。懸賞広告者が、これによって、その行為をした

者に報酬を与える義務を負うことは明らかであるが、その法律構成
に多少の疑問がある。理論的にいうと、2つの考え方が可能である。
1つは、広告者は、これによって、だれかが広告に該当する行為を
することを停止条件とする報酬給与の義務を負うものと考えること
である。このように考えるときは、懸賞広告は一種の単独行為とな
る。もう1つは、広告者は広告によって契約の申込みをしたのであ
って、だれかがその行為をした場合に、その行為を広告に対する承
諾と解することができ、結果として、契約が成立し、報酬給与義務
が生ずると考えることである。そして、前者においては、だれかが
広告の効力発生後において、その定める要件を満たした行為をすれ
ば、たとえ懸賞広告の存在を知らずにその行為をしたときにも、報
酬を請求する権利を取得すると解されるのに反し、後者においては、
承諾の意思が認められねばならないから、広告の存在を知ってこれ
を行ったのでなければならないと解される。ローマ法の昔から争わ
れた問題であるが、平成29年改正前の日本民法には明文の規定がな
く（改正前529条参照）、解釈として、学者の多くは後の見解をとっ
ていた。その理由として、民法が契約の成立と題する款の中にこれ
を規定したのは、これを広告という特殊形式による契約の申込みと
みていると解すべきであり、ドイツ民法のように広告と無関係にそ
の行為をした者に対しても報酬を与える義務があると規定していな
いからであると述べられていた（なお、比較法的にみると、1804年の
フランス民法には懸賞広告の規定はなく、日本民法はドイツ民法第1草
案にならったものと考えられている）。もっとも、契約説をとるとい
っても、行為者が広告の存在を知っていると否とにかかわらず、行
為した者に報酬を与える旨の広告をすることが無効だというのでは
ないという見解もあった。本書の旧版でも、「一般の社会観念から

みて単独行為と解したほうが簡明でよいと思う（拾った書物を遺失主の所に届けに行き、渡す直前に書物の中から拾得者に高額の報酬を支払う旨のしおりを発見した場合などを考えよ）。したがって、広告を知ってこれに応ずる意思のあることを必要としない」と記述していた。ところが、平成29年改正では、この問題が明文の規定を置くことによって解決された。すなわち、529条に、「その行為をした者がその広告を知っていたかどうかにかかわらず」という文言が追加された。したがって、ある行為をした者に報酬を与える旨の広告がなされた場合には、その行為をした者がそのことを知っていたかどうかにかかわらず、広告者はその者に対してその報酬を与えなければならない（529条）。いずれにしても、報酬を請求するためには、必ずその行為をすることを要する。そして行為をすればよいのであって、別に広告者にこれを通知することを要件とはしない。

　(2)　懸賞広告における期間の定めと懸賞広告の撤回　　平成29年改正前においては、行為を完了した者がない間は、懸賞広告者は広告を自由に撤回できることを原則とし、広告中に撤回しない旨を表示したときは、撤回できないと定めていた（改正前530条1項ただし書）。そして、行為をする期間を定めたときは、撤回権を放棄したものと推定していた（同条3項）。また、撤回の方法は前の広告と同一方法によらなければならないが、同一方法によれないとき（たとえば、広告をした新聞が廃刊されたとき）は、適宜の方法による撤回は一応効力を生ずるが、撤回を知らなかった第三者に対してはその効力は生じないとされていた（同条1項本文・2項）。これに対して、平成29年改正では、改正前の530条を整理し、期間の定めのある懸賞広告、期間の定めのない広告および撤回の方法の3ヶ条に分けた。

　(ア)　期間の定めのある懸賞広告　　指定した行為をする期間を定

めて、懸賞広告をした場合には（たとえば、3ヶ月以内にある行為を
した者に賞金を与えるという広告）、その期間（この例では3ヶ月）は
懸賞広告を撤回することは許されない（529条の2第1項本文）。た
だし、広告者が撤回する権利を留保したときは、その期間内であっ
ても、撤回することができる（同項ただし書）。そして、その期間内
に指定した行為を完了する者がいないときは、広告はその効力を失
い（同条2項）、その後にその行為を完了した者が出てきても、報
酬を受ける権利はない。

　(イ)　期間の定めのない懸賞広告　　指定した行為をする期間を定
めないで、懸賞広告をした場合には（たとえば、ある行為をした者に
賞金を与えるという広告）、その指定した行為を完了する者がない間
は、懸賞広告を撤回することができる（529条の3本文）。ただし、
広告者が撤回しない旨を表示したときは、撤回することができない
（同項ただし書）。

　(ウ)　懸賞広告の撤回方法　　改正前と異なり、撤回方法について
は、前の広告と同じでなければならないという制約はない。しかし、
前の広告と同一の方法によって広告を撤回したときは、これを知ら
ない者に対してもその効力を有するが（530条1項）、前の広告と異
なる方法によって広告を撤回したときは、これを知った者に対して
のみその効力を有する（同条2項）。

　(3)　数人が行為を完了した場合　　最初にその行為を完了した者だ
けが報酬を受ける権利を取得する（531条1項）。すなわち、最初に
行為を完了した者との間にだけ契約は成立する（単独行為説をとれ
ば、最初に行為が完了されることによって、その者に対して報酬を与え
る債務が生ずる）。数人が同時に指定行為を完了したときは、各人が
平等の割合をもって報酬を受ける権利を取得するのが原則だが、も

し報酬がその性質上分割に適しないときか、または広告中に1人に
だけ報酬を与える旨を表示したときは、抽選でこれを受ける者を定
める（同条2項）。もっとも、これらの規定は広告中にこれと異な
る意思を表示したときはこれを適用しない（同条3項）。

91　優等懸賞広告

(1)　**意義と構成**　　交通事故防止の標語を募集し、最も優秀な作
品に賞金を与えるというような、いわゆる優等懸賞広告は、懸賞広
告の一種であるが、行為を完了した数人の中から判定によって定ま
る優等者に報酬を与えるものである点に特色を有する。したがって、
応募者は行為を完了しその結果を申込者に報告（応募）しなければ
ならない。行為を完了することを要するのは懸賞広告と同様である
が、行為の完了は広告を知らずにされたものであっても、また広告
以前にされたものであっても妨げない。だから、優等懸賞広告の性
質を契約の申込みとみても（応募は承諾に当たる）、応募を停止条件
とする単独行為とみても、実際上の差異を生じないようである。い
ずれにしても、広告者は、応募者に対して、判定をする義務とその
結果によって報酬を与える義務とを負担する。

(2)　**撤回**　　優等懸賞広告には必ず応募の期間を定めることを要
する（532条1項）。判定をすべき範囲が定まらないからである。し
たがって撤回できない（529条の2第1項の適用がある）。

(3)　**優等者の判定**　　判定者を広告中に定めたときは、その者が
判定すべきであるが、広告中にこれを定めなかったときは、広告者
が判定する（532条2項）。その結果に対して応募者は異議を述べる
ことはできない（同条3項）。これは判定の当否を争えないという
意味である。広告に定めた判定者が自分で判定しなかったというよ
うな手続に関してはもちろん、たとえば、盗作を選定したのは誤り

である（通常は、応募者自身の作品であることが明示または黙示の判定要件となっていると考えられるので、判定は錯誤あるいは詐欺によって取り消されるべきものであると考えられる）ということなどについては、異議を述べることはできる。ところで、優等者なし、という判定は許されるであろうか。一般論としては、広告中にその旨を明らかにしていない限り、そのような判定は不当というべきである。優等懸賞広告は一般に応募者中の相対的優等者に報酬を与える趣旨と解すべきだからである。もっとも、ある大学で毎年懸賞論文を募集する場合などには、おのずから客観的な標準があり、それに達しないものは入賞しないという慣行が成立しているであろう。のみならず、一般的にいっても、学術的な懸賞論文などには、広告者の性格、応募者の範囲などによって、おのずから客観的な標準があるとみるべき場合が多いであろう。複数の者が同等に優れていると判定されたときは、懸賞広告の場合と同様に、その報酬は等しい割合で受けるかまたは抽選によるべきとされている（532条4項・531条2項準用）。なお、広告者が判定を実施しない場合には各応募者はその実施を訴求できると解される。

第4節　同時履行の抗弁権と危険負担

92　双務契約の特殊な効力

　双務契約とは、売買のように、当事者の双方が互いに対価（報酬）である意義を有する債務を負担する契約であることは前述した（債86(2)参照）。この契約においては、相互の債務は一方が存在するので他方も存在するという、もちつもたれつの関係に立つ。したがって、他の契約とは異なる特殊の効力を生ずる。第1に、契約を締結

する際に、一方の債務の履行が不能なために成立しないとき、たとえば、売買締結の前日目的物がすでに焼失していたときには、他方の代金債務も成立せず、結局、契約は効力を生じないと考えられていた。このことはすでにしばしば述べた（債8(1)(ウ)・87(2)(ウ)参照）。学者はこれを、双務契約上の債務の成立上の牽連関係（密接な関係）と呼んでいた。しかし、平成29年改正によって、双務契約において、一方の債務が不能であっても契約は成立し、損害賠償として処理され（債87(2)(ウ)参照）、成立上の牽連関係は認められないこととなった。第2に、双務契約上の債務は一方が履行されない間は他方も履行しなくてもよい、という関係に立つ。これを履行上の牽連関係という。同時履行の抗弁権の問題である。第3に、双務契約上の債務が成立した後に、一方が不可抗力で不能となって消滅した場合には、他方もまた消滅するかどうかが問題となる。売買契約締結の後に目的家屋が類焼して売主が債務を免れたときには、代金債務がどのようになるか、という問題である。これを存続上の牽連関係という。これは、危険負担と呼ばれる問題である。平成29年改正前においては、他方の債務（売買契約の例でいえば、代金債務）が消滅するかという法的構成のもとに、双務契約の種類によって異なる取扱いを定めていた。しかし、後述するように、改正法では、他方の債務の履行を拒絶できるかという法的構成のもとに、危険負担に関する規定を存続させている（解除制度との整合性も図られている）。

93　同時履行の抗弁権

双務契約の当事者は、相手方が債務の履行を提供するまでは自分の債務の履行を拒むことができる（533条本文）。これを同時履行の抗弁権という。公平の観念に基づくものであって、留置権と同一趣旨の制度である（物78参照）。

⑴　成立要件

㋐　双務契約において対立する債務の存在　　同時履行の抗弁権の対象となるのは、1つの双務契約における対立する2つの債務である。たとえば、売買契約では、売主の目的物引渡債務と買主の代金支払債務との間に同時履行の抗弁権が成立する。そして、契約の取消しの場合における当事者双方の返還義務についても、533条は類推適用される（最判昭和47・9・7民集26巻7号1327頁・基本判例207）。また、平成29年改正において、同条に「債務の履行に代わる損害賠償の債務の履行を含む」という文言が括弧書きとして付加され、一方の債務が契約上の本来の債務の場合だけではなく、双務契約における一般原則として、損害賠償債務に転化した債務の場合にも同時履行の抗弁権が認められることが明確になった（そこで、個別に本条を準用していた規定は不要になったため、売買契約において、売主の担保責任についての571条（債113⑴㋔・⑵㋖参照）、請負人の瑕疵修補責任についての634条2項（債143⑵㋑⒜参照）は削除された）。たとえば、動産の売買において、売主の責めに帰すべき事由によって目的物が滅失した場合に、買主が売主に対して目的物に代わる損害賠償を請求したときに、売主が代金の支払債務との同時履行を抗弁することが考えられる。

㋑　相手方債務の履行期の到来　　相手方の債務の履行期が来ていることである。自己の債務を先に履行する特約があるときは、同時履行の抗弁権はない（533条ただし書）。月末勘定の売買（1ヶ月間の売買代金を月末に支払う売買契約）などはこれに属する。もっとも、1年間継続して毎日牛乳を配達し、代金は毎月末に1ヶ月分ずつ支払うというような契約で、買主が、すでに配達された8月分の代金を支払わないときは、たとえ9月分の代金を提供しても売主は9月

分の牛乳の配達を拒むことができる。このような契約では、両方の継続した給付は、単に毎月分だけが対価となるだけでなく、全部的にも対価関係を有するものであるから、一方にその一部の不履行があるときは、他方はこれに該当するだけの他の部分の履行を拒絶しうると解するのが公平に適するからである。さらに、たとえば牛乳の卸売りを営業としているA会社がBスーパーに毎月30万円分の牛乳を売却し、Bスーパーは代金を2ヶ月後に支払うという契約が成立していた場合に、Bスーパーの経営が悪化し、代金支払も滞る状態になったとき、Aは先履行を拒絶し、同時履行の原則に戻すことが認められる。学説はこれを不安の抗弁権というが、信義則ないし事情変更の原則からみて、不安の抗弁権に基づく契約の変更は肯定してよいだろう（平成29年改正において、不安の抗弁権についても検討はされたが、立法化はされなかった）。

　(ウ)　一部提供の場合　　当事者の一方が一部だけの提供をした場合にも、同様の理論に従って解決する。たとえば、売主が注文品の一部分だけを提供したようなときは、もし分割的に給付しても目的を達しうるものなら、それに該当する部分の代金の支払を拒絶できないし、またその部分だけでは目的の重要な部分が欠けるという場合なら、代金全部を拒絶することができ、また反対に、履行されない部分がきわめて軽微な部分にすぎないなら、代金の全部を支払わねばならない。しかし、これは一応の標準であって、結局はいずれの場合にも、信義公平の原則に従って決すべきである。

　(エ)　抗弁権接続の問題　　同時履行の抗弁権は、「双務契約の当事者」間でのみ認められるはずだが、消費者保護のため特別法で当事者以外の契約の一方当事者と第三者との間で認められる場合がある。すなわち、A店から商品をBが割賦で買い受けた場合に、購入

あっせん業者であるＣ信販会社はその代金をＢに代わってＡに支払い、Ｂは、Ｃからの求償に応じて分割して代金分を弁済する仕組みになっている。もしその商品に欠陥があったならば、Ｂは売主Ａに対して、追完請求権・代金減額請求権・損害賠償請求権・解除権を行使できるが（562－564条）、売主でないＣに対しては、責任を問えないので、瑕疵に基づく損害賠償の支払等があるまで、Ｃの求償に応じないという同時履行の抗弁権は行使できないはずである（抗弁権の切断）。信義則を根拠に抗弁の接続を認める下級審の裁判例もみられたが、割賦販売法が改正され、消費者Ｂの権利として抗弁権の接続を認め、Ａに対して生じている事由をＣに対抗できることを規定した（割賦30条の4・35条の3の19）。

　(2)　効果　　双務契約において、同時履行の抗弁権が認められる場合には、契約当事者の一方は、相手方の履行請求に対して、相手方の債務の履行と同時でなければ、自己の債務を履行しない旨を抗弁することができる。

　(ア)　引換給付判決　　相手方が同時履行の抗弁権を有するときに、これに対して請求する者がこの抗弁を受けないようにするためには、自分の債務を弁済するかまたはその提供をして請求をすればよい。提供の程度は一般の法則による。すなわち、原則としては現実の提供をすべきだが、例外として言語上の提供で足りる場合もあることはすでに述べたとおりである（493条、債61(1)参照）。しかし、右の提供をしないで相手方の債務の履行を訴えた場合にも、相手方の抗弁によって原告が敗訴となるのではなく、裁判所は「被告は原告に対してその給付と引換えに弁済せよ」という意味の判決をする（引換給付判決）（大判明治44・12・11民録17輯772頁・基本判例206）。そこで原告は、まずこの判決について執行文をもらったうえで（民執26

条2項参照）、反対給付またはその提供があったことを証明することにより、強制執行をはじめることができる（同31条参照）。

　　(イ)　弁済の提供がない場合　　このように、同時履行の抗弁権は、自分の債務の弁済を提供しなければ相手方の債務を請求できない趣旨を含むものであるから、一方が提供しないでただ請求だけした場合には、相手方は、これに応じなくても、履行遅滞にはならないと解さねばならない。もっとも、売主が売買の目的物を第三者に賃貸するなど履行の意思がないことが明確な場合には、買主が弁済の提供をしなくても、売主は履行遅滞の責任を免れない（最判昭和41・3・22民集20巻3号468頁・基本判例208）。なお、平成29年改正前においては、契約の解除において、相手方の債務不履行を解除の要件としていたので、同時履行の抗弁権と解除との関係が問題となっていた。しかし、平成29年改正によって、債務不履行を解除の要件としないこととなったので、この問題はなくなった（解除について、債99(1)参照）。

94　危険負担

　　(1)　意義　　特定の家屋を売買する契約を締結した後にその目的である家屋が隣家の火事で類焼したり、劇団が興行主と地方の劇場に出演する契約を締結した後に、自然災害により交通が途絶して出演できなくなったりしたときには、これらの双務契約から生じた一方の債務である家屋を引き渡す債務または出演する債務は履行不能で消滅する。このように債務者の責めに帰することができない事由によって履行不能が生じた場合に、他の一方の負担する代金を支払う債務または報酬を支払う債務の運命はどうなるだろうか。もし運命をともにして消滅するとすれば、売主は代金を請求できなくなり、劇団は報酬を請求できなくなるから、双務契約の一方の債務が消滅

したという損失は、その消滅した債務の債務者（売主・劇団）が負担することになる。これに反し、もし他の債務だけは存続するとすれば、売主は代金を請求し、劇団は報酬を請求することができるから、右の損失は債権者（買主・興業主）の負担となるわけである。前の主義を債務者主義、後の主義を債権者主義という。そのいずれをとるべきかについては、双務契約における危険負担の問題として、ローマ法以来各国の立法主義の分かれたところである。なお、ドイツ民法やフランス民法では、「危険」という語が用いられているが、日本民法では、条文においてその語は用いられてはいないが（平成16年に行われた現代語化により新たに条文に付された見出しにおいて「危険負担」の語が用いられるに至った）、この問題は、学説・判例では危険負担として論じられてきた。

　(2)　平成29年改正前　　平成29年改正前の民法では、534条から536条までの3ヶ条が危険負担に当てられていた。まず、特定物に関する物権の設定または移転を目的とする双務契約において、その物が債務者の責めに帰することができない事由によって滅失し、または損傷したときは、その滅失または損傷は、債権者がその危険を負担する（改正前534条1項）。すなわち、債権者主義をとっている。そして、この場合に、不特定物に関する契約については、401条2項の規定によりその物が確定した時から、特定物に関するこの規定が適用される（同条2項）。つぎに、停止条件付双務契約の目的物が条件の成否が未定である間に滅失した場合には、改正前534条1項は適用されず（改正前535条1項）、債務者がその危険を負担する（改正前536条1項の原則によることになる）。また、停止条件付双務契約の目的物が債務者の責めに帰することができない事由によって損傷したときは、その損傷は、債権者がその危険を負担する（同条2

項）。なお、停止条件付双務契約の目的物が債務者の責めに帰すべき事由によって損傷した場合において、条件が成就したときは、債権者は、その選択に従い、契約の履行の請求または解除権の行使をすることができるとともに、損害賠償の請求をすることもできる（同条3項）。最後に、これら以外の双務契約について、当事者双方の責めに帰することができない事由によって債務を履行することができなくなったときは、債務者は、反対給付を受ける権利を有しない（改正前536条1項）。しかし、債権者の責めに帰すべき事由によって債務を履行することができなくなったときは、債務者は、反対給付を受ける権利を失わないが、この場合において、自己の債務を免れたことによって利益を得たときは、これを債権者に償還しなければならない（同条2項）。結局、民法は債務者主義を原則としている（同条1項）とはいえ、特定物については売買その他重要な契約について債権者主義をとっていたのである（改正前534条1項）。したがって、前述の例でいうと、劇団は報酬を請求できないが、売主は代金を請求できることになる。このような日本民法の危険負担制度は、ローマ法に由来するフランス民法にならったものと理解されている。ただし、売買契約に限らず、物権の設定または移転を目的とする双務契約に拡張されている点に特徴があるとされていた。しかし、学説では、買主が危険を負担することについて、十分に合理的な説明ができないとし、特定物の売買における債権者主義はローマ法以来の沿革に基づいて今日でも相当多くの国の民法に採用されているが、その合理性については、疑問が提示され、むしろ、双務契約は、その種類を問わず、一方の債務が実現されずに消滅したときは他方もまた消滅する、すなわち危険は常に債務者が負担する、とするのが公平に合致すると考えられるようになった。そこで、改

正前534条の解釈にあたり、学説は、債権者主義適用の制限のために、大いに努力を重ねていた。たとえば、物権の二重譲渡および他人の物の売買の場合には債務者主義の原則に戻るとか、債権者主義を商事売買ないし投機売買に限定するとかいう見解も現われたが、その後このような特殊な場合だけでなく、特定物売買一般について改正前534条1項の適用を制限する試みが積み重ねられている。実際には、不動産業界の建物取引においては、特約で債務者危険負担を決めていることが多いが、そうした明示の特約がなくても、当事者が、代金の支払と移転登記を引換えに行い、その時に所有権移転の効果も生ずると特約したような場合には、目的物についてその支配関係がその時に変更を生ずるものと約束したことになるから、危険負担についても、その時期まで改正前534条の適用を排除する趣旨の特約をしたものと解してよいとする見解もみられた（本書第3版参照）。

　また、不特定物に関する物権の設定または移転を目的とする双務契約について、401条2項の規定によって目的物が確定した時から債権者主義がとられる（改正前534条2項、債10(3)・(4)(イ)参照）ことについても、当初からの特定物について債権者主義の適用をできる限り制限すべきであるという観点からすると、種類物の場合は、他に同種の物が存在することを考えても、特定があったからといって直ちに債権者主義を適用することについてはなおさら慎重でなければならないと解されていた。

⑶　平成29年改正

　(ア)　改正の内容　　以上で述べたような学説の批判を受けて、平成29年改正においては、債権者主義を定めた改正前534条および535条を削除した。そして、債務者主義をとる改正前536条を存続させ

ているが、改正法における債務の履行不能および契約解除の扱いを
ふまえて、その内容を修正している。まず、債務の履行が不能にな
った場合について、従前は、債務が消滅するとされていた。しかし、
平成29年改正によって、債務そのものは消滅せず、債権者がその債
務の履行を請求できないにとどまることが明文で規定された（412
条の2第1項、債15(1)(イ)参照）。つぎに、従前は、契約を解除するた
めには、債務不履行が要件とされていて、債務不履行について債務
者に帰責事由が必要とされていた。すなわち、履行不能による解除
について、改正前543条は、帰責事由が必要であることを明文で定
めていた。また、履行遅滞による解除について、改正前541条は、
帰責事由の要否について言及していないが、帰責事由が必要である
と解していた。しかし、平成29年改正によって、債務が履行されて
いない場合には、それが軽微であるときを除いて、債権者は、契約
を解除することができるとして、帰責事由の有無を問題としていな
い（541条・542条、債100参照）。要するに、平成29年改正前の危険負
担制度は、双務契約の一方の債務が債務者の責めに帰することがで
きない事由によって不能になった場合に、その債務は消滅するが、
そのことによって、他方債務が消滅するか（債務者主義）消滅しな
いか（債権者主義）を定めるものであった。これに対して、改正後
の危険負担制度は、民法では、双務契約の一方の債務が当事者双方
の責めに帰することができない事由によって不能になった場合に、
その債務は消滅せず、ただ、債権者は、反対給付（他方債務）の履
行を拒絶できるにとどまることを定めるものとなった。したがって、
このような場合に、債権者が、自己の債務の負担を免れるためには、
契約を解除する必要があることになる。

　なお、契約各則には、危険負担に関連する規定が新設されていて、

それらの規定と危険負担に関する改正後536条との関係が問題となる。具体的は、売買契約、賃貸借契約、雇用契約、請負契約および委任契約であるが、これらの契約において、後述する。

　(イ)　改正後の危険負担（536条の内容）　　当事者双方の責めに帰することができない事由によって債務を履行することができなくなったときは、債権者は、反対給付の履行を拒むことができる（536条1項）。ここで、帰責事由というのは、平成29年改正前から用いられてきた用語であり（改正前415条）、一般に、故意または過失および信義則上これと同視すべき事由と解されてきた（債21(1)・22(3)・24(2)参照）。この規定は、売買契約における特定物の引渡債務に限らず、すべての双務契約に適用される危険負担の原則である。ただし、たとえば、前述の家屋の売買の例では、家屋の焼失は売主・買主のいずれの責めに帰することができない事由によるものであるから、売主の家屋引渡債務は履行不能になったのであるが、売主に対して、買主（債権者）は、代金の支払（反対給付）を拒むことができる（改正前とは反対の結果が生ずることになる）。また、劇団の出演契約においても、交通の途絶により出演できなかった劇団に対して、興行主（債権者）は、出演の報酬の支払（反対給付）を拒むことができる（改正前と同じ結果が生ずる）。もっとも、何日間かにわたって出演する契約であって、出演できなかったのはその一部にしかすぎない場合には、興行主が出演した分の報酬の支払を拒むことができないことはいうまでもない。なお、これらの例に関する訴訟において、履行拒絶の抗弁が認められるときは、債権者による反対給付の請求については、同時履行の抗弁（債93(2)(ア)参照）の場合と異なり、請求棄却の判決がなされることになる。

　これに反して、債権者の責めに帰すべき事由によって債務を履行

することができなくなったときは、債権者は、反対給付の履行を拒むことができない（536条2項前段）。たとえば、前述のような家屋の売買において、家屋の焼失が買主（債権者）の責めに帰すべき事由による場合には（買主が売主から家屋の鍵を借り受け、単独で下見をしたときに、その過失により家屋を焼失させたような場合）、買主は代金の支払を拒むことができない。また、劇団の出演契約においても、興行主の責めに帰すべき事由によって、劇団の出演ができなかった場合には（興行主の過失により劇場が焼失したような場合）、興行主は、出演の報酬の支払を拒むことができない。債権者の責めに帰すべき事由によって債務を履行することができなくなった場合に、不能となった債務の債務者（家屋の売主・出演を約束した劇団）が債務を免れたことによって、利益を得たときは、これを債権者に返還しなければならない（同条2項後段）。たとえば、家屋の売買において、家屋の売主が内部をリフォームして売主に引き渡すことを約束していたが、リフォームをする前に、家屋が買主の過失で焼失したために、リフォームの費用が不要になった場合、あるいは、劇団の出演契約において、劇場までの移動費用を劇団が負担することを約束していたが、劇場が興行主の過失により焼失したために、移動費用が不要になった場合などにおいて、債務者が支出しなくて済んだ費用を債権者に返還しなければならないことになる。

第5節　第三者のためにする契約

95　第三者のためにする契約の意義

(1)　意義　　A・B間の契約で、Bが第三者Cに対して100万円を給付する債務を負担する約束をすると、CはBに対する100万円

の請求権を取得する（537条1項。ただし、内容は改正前と変わっていない）。もっとも一般の場合には、Cは当然に利益を強いられるのではなく、その利益を享受しようという意思を表示して、はじめて権利を取得する（同条3項。改正前2項が繰り下げられた）。これを第三者のためにする契約という。しかし、このA・B間の契約が第三者のためにする契約だといっても、その契約は第三者Cに債権を取得させることだけを内容としているとは限らない。Aがある品物をBに給付しBがその代価である100万円をCに給付するようなこともある。そのときはA・B間の契約は売買であって、ただ代金を第三者に支払う特別の約束をしているにすぎない。また、すでに述べた弁済者のする供託についていえば、Aは弁済者に該当し、Bは供託所に該当し、Cは債権者に該当する。そして、A・B間の供託契約は、AからBに100万円を給付し、Bにこれを保管させ第三者Cに給付させようとするのであるから、一種の寄託契約であって第三者のためにする契約という形式をとる特殊なものだということになる（債66参照）。このように、第三者のためにする契約は、売買・寄託その他いわゆる典型契約と並べられるような特殊な契約の種類ではなく、各種の契約において、その効果である権利の一部が第三者について発生する特殊な態様にすぎない。これに関する民法の規定もこのような態様を有する契約についての通則を定めたものである。平成29年改正では、全体として、改正前の枠組みを維持しながら、いくつかの新たな規定を設けている。

(2)　成立要件　　第三者のためにする契約の成立要件として、特に注意すべきことは、契約当事者の一方B（諾約者）が、第三者に対して給付をすることを、単に相手方A（要約者）に対する債務として約束するのではなく、直接第三者に対する債務として約束する

ことである。たとえばすでに述べた履行の引受けなどでは、引受契約の当事者の一方（引き受ける者）が、相手方の第三者（その債務の債権者）に対する債務を弁済することを、単に相手方に対する債務として引き受ける（債権者は履行の引受者に対して直接に請求権を取得するのではない）のであるから、第三者のためにする契約とはならないのである（債55(4)参照）。

　かつて送金手段として利用されていた電信送金につき、Ｂ銀行（仕向銀行）が、Ａから電信送金の委託を受けて、Ｙ銀行（被仕向銀行）に対して第三者であるＸに支払われるべき金員の支払委託をした場合には、反対の事情が存しない限り、Ｙは、Ｂに対してはＸに対する支払の義務を負うが、Ｘに対してはそのような義務を負わない――つまり第三者のための契約に当たらないとした判例がある（最判昭和43・12・5民集22巻13号2876頁）。なお、現在決済手段として広く行われている振込取引について、依頼人と仕向銀行間の関係の法的性質について学説では争われていた。かつては、民法学を中心に第三者のためにする契約とする見解も多かったが、現在では、委任契約とする見解が通説となっている。

　また、契約が成立する時点において、第三者が存在しない場合、または特定していない場合であっても、第三者のためにする契約が成立するかどうかが問題となる。平成29年改正前においては、この点について明文の規定はなかったが、判例は、第三者のためにする契約が将来出現することが予想される者を第三者（受益者）としてなされた場合であっても、有効に成立するとしていた（最判昭和37・6・26民集16巻7号1397頁。設立中の宗教法人を第三者とする事案）。また、下級審裁判例においては、将来出生する子（胎児）を対象とする診療契約について、第三者のためにする契約と構成している判

決がみられる。このような判例に従って、平成29年改正では、第三者のためにする契約が、その成立の時に第三者が現に存しない場合または第三者が特定していない場合であっても、そのためにその効力を妨げられない旨を明文で規定した（537条2項）。

96 第三者のためにする契約の効力

(1) **第三者の権利** 第三者が直接に諾約者に対して権利を取得することが、第三者のためにする契約の中心的効力である。

(ア) **受益の意思表示** この効力は第三者が債務者に対して契約の利益を享受する意思を表示すること（受益の意思表示）を停止条件として発生する（537条3項）。前述の供託はこの受益の意思表示を必要としない例外である（498条1項、債68(1)参照）。また信託（信託4条参照）、第三者を保険金受取人とする保険契約（保険8条・42条・67条参照）なども同様の例外に属する。受益の意思表示によって第三者の権利が確定的に生ずるまでは、契約当事者は任意にこの権利を変更しまたは消滅させることができるが、第三者の受益の意思表示によりその権利が発生した後は、契約当事者は権利を変更しまたは消滅させることができない（538条1項）。

(イ) **諾約者の抗弁** 第三者の権利は要約者と諾約者の間の契約の効果として生ずるのだから、諾約者はこの契約から生ずる抗弁権をもって第三者に対抗できることは当然である（539条）。たとえば、前例の買主BがA・B間の売買代金100万円をCに給付するのであれば、BはAが品物を提供するまでは同時履行の抗弁権（533条）をもってCに対抗できる。

(ウ) **第三者の権利の内容** 第三者の取得する権利の内容は契約によって定まる。第三者に物権を取得させる契約をすることができるかどうかは、学者の間でしばしば問題とされる。しかし、たとえ

ば、Ａ・Ｂ間の契約で、ＡがＢに代金100万円を支払い、Ｂが特定の品物を第三者Ｃに給付する約束をすれば、その約束はもちろん有効である。のみならず、Ｃが受益の意思表示をすればその意思表示の効果として、単に品物の所有権を移転せよと請求する債権を取得するだけでなく、所有権も取得することは、物権変動に関する意思表示の効力として当然のことである。なぜなら、第三者のためにする契約は、普通、契約当事者に帰属する権利を第三者に帰属させようとするものである。したがって、Ａ・Ｂ間の売買契約で買主Ａが目的物の所有権も取得することができる以上、第三者も同様のことができるのは当然であるからである（物10(3)参照）。

(2)　要約者の権利　　第三者のためにする契約においては、要約者もまた、諾約者に対して、その第三者に対して負担した債務を履行すべき旨を請求する権利を取得するのが普通である。しかし、この権利は第三者の権利の目的を達することを促進するという従たる意義をもつだけである。したがって、諾約者が第三者に履行すれば、要約者のこの権利も消滅することもちろんである。そして、受益の意思表示により、第三者の権利が発生した後に、諾約者が第三者に対する債務を履行しない場合に、要約者は第三者の承諾を得なければ、契約を解除することができない（538条2項）。

(3)　補償関係と対価関係　　要約者が第三者に権利を取得させる契約をするのは種々の理由に基づく。供託では要約者（供託者）が第三者に対して負担する債務を弁済するためである。保険などでは贈与の意思であることが普通であろう。けれども、この関係は第三者のためにする契約の観念中には含まれない別個の関係である。要約者と諾約者との間の関係を補償関係というのに対して、要約者と第三者との間の関係を対価関係という。たとえば、Ｃから500万円

借金しているAが、Bと契約して、AがBに家屋の所有権を移転し、Bは代金500万円を直接にCに対する債務として負担し、それをAのCに対する借金の弁済に充てることにした場合を考えると、A・B間の第三者のためにする契約において、A・B間の家屋の移転は補償関係、A・C間の借金弁済の関係は対価関係である。したがって、補償関係は第三者のためにする契約の内容をなし、その効果に直接影響を及ぼすが、対価関係は別個の関係で何らの影響を及ぼさないことになる（A・C間に借金がなかったときにもCは債権を取得する。ただし、Aに対して不当利得となる）。

第6節　契約上の地位の移転

97　契約上の地位の移転

(1)　**契約上の地位の移転の意義**　　平成29年改正前においては、債権の譲渡に関する規定が置かれていたが、債務の移転に関する規定はなく、学説・判例による解釈論に委ねられていた。そして、民法が債権の譲渡について規定し、学説・判例が債務の引受けについて構成した理論は、既存の特定の債権・債務、たとえば建物の賃貸借契約における賃料についていえば、特定の月の賃料債権（将来の家賃でもよい）の貸主による譲渡もしくは同じく特定の月の賃料債務の第三者による引受けについてである。したがって、この債権の譲受人は賃貸借契約の解除権を認められることはないし、債務の引受人が取消権を行使することもありえない。言い換えれば、個々の債権・債務の移転に分解して、理論を構成することは必ずしも妥当ではなく、実社会においては、売主または買主の相続人が、契約上の地位を相続するのと同様の効果をもった契約当事者の交替を認める

ことが要請される。特に賃貸借などの継続的契約関係においてはそれが必要である。たとえばAがBに賃貸し、かつ引き渡している所有建物をCに譲渡した場合、その賃貸借は「建物の譲受人Cに対してその効力」を認められる。つまり契約上の地位がAからCに移り、それ以後家賃債権は原則としてCが取得するばかりでなく、将来賃貸借が終了した場合の敷金の返還義務もCが負担する。土地の賃貸借において賃借人がその賃貸借をもって土地の譲受人に「対抗することができる」場合にも同様に解すべきであると考えられる。最高裁は、借地人の側で新所有者への債務の移転を争った事案について、旧所有者の賃貸人としての権利義務を新所有者が承継するには、「一般の債務の引受の場合と異なり」賃借人の承諾を必要としないと判示している（最判昭和46・4・23民集25巻3号388頁・基本判例209）。これらは賃借人の保護に関連して法律の認める地位の移転であるが、学説は、同様のことは当事者の合意によっても可能であると解していた。そこで、売買契約上の買主の地位の移転、賃貸借契約上の賃貸人・賃借人の地位の移転等に限ることなく、一般的に契約上の地位の移転を認め、その要件・効果について論じていた。

　⑵　平成29年改正による規定の新設　　このような学説・判例をふまえて、平成29年改正では、債務引受に関する規定とともに、契約上の地位の移転に関する規定が置かれることとなった（これまで、学説では、債権譲渡・債務引受とあわせて論じられてきたが、改正法では、「第三者のためにする契約」の後に契約上の地位の移転に関する規定が置かれている）。

　新設された規定によれば、まず、契約上の地位に移転に関する合意は、契約の当事者の一方と契約上の地位を譲り受ける第三者との間の合意によって行われる。そして、その契約の相手方がその譲渡

を承諾したときに、契約上の地位は、その第三者に移転すると定められている（539条の2）。もちろん、契約の両当事者と譲受人の三者の合意によってできることはいうまでもない（債務引受と同様である）。

　契約上の地位が譲渡人から譲受人に移転することによって、契約関係に基づく権利義務は、取消権や解除権も含めてすべて譲受人に移転し、譲渡人は契約関係から離脱する（契約上の債務も免れる）。

　なお、不動産の賃貸借については、借地人である地位の移転について借地権設定者に承諾が強制されること（借地借家19条3項）、不動産の譲渡に伴う賃貸人である地位の移転について賃借権が対抗要件を備えている場合に当然に譲受人に移転すること、賃借人の承諾が不要とされることなど特則が設けられている（605条の2・605条の3。債133⑷⑷）。

第7節　契約の解除

98　解除の意義

　⑴　解除の意義と作用　　解除とは、契約の一方の当事者の意思表示によって、すでに有効に成立した契約の効力を解消させて、その契約がはじめから存在しなかったと同様の法律効果——現状に戻すための法律関係——を生じさせることである（解除の遡及効という）。したがって、解除をすると、契約から生じた債権・債務が、まだ履行されなかったときは、その債権・債務は消滅し、当事者はその履行を請求することができなくなる。もしまた一部または全部が履行された後であれば、その履行は債権・債務がないにもかかわらず履行されたことになるから、お互いにそれを返還しなければならない

ことになる。このような制度の実益は何であろうか。たとえば、当事者が不動産の売買契約の締結にあたって、将来一方当事者が欲する場合にはこれを解消して原状に戻すことができるようにしたいと考えた場合などにも利用できる（債117参照）。しかし、その実益の最も強く現われるのは、当事者の一方がその債務を履行しない場合に相手方の救済手段としてである。たとえば、売主が目的物を引き渡さない場合において、その債務不履行が売主の責めに帰することができない事由によるものでないときは、買主は、売主に対して、債務不履行を理由とする損害賠償の請求をすることができる（415条）。また、買主は、あくまでも目的物の引渡しを売主に請求し、売主が任意にその債務を履行しないときは、これを強制履行の手段によって実現することも可能ではある（414条参照）。しかし、そのときにも、買主は自分の債務を履行する義務を免れるものではない。そこで、契約を解除して、自分の債務を消滅させ、すでに代金を支払ったのであればその返還を求め、もしまだ支払っていないときはこれを支払う義務を免れて、同じような目的物を他から買い受けて自分の需要に充てる途を講ずることがはるかに適切なことが多かろう。ことにわが民法は、後に述べるように、債務が履行されないことを理由として契約を解除するときは、自分の債務は消滅するが、相手方の債務不履行から生ずる損害賠償請求権はなお存続するものとしているから、特に双務契約においてその実益がはなはだ大きいのである。

(2)　解除に類似した制度

(ｱ)　告知・解約　　解除遡及効を重視する見解によれば賃貸借・雇用・委任のような継続的な契約関係を終了させて、将来に向かってその契約の効力を消滅させることは解除ではないことになる。こ

れらの場合には契約ははじめから存在しなかったと同様の効果を生ずるのではないからである。そこで、多くの学説は、将来に向かって契約の効力を消滅させることを解除と区別する趣旨で告知（あるいは解約告知）と呼んでいる（ドイツ語の Kündigung の訳である）。しかし、民法はこれらについても解除という文字を用いている（620条・626条・628条・630条・651条・652条参照）。解除と告知を区別すべきとする見解によれば、民法の用語法は正確でないことになるが、本書では、民法に従って解除という用語で統一し、必要に応じて告知であることを注記している（その理由は、告知ということばが日常的に用いられている意味と異なり、分かりにくいからである）。なお、民法は期限の定めのない継続的契約を終了させることを解約ともいっている。一定の猶予期間を経てから効力を生ずるのが常である（617条・618条・627条等参照）。

　(イ)　失権約款　　当事者は一定の事実が生ずれば契約は当然効力を失う旨を約束することもある。これは一種の解除条件であって、特に失権約款と呼ばれる。その事実の発生によって、契約がはじめから存在しなかったと同様の効果が生ずる（127条3項参照）。しかしその場合も、解除とは異なる。解除は一方の意思表示によって効果が生ずるのであって、失権約款のように意思表示をまたずに当然効力を生ずるものではないからである。

　(ウ)　合意解除（解除契約）　　契約の当事者は新たな契約によって、前の契約の効力をはじめからなかったものとすることもできる。これを合意解除（解除契約）という。強行法規に触れない限り、当事者はその内容を自由に定めることができる。ただし、第三者の権利を害しえないことはいうまでもない（最判昭和38・2・21民集17巻1号219頁・基本判例250）。合意解除も民法の解除とは異なる。解除

は一方の意思表示だけで効力を生ずることがその特色である。

　合意解除の効果は、公序良俗違反や強行法規に違反しない限り、合意によって自由に定めることができる。大学の入試合格者が納付した授業料等を返還しないという合意がある場合でも、大学の入学年度がはじまる４月１日より前の時期に在学契約を解除した学生に対しては、消費者契約法９条１号に基づき大学は納付済みの授業料等を返還する義務を負うとされた事例（最判平成18・11・27民集60巻９号3437頁）や、外国語会話教室の受講契約の解除に伴う受講料の清算について定める約定が、特定商取引に関する法律49条２項１号に定める額を超える額の金銭の支払を求めるものとして無効とされた事例がある（最判平成19・４・３民集61巻３号967頁）。

99　約定解除権の発生

　解除は、契約当事者の一方の意思表示で効力を生ずるものであるから、その当事者は解除できる権利をもつ場合でなければならない。そして、この権利はその当事者間の契約によって生ずることがある（540条参照）。これを約定解除権という。売買の当事者が手付を交付した場合の解除権（557条参照）、買戻しをするための解除権（579条参照）などはその適例である。しかし、契約によってつぎに述べる法定解除権の発生要件の変更を加えた場合（たとえば履行遅滞があれば催告を要せず解除できる）は、法定解除として取り扱う――特約事項以外は法定解除の規定を適用する――べきである。

　約定解除権は、必ずしも当初の契約において留保される必要はない。その後の契約によってこれを取得することもできる（ただし579条は特例、債118⑴参照）。民法540条から548条までの規定はすべての解除に共通な一般法則であるから、債務不履行を理由とする解除権の発生要件に関する541条から543条までの規定を除いては、約

定解除権についても適用される。もっとも当事者が解除権の留保を約束するとともにその効果などについても特別の約束をすれば、これに従うべきことはもちろんである。また解除の結果として生ずる損害賠償請求権（545条4項）は、債務不履行を理由とするものであるから、約定解除においては原則としてこのような権利を生じないことはいうまでもない（557条2項参照）。

100　法定解除権の発生

　法律の規定によって生ずる解除権を法定解除権という。平成29年改正前においては、解除権が生ずる場合について、履行遅滞等による解除権（改正前541条）、定期行為の履行遅滞による解除権（改正前542条）および履行不能による解除権（改正前543条）の3つを規定していた。そして、履行不能による解除権について、「その債務の不履行が債務者の責めに帰することができない事由によるものであるときは」、債権者は解除できないと規定していて、債務者に帰責事由のあることを解除の要件とする旨を明文で規定していた（ただし、帰責事由の立証責任は債務者にあり、債務不履行が債務者の責めに帰することができない事由によるものであることを債務者が立証しなければならないとされていた）。そして、履行遅滞等による解除権、定期行為の履行遅滞による解除権については、規定の文言上明確ではないが、履行不能との均衡上、これらの場合にも、債務者に帰責事由のあることが解除の要件であると解されてきた。そこで、多くの教科書では、債務不履行の3態様（履行遅滞、不完全履行および履行不能）のそれぞれについて、解除権の生ずる要件も異なるとして、その態様ごとに解除権の生ずる要件を論じていた（本書第3版も同様である）。もっとも、各種の契約については、特殊の解除権を認める場合も少なくない。とくに継続的契約関係（賃貸借、雇用、委

任など）では、それぞれに特有の事由が生じた場合に、解除に関し特殊な要件・効果が定められている（これらについては、それぞれの契約のところで後述する）。また、民法に規定はないが、判例は事情変更の原則による解除権の発生を認めている（債87(2)参照）。なお、債権者の受領遅滞を理由に債務者に解除権を認めるべきかどうかについては、すでに述べたところである（債32参照）。

　このようなこれまでの解除権の構成に対して、平成29年改正では、まず、解除の要件について、債務者の帰責事由を不要とした。その結果、債務者に帰責事由がない場合であっても、債権者は契約の解除ができることになった。たとえば、AがBから材料を買い受け、製品を製造し、他に売却するような場合に、自然災害によって、BがAにその材料の引渡しをできないときは、改正前には、契約解除ができなかったが、改正によって、Aは、契約を解除し、他の事業者から同じ材料を買い受け、予定していた製品を製造することができることになる。このように、一方で、解除できる場合が広くなったが、他方で、軽微な債務不履行については、解除権が発生しないとされている。要するに、改正では、解除制度に大きな修正が加えられている。また、解除の類型についても、催告による解除と催告によらない解除とに分けている。

　(1)　**催告による解除**　　実質的に改正前の541条の規定を維持しながら、解除が認められない場合をただし書で追加したものである。

　当事者の一方がその債務を履行しない場合に、相当の期間を定めて履行を催告し、相手方がなおその期間内に履行しないときにはじめて解除権が生ずる（541条本文）。当事者の一方が債務を履行しない場合であっても、普通の契約と履行期が特に重要な意義を有する契約（定期行為）とを区別しなければならない。なぜなら、民法は、

履行期において、未だ債務を履行していない者はもちろん履行義務に違反をしているのであるが、これを理由として相手方に契約を解除することを許すには、普通の契約の場合には、なお一応最後通牒として、履行の催告をさせるのが妥当だと考えているからである。そこで、定期行為については、催告によらない解除が認められている（542条1項4号）。平成29年改正前から、解除の前提となる催告のほかいくつかの問題について、論じられてきたが、その多くは改正後も解釈上の問題として残されている。

　(ア)　相当の期間を定めた催告　　契約当事者の一方は、他方に対して相当の期間を定めて履行を催告しなければならない。相当の期間がどれくらいかは、各場合について、債務の内容および取引慣行と信義の原則によって決定するほかはない。注意すべきは、すでに債務の履行期は来ていることが建前であるから、これから履行の準備をはじめると仮定してではなく、大体の準備ができているものと仮定して履行を完了するに必要な期間を計算すれば十分なことである。問題は、催告期間が不相当に短い場合には、あらためて相当の期間を定めて催告をやり直さねばならないか、それとも、客観的にみて相当の期間を経過すればそのままで解除できることになるか、という点である。判例は、以前には催告のやり直しをせよといい、有力な学者の賛成もある。しかし、もともと債務不履行にある相手方についてそれほどまでの立場を認める必要はあるまい。判例も次第にその見解を改め、さらに進んで単に速やかに履行せよ、という旨の催告をした場合でも、事情によってはそれから相当の期間を経過すれば解除権を生ずると判示するようになった（大判昭和2・2・2民集6巻133頁）。なお、催告は履行を督促すればよいのであって、遅れれば解除するという注意を与える必要はない。なお、賃

貸借契約において信頼関係が破壊された場合に、無催告解除が認められることがある（債135⑴㈔(b)参照）。

　㈔　相手方に同時履行の抗弁権がある場合　　すでに述べたように、平成29年改正によって、債務を履行しないことについて、相手方に帰責事由がない場合であっても、解除権の行使は妨げられないこととなったが、これと関連して最も重要なことは、相手方が同時履行の抗弁権を有する場合には、自分の債務を提供しておかなければ解除ができないことである（債22⑸・93⑵㈔参照）。その提供の程度は一般に信義の原則に従って妥当に決すべきことはすでに詳しく述べたが（債61参照）、解除の場合には、さらに両当事者の態度などから適当に考慮する必要がある。厳格な理論からいえば、解除しようとする者は催告後の相当期間の間中この提供をし続けなければならないことになる。しかし、相手方の不誠実な場合にもこの理論を貫くことははなはだ不公平になる。そこで、一度完全な提供をすれば、それから後は、相手方が履行をするならこっちもそれに応じて履行することができる程度の準備をしておけばよいとされている（最判昭和34・8・28民集13巻10号1301頁）。のみならず、相手方が単なる遅延ではなく、履行拒絶の不誠意を有するようなときは、催告をする者のすべき提供の程度も信義の原則によってずっと軽減され、時にはほとんど提供を要しない、と解釈されている（最判昭和41・3・22民集20巻3号468頁・基本判例208（債93⑵㈔））。双務契約上の債務が同時履行の関係に立つ場合に、双方とも期限に履行の提供をしなかったときには、契約を解除しようとする当事者は、催告で示した履行期日に履行を提供して解除することができる（最判昭和36・6・22民集15巻6号1651頁・基本判例210）。

　㈺　履行の提供による解除権の消滅　　相手方が相当の期間内に

履行をしないときは解除権を生ずる。しかし、まだ解除の意思表示をしないでいる間に、本来の債務の履行を提供したときは、一度生じた解除権はこれによって消滅すると解すべきである。この場合になお解除権の存続を認めることは解除制度の目的からみて過ぎたものだからである。ただし、相手方の履行しないことがその責めに帰することができない事由によるものでないときは、それによって生じた損害（履行遅滞による損害）も加えて履行の提供をしなければならない。

　(エ)　債務の不履行が軽微である場合　　債務の不履行がその契約および取引上の社会通念に照らして軽微であるときは、解除権は発生しない（541条ただし書）。新たに定められたこの規定は、債務不履行が軽微であるときには、解除権が発生しないことを定めるとともに、その判断基準を明らかにしたものである。この判断基準は、債権者と債務者間の関係を規律する原理の1つである信義則を具体化したものということができよう（平成29年改正によって、同様の判断基準が定められた規定として、415条、483条がある）。

　(オ)　債務の一部が履行されていない場合　　平成29年改正では、後述するように、一部の履行不能または一部の履行拒絶を理由に契約の一部を無催告で解除する旨の規定を置いたが（542条2項）、債務の一部が履行されていない場合（履行）遅滞については、明文の規定はない。そこで、履行遅滞が債務の内容の一部について生じたときはどうかという問題は、改正前と同様に、解釈に委ねられている。もし履行された一部分だけでも一部の目的を達するものなら残部についてのみ解除することができ、それだけでは何らの目的を達しえないものであるときは全部を解除することができ、さらに残部がきわめて軽微なものであれば残部についても解除することはでき

ないと解すべきである。同時履行の抗弁権について述べたところと同様である。信義誠実の原則の要求するところだからである（債93⑴(ウ)参照）。

　(カ)　複数の契約の１つの履行遅滞　　なお、同一当事者間の債権債務関係が形式上２個以上の契約から成る場合であっても、それらの目的とするところが相互に密接に関連付けられていて、社会通念上、それらの契約のうちのいずれかが履行されるだけでは契約を締結した目的が全体としては達成されないと認められるときには、１つの契約上の債務の不履行を理由に、その債権者は、法定解除権の行使として甲契約と併せて他の契約をも解除することができると解されている（最判平成８・11・12民集50巻10号2673頁・基本判例214。同一当事者間でいわゆるリゾートマンションの区分所有権の売買契約と同時にスポーツクラブ会員権契約が締結された場合において、区分所有権の得喪と会員たる地位の得喪とが密接に関連付けられているなどの事実関係があるときは、屋内のプールの完成の遅延という会員権契約の要素たる債務の履行遅滞を理由として、区分所有権の買主は、民法541条によりその売買契約を解除することができるとした）。

　(2)　催告によらない解除　　平成29年改正前においては、催告をせずに直ちに解除できる場合として、定期行為の場合（改正前542条）と履行不能の場合（改正前543条）を別に規定していた。しかし、平成29年改正では、これらを含めて、債務不履行により契約の目的を達成することが不可能になった場合として、１ヶ条にまとめて、催告を要せずに解除できるものと整理している（542条）。

　(ア)　契約全部の解除　　まず、以下に掲げる場合には、契約の全部を解除することができる（同条１項）。

　(a)　履行不能（同項１号）　　債務の全部の履行が不能である場

354

合である。履行不能の意義については、すでに詳述した（債24参照）。ただし、履行不能について、債務者の責めに帰することができない事由による場合であっても、債権者が契約を解除できることは、前述のとおりである。履行不能の場合には、履行がもはや不可能である以上、催告する意味はなく、催告をせずに解除できるのはもとより当然であろう。なお、履行期に履行の不能なことが確実であれば、あえて履行期の到来をまたずに解除しうると解すべきことも履行不能に関連して一言したとおりである。この場合にも履行期をまつべしとすることは全く無意味だからである。ただし、売買の目的である家屋が履行期前に焼失したようなときは、履行期に不能なことは確実だが、請負人が仕事を進捗させないので履行期までに完成することが不能とみられるような場合（大判大正15・11・25民集5巻763頁）は、はたして不能かどうかは取引慣行と社会通念とに従って慎重に決しなければならない（ただし、平成29年改正により、このような場合には、後述する(e)の解除が問題となる）。

　(b)　履行拒絶（同項2号）　　債務者がその債務の全部の履行を拒絶する意思を明確に表示したときである。平成29年改正では、債務不履行について、履行に代わる損害賠償の規定が新設されたが（415条2項）、その事由として、履行不能（同項1号）と履行拒絶（同項2号）があげられている。解除についても同じ扱いをする趣旨である。また、ここで、履行拒絶の意思を明確に表示したというのは、単に履行を拒んだというだけではなく、履行拒絶の意思がその後に翻されることが見込まれない程度に確定的であることが必要であるとされている（415条2項2号でも同じ表現がとられている。債25(1)参照）。

　(c)　一部の履行不能・履行拒絶（契約目的不達成）（542条1項3

号）　　債務の一部の履行が不能である場合または債務者がその債務の一部の履行を拒絶する意思を明確に表示した場合において、残存する部分のみでは契約をした目的を達することができないときである。一部の履行不能、履行拒絶については、それに応じて、契約の一部を解除することができるが（(イ)で後述する）、残存する部分のみでは契約をした目的を達することができない場合には、契約の全部を解除することができる。

(d)　定期行為（同項4号）　　契約の性質または当事者の意思表示により、特定の日時または一定の期間内に履行をしなければ契約をした目的を達することができない場合において、債務者が履行をしないでその時期を経過したときである。このように、その履行期限に遅れて履行されたのでは債権者にとって契約の目的を達することのできない種類の契約を定期行為と呼んでいる。宴会の料理や、列車で出発する人に贈る花束、商人が顧客に中元として贈与するうちわなどを給付する契約がその例である（大判大正9・11・15民録26輯1779頁・基本判例212）。この場合にも履行期に履行することは可能だったのだから、観念上は履行遅滞であって履行不能ではない。しかし、この場合には、最後通牒をして履行を催告させることは全く無意味だから、催告をしないで直ちに解除できるものとしたのである。同条は契約の性質上定期行為とされるもののほかに、当事者の意思表示によって定期行為となるものもあるとしている。学者は前者を絶対的定期行為、後者を相対的定期行為という。相対的定期行為となるためには、単に当事者が期限を厳守すべきことを約束しただけではなく、特に契約の動機を示し、普通の場合では定期行為となるものではないが、この場合には特に期限を厳守してもらわなければ非常な不利益のあることを示したような場合だと考えねばなら

ない（外国に行く人に贈る版画の注文などは相対的定期行為となりうるであろう）。なお、定期行為の解除においてもこの催告の不要という点を除いては、普通の遅滞と同様の要件を必要とすることはいうまでもない（たとえば解除の意思表示は必要（ただし商525条参照））。これは履行遅滞の一態様だからである。

　(e)　履行される見込みがない場合（542条1項5号）　　(a)から(d)に掲げる場合のほか、債務者がその債務の履行をせず、債権者が541条の催告をしても契約をした目的を達するのに足りる履行がされる見込みがないことが明らかであるときである。

　㈦　契約の一部解除　　つぎに、以下に掲げる場合には、契約の一部を解除することができるとしている（542条2項）。

　(a)　一部の履行不能（同項1号）　　債務の一部の履行が不能であるときである。ただし、㈠で述べたように、一部の履行不能であっても、残存する部分のみでは、契約をした目的が達することができないときは、契約の全部を解除できる。

　(b)　一部の履行拒絶（同項2号）　　債務者が一部の履行を拒絶する意思を明確に表示したときである。この場合においても、一部の履行拒絶であっても残存する部分のみでは、契約をした目的を達することができないときは、契約の全部を解除できる。

　⑶　不完全履行による法定解除権の発生　　不完全履行という観念およびその要件はすでに述べた（債23参照）。これを理由として解除するためには、そのとき一言したように、いわゆる追完を許す場合には、履行が可能であるにもかかわらず、完全な履行がなされていないのであるから、541条が適用され、相当の期間を定めて追完するように催告をし、その期間内に追完がなされないときは、解除することができると解される。これに対して、追完を許さない場合

には、もはや完全な履行はなされ得ないのであるから、542条が適用され、催告をすることなく、直ちに契約を解除することができると解される。なお、いずれの場合においても、不完全履行について、債務者に帰責事由のあることが必要でないことはいうまでもない。

(4)　債権者の責めに帰すべき事由による債務の不履行の場合　平成29年改正において、債務の不履行が債権者の責めに帰すべき事由によるものであるときは、債権者が解除できない旨の規定が新設された（543条）。このような規定が設けられたのは、債務不履行について帰責性が認められている債権者が解除によって、契約の拘束力から解放されること（反対債務を免れることになる）は妥当でないと考えられたためである。危険負担に関して、債権者の責めに帰すべき事由によって債務の履行ができなくなったときに、債権者が反対債務の履行を拒むことができない（536条2項）。なお、「責めに帰すべき事由」あるいは「責めに帰することができない事由」という表現は、さまざまな場面で用いられているが（債務不履行による損害賠償を定めた415条1項、危険負担に関する536条、解除に関する543条）、その具体的な判断は、それぞれの具体的な制度趣旨とも関わるために、必ずしも同じであるとはいえない。今後の解釈に委ねられた問題であるといえよう。

(5)　継続的契約の解除　以上に述べてきた法定解除の要件は、一般に一時的な契約を前提として構成されているのであるが、継続的契約の場合には、契約の継続中に履行遅滞、履行不能および不完全履行と異なる義務違反行為、たとえば賃貸借契約における用法遵守義務違反、無断譲渡転貸のようなものが生ずることもあるし、やむをえない事情、たとえば雇用契約における使用者の経営不振のようなものが生ずることもあるし、相手が信頼できなくなること、た

とえば委任契約において委任者が受任者の能力不足に気がつくこと
などが生ずることもあるので、それぞれに催告しないで解除するこ
と（即時解除）が認められ、解除の効果も遡及しないことになって
いる。したがって、継続的契約における解除の法理は解除の一般的
法理と異なるのである。これについては、それぞれの継続的契約の
ところで、具体的内容を後述する。

101　解除権の行使

(1)　**解除の意思表示**　　解除権は相手方に対する意思表示によっ
てこれをする（540条1項）。一度解除をした以上は撤回できない
（同条2項）。解除権は形成権の一種であり（総156(2)参照）、その法
律効果は解除によって当然に生ずるので、自由にその撤回を認めて
は相手方の利益を不当に侵害するおそれがあるからである。

(2)　**条件付解除の禁止**　　解除権の行使には条件を付することが
できないと解されている。解除のような単独行為に条件をつけるこ
とを許すと、法律関係が不確実となって相手方を不当に不利益に陥
れるからである。相殺に条件をつけることを許さないのと同様の趣
旨である（506条1項、債74(1)、総135(3)参照）。しかし、催告をする
際に、1週間以内に履行しなければあらためて解除の意思表示をし
なくても契約は解除されたものとする、というような意思表示をす
るのは、一種の停止条件付解除には相違ないが、この条件によって
相手方を特に不利益に陥れるものではないから、なお有効である。
実際上きわめて多く行われる。

(3)　**解除権不可分の原則**　　契約の当事者が多数ある場合に、そ
の一部の者との間にだけ契約解除の効果を認めることは法律関係を
はなはだしく紛糾させる。したがって、民法は、解除しようとする
ほうの当事者が多数あるときは、その全員から解除しなければなら

ず、また、解除されるほうの当事者が多数あるときは、その全員に
対して解除をしなければならないと定めた（544条1項）。解除権不
可分の原則という。この原則の結果、契約の当事者が多数ある場合
にそのうちの1人の有する解除権または1人に対する解除権が消滅
したときは、他の者についても解除権が消滅するとするか、あるい
は他の者について解除がなされればやはり全員について解除の効果
が生ずるとするか、そのいずれかの途をとらねばならない。そこで
民法は全員について消滅すると規定した（同条2項）。同様のこと
は不可分性を有する地役権についても生ずる。しかし民法の態度は
両者において正反対である（地役権に関する284条参照）。地役権はな
るべく存在させたいが、解除権はなるべく存続させたくない——せ
っかく結ばれた契約だからなるべく維持したい——という趣旨なの
であろう（物68(3)(ウ)参照）。

102　解除の効果

　解除の効果は、契約がはじめから存在しなかったと同様の法律的
効果を生ずることと、それにもかかわらず、解除された契約につい
てすでに債務不履行のあった者はその損害を賠償しなければならな
いことである。

　(1)　契約の効果の遡及的消滅　　契約が最初から存在しなかったと
同様の法律効果とは、いいかえれば、契約から生じた法律効果が遡
及的に消滅することである。売買に例をとって、具体的に検討して
みよう。

　(ア)　給付義務の消滅　　もしまだ売主Aも買主Bも何らの履行を
していない場合に契約が解除されれば、Aは目的物の所有権をBに
移転する義務を免れ、Bは代金支払の義務を免れる。ただ解除の原
因を作った有責者に賠償義務が発生することがあるのは別問題であ

る（以下同じ。後述(2)参照）。

　(イ)　原状回復（直接効果説と間接効果説）　　Aはその債務を履行
したのに、Bが代金を完済しないために、Aが解除した場合には、
Bは権利がないのに目的物を受領したことになるから、これをAに
返還しなければならない。Aも代金の一部を受領していれば、これ
をBに返還しなければならない。これを解除による原状回復義務と
いう（545条1項本文）。売買の目的物が不動産で、Bが移転登記を
済ませたり、引渡しを受けたりしていれば、それぞれ原状を回復す
るのに協力する義務を負うのである。もっとも、この原状回復義務
と物権変動との関係を理論的にどのように構成するかについては学
説が分かれている。売買契約が解除されても、いったんBに移った
所有権は当然にAに復帰するのではなく、BはそれをAに返還する
義務を負うにすぎないと解する説もある（間接効果説）。しかし、わ
が民法の解釈としては物権変動を目的とする独自の意思表示は要求
されていないとする学説および判例の理論によれば（物10(3)で詳し
く述べた）、売買契約の解除によってBが所有権返還の義務を遡及
的に負担すれば、その効果として所有権も遡及的にAのもとに復帰
することになる（直接効果説。大判大正10・5・17民録27輯929頁）。
その限りでは、売買が何らかの理由で取り消された場合と異ならな
い。

　(ウ)　第三者の権利の保護　　このような理論をとると、Bが解除
以前に売買の目的物、たとえば建物を第三者に譲渡でもしていると
きは、この第三者までが解除によってその権利を失うことになる。
A・B間で一応有効に成立した契約が、履行上の理由で解除された
とばっちりを第三者に及ぼすのは行きすぎなので、民法は第三者の
権利を害することはできないと規定する（545条1項ただし書、制限

行為能力を理由とする取消しとその効果を異にする点を注意すべきである）。もっとも、この第三者はたとえ解除前に目的物の所有権を取得してもそれについて対抗要件（登記または引渡し）を取得していない間に解除された場合には、所有権は解除者のもとに復帰すると解すべきである（前掲大判大正10・5・17）。この第三者はいまだその目的物の取得をもって解除者に対抗できない状態にあるからである。もっとも、解除はしたがAがまだ引渡しを得、または登記を回復しないでいる間に第三者が対抗要件を具備すれば、解除者はこれに対抗できないと解すべきである。ちなみに、解除によって遡及的な物権変動は起きないとする説によれば、545条1項ただし書は無意味な規定となる。

　㈒　価格返還の場合　　家屋を売ったのではなく、米のような消費物を売ってその物を相手方が所持していない場合や、請負契約の履行として仕事をした場合などに、解除をしても、現物を返還させることはできない。このような場合に解除をすることは実際上はまれであろうが、理論上はもちろん解除ができる。その場合には給付した時のそのものの価格を返還すべきものと解さねばならない。

　㈓　返還すべき金銭と利息　　解除の結果、金銭を返還すべき場合はきわめて多い。買主が代金を支払ったが売主が品物を渡さないので解除したときなどは常にそうである。そのときには、返還すべき金額に受領の時から利息をつけなければならない（545条2項）。

　㈔　返還すべき物と果実　　また、解除の結果、金銭以外の物を返還するときは、その物だけでなく、その物を受領した時以後に生じた果実も返還しなければならない（545条3項）。金銭に利息を付すことに合わせた規定であるが、平成29年改正で新設された条文である。なお、判例は、物を返還するときは、その物の使用利益も返

還しなければならないとしている（最判昭和34・9・22民集13巻11号1451頁、最判昭和51・2・13民集30巻1号1頁。ただし、いずれも平成29年改正前の判決である）。

(2)　**解除と損害賠償**　　契約が解除された場合において、債務不履行の責任のある当事者は損害を賠償すべきである（545条4項。改正前3項が繰り下げられただけで、その内容は変わっていない）。ただし、平成29年改正によって、債務者に帰責事由のあることは解除の要件とならなくなったのであるから、契約が解除されても、債務の不履行について債務者に帰責事由がなければ、債務者が債務不履行に基づく損害賠償義務を負うことはない。

解除によるこの損害賠償義務について、理論的に考えると、解除によって契約の効果が遡及的に消滅するなら債務もはじめからなかったことになるから、債務不履行の効果も消滅するといわねばならないように思われる。そこで、解除による損害賠償は、債務不履行に基づくのではなく、契約が有効と信頼したことによる利益の喪失に基づくものだという学説も有力である。しかし、法律が特に損害賠償の効果だけは解除によって影響されないという理論を認めてもあえて妨げのないことである（大判昭和8・2・24民集12巻251頁は、契約が解除されても債務不履行によって生じた損害賠償の請求は妨げられないとしている）。

このように解除の結果請求できる損害賠償は債務不履行を理由とするものだとすると、その範囲・方法などはことごとく前述した債務不履行の理論に従うことになる（債26(2)・(3)参照）。もっとも、解除と損害賠償の関係については特に注意すべき点がある。その1つは、物の給付を目的とする債務の不履行により契約が解除された場合の損害は、原則として解除当時におけるその物の時価が標準とさ

れ、履行期の時価でないことである（最判昭和28・12・18民集7巻12号1446頁）。その2つは、解除によって解除権者は債務を免れるのだから、損害賠償の範囲からこれを控除すべきことである。たとえば10万円で布地の売買が行われたのに、15万円に騰貴したので、売主が布地を引き渡さず、買主が代金を支払わず解除したとすれば、損害賠償額は15万円だが、買主の免れた代金10万円を控除すべきことになる。反対に、値下りとなって布地は6万円になったので、買主が代金は支払わず、売主が解除したとする。損害賠償は10万円と遅延利息（419条1項参照）だが、売主は布地を給付する債務を免れ現に6万円の価値ある布地を利得している——あるいはその返還を請求しうる——のだからその価額を控除すべきである。

(3)　解除と同時履行　　解除の結果生ずる原状回復の義務と損害賠償義務とは両当事者について生ずることもありうる。その場合には両者の有する義務は同時履行の関係に立つ（546条。533条を準用している）。

103　解除権の消滅

解除権の特殊な消滅原因はつぎのとおりである。

(1)　催告による解除権の消滅　　相手方の催告（547条）。相手方をして解除されるかもしれないという不安定な状態に長くとどまることを避けさせようとする趣旨である。約定解除に適用が多い。

(2)　損傷等による解除権の消滅　　解除権者が、契約の目的物を、その故意または過失によって著しく損傷しもしくは返還することができなくなったこと、または加工もしくは改造によって他の種類の物に変えたこと（548条）。このような場合にも、価格返還で原状回復は可能ではあるが、それでは相手方の立場は十分に保護されないとみたのである。したがって、契約の目的物というのは債務の履行

として給付されたものを指す。なお、平成29年改正前においては、フランス民法（1042条、1245条［現行1342-5条。過失という語は削除されている］。ただし、解除権の消滅に関する規定ではない）にならって、「行為または過失」と規定されていたが、学説では、故意または過失と同意義であると解されていたので、そのように改められたのである。また、改正前548条2項は、解除権者の行為等によらないで目的物が滅失した時には、解除権が消滅しない旨を定めていたが、確認的な意味を有するに過ぎない規定であるとともに、解除権が消滅しない場合を網羅していない点でかえって有害であることから、削除された。

　(3)　履行の提供による解除権の消滅等　　履行延滞によって解除権が発生した後にも十分な提供をすれば、解除権が消滅すること（債100(1)(ウ)参照）、および契約の当事者が多数ある場合には1人について消滅すれば他の者についても消滅すること（債101(3)参照）はすでに述べた。

　(4)　時効による解除権の消滅　　解除権は債権ではなく一種の形成権である。しかし取消権と異なり独自の存続期間が定められていない。したがって、その時効期間は20のようにも解される（166条2項参照）。しかし、解除権についても消滅時効を認めるなら、これを行使して生ずる原状回復義務と同一の期間の消滅時効にかかると解すべきである。判例・通説の見解であり、一応もっともである（総156(2)参照）。たとえば、契約成立後に債務者の責めに帰すべき事由による履行不能が生じ、解除権が発生すると、契約上の債権は契約の時から5年または10年で消滅時効にかかるのに、解除権は不能になった時から20年存続し、その間に解除権が行使されると、原状回復請求権および損害賠償請求権が発生し、さらに10年は存続する

ことになる。これは到底是認しえない。さらに遡って考えると、形成権である解除権はそれ自体としては内容のないものであって、契約を解消させて、原状回復や損害賠償を請求する手段にすぎない。したがって両者を一体とみて、形成権の存続中に両者を主張しなければならないと解するのが正論であろう（総134・156(2)参照）（その意味で解除権に存続期間の定めがないのは欠陥である）。

　(5)　**権利失効原則による解除権の消滅**　　形成権である解除権には民法の消滅時効の適用はなく、時の経過その他でその行使が信義則に反する場合には権利失効の原則だけが適用されるという上告理由に対して、長期にわたる不行使による権利失効のありうることを認めながらも、その事件についてはこれを否定した注目すべき判例がある（最判昭和30・11・22民集9巻12号1781頁・基本判例2）。

第8節　定型約款

104　定型約款

　19世紀後半になって、社会における経済の発展に従って、同じ類型の取引を大量に行われるようなり、それを画一的に処理するために、契約当事者の一方が作成した定型的な契約条項が用いられるようになった。一般に、約款と呼ばれているが、今日では、各種の保険、電気・ガス・水道の供給、鉄道・バス・船舶・航空機による運送、銀行取引などあらゆる分野においてみられる現象である。このような定型的な契約条項について、ドイツでは**普通取引約款**（allgemeine Geschäftsbedingungen）という用語が用いられ、フランスでは**付合契約**（contrat d'adhésion）という用語が用いられ、視点は異なるが、そこに含まれる法的な問題が同じように論じられてきた。

　当初は、個別的な契約において契約当事者の意思の合致に契約の拘束力の根拠を求める考え方からすると、このような定型的な契約が当事者（とくに消費者のように、定型的契約条項を作成していない者）を拘束するのか、拘束するとすれば、その根拠は何かという問題が論じられてきた。日本においても商法学者を中心に、約款の拘束力について、法規説（取引社会における自治法とみる）、契約説（当事者が約款によるという意思を有しているあるいはそのような慣習があるとする）、制度説（法規範と契約規範との間にある制度規範ととらえる）など多くの見解が主張されてきた。また、火災保険約款に含まれる条項について、意思推定説をとった判例もみられた（大判大正4・12・24民録21輯2182頁）。このような拘束力に関する議論は、拘束力を認めたうえで、それをどのように説明するかという点に重点が置かれていたと評価されている。

　第二次大戦後においては、むしろ、契約当事者の一方（多くの場合に、事業者）が契約条項作成するために、不公正な条項が生じやすく、不公正な条項をどのように規制するかという問題が取り上げられるようになった。ドイツでは、1976年に約款規制法が制定されている。また、フランスでは、1978年に濫用条項の規制に関する法律が制定された（その後、消費法典に組み込まれている）。日本でも、この問題が取り上げられてきたが、約款の許認可制、標準約款制などを通じての行政指導や自主的な約款の改定などによって、当事者（特に消費者）の保護が図られてきた。また、消費者契約法（平成12年法61号）などによって、一定の不当条項が無効とされている。

　なお、約款の解釈についても、通常の契約の解釈と異なる点のあることも指摘されている（たとえば、作成者不利の原則をとるべきことなどが主張されている）。

　このような状況において、平成29年改正において、民法の中に定型約款に関する一般的な原則を定める条文が置かれることになった。

　(1)　定型約款の意義　　民法において、定型約款の定義については、つぎのように定められている。まず、定型取引というのは、「ある特定の者が不特定多数の者を相手方として行う取引であって、その内容の全部又は一部が画一的であることがその双方にとって合理的なものをいう」と定義したうえで、定型約款というのは、「定型取引において、契約の内容とすることを目的としてその特定の者により準備された条項の総体をいう」と定義している（548条の2第1項）。すなわち、定型取引という概念を媒介項として、そこで用いられる一方当事者によって作成された契約条項の全体を定型約款としているのである。たとえば、保険会社がみずからあらかじめ作成した保険約款を用いて、不特定多数の契約者と保険契約を締結する場合がその典型的な例である。ここで、定型取引の定義規定に「ある特定の者が不特定多数の者を相手方として……その双方にとって合理的なもの」という表現を入れることによって、事業者間取引の多くが適用除外になるように配慮しているのである。

　(2)　定型約款の合意　　このような定型約款の意義をふまえて、定型取引を行うことについて合意した者は、①定型約款を契約の内容とする旨の合意をしたとき、または、②定型約款を準備した者（定型約款準備者）があらかじめその定型約款を契約の内容とする旨を相手方に表示していたときには、定型約款の個別の条項について合意をしたものとみなすと規定されている（548条の2第1項）。この規定は、定型約款が契約の内容となっている場合に、定型取引を行うことに合意した者が定型約款に含まれる個別の条項に拘束されることを意味するものであるが、従来の約款論でいう「約款の組み

入れ」に当たるものを明文化したものであると考えられる。

　そして、定型約款の個別の条項のうち、相手方の権利を制限し、または相手方の義務を加重する条項であって、その定型取引の態様およびその実情ならびに取引上の社会通念に照らして民法1条2項に規定する基本原則に反して相手方の利益を一方的に害すると認められるものについては、合意をしなかったものとみなすと規定している（同条2項）。この規定は、従来の約款論でいう「不当条項の規制」に当たるものである（いわゆる「不意打ち条項」の規制も含まれている）。ただし、この規定は、このような条項は最初から契約に組み込まれないことを定めるものであって、契約内容となったうえで不当条項として無効になるという構成ではない。

　⑶　定型約款の内容の表示　　定型約款の内容の表示について、まず、定型取引を行い、または行おうとする定型約款準備者は、定型取引合意の前または定型取引合意の後相当の期間内に相手方から請求があった場合には、遅滞なく、相当な方法でその定型約款の内容を示さなければならないとしている（548条の3第1項本文）。ただし、定型約款準備者がすでに相手方に対して定型約款を記載した書面を交付し、またはこれを記録した電磁的記録を提供していたときは（CDの交付、電子メールによるPDFファイルの送信などが考えられる）、合意時・合意後の定型約款の内容の開示義務はないとしている（同項ただし書）。

　つぎに、定型約款準備者が定型取引合意の前において、相手方からの定型約款の内容開示の請求を拒んだときは、一時的な通信障害が発生した場合その他正当な事由がある場合を除いて、定型約款の個別条項について合意したものとはみなされない（したがって、その約款は契約内容にならない）としている（同条2項）。

この規定は、従来の約款論でいう「開示義務」に関するものである。ただし、その内容は、相手方からの請求があれば、内容を表示しなければならないが、必ずしも事前に開示する必要はないとするものである。契約の相手方も約款内容を逐一確認しない場合が多くあることから、事前に必ず相手方に定型約款の内容を開示しなければならないとする煩雑さと相手方が契約締結の前または後に定型約款の内容を確認できるようにしておくこととの均衡を図った規定であると説明されている。

(4)　**定型約款の変更**　　定型約款の変更について、定型約款に変更条項が置かれていることは必要でない。ただし、変更条項が置かれ、変更の対象、条件、方法などが具体的に定められているときは、変更の合理性の判断において変更する定型約款準備者に有利な事情として考慮されると考えられている。変更条項が定められていない場合であっても、以下のように、定型約款を変更することができる。

まず、定型約款準備者は、つぎに掲げる場合には、定型約款の変更をすることにより、変更後の定型約款の条項について合意があったものとみなし、個別に相手方と合意をすることなく契約の内容を変更することができるとし（548条の4第1項）、①定型約款の変更が、相手方の一般の利益に適合するとき（同項1号）、および②定型約款の変更が、契約をした目的に反せず、かつ、変更の必要性、変更後の内容の相当性、この条の規定により定型約款の変更をすることがある旨の定めの有無およびその内容その他の変更に係る事情に照らして合理的なものであるとき（同項2号）の2つの場合をあげている。このような厳格な要件を定めていることから、定型約款の変更には、その合理性の判断について、548条の2第2項は適用されない（548条の4第4項）。

　つぎに、定型約款準備者は、定型約款の変更をするときは、その効力発生時期を定め、かつ、定型約款を変更する旨および変更後の定型約款の内容ならびにその効力発生時期をインターネットの利用その他の適切な方法により周知しなければならないとしている（同条2項）。

　つぎに、上記②の場合に当たる定型約款の変更は、その変更後の定型約款の効力発生時期が到来するまでに、インターネットの利用などの適切な方法による周知をしなければ、その効力を生じないとしている（同条3項）。

第11章　贈　　与

105　贈与の意義

　贈与は当事者の一方（贈与者）が無償である財産を相手方に与える意思を表示し、相手方（受贈者）がこれを受諾することによって成立する契約である（549条）。平成29年改正前においては、「自己の財産を無償で相手方に与える」と表現されていたが（改正前549条）、判例は、他人の物を贈与する契約も有効であると解していた（最判昭和44・1・31裁判集民94号167頁）。そこで、平成29年改正では、「自己の財産」を「ある財産」と変更し、他人の財産を贈与することも有効になし得ることを明らかにしたのである。贈与は、無償・片務契約の典型である（債86(2)・(3)参照）。受贈者が多少の義務を負担しても対価としての意義がなければやはり贈与とみる。これを負担付贈与といい、多少特別に取り扱われることは後に述べる。

　贈与契約が成立すると、贈与者は目的物を与える債務を負担する。しかし、贈与の目的物が現存する特定物であるときには贈与契約によって所有権も原則として移転すると解すべきこと、すでに物権の変動に関連してしばしば述べたところである（物10(1)(イ)参照。なお後掲最判昭和31・1・27参照）。したがって、このような場合には、単に引渡しまたは登記などをすべき債務を負うにとどまることになる。ところがさらに、何らの意味においても与える債務を残さない贈与がある。それは動産をいきなり渡して与えてしまう場合である。これを学者は現実贈与という。その性質に関しては学者間に説が分かれている。一部の学者は、この場合にも与える債務が少なくとも観念上まず成立して、それが直ちに履行されるのだと説く。しかし

これは無用の擬制である。財産権が直ちに移転される特殊の贈与だとみて民法の贈与の規定はこのようなものにも適用されると考えてもかくべつ不都合がない。

106　贈与の効力

⑴　書面によらない贈与　　贈与の成立には方式は必要でない。しかし書面によらない贈与は、履行しない部分を、各当事者において解除することができる（550条本文）。これは、単なる口頭の約束を認めては、贈与者が慎重を欠いた場合に気の毒でもあり、また真に法律的効力——裁判所に訴えてでも履行させるという強い効力——を認めるべき場合だったかどうかを証拠立てる困難の伴うことを考慮したものである。したがって、贈与者の意思表示が書面に現われていればよいのであって、必ずしも、贈与契約書を作成することは必要ではないと解すべきである（贈与者が与える旨の手紙を出し、受贈者が口頭で承諾した場合などでもよい）。不動産を贈与したのだが、登録税の関係で売買契約書を作成し、代金受領済みと書いた場合も書面による贈与であるとした判決もみられる（大判大正15・4・7民集5巻251頁）。なお書面によらない贈与でも、履行の終わったものは解除することができない（同条ただし書）。動産の場合はその引渡しによって履行が終わったものと解される。判例は不動産の贈与の場合、未登記の建物については引渡しが（最判昭和31・1・27民集10巻1号1頁）、既登記のものについては移転登記がなされれば、引渡しがなくても（最判昭和40・3・26民集19巻2号526頁・基本判例215）履行を終わったものとしている。なお、受贈者が贈与契約の後、態度をひるがえして贈与者に対して背信的態度をとる場合には、贈与者は信義則上贈与を解除することができると考えられる。

　550条では、本来、「取消し」の表現が用いられていたが、平成16

年改正（現代語化）において、「撤回」の用語に改められたものである。その当時における同条についての学説上の一般的な理解に従ったものであるが、そこでの用語法の整理は、意思表示に瑕疵があることを理由として効力を消滅させるものについて「取消し」の語を用い、それ以外の理由により効力を消滅させるものについて「撤回」の語を用いるというものであったと考えられる。もっとも、この改正の結果として、意思表示に瑕疵があることを理由としないで契約の効力を消滅させる行為を意味する語として、「解除」と「撤回」が併存することとなったが、この意味での「撤回」は同条においてのみ用いられ、それ以外は「解除し」という語が用いられていた（もっとも、遺言について、1022条等において、「取消し」という語が用いられていたが、その効力が生ずる前にその効力を失わせるという意味であることから、平成16年の現代語化により「撤回」という語に改められている。相55参照）。そこで、平成29年改正において、「撤回」が「解除」という言葉に変更されたのである。

　(2)　贈与者の引渡義務（担保責任）　　担保責任というのは、契約の当事者が給付した物や権利に瑕疵がある場合あるいはそれらが存在しなかった場合に、給付者が相手方に負う責任である。贈与、売買、請負などで問題となる。平成29年改正前においては、贈与者の担保責任について、「贈与者は、贈与の目的である物又は権利の瑕疵又は不存在について、その責任を負わない。ただし、贈与者がその瑕疵又は不存在を知りながら受贈者に告げなかったときは、この限りでない」と規定されていた（改正前551条１項）。すなわち、贈与者は瑕疵や不存在を知っていながら受贈者に告げなかったときを除いて、担保責任を負わないとされていた。有償契約である売買における売主には、重い担保責任が課せられているに対して、無償契

約である贈与では、贈与者は原則として担保責任を負わないとしていたのである。そして、他の無償契約においても、この規定が準用されたり、類似の規定が置かれたりしていた。たとえば、使用貸借について、この規定が準用されていた（596条）。また、無利息の消費貸借について、貸主の担保責任が軽減されていた（改正前590条）。

　平成29年改正は、このような担保責任に関する規定を大きく変更し、贈与者がどのような目的物を引き渡すべきかという規定に改めた。すなわち、贈与者は、贈与の目的である物または権利を、贈与の目的として特定した時の状態で引き渡し、または移転することを約したものと推定すると改正された。贈与において、贈与者がどのような状態で目的物を引き渡すべきかについては、本来当事者間の合意によって決定されることを前提として（このことは明文で示されているわけではないが）、それについて明確な合意がない場合に、「贈与の目的として特定した時の状態で引き渡し、又は移転することを約したものと推定する」としたものである（551条1項）。したがって、推定規定であるから、別段の合意をすればそれが優先する（このような規定の構造から、担保責任について契約責任説をとるものと理解されている）。たとえば、Aが蔵書中の特定の1冊をBに贈与する約束をしたときは、特定した時の状態で引き渡すことを約束したものと推定されるから、その時点ですでにその物に何らかの瑕疵があったとしても（しみがある場合など）、Aは、その状態のままでその物をBに引き渡せばよいことになる。ただし、Bは、完全な物を引き渡すことが贈与の内容であったことを主張立証して、推定を覆すことができる。

　しかし、不特定物の贈与の場合に、どのように解すべきかについては、やや難しい問題がある。たとえば、Aが新しく刊行された自

分の著書を1冊Bに与えると約束した場合には、不特定物の贈与であって、AがBに与えた1冊の本に落丁があるようなときは、新刊の著書を1冊与えるAの債務はまだその本旨に従った履行がなされていないと考えられる。したがって、Aは落丁のない別の1冊をBに引き渡すべきである。なお負担付贈与にあっては、贈与者は負担の限度だけ売主と同様の重い担保責任に任じねばならない（同条2項）。この範囲においては有償契約に準ずべきだからである（559条参照）。

107　特殊の贈与に関する特則

(1)　**負担付贈与**　　担保責任に関する特則（551条2項）はすでに述べた。このほかなお双務契約の規定がその性質に反しない限り一般に準用される（553条）。したがって、負担の履行あるまでは同時履行の抗弁権があり（533条参照）、当事者双方の責めに帰することができない事由によって贈与者の債務または受贈者の負担が履行不能になったときは、相手方は、反対債務の履行を拒むことができる（536条1項参照）。もっとも、贈与者がまず履行すべき場合には同時履行の抗弁権はない。また、負担の内容が贈与された物から生ずる収益の一部を一定の目的に使用すべきものである場合などには、贈与の履行不能によって負担の履行も不能となると考えられる。

　また、負担が履行されないときは、贈与者は、贈与を解除することができる（最判昭和53・2・17判タ360号143頁・基本判例216。養親を扶養すること等を条件としてなされた養親から養子への贈与が負担付贈与であるとしたうえで、養子の負担義務の不履行により解除されたとした原判決を是認している）。

(2)　**定期贈与**　　毎年、毎月というように定期に一定の給付をする贈与は、贈与者または受贈者の一方が死亡すれば効力を失う

（552条）。普通の場合の当事者の意思を推測したものである。

　(3)　死因贈与　　生前に贈与契約を締結しておいて、その効力が贈与者の死亡の時から発生するものと定める贈与である。これにはその性質に反しない限り遺贈の規定が準用される（554条）。遺贈は遺言という単独行為でするのだから（相57(1)参照）、契約である死因贈与とは法律行為としての種類が異なる。しかし、与える者の死後に効力を生ずる点で経済的作用に共通のものがある。この準用の立法趣旨はそこにある。したがって、遺言の方式（967条以下）・遺言能力（961条）などの規定は準用がないといわねばならない（最判昭和32・5・21民集11巻5号732頁。その結果、遺贈としては方式が不完全で無効であるが、死因贈与としては有効ということが起こりうる）。準用される重要なものは、効力発生の要件である994条のほか、遺言の撤回（1022条。ただし方式を除くとする最判昭和47・5・25民集26巻4号805頁・基本判例217）、遺留分（1042条以下）・遺贈の実行（991条以下）などに関する規定である。

第12章　売　　買

第1節　総　　説

108　売買の意義

(1)　意義　　売買は、当事者の一方（売主）が一定の財産権を相手方に与えることを約し、相手方（買主）がこれに代金を払うことを約することによって成立する契約である（555条）。有償・双務契約の典型である（債86⑵・⑶参照）。対価として金銭を与えることが売買の特色である。対価が金銭以外の財産権である場合には、交換である（586条参照）。

売買契約によって目的物の所有権が当然移転することもあるのは贈与におけるのと同様である。また、現実贈与に似たもので、目的物と代金とをいきなり交換しあういわゆる現実売買というものもある。小売店の店先での売買などは多くこれに属する。その性質は現実贈与と同様に考えてよい。ただ売買にあっては、たとえば、六法全書1冊の所有権を移転するとともに、もしそれに瑕疵でもあれば完全なものを給付するという債務も負担する意思が伴っていて、あたかも、まず目的物引渡しの債務を負担し、その後にその履行として目的物を引き渡すのと同様の効果を生じさせようとする契約であることが多いことを注意すれば十分である。

このように、売買は金銭の存在を前提とするものであって、通貨の歴史とともに古くから存在するといっても過言ではない。また、数多ある契約類型のなかでも、さらに有償双務契約のなかでも最も

典型的な契約類型と考えられる。そのことは、民法における売買に関する規定の定め方にも現れている。すなわち、第1に、民法は予約と手付とに関して売買総則中に規定を設けている（556条・557条）。これらのものは売買以外の契約についても行われるものであるが、民法は最も多く行われる売買について規定して、これを他の契約に準用しようとするのである。さらに、第2に、売買は有償契約の典型的なものだから、その規定は、すべて他の有償契約に準用されとしている（559条）。

(2)　売買の社会的機能

(ア)　民法における売買の規定の位置づけ　　現代の社会において、われわれ個人にとってのみならず企業や団体にとっても、売買は、日常的な活動に必要な物の流通が円滑に行われるために必要不可欠な契約である。売買の対象となる財産権は、財産上における私権を意味し、物（動産・不動産）の所有権のみならず、物権、債権、知的財産権などを含む包括的な概念である。したがって、民法はこのように広範な内容を有する売買に関して基本的な規範を定めるものである。そして、民法は、商人間の売買に関する商法、消費者と事業者間の売買に関する多くの特別法（たとえば、割賦販売法、特定商取引法）などに対して、一般法としての意義を有するものである。

(イ)　売買における自由の制限とその緩和　　売買は、物の需要と供給の調節を通じて適正な物価の形成を実現するという観点から、契約自由の原則が最も純粋な姿において認められる分野と考えられていた。しかし、先に述べたように社会事情の変遷に伴って契約の自由を制限しようとする思想が強くなると、売買契約においてもその自由の制限がだんだん顕著になってくる。戦時下などに行われる物資の統制や価格の統制がその典型的な例である。日本においても

太平洋戦争のときには、これらの制限が広く行われていた。また、戦後においても、第一次石油ショックのときにおける物資の供給不足に対する特別法（生活関連物資等の買占め及び売惜しみに対する緊急措置に関する法律）などの例がみられる。

　さらに、直接的な物資の統制・価格の統制だけでなく、免許・会員制度などにより特定の物の取扱者を制限すること（火薬・麻薬などの取扱いに関する免許制度、金融商品取引所制度など）、取引約款の規制、独占禁止法による同業者間の協定の禁止などさまざまな方策がとられてきた。

　しかし、最近では、このような契約自由の制限はかなり少なくなってきている。

　㈦　消費者の権利の確保　　他方で、消費者の権利の確保という観点からの規制は、以前よりも多くなっている。消費者契約法（序9⑶⑷、総108参照）のほか、後述の割賦販売法（債116参照）とともに平成20年に大改正された特定商取引法（特定商取引に関する法律、昭和51年法57号）がある。このうち、特定商取引法は、訪問販売、通信販売および電話勧誘販売について、すべての商品および役務を規制対象とし、契約の勧誘の規制、交付すべき書面の記載事項、申込みの撤回等について定めている。

　㈢　まとめ　　以上述べたところを総合してみると、最も自由の色彩の濃厚であった売買の領域において、契約の自由とその制限とはきわめてデリケートに交錯していることが理解されるであろう。

109　売買の予約

　⑴　予約の4つの型　　たとえば、家屋を500万円で売買するという予約を締結したとすると、その法律関係には2種類の型がありうる。1は、一方が本契約を締結する申込みをすれば他方がこれを承

諾する義務を負うものである。申し込む権利を一方だけがもっているときは片務予約、双方がもっているときは双務予約という。2は、一方が本契約を成立させようとする意思表示（予約完結の意思表示）をすれば他方の承諾を要せずに本契約が成立するものである。この完結権を一方だけがもっているものを一方の予約、双方が持っているものを双方の予約という。当事者の欲するところに従ってこの4種のいずれでも有効に成立させることができる。しかし、民法は特に一方の予約の規定を設けたから（556条参照）、もし、当事者の意思が明らかでないときは一方の予約と推定するのが妥当であろう。

(2) 売買の一方の予約　これをするには、必ずしも本契約の細目までも決定しておく必要はない。代金なども、後に決定できる事情にあれば、予約で定めておかなくてもよい。ただし、債権の特定は必要である（集合債権の譲渡予約に関する最判平成12・4・21民集54巻4号1562頁）。予約権者は相手方に対する意思表示によって本契約を完結する（556条1項）。これによって売買は成立する。完結権を行使しうる期間を定めないときは、相手方は相当の期間を定めてその間に完結するかどうかを確答すべき旨を催告することができる。完結権者がその期間内に確答しないと完結権を失う（同条2項）。相手方を長く不確定の状態におくことを避けようとする趣旨である。なお、不動産の売買予約完結権は所有権移転請求権保全の仮登記をした場合には、その後にその不動産につき物権を取得した者に対抗することができる（物14(3)(イ)参照）。この完結権の譲渡を予約義務者その他の第三者に対抗するためには、仮登記に権利移転の付記登記をすれば足り、債権譲渡の対抗要件を具備する必要はない（最判昭和35・11・24民集14巻13号2853頁）。このような仕組みを通じて売買の予約もしくは一度売った不動産を一定の期間内に再び買い戻す、

いわゆる再売買の予約は後述の買戻しと同様に担保の作用をする（物123・131参照）。

110　手　　付

手付とは、契約締結の際に当事者の一方から相手方に交付される金銭その他の有価物である。売買の場合は一般に買主が支払い、手金、内金、内入金などの名称を用いることもあるが、特別の事情がない限り、手付と解すべきである。手付を交付する目的はさまざまである。最小限度においては交渉が成立し売買が確実に成立した証拠の意味をもつ（証約手付）。しかし、契約を履行しない場合の違約罰を定めたり（違約手付）、手付の額だけの損失をがまんすれば契約を解除できる権利を保留したり（解約手付）することもある。わが国の慣習では、代金の5分ないし2割程度の金銭の授受は解約手付とするのが普通である。そこで民法でも手付は一般に解約手付とみたので、解約手付の趣旨を557条に明文化したのである。したがって、反対の意思が明確に表明されていない限り、売買における手付は、解約手付と認めるべきである（最判昭和29・1・21民集8巻1号64頁）。そして、違約の場合手付の没収または倍返しをするという約束は、解約手付であることを妨げるものでないし、解除権留保とあわせて違約の場合の損害賠償額を手付の額に予定することも差し支えない（最判昭和24・10・4民集3巻10号437頁・基本判例218）。ただし、平成29年改正前の557条1項では、解除できるのは、「当事者の一方が契約の履行に着手するまで」と規定していた。しかし、学説は、同条は履行に着手した当事者を保護する趣旨と解されるから、履行に着手した者に対しては解除できないと解すべきであるとしていた。少し問題となるのは、Aは履行に着手したが相手方Bは履行に着手していないときに、Aは解除できるかどうかである。判

例はこれを肯定している（最大判昭和40・11・24民集19巻8号2019頁・基本判例219）。そこで、平成29年改正では、このような学説・判例を取り入れて、相手方が契約の履行に着手した後は、契約の解除ができないことを明文化した（557条1項ただし書）。なお、宅地建物取引業法でも、解約手付に関する規定が置かれているが、民法にあわせた改正がなされている（同39条2項ただし書）。ここで履行の着手というのは、債務の内容たる給付の実行に着手すること、すなわち、客観的に外部から認識し得るような形で履行行為の一部をなしまたは履行の提供をするために欠くことのできない前提行為をした場合を指すものをいう（前掲最大判昭和40・11・24）。ただ、あまり厳格に解釈すべきではなく、たとえば、木材の売主が引渡しのために山林の伐採を始めた場合のように、履行と密接な関係にある準備も含むと解すべきである。しかし、買主が売主の知らないところで代金の金策に奔走したごときは単なる履行の準備にとどまり、履行の着手に達しないというべきである。

　本条1項により売主が契約を解除するためには、買主に対して、手付の倍額を償還する旨を告げ、その受領を催告するだけでは足りず、倍額につき現実の提供を行うことを要する（最判平成6・3・22民集48巻3号859頁）。

　この解除も前述した契約の効力を遡及的に消滅させるものに相違ないが、約定解除であって相手方の債務不履行を理由とするものではないから、損害賠償の問題を生じないことはもちろんである（557条2項）。なお、手付は、契約が解除されないで済んだときは、手付返還請求権を生ずるわけだが、一般には、売買代金の一部に充当される。

111　売買の費用

　売買契約の締結に関する費用、すなわち目的物の評価、証書作成などに要する費用は、特約がなければ当事者双方が等しい割合で負担する（558条）。売主が目的物を移転したり、買主が代金を送ったり、あるいは不動産の移転登記をする費用は、債務の弁済の費用であって契約締結の費用ではない（485条、債60⑸参照）。

第２節　売買の効力

112　売主の財産権移転義務

　売主は売買の目的である財産権を移転する義務を負う（555条）。具体的には、対抗要件を必要とするときはこれを備えさせ、証拠書類などがあればこれを引き渡し、そのほか買主が目的物を完全にその支配に収めうるようにする義務（たとえば、農地の売買において知事に対する許可申請への協力）がある。平成29年改正前においては、これに関する規定として555条以外にはないが、財産権移転に関わる具体的な売主の義務を認めた判決がいくつか散見された（不動産売買における登記義務について大判大正９・11・22民録26輯1856頁、賃借権譲渡における賃貸人の承諾について最判昭和34・９・17民集13巻11号1412頁、伐採を目的とする山林の売買における伐採・搬出のための山林敷地の利用について、最判昭和47・５・30民集26巻４号919頁）。そして、平成29年改正では、権利移転の対抗要件に関する売主の義務を明文で規定した（560条）。すなわち、売主は、買主に対して、登記、登録などの対抗要件を備えさせる義務を負う。また、売買の目的である権利の全部または一部が売主以外の他人に属するときは、売主は、これを取得して買主に移転しなければならないことはもちろんであ

る（561条。実質的に、改正前560条と同一である）。これが売主の基本的な義務である。ただし、目的物を引き渡す前にこれから生じた果実は自分の所得としてよい（575条1項）。その代わり買主も引渡しを受けるまでは代金の利息を支払う必要がないものとされる（同条2項）。これは関係を簡易に決済しようとする趣旨である（大連判大正13・9・24民集3巻440頁・基本判例223参照）。

113 売主の担保責任

(1) 平成29年改正前における売主の担保責任　　売主の担保責任というのは、売主が給付した目的物またはその権利に瑕疵（欠陥）がある場合に、売主が買主に対して負担する損害賠償その他の責任をいう。たとえば、ある宅地を100坪あるとして2,000万円で売買したのに90坪しかなかった場合、ある山林を売買したのに、その一部が他人の所有に属し、売主の所有ではなかった場合、ある家屋を1,000万円で売買したのに、当事者が気づかなかった瑕疵があって1,000万円の値打ちはないなどの場合に、売主の担保責任が問題となる。これらの場合には、売主が約束した債務の履行を果たしていないとも考えられる。そうだとすると、債務不履行に関する原則を定めた415条が適用されるのではないかと考えられるところ、平成29年改正前においては、売主の担保責任について、かなり詳細な規定が民法に置かれていた（改正前560条－572条）。415条では、債務者（ここでは売主）に帰責事由がある場合に損害賠償責任を負うのであるが、売買における担保責任の規定では、売主に、その故意・過失などを問題とせずに、相当に重い責任を負わせているものといってよい。契約責任に関する一般の理論からいえば、売主は、いわゆる契約締結上の過失があるときに責任を負うにとどまるはずである。なぜなら、これらの瑕疵は売買のはじめから存在しているのだから、

売買契約は目的の原始的一部不能である。したがって、売主は、売買が原始的に全部不能の場合に準じて、一部について契約締結上の過失の責任を負えばよいはずだからである（債87⑵㈦参照）。そこで、このような債務不履行に関する一般原則と売買における売主の担保責任との関係をどのように解するかに関連して、いくつかの問題が論じられてきた（主として、570条に定められている瑕疵担保責任に関して、議論がなされてきた）。第1に、売主の担保責任の法的性質をどのように考えるかという問題である。すなわち、売買が有償であることを考慮した法定の責任であるのか、売主の債務不履行についての特則としての契約責任であるのかという問題である。これについては、法定責任説が通説とされていたが、最近では、契約責任説が有力となっていた。第2に、不特定物売買について、売主の担保責任をどのように考えるかという問題である。不特定物売買においては、買主に引き渡された物または権利に数量不足や瑕疵がある場合には、不完全履行として、買主はなお完全な履行を請求をなし得ると解するのか、あるいは、不特定物売買においても売主は特定物売買と同様の担保責任を負うのかという問題である。これについて、判例は、かなり以前から、不特定物売買にも瑕疵担保責任に関する570条が適用されるとしていた（大判大正14・3・13民集4巻217頁等）。その後、最高裁は、買主が瑕疵の存在を認識したうえで給付を履行として認容したと認められる事情が存しない限り、買主は完全履行の請求権を有し、またその不完全な給付が売主の責に帰すべき事由に基づくときは、債務不履行の一場合として損害賠償請求権および契約解除権をも有するとするに至った（最判昭和36・12・15民集15巻11号2852頁）。第3に、売主の担保責任として、買主が売主に対して損害賠償を請求できる場合において、その損害賠償の範囲について、

どのように考えるかという問題である。これについては、①売主の善意・悪意に関係なく常に全損害の賠償を請求しうるとする説と、②常に信頼利益を請求しうるだけだとする説と、③売主が善意のときは信頼利益だけ、悪意または善意でも過失があるときは全損害の賠償を請求しうるとする説とが対立していた。最後の説が最も公平に適すると思うが、第2説が平成29年改正前における多数説であった。

　そして、民法に定められている売主の担保責任について、学説では、以下のように権利の瑕疵と物の瑕疵に分けて整理されていた。

　㋐　権利の瑕疵に対する担保責任

　(a)　他人の権利の売主がこれを取得して買主に移転できないとき

　他人の権利を売却した売主は、その権利を取得して、買主に移転する義務を負うこと（改正前560条）を前提として、①権利の全部が他人に属しているときは、買主は常に契約を解除することができ、もし善意であれば損害賠償も請求できる（改正前561条）。——売主が善意のときには売主からも解除できる。もっとも、買主も善意のときは損害を賠償すべきだが、買主が悪意のときはその必要もない（改正前562条）。これは便宜に基づく売主保護の規定であって、担保責任でないと解されていた。また、②権利の一部が他人に属するときは、買主は常にその部分に該当するだけの代金の減額を請求できる。これは、実質的には、契約の一部の解除である。もし買主が善意ならさらに損害賠償を請求しうる。のみならず、その部分の移転を受けえないとわかっていたら買わなかったのだという事情があれば、全部の解除をなし、あわせて損害賠償を請求することもできる（改正前563条）。なお、権利の一部が他人に属する場合の買主の権利は、善意のときは事実を知った時から1年、悪意のときは契約の時

から1年以内に行使しなければならないとされていた（改正前564条）。

（b）　権利が不足な場合　　前例の100坪の宅地として1坪20万円の割合で計算して2,000万円で売ったのに90坪しかなかったというように、数量を指示して売買した物が不足だったり、物の一部が契約の時にすでに滅失していた場合には、あたかもこの権利の一部が他人に属していて移転しえなかった場合と同一内容の責任を認めていた。すなわち、その不足部分の割合に応じて減額請求、目的を達しない場合の善意の買主の解除権および損害賠償請求権が認められていた（改正前565条により同563条・564条が準用されていた）。

（c）　他の権利による利用の制限の存する場合　　売買の目的である不動産について地上権・永小作権・地役権・留置権・不動産質権または登記した賃借権が存在するときは、買主は目的物の利用を妨げられる。したがって善意の買主に限り、常に損害賠償を請求し、もしそのために売買の目的を達しえないときは、契約を解除することができる（改正前566条1項・2項）。売買の目的地が要役地となっているとして売買されたのに地役権がなかったという場合には、目的物の利用価値がそれだけ減少するわけであるから（物68(2)参照）、上と同一に取り扱われていた（同条2項）。買主は、いずれの場合にも、事実を知った時から1年以内にその権利を行使しなければならないとされていた（同条3項）。

（d）　担保物権による制限の存する場合　　売買の目的である不動産について先取特権または抵当権が存在するときは、それだけでは買主は目的物の利用を妨げられない。したがって、これらの権利の行使によって所有権を失った場合に、はじめて解除および損害賠償の請求ができるとされていた（改正前567条1項・3項）。また、買

主が抵当権消滅請求などの手段により、みずから支出をしてその所有権を保存したときは、売主に対してその費用の償還を求め、かつ損害の賠償を請求できる（同条2項・3項）。なお、ここでは、買主の善意・悪意を区別されていない（追奪担保責任であることから、当然のことと考えられていた）。

　(イ)　物の瑕疵に対する担保責任（瑕疵担保）

　(a)　瑕疵担保責任の意義　　前例の売買の目的物である家屋に契約締結当時すでに瑕疵があったような場合には、権利が不足だとか権利内容が制限されているのではなく、目的である物自体に瑕疵があるとみなければならないことから、権利の瑕疵と区別して、物の瑕疵といい、その場合に売主の負う責任を瑕疵担保責任という。すなわち、売買の目的物にかくれた瑕疵（買主が気づかなかったという意味である）がある場合には、目的不動産に利用を妨げる権利の付着する場合と同様の扱いがなされていた（改正前570条本文により、同566条が準用されていた）。具体的には、買主は、売主に対して、常に損害賠償を請求でき、瑕疵のために売買の目的を達しえない場合には契約を解除することもできるとされていた。そして、その権利は買主が事実を知った時から1年以内に行使しなければならないとされていた。

　(b)　不特定物への適用の有無　　なお、平成29年改正前において、特定物の売買のときは、その物の給付があれば、その物に瑕疵があると瑕疵担保の問題となるが、不特定物の売買の場合は、不完全履行となるという学説と瑕疵担保責任となるという学説の対立がみられたが、後に詳しく述べるように、改正法では、特定物売買と不特定物売買とを区別することなく、目的物が契約の内容に適合しない場合の買主の責任について定めている（債113(2)参照）。

㈥　強制競売における担保責任の特則　　債権者の権利の実行として債務者の財産を競売にした場合に、その目的物の瑕疵については競売の特質および売主をだれとすべきかなど特別の配慮が必要とされる。買主（買受人）の保護は普通の場合に比してやや薄い。すなわち、物の瑕疵については何人に対しても責任を問うことができないとされていた（改正前570条ただし書）。また、権利の瑕疵については、解除と代金減額とは普通の売買におけると同様の要件のもとにこれを請求できるけれども（568条1項）、損害賠償の請求は、債務者が物または権利の不存在を知って申し出なかったときか、債権者がこれを知りながら競売を請求したときに、買受人は、これらの者に対して請求することができるだけであるとされていた（同条3項）。なお、解除または代金減額において、代金の全部または一部の返還を請求する相手方は、第一次に債務者、これが無資力なときは、第二次に代金の配当を受けた債権者であるとされていた（同条2項）。競売についてこのように担保責任を軽減したのは、競売の信用を重んじその結果について紛争を生じさせまいとする趣旨であると解されていた。

㈦　担保責任に関する特約の効力

(a)　瑕疵担保責任免除の特約　　担保責任に関する規定は任意規定である。特約によって軽減しても加重してもよい。しかし、民法はこの特約に1つの制限を設けた。すなわち売主は、たとえ担保責任を全然負わない特約をしても、自分の知っていて告げなかった事実および自分で第三者のために設定したりまたは第三者に譲り渡したりした権利についてはその責任を免れることはできないとされていた（改正前572条）。

(b)　債権売買における資力担保の特約　　債権の売買にあっては、

売主は、その債権の瑕疵なく存在することに関して担保責任を負う。しかし、債務者が支払能力を有することについては当然に責任を負うものではなく、特にこれを担保した場合にだけ責任を負う。しかし、その特約もどの時期における債務者の資力を担保するか不明なことがあるから、民法は推定規定をおいた。すなわち、単に資力を担保すれば、売買契約の時において資力があることを担保したもので、その後に資力が乏しくなっても責任のないものと推定し、弁済期前の債務について特に将来の資力を担保したときは、弁済期における資力を担保したものと推定するとしていた（569条）。

　(ｵ)　担保責任と同時履行の抗弁権　　担保責任として解除または代金減額請求がされると、その結果として当事者双方が対立した債務を負うことが少なくない。その場合には同時履行の抗弁権が認められる（改正前571条による533条の準用）。

　(2)　**平成29年改正による売主の担保責任**　　平成29年改正においては、売主が契約内容に適合した物・権利を買主に給付すべきことを前提として、目的物が契約内容に適合していなかった場合における売主の担保責任を債務不履行責任として、一元化するとともに、買主に与えられる救済手段として、一般原則である債務不履行に基づく損害賠償および解除のほかに、追完請求権および代金減額請求権を認めている。

　(ｱ)　売主の担保責任

　(a)　他人の権利の売買　　他人の権利を売却した売主は、その権利を取得して、買主に移転する義務を負う（561条）。改正前の560条を維持するものであるが、権利の一部が他人に属する場合にも、その権利を取得して買主に移転する義務が売主にあることを明確にしている（改正前には、権利の一部が他人に属する場合について、改正

前563条に規定されていたが、同条が削除され、権利の全部が他人に属する場合と同じに扱われることが明文化されたのである）。明治民法制定当時において、ヨーロッパでは、他人の権利の売買は不能なことを目的とするものであって、無効であると考えられていたが（たとえば、フランス民法）、日本民法の起草者は、他人の権利の売買も有効であることを前提として、このような規定を置いたのである。

　そして、平成29年改正前においては、売主の義務を定めた同条の後に、買主の解除権（改正前561条）および善意の売主の解除権（改正前562条）について規定していたが、改正法は、他人の権利の売買について、売主の債務不履行については、債務不履行に関する一般原則（415条）が適用されることから、これらの特別規定を削除した。すなわち、他人の権利の売主が売買の目的である権利をその権利者から取得し、買主に移転しない場合には、売主は損害賠償を請求することができる。また、売買契約を解除し、あわせて損害賠償を請求することもできる。

　なお、改正前においては、売買の目的である権利が他人に属することを知らなかった善意の売主には、解除権が与えられていたが（改正前562条。もともと、善意の売主保護の規定であって、便宜上ここに規定されているが、担保責任の問題ではないと解されていた）、同条が削除された結果、善意の売主であっても、みずから契約を解除することができず、目的である権利を取得して買主に移転する義務を負っているのであって、その義務を履行できなければ、債務不履行責任を負うことになる。もっとも、売主が売買の目的である権利が自分に帰属すると誤信していた場合には、錯誤による取消しの問題が生ずる余地がある（このような錯誤は、動機の錯誤と考えられるが、錯誤については、総105参照）。

　他人の権利を売却した者が権利者を相続した場合、反対に、他人の権利を売却した者を権利者が相続した場合には、売主の地位あるいは権利者の地位を相続により承継する結果として、他人の権利の売主として義務を負う者と権利者が同一人に帰することになる。無権代理人と本人が相続により同一人に帰することになる場合と類似した問題が生ずる（無権代理と相続については、総123⑴㋐⒜参照）。売買の目的である権利の権利者が売主の義務を相続により承継した場合について、判例は、権利者は、相続前と同様に、その権利移転について諾否の自由を保持し、信義則に反すると認められる特別の事情のない限り、売主としての履行義務を拒否できると解している（最大判昭和49・9・4民集28巻6号1169頁・基本判例220）。もっとも、売主の義務を承継した権利者は、買主からの債務不履行責任の追及（損害賠償請求、契約の解除）を免れることはできない。

　⒝　引き渡された目的物の種類・品質・数量が契約の内容に適合しない場合における追完請求権　　売主から買主に引き渡された目的物が種類、品質または数量に関して契約内容に適合しないものであるときは、買主は、売主に対し、目的物の修補、代替物の引渡しまたは不足分の引渡しによる履行の追完を請求することができる（562条1項本文）。

　この規定は、改正前において、物の瑕疵と権利の瑕疵構成されていた担保責任の規定が適用される場合について、「瑕疵」という概念に代えて、「契約に適合しない」という概念を基礎に、売主の債務不履行責任として構成したものである（なお、債務不履行責任であるからといって、売主の帰責性を要件とするものではない）。そのうえで、買主に与えられる救済手段を追完請求権（具体的には、目的物の修補、代替物の引渡しまたは不足分の引渡しを請求する権利）として

いる。

　このような改正の経緯から、改正前における目的物の瑕疵概念に
関する裁判例は、改正後における目的物の契約内容不適合概念の解
釈について、参考になるものと考えられる。改正前において、瑕疵
というのは、一般に、同種の物が通常有すべき品質・性能が欠けて
いることと解されていたが、裁判所における具体的な事案における
判断は微妙であった。たとえば、判例は、建物とその敷地の賃借権
とが売買の目的とされた場合において、敷地についてその賃貸人に
おいて修繕義務を負担すべき欠陥が売買契約当時に存したことがそ
の後に判明したとしても、売買の目的物に隠れた瑕疵があるという
ことはできないとしていた（最判平成3・4・2民集45巻4号349頁・基
本判例222）。売買の目的物は敷地そのものではなく、賃借権である
から、敷地の面積の不足、敷地に関する法的規制または賃貸借契約
における使用方法の制限等の客観的事由によって賃借権が制約を受
けて売買の目的を達することができないときは、建物と共に売買の
目的とされた賃借権に瑕疵があると解する余地があるとしても、賃
貸人の修繕義務の履行により補完されるべき敷地の欠陥については、
賃貸人に対してその修繕を請求すべきものであって、敷地の欠陥を
もって賃貸人に対する債権としての賃借権の欠陥ということはでき
ないから、買主が、売買によって取得した賃借人たる地位に基づい
て、賃貸人に対して、その修繕義務の履行を請求し、あるいは賃貸
借の目的物に隠れた瑕疵があるとして瑕疵担保責任を追求すること
は格別、売買の目的物に瑕疵があるということはできないというの
がその理由である。また、判例は、土地の売買契約締結当時の取引
観念上、ふっ素が土壌に含まれることに起因して人の健康に係る被
害を生ずるおそれがあるとは認識されていなかった場合に、売買契

約の当事者間において、それが人の健康を損なう限度を超えて土地の土壌に含まれていないことが予定されていたものとみることはできず、土地の土壌に溶出量基準値および含有量基準値のいずれをも超えるふっ素が含まれていたとしても、そのことは、民法570条（改正前）にいう瑕疵には当たらないというべきであるとしていた（最判平成22・6・1民集64巻4号953頁・基本判例221）。

　特定物売買であるか種類物売買であるかを区別することなく、売主は、買主に対して、種類、品質または数量に関して契約内容に適合した目的物を引き渡す義務を負っていて、契約内容に適合していない目的物が引き渡された場合には、買主は、売主に対して追完請求権を有することになる。

　買主は、追完請求として、不適合の内容に即して、目的物の修補、代替物の引渡し、不足分の引渡しのいずれかを選択して、売主に請求することができる。これに対して、売主は、買主に不相当な負担を課するものでないときは、買主の請求した方法と異なる履行の追完をすることができる（562条1項ただし書）。たとえば、買主が代替物の引渡しを請求しているのに対して、売主が目的物の修補によることができる。

　そして、契約の不適合が買主の責めに帰すべき事由によるものであるときは、買主は、追完の請求をすることができない（同条2項）。

　(c)　引き渡された目的物の種類・品質・数量が契約の内容に適合しない場合における代金減額請求権　　そして、引き渡された目的物の種類・品質・数量が契約の内容に適合しない場合において、買主が相当の期間を定めて履行の追完の催告をし、その期間内に履行の追完がないときは、買主は、その不適合の程度に応じて代金の減

額を請求することができる（563条1項）。この規定は、追完請求が代金減額請求に優先することを定めたものである。そして、代金減額請求について、契約解除と同様に（541条参照）催告することを前提としている。もっとも、追完の催告が売主に追完の機会を与えるものであることから、その機会を与えることが無意味である場合には、催告をすることなしに、代金減額請求することができる。無催告解除と同様の考え方によるものである（542条参照）。具体的には、①履行の追完が不能であるとき、②売主が履行の追完を拒絶する意思を明確に表示したとき、③契約の性質または当事者の意思表示により、特定の日時または一定の期間内に履行をしなければ契約をした目的を達することができない場合において、売主が履行の追完をしないでその時期を経過したとき、および④買主が前項の催告をしても履行の追完を受ける見込みがないことが明らかであるときである（563条2項）。なお、契約の不適合が買主の責めに帰すべき事由によるものであるときは、買主は、代金の減額の請求をすることができない（同条3項）。

　(ｲ)　担保責任の期間制限　　平成29年改正前においては、瑕疵担保責任について、買主が事実を知った時から1年以内に解除または損害賠償の請求をしなければならないとされていた（改正前570条（改正前566条3項準用））。これに対して、改正法では、売主が種類または品質に関して契約の内容に適合しない目的物を買主に引き渡した場合において、買主がその不適合を知った時から1年以内にその旨を売主に通知しないときは、買主は、その不適合を理由として、履行の追完の請求、代金の減額の請求、損害賠償の請求および契約の解除をすることができないと規定し、1年以内に通知する義務を買主に課し、通知義務を怠ったときは、買主は追完の請求等の権利

を失うとしている（566条本文）。買主が通知義務を果たした場合において、履行の追完の請求、代金の減額の請求、損害賠償の請求および契約の解除については、債権の消滅時効に関する一般準則が適用される。すなわち、買主が契約不適合を知った時から5年で消滅時効にかかることになる（166条1項1号）。また、買主が契約不適合を知らずに10年が経過したときにも消滅時効にかかることになる（同項2号）。

　ただし、売主が引渡しの時にその不適合を知り、または重大な過失によって知らなかったときは、通知がないことを理由に売主を免責するのは相当でないことから、このような失権効は生じないとしている（566条ただし書）。

　なお、このような期間制限の対象となっているのは、種類または品質に関する契約内容の不適合に限られる。改正前においては、数量不足の場合およびいわゆる権利の瑕疵の場合にも、権利行使期間を1年に制限する規定が置かれていたが（改正前564条、566条3項）、これらの規定は削除された。したがって、他人の権利の売買における移転義務の不履行（561条）、数量に関する契約不適合（562条）の場合には、債権の消滅時効に関する一般準則が適用される。

　(ウ)　競売における担保責任の特則　　平成29年改正前568条においては、「強制競売における買受人」という文言が用いられていたが、学説は、民事執行法の強制競売に限らず、国家権力による強制的な換価をいうと解していた。改正法は、そのような学説に従って、「民事執行法その他の法律に基づく競売」という文言に改め、競売一般に適用されることを明文化した（568条1項）。そして、担保責任を契約責任とする考え方から、以下のように規定している。まず、引き渡された目的物が数量に関して契約の内容に適合しない場合

（後述するように、種類・品質に関する不適合については、競売における担保責任から除外されている）、および移転された権利が契約の内容に適合しないものである場合には、競売の買受人は契約の解除、または代金の減額を請求することができる（同条1項）。なお、ここで追完に関する562条が援用されていないが、債権者の権利の実行として債務者の財産を競売にした場合に、債務者による追完を観念することができないことを考慮したからであると説明されている。この場合において、債務者が無資力であるときは、買受人は、代金の配当を受けた債権者に対し、その代金の全部または一部の返還を請求することができること（568条2項）、また、債務者が物もしくは権利の不存在を知りながら申し出なかったとき、または債権者がこれを知りながら競売を請求したときは、買受人は、これらの者に対し、損害賠償の請求をすることができること（同条3項）については、改正前とは異ならない（債113(1)(ウ)参照）。そして、競売の目的物の種類または品質に関する不適合については、これらの規定は適用されず（同条4項）、競売の買受人は、これらの規定によって認められている契約の解除、代金の減額請求、配当を受けた債権者に対する代金の返還請求、債権者または債務者に対する損害賠償請求をすることができない。改正前においては、目的物の隠れた瑕疵について規定する570条では、566条を準用していたが、ただし書において、強制競売に適用されないことを定めていたが、568条4項は、その規定を維持する趣旨である。

　(エ)　債権の売主の担保責任　　債権の売主の担保責任に関する569条は、改正されていないので、改正前とは異ならない。

　(オ)　担保責任に関する特約の効力　　担保責任に関する特約の効力について、改正後572条は、援用する条文を修正したが、実質的

な内容は改正前572条と異ならない。すなわち、当事者間で民法の規定と異なる特約をすることができるが、売主は、たとえ担保責任を全然負わない特約をしても、自分の知っていて告げなかった事実および自分で第三者のために設定したりまたは第三者に譲り渡したりした権利についてはその責任を免れることはできないとされている。なお、請負など他の有償契約にも基本的に準用される（559条参照）。

　前述した消費者契約法（債29(1)(カ)参照）は、消費者の利益のために、事業者の債務不履行に基づく損害賠償の責任を免除する条項および事業者にその責任の有無・責任の限度を決定する権限を付与する条項の無効を定めている（8条1項1号・2号）。平成29年民法改正により、担保責任が債務不履行として位置づけられたことから、これらの規定が担保責任にも適用されることになった（改正前には、瑕疵担保責任については、別に5号で規定されていたが、改正により削除されている）。すなわち、①債務不履行により消費者に生じた損害を賠償する責任の全部を免除し、または事業者に責任の有無を決定する権限を与える条項、②事業者・その代表者またはその使用する者の故意または重大な過失による債務不履行により消費者に生じた損害を賠償する責任の一部を免除し、または事業者に責任の有無を決定する権限を与える条項は無効である。ただし、以下の場合は、これを適用しない（8条2項）。①引き渡された目的物が種類または品質に関して契約の内容に適合しないときに、事業者が履行の追完をする責任または不適合の程度に応じた代金の減額をする責任を負うこととされている場合、②消費者と事業者の委託を受けた他の事業者との間の契約または事業者と他の事業者との間の消費者のためにする契約で、消費者契約の締結に先立ってまたはこれと同時に

締結されたものにおいて、引き渡された目的物が種類または品質に関して契約の内容に適合しないときに、他の事業者が、その目的物が種類または品質に関して契約の内容に適合しないことにより消費者に生じた損害を賠償する責任の全部もしくは一部を負い、または履行の追完をする責任を負うこととされている場合である。

　(カ)　目的物が滅失した場合における危険の移転　　平成29年改正では、売主・買主双方の責めに帰することができない事由により目的物の滅失・損傷が生じた場合に、その危険をどちらが負担するかについて、以下のような規範を定めている。まず、売主が買主に目的物を引き渡した場合において、その引渡しがあった時以後にその目的物が当事者双方の責めに帰することができない事由によって滅失し、または損傷したときは、買主は、その滅失または損傷を理由として、履行の追完の請求、代金の減額の請求、損害賠償の請求および契約の解除をすることができないとしている。そして、買主は、代金の支払を拒むことができないとしている（567条1項）。すなわち、滅失・損傷の危険は、引渡しによって、売主から買主に移転するとしているのである。ただし、その対象となるのは、目的物が「売買の目的として特定したもの」に限る。特定物売買において、目的物が引き渡された場合がこれに当たることは明らかであるが、種類物売買について、「売買の目的として特定したもの」が何を意味するかは、必ずしも明確ではない。401条2項によって、特定されたものが目的物として引き渡された場合を意味すると解すべきであろう（債10(3)(4)参照）。種類物売買において、売主が契約に適合しない目的物を選定して、引き渡しても、債務を履行したことにはならないから、買主は、売主に対して、追完請求、代金減額請求、損害賠償請求および解除権の行使をできることは前述のとおりである。

なお、目的物の引渡し後に売主の責めに帰すべき事由によって、目的物の滅失・損傷が生じたときは、買主は、売主に対して、債務不履行責任を追及できると解されている。

そして、売主が契約の内容に適合する目的物をもって、その引渡しの債務の履行を提供したにもかかわらず、買主がその履行を受けることを拒み、または受けることができない場合において、その履行の提供があった時以後に当事者双方の責めに帰することができない事由によってその目的物が滅失し、または損傷したときも、買主は、その滅失または損傷を理由として、履行の追完の請求、代金の減額の請求、損害賠償の請求および契約の解除をすることができないし、代金の支払を拒むこともできないとしている（567条2項）。

　(キ)　担保責任と同時履行の抗弁権　　平成29年改正前においては、同時履行の抗弁権を定めた533条が担保責任の場合に準用されていた（改正前571条）。しかし、改正ではその規定が削除された。その理由は、533条の「債務の履行」という文言の後に、「債務の履行に代わる損害賠償の債務の履行を含む」という文言が括弧書きで追加され、同条が売主の担保責任についても適用されることが明かになったので、571条は不要になったからである。したがって、売主の担保責任と買主の代金支払債務が原則として同時履行の関係に立つことについては、改正前と異ならない。

　(ク)　住宅品質確保法の場合　　住宅の品質確保の促進等に関する法律（平成11年法81号）では、住宅の売買・請負に関して、売主・請負人の担保責任（瑕疵担保責任という用語が用いられている）について、特別の規定を置いている。すなわち、新築住宅の売買において、売主は、引渡しの時から10年間、住宅の構造耐力上主要な部分の瑕疵について、民法415条、541条、542条、562条および563条に

規定する担保責任を負うとされている（住宅品質95条１項）。この規定は、片面的強行法規であって、買主に不利な特約は無効とされている（同条２項）。また、特約によって引渡しの時から20年以内とすることができる（同97条）。

114　担保責任と錯誤の関係

目的物に権利または物の瑕疵があるときは買主に錯誤を伴うことが多いであろう。平成29年改正前においては、錯誤の効果は無効であって、いつまでも主張できるのに対して、担保責任の効果は、契約の解除・代金減額・損害賠償であって、１年以内に行使しなければならないという期間制限があり、そのいずれが適用されるのかが理論上の大きな問題となっていた。学説および判例の状況は概ね以下のようであった。概念上両者を区別し、錯誤があれば契約は無効であり、担保責任は契約の有効を前提とするとの理由で、一方の場合には他方を主張しえないとする説もある。しかし、担保責任は権利または物に瑕疵があれば、それが法律行為の要素に関するものであってもなくても成立するのに対して、錯誤は法律行為の要素に錯誤があるときにはじめて成立する、という違いはあるが、それはいわば同質であって、程度の問題にすぎない。実際には、そのいずれに属するかの識別が困難である。だから、各場合についてそのどちらであるかを決定したうえで、それぞれの主張をすることしかできないとすることは、買主にとってはなはだ不利益である。そこで、買主は、当該の場合が錯誤であるか担保責任の問題であるかを区別する必要はなく、錯誤の要件を証明してその契約の無効を主張することも（95条参照）、あるいは単に権利または物の瑕疵の存在を証明して担保責任を問うことも、いずれも任意にしうると解する説が生ずる（大判大正10・12・15民録27輯2160頁）。両者はともに目的物

の権利または物の瑕疵について買主に与えられる保護手段だから、そのいずれの主張も自由だというのである。

　しかし、そうすると、担保責任を問いうる期間後にも錯誤の主張ができ、売主に気の毒なだけでなく、売主に重い責任を認める代わりにその責任の存続期間を早く打ち切ってしまおうとする民法の趣旨にも反するきらいがある。そこで、平成29年改正前において、多数説は、担保責任の要件を満たす限りでは錯誤の主張はできない（その意味で錯誤の規定は担保責任の規定で排斥される）と解していた。しかし、判例は契約の要素に錯誤がある場合には、瑕疵担保の規定は排斥されると解していた（最判昭和33・6・14民集12巻9号1492頁・基本判例267）。もっとも、判例では、当事者がどちらを主張しているかによって、裁判所が判断をしているのであって、必ずしも錯誤優先説が厳格にとられているわけではない。

　このような状況のもとで、平成29年の改正が行われたのであるが、一方で、錯誤については、その要件を「法律行為の目的及び取引上の社会通念に照らして重要なものであるとき」とし、その効果を取消しに改めるなど大きく修正され（総105参照）、他方で、担保責任については、買主に追完請求権が与えられ、権利行使の期間制限から失権の効果を伴う通知義務に変更されるなど、これまで述べてきたように、大きく修正されている。したがって、錯誤と瑕疵担保責任について、どのように考えるかは今後の課題というほかはない。あえて、私見を述べるとすれば、錯誤と担保責任の重複を理論的に避けることはできず、権利行使期間について、それほど大きな差異がないことを考慮すると、買主が自由に選択できると解してよいと思われる。

115　買主の義務

(1)　**代金支払義務**　　目的物の引渡しについてだけ期限を定めたときは、代金支払についても同一の期限を定めたものと推定される（573条）。また目的物の引渡しと同時に代金を支払うべきときは、その引渡しの場所において支払わなければならない（574条）。代金については、前に一言したように、目的物引渡しの日から利息を支払うべきである。ただし、代金支払の時期がその以後に定められているときはもちろんその時まで利息支払の義務はない（575条）。

　買主は、2つの場合に代金支払を拒絶する権利を認められる。その1は、売買の目的物について権利を主張する者があって、買主がその買い受けた権利の全部または一部を取得することができないか、またはそれを失うおそれのあるときである。代金拒絶の範囲については、その危険の程度に応じて、代金の全部または一部の支払を拒絶できる（576条本文）。本来、第三者が所有権を有する場合には、買主は売主の担保責任を追及できるのであるが、第三者の権利の存在がいまだ確定していない場合であっても、第三者が権利を主張していて、買主がその権利の全部または一部を取得することができず、または失うおそれがある場合に、買主に代金支払拒絶権を与えて、その損害を未然に防止することが当事者間の衡平に資することから、認められた制度である。ただし、売主が相当の担保を供したときは代金を支払うべきであり（同条ただし書）、また売主が代金の供託を求めたときは必ず供託しなければならない（578条）。なお、平成29年改正前において、学説では、売買の目的物上に用益的権利（永小作権・地上権・対抗力ある賃借権）を主張する第三者がいる場合、債権の売買において、債務者が債務の存在を否認している場合などにこの規定が類推適用されると解されていた。そこで、改正法では、

「売買の目的物について権利を主張する者があることその他の事由により」と修正し、このような事例が含まれることを明らかにした。また、権利を失うおそれがある場合だけでなく権利を取得できないおそれがある場合にも代金拒絶できることも明文化した。その2は、買い受けた不動産に契約に適合しない抵当権・先取特権・質権の登記があるときである。買主は、抵当権消滅請求（379条以下、物109⑵参照）の手続が終わるまで、その代金の支払を拒絶することができる（577条1項・2項）。この場合において、売主は、買主に対して、抵当権消滅請求をすべき旨を請求することができる（同条1項後段）。売主の請求にもかかわらず、買主がこれに応じて抵当権消滅請求の手続をしないときは代金支払拒絶権を失うと解すべきである。また、売主は、買主の代金拒絶に対して、代金の供託を請求することができる（578条）。

　なお、平成29年改正によって、577条1項・2項に「契約の内容に適合しない」という文言が付加されたが、売買契約の当事者が抵当権等の存在を考慮して代金額を決定していたような場合に、この規定が適用されないことを明確にするものであって、解釈の変更をもたらすものではない。

　⑵　買主の受領義務の存否　　買主に目的物受領の義務があるか。立法例によっては買主について特にこれを認めるものがある。受領遅滞の本質論からいえば、債権者に受領義務ありと解する立場では、特に買主についてこれを問題とする必要はないことになる（債32⑶㋑参照）。

116　割賦払約款付売買

　売買代金を一定期ごとに分割して支払う特約のついた売買を割賦払約款付売買という。わが国ではほとんどが毎月払いであり、それ

は月賦販売とも呼ばれ、サラリーマン階級の消費生活に便利なので広く利用されている。売買契約と同時に目的物の引渡しを受け、代金を数回に分割して支払うのが普通だが、割賦金を一定額まで支払ったときに目的物を交付する前払式割賦販売も行われていた。所有権移転の時期、割賦金支払の遅延、前払式における販売業者の倒産などをめぐって、とかく買主に予期しない損害が及ぶので、その保護の必要が痛感されていた。割賦販売法（昭和36年法159号）はこれにこたえたものであり、その後、数次の改正を経て、クレジットカード番号等の適切な管理など、消費者保護を一段と強化するために、平成20年に特定商取引に関する法律とともに、大改正をみた（平成20年法74号）。この改正法は、包括信用購入あっせんと個別信用購入あっせんにつき、すべての商品および役務を規制対象とし（2条）、あっせん業者に利用者の支払可能見込額の調査義務を課し（30条の2・35条の3の3）、支払可能見込額を超える場合のカード等の交付等を禁止する（30条の2の2・35条の3の4）などの定めをしている。その後も、加盟店におけるクレジットカード番号の漏えい事件や不正使用被害への対応（平成28年法99号）、新しい技術サービスに対応し、安全・安心に多様な決済手段を利用できる環境の整備（令和2年法律64号）などの改正が行われている。割賦販売法のうち、民法に関連のある部分を略述すればつぎのとおりである。

　(1)　契約条件の明示　　割賦販売業者は、現金販売価格、割賦販売価格、代金または役務の対価の支払の期間および回数、手数料の料率などを明示し（割賦3条）、契約を締結したときは遅滞なく、賦払金の額や支払方法のほか、商品の引渡時期、契約の解除に関する事項、所有権の移転時期などを明記した書面を交付すること（4条・29条の3・30条の2の3）を義務づけられている。

(2)　**契約解除等の制限**　賦払金の支払が遅滞した場合には、20日以上の相当な期間を定めてその支払を書面で催告したうえでなければ、その遅滞を理由として契約を解除することはできない（5条）。これによって、従前とかく問題になった賦払金を1回でも怠れば契約は解除されるものとするという失権約款が無効とされるばかりでなく、民法541条にきびしい条件をつけたものである。のみならず、この手続を経て契約が解除された場合の業者から購買者に対する損害賠償の額に詳細な制限が加えられている（6条）。

(3)　**所有権の移転**　割賦金の全部の支払義務が履行される時までは、所有権は業者に留保されたものと推定している（7条）。

(4)　**クーリング・オフ**　いわゆるクーリング・オフ（契約の申込みの撤回等）が認められる。すなわち、講入者は一定の要件のもとに契約の申込みの撤回または解除ができる（35条の3の10以下）。軽率に契約を締結した者に再考の機会を与える趣旨である。

(5)　**抗弁権の接続**　購入あっせんの場合に、商品に欠陥があるとき、抗弁権の接続が認められることは、すでに述べた（債93(1)(エ)）。

第3節　買　戻　し

117　買戻しの意義

債権の物的担保には、民法の認める担保物権制度のほかに、権利の移転による制度がある（物123以下参照）。そしてこの権利移転による制度のうちにも、さらに、売買の形式を借りるものと、そうでないものとがあり、買戻しはその前者に属する。しかし、広く買戻しというときは、売主が一度売ったものを代価を払って取り戻せば

よいのだから、法律的には種々の手段がありうる。ことに、最初の売買契約をするときに、売主は将来の一定期間内に契約を解除して目的物を取り戻しうるものと約束する方法（解除権留保売買）と、1度普通の売買契約を締結したうえで、さらに売主は将来の一定期間内に買主から買うことができるという予約（再売買の予約）（債109⑵参照）をする方法とが最も普通に考えられる。そして買戻金が売買代金とほぼ同一であるときは前の手段が便利であろうが、代金その他の条件を自由に定めうる点では後の手段が適当であろう。当事者はすべての目的物についていずれの型の契約をすることも自由である。そしてそれぞれの場合に応じて担保の目的を達することができるであろう。民法は不動産について特に解除権の留保という手段に訴えるものを買戻しと名付け、これについて詳細な規定を設けた。したがって、民法のいう買戻しはこの解除権留保の売買のうちさらに一定の要件を備えるものに限るのである。しかし、その要件が厳格・硬直であるため（とくに、579条においては、買戻しの代金額は、当初の売買代金額と同じでなければならないとされていた）実際上多く利用されてはいない。そこで、平成29年改正では、買戻しにおいて、当初の売買代金額と異なる代金額を定めることができることを明記した（579条）。

118　買戻しの要件と効力

⑴　要件　　買戻しは、不動産を目的とし、最初の売買契約と同時にした特約によって解除権を留保するものである。平成29年改正前においては、売主が買戻しのときに返還すべき金額は最初の売買の代金と契約の費用との合計額とされていた（改正前579条前段）。買戻し特約付きの売買が実質的な金銭消費貸借の役割を果たすという観点からすると、買主が利息制限法を潜脱して暴利を貪ることを

防ぐ趣旨である。もっとも、代金の利息だけは、普通には不動産の
果実と差引きしたものとみなされて請求できないのだが（物96(2)参
照）、特約によって買戻代金に加えることもできる（同条後段）。買
戻しの期間は10年を超えることができず、これより長い期間を定め
たときは、その期間は10年とする（580条1項）。そして、一度定め
た期間はその後に伸長できない（同条2項）。また、期間を定めな
かったときは5年以内に買戻しをしなければならない（同条3項）。
期間を厳重にしているのは不動産の帰属が長く不安定な状態にある
ことをきらう趣旨である（物96(3)参照）。

　(2)　効力　　売買契約の登記とともに買戻しの特約をも登記する
と、買戻しは第三者に対しても対抗することができる（581条1項、
不登96条）。したがって、その不動産が第三者に譲渡されたら、売
主はこの第三者に対して買戻権を行使できるし、第三者に対して行
使すべきである（最判昭和36・5・30民集15巻5号1459頁）。また、不
動産の上に権利を取得した者があっても、その権利は買戻権者に対
抗できない。元来解除の効果は第三者に及ばないのだから（545条
1項ただし書）、買戻しのこの効力はこれに対する重大な例外である。
その理由は買戻権者の地位を安定させようとすることである。ただ
し、買主から不動産を賃借して登記をした者は、買戻後も1年間は
買戻権者に対抗できる（581条2項本文）。もっとも、買戻権者を害
する目的で賃貸借をしたものであるときはこの対抗力はない（同項
ただし書）。

119　買戻しの実行

　(1)　買戻しの実行　　これをしようとする売主は、前述の買戻期
間内に、買主または転得者に対し、代金および契約の費用を提供し
て、買戻しの意思表示をするべきである（583条1項）。これによっ

て、最初の売買契約は解除され、目的不動産の所有権は原則として売主に復帰する。買主または転得者が不動産について費用を支出したときは、買戻権者は196条の規定に従ってこれを償還すべきである。ただし、有益費については裁判所は買戻権者の請求によって相当の期限の猶予を与えることができる（583条2項）。

　(2)　代位行使　　買戻権は一の財産権であって、もとより一身専属権ではないから、買戻権者の債権者は代位行使ができる（423条）。たとえば、Aがその不動産を買戻しの特約付きで3,000万円でBに売ったとする（買戻しの代金額も3,000万円とする）。不動産の時価が5,000万円なら買戻権の行使によって約2,000万円の利益を得ることができる。Aの債権者Cがこれを代位行使して自己の債権の弁済に充てようとするのは当然であろう。しかし、この際Cが欲するのはその2,000万円の利益であって不動産自体ではない。そこで民法は、Bにこの利益だけを支払って不動産を保留する権利を認めた。すなわち、裁判所の選任する鑑定人に不動産の時価を決定してもらい、それとAが買い戻すために要する金額、すなわち代金3,000万円と契約の費用たとえば50万円とを、この鑑定価格から控除した額1,950万円を、まず代位しようとするCにその債権額だけを弁済し、残余があればこれをAに返還して、買戻権を消滅させることができる（582条、非訟96条）。

　(3)　持分の買戻し　　A・B・C共有の不動産において、その1人Aが、その持分を買戻しの特約付きでDに売った場合については特則がある。第1に、B・C・Dがその共有地を現物で分割したりまたは金銭で分割するために競売するには（258条参照）、Aに通知しなければならない。通知がなければAは分割後にもなお共有関係の存続を主張してDの持分を買い戻すことができる。第2に、Aは

Dが分割によって取得した、もしくは取得しようとしている不動産の部分または代金の部分について買戻しをすることもできる（584条）。第3に、もし分割のための競売においてDが買受人となったときは、Aは競売代金および買戻しの際に返還すべき費用を支払って不動産の全部を買い戻すことができる（585条1項）。もっとも、Aはこのほかに持分だけを買い戻すこともできるはずであるが、もしD以外の者、すなわちBまたはCの分割請求によって競売をした場合には、持分だけの買戻しは許されない（同条2項）。このような場合には、せっかく全部の所有者となったDをして再び共有状態に陥らせることはDに対して気の毒だからである。

第13章　交　　換

120 交　　換

　交換は、当事者が互いに金銭以外の財産権の移転を約することによって成立する契約であって（586条）、有償・双務契約である。歴史的には売買に先んじたものであろうが、現在においてはその作用は多くない（債 6⑴参照）。農業経営の合理化のための農地の交換分合や、土地収用などの際の換地の提供にその例がみられる程度である。旧民法は、フランス民法にならって、典型契約の一類型として交換に関するやや詳細な規定を置いていた（財産取得編107条－109条）。しかし、現行民法の起草者は、交換は売買に最も近い契約であって、有償契約に売買の規定が準用されることから、交換を定義する 1 ヶ条で十分であるとして、その他の規定を省略した。

　そこで、民法では、一方の当事者が目的物とともに金銭（補足金）を与えるべき場合には、これについて代金に関する規定——たとえば、目的物の引渡以後代金に利息を付すべきこととか（575条）、売買の先取特権（322条・328条）などがその適例である——を準用する旨を定めているにすぎない（586条 2 項）。しかし、有償契約には、一般的に売買の規定が準用されているのであるから（559条）、代金に関する規定以外の売買に関する規定が交換に広く準用されることになる（フランス民法など外国の立法例では、交換に売買の規定を準用する旨の明文の規定を置いていることが多い）。なお、金銭の交換、すなわち両替が交換であるかについては説が分かれているが、一種の無名契約として、売買および交換の規定を準用すべきであろう。

第14章　消費貸借

121　消費貸借の意義

(1)　**意義**　　消費貸借は、借主が貸主から一定の金銭その他の代替物を受け取り、これと同種・同質・同量の物の返還を約することによって成立する契約である（587条）。したがって、民法は消費貸借を要物契約とするのであるが（消費貸借を要物契約とするのは、ローマ法に由来する）、平成29年改正によって、要物性が緩和され、書面による諾成的な消費貸借が認められた。その詳細については次段に述べる。

およそ貸借というときは2つの種類がある。1つは、借主が目的物の所有権を取得してこれを他に処分する権能を得る、したがって返還は他の同価値の物をもってするものであり、もう1つは、借主が目的物の所有権を取得せず、したがって単にこれを使用・収益に利用できるだけで、返還は必ず借りた物自体をもってしなければならないものである。前者が消費貸借で後者が使用貸借と賃貸借とである。だから、消費貸借の貸借としての特色は、借主がその目的物の処分権を取得し他の同価値の物を返せばよい、というところにある。したがって、金銭の貸借は一般に消費貸借となるけれども特定の金貨を装飾などに用いるための貸借なら消費貸借ではない（借りた金貨そのものを返還するのであるから、物の貸借である）。有価証券の貸借では疑問を生ずることがあるけれども、保証金の代用として用いる目的で無記名の有価証券を借りるようなときはむしろ消費貸借とみるのが当たっている。

(2)　消費貸借の機能と規制

(ア)　**消費貸借の機能**　　消費貸借は、大は大企業の資金の獲得から、小は生計の不足の補いに至るまで、社会の各階層にわたって重要な作用を営む制度である。近代において担保制度がめざましい発達をしたことはすでに述べたが、そのことは、他面からみれば、消費貸借制度の躍進の現象にほかならない。ことに会社・銀行などの大企業の資金調達の制度はこの担保制度と結合して商法および多くの特別法で特殊の規律を受けている（物 6・87・99、債 6(4)参照）。

(イ)　**消費貸借の規制**　　民法の分野におけるこの制度に対する国家の積極的関与にもまた見逃しえないものがある。

(a)　**借主の保護**　　第 1 に、経済的地位の弱い借主が、貸主の暴利行為の犠牲にならないように意を用いる制度は、契約自由の原則の強調されたときにも、その跡を絶たなかった。先に述べた質屋営業法（物 6(2)参照）、利息制限法（債12(6)参照）や、出資法（同参照）、貸金業法（同参照）、預金等に係る不当契約の取締に関する法律（昭和32年）・臨時金利調整法（昭和22年）などがこれに属する。

(b)　**資金の供給**　　第 2 に、資金を必要とする方面にこれを適正に供給するために、特別の金融機関を設け、あるいは既存の機関を監督し、時には国家みずからが資金を融通して、社会の各方面に低利の消費貸借が容易に行われるように、直接間接に力を注いでいたことも、注目に値する。もっともこの点については、第 2 次大戦後は、むしろ統制を撤廃する方向に傾き、古い歴史をもつ特殊銀行（日本勧業銀行、日本興業銀行、横浜正金銀行など）も普通銀行に切り替えられた。その後新たな特殊銀行が設立されたが、改組の方向にある。

(c)　**既存債務の整理**　　第 3 に、既存債務を整理して債務者を金

銭債務の重圧から救済する制度としては、農村負債整理組合法（昭和8年）、金銭債務臨時調停法（昭和7年）などがあって、不況の時代にその機能を果たしたのであるが、後者は現行の民事調停法（昭和26年）に吸収されている。手続法としては和議法に代わる民事再生法や、民事調停法の特例としての特定調停法（特定債務等の調整の促進のための特定調停に関する法律、平成11年法158号）もそうした役割を担うものである。

122　消費貸借の成立

(1)　**要物性の原則**　　消費貸借は、借主が金銭その他の物を「受け取る」ことによってはじめて成立する。したがって、この契約からは単に借主の返還義務が生ずるだけであって、貸主の義務（貸すべき義務）は生じない。すなわち片務契約（債86(2)参照）である。利息を支払うべきときは有償契約となるが、その場合にも片務契約であることには変わりはない。消費貸借はなぜ要物契約とされるのであろうか。今日では単に歴史的にそうであったという以外に合理的な理由がないようである。高利貸が利息や手数料を差し引いて6万円しか渡さないで10万円の消費貸借を成立させようとする場合に、要物契約であることを盾にして6万円の消費貸借しか成立しないと論ずることは、一見借主保護の実益があるようにも思われる。しかしこの場合にも、高利貸が一応10万円渡し、直ちに4万円を返させたらどうしようもあるまい。利息の天引に関する利息制限法2条の規定も、天引は要物性と抵触しないという建前で、制限超過分を元本の支払とみなしている。暴利を防ごうとするなら、利率の制限（利息1条）や公序良俗違反（90条）を理由にして正面からいくのが合理的でもあり効果的でもあろう。それよりも重要なことは、要物性を厳重にいうと、今日の実際取引にあたってきわめて不自由であ

る。たとえば、銀行が金を貸す場合などには、公正証書を作成し登記を済ませるなど、すべての手続が済んでから金を渡すのが普通である。抵当権の登記が済まないうちに金を渡しては、何かの故障で登記ができない場合などが生じて危険だからである。しかし厳格にいうと、消費貸借は金を渡した時にはじめて成立するのだから、このようなやり方では公正証書も抵当権も無効になる。これは実際取引界のとうてい堪えられないことである。

(2)　要物性の緩和　　学説・判例は、このような事情を背景にして、次第に消費貸借の要物性を緩和する傾向を示すに至った。第1に、目的物を「受け取る」というのは結局、経済的価値の移動があればよいとみて、預金通帳と印章を受け取ったり、手形を受け取ったりすればそれでよいと解する。この点にほとんど反対説がない。第2に、抵当権も、債権成立の可能性のきわめて多い事情のもとにあるのだから、最初から現実の抵当権が成立するものと解する。これは多少の反対説を無視して判例が早くからとった見解である（物88(1)・89(3)引用の判例参照）。第3に、公正証書も、金銭の授受がないのにこれを完了したように記載することは多少事実と異なるが、結局金銭の授受があれば、社会観念上虚偽の記載と称すべきではないから、これを有効とみようとする。これは判例がやや後に示した傾向である（大判昭和11・6・16民集15巻1125頁・基本判例224）。しかし、最後に、両当事者の単純な合意、すなわち貸主が単に金を貸すと約し、借主が返還すると約しただけで消費貸借が成立するか（諾成的消費貸借）という問題になると、判例においても学説においても、むしろ否定的な見解が多数であった。けれども、このような範囲の契約の自由はこれを認めても何ら不都合がないと思う（契約によって、貸主は、貸す債務を負担し、借主は借りないうちは返還しな

いいという抗弁権を伴う返還債務を負担する）。上に述べた3つの緩和策
の第2と第3とはこの理論を前提としないと結局こじつけに終わる
ものといわねばならないであろう。スイス債務法は消費貸借を諾成
契約としている（同312条）。

　このような判例・学説の状況のもとで、平成29年改正は、消費貸
借の要物性を原則としながら、書面による場合に限って、諾成契約
としての消費貸借を認めたのである（587条の2）。すなわち、書面
でする消費貸借は、当事者の一方が金銭その他の物を引き渡すこと
を約し、相手方がその受け取った物と種類、品質および数量の同じ
物をもって返還をすることを約することによって、その効力を生ず
ると規定し（同条1項）、目的物が借主に引き渡されなくても当事
者間の合意のみによって、消費貸借契約が成立することを定めたの
である。しかし、借主の「借りる義務」あるいは貸主の「貸す権利
」を認めたものではないと解されている。改正法で、書面でする消
費貸借の借主は、貸主から金銭その他の物を受け取るまで、契約の
解除をすることができるとされている（同条2項前段）のは、その
ことを示している。そして、この場合において、貸主は、その契約
の解除によって損害を受けたときは、借主に対し、その賠償を請求
することができるとされている（同項後段）。損害およびその額に
ついては、貸主が主張・立証しなければならない。また、書面です
る消費貸借は、借主が貸主から金銭その他の物を受け取る前に当事
者の一方が破産手続開始の決定を受けたときは、その効力を失うと
されている（同条3項）。消費貸借の予約に関する改正前589条と同
趣旨の規定である。

　なお、ここで、書面というのは通常の紙に印刷されたものだけで
なく、電磁的記録による場合であってもよいとされている（同条4

項。保証契約における書面と同様の扱いである（債46⑵参照））。

　⑶　**準消費貸借**　　要物性を強調する民法も、すでに借主が債務を負担する場合には、これをいきなり消費貸借に改めてもよいと定めている（588条）。学者はこれを準消費貸借という。消費貸借としての要物性の要件を厳格に要求するのであれば、この場合にも、借主が一度返還し、これをもう一度受け取らなければ消費貸借は成立しないことになるのであるが、このような無用の手続は、さすがに民法もこれを不要と考えたのであろう。平成29年改正前においては、「消費貸借によらないで金銭その他の物を給付する義務を負う者がある場合において」と規定されていて、準消費貸借は、消費貸借以外の原因で債務を負う場合、たとえば、売買代金を借金に改めるような場合にだけ成立するのであって、過去の消費貸借を新たな消費貸借に改める場合を除外しているように読めるが、既存の消費貸借を新たな消費貸借に改める場合にも準消費貸借の成立を認めて少しも妨げないと解されていた（大判大正2・1・24民録19輯11頁）。そこで、平成29年改正では、このような解釈論に従い、「消費貸借によらないで」という文言を削除し、準消費貸借が広く認められることを明らかにした（588条）。なお、準消費貸借をした場合に既存の債務に付着していた抗弁（たとえば同時履行の抗弁権）や、担保（たとえば抵当権）などが消費貸借上の債務に及ぶかは、それぞれの具体的事情によって異なるが、特別の事情がなければ債務は同一性を保つ、すなわち更改はないと解すべきであろう。判例も同趣旨である（最判昭和50・7・17民集29巻6号1119頁・基本判例225）。なお、準消費貸借上の債務の消滅時効について、準消費貸借自体が商行為であれば、旧債務の消滅時効と関係なく、5年の商事消滅時効にかかるとした判決があるが（大判昭和8・6・13民集12巻1484頁）、平成29

年改正によって、民事時効と商事時効との区別がなくなったのであるから、この判決に先例としての意味はなくなったといえよう。

(4)　消費貸借の予約　　平成29年改正前においては、消費貸借は要物契約とされていたので、貸主に貸す義務を負わせる一方法として、消費貸借の予約は重要な意義を有していた。消費貸借の予約がなされた場合には、借主は本契約の締結を請求する権利を取得し、貸主はこれに応ずる義務を負うと解される。もっとも、その場合にも目的物を交付しないと本契約は成立しない点において、諾成的消費貸借と異なる。ただ、民法には、消費貸借の予約に関する基本的規定が置かれていたわけではなく、当事者間の公平を図る観点から、予約の後本契約締結前に当事者の一方が破産手続開始の決定を受けると予約は効力を失う旨の規定を定めていたにとどまっていた（改正前589条）。平成29年改正によって、諾成的消費貸借が認められることになったので、消費貸借の予約の意義は少なくなった。改正前589条も削除され（前述のように、その趣旨は改正後587条の２第３項に規定されている）、消費貸借の予約について直接に規定する条文はなくなった。諾成的消費貸借について、書面を要件とする改正後587条の２の趣旨からすれば、消費貸借の予約は、書面によらなければ、その効力がないと解すべきことになろう。もっとも、書面によらない予約であっても、予約完結後に書面が作成されれば、諾成的消費貸借としての効力を生ずるといってよいであろう。また、予約完結後に、貸主から借主に貸金が引き渡されれば、通常の消費貸借として効力が生ずることも認められる。

123　貸主の引渡義務（担保責任）

平成29年改正前においては、消費貸借は、要物契約として構成されていたので、貸主は一定の品質の物を引き渡す債務を負うもので

はない。したがって、たとえば貸した米10キロに瑕疵があっても、当然には瑕疵のない別な米10キロを貸す債務はないはずである。しかし、利息付消費貸借においては、担保責任として、瑕疵のない物を別に引き渡す義務があると定め、かつ損害賠償の義務もあると定めていた（改正前590条1項）。無利息の消費貸借においては、貸主がその瑕疵を知ってこれを借主に告げなかったときにだけこれと同様の責任を負うとされていた（同条2項前段）。また、借主は、同様の瑕疵あるものを返還することは困難だから（借主の請求にもかかわらず、代わりの物が引き渡されなかった場合だけでなく、借主が代わりの物を請求しなかった場合にも）、その価額を返還してもよいとされていた（同項後段）。

　しかし、平成29年改正によって、これらの規定は大きく修正された。まず、無利息の消費貸借については、贈与者の引渡義務に関する551条が準用されている（590条1項）。贈与も無利息の消費貸借も無償契約であることから、贈与と同じ扱いをすることにしたものである。すなわち、消費貸借において、貸主がどのような状態で目的物を引き渡すべきかについては、本来当事者間の合意によって決定されることを前提として（このことは明文で示されているわけではないが）、それについて明確な合意がない場合に、貸主は、消費貸借の目的である物を、消費貸借の目的として特定した時の状態で引き渡すことを約したものと推定するとされた（551条1項）。したがって、推定規定であるから、別段の合意をすればそれが優先する。たとえば、Aが所有し、保管している米10キロをBに貸す約束をしたときは、特定した時の状態で引き渡すことを約束したものと推定されるから、その時点ですでにその物に何らかの瑕疵があったとしても（カビが生えている場合など）、Aは、その状態のままでその

物をＢに引き渡せばよいことになる。ただし、Ｂは、完全な物を引き渡すことが消費貸借の内容であったことを主張立証して、推定を覆すことができる。そして、利息付きであるかどうかにかかわらず、貸主から引き渡された物が種類または品質に関して契約の内容に適合しないものであるときは、借主は、その物の価額を返還することができる（590条2項）。改正前590条2項前段の規律（無利息の消費貸借に関する）を、「瑕疵」という文言を「契約の内容に適合しない」という文言に修正したうえで、消費貸借一般に拡大したものである。また、利息付きの消費貸借は有償契約であるから、売買の規定が準用される（559条）。したがって、利息付きの消費貸借において、借主に引き渡された目的物が契約の内容に適合しない場合には、売買における追完請求権の規定（562条）が準用され、借主は代替物の引渡しを請求できるだけでなく、損害賠償も請求することができる。

　もっとも、消費貸借の目的物は金銭であることが多く、金銭消費貸借では目的物の契約不適合が生ずることはない。

124 借主の義務

　借主は、貸主から借りた物を消費することができるが、その後、それと同じ物を返還しなければならない。以下においては、返還の時期および返還すべき物について述べる。

(1)　返還すべき時期　　当事者間において、返還時期の定めがあれば、借主は、その時に返還すべきことはいうまでもない。また、貸主は、その時期が来るまでは原則として借主に返還請求することはできない。ただ、返還の時期は期限の定めであって、一般に借主の利益のために定められていると解されていることから（136条・137条参照）、当事者間の合意とは多少異なる扱いが定められている。

まず、当事者が返還の時期を定めなかったときは、貸主は相当の期間を定めて返還の催告をしうるにとどまる（591条1項）。これに対して、借主は、返還の時期の定めの有無にかかわらず、いつでも返還することができる（同条2項）。ただし、返還の時期が定められている場合に、借主がその時期よりも前に返還したときは、貸主は、借主に対して、それによって生じた損害の賠償を請求することができる（同条3項）。この場合に、損害およびその額は、貸主が主張・立証しなければならない（利息および返還の時期の定めがあるから当然にそれに対応した損害が生ずるとは必ずしもいえないと解されている）。なお、借主が期限前弁済をした後に貸主が損害賠償をすべきか、両者が引換給付の関係にあるのかは、明確でなく、解釈に委ねられている。

(2)　返還すべき物　　返還すべき物は借りた物と同種・同質・同量の物である。もし、何らかの理由でこのような物の返還ができなくなったときは、そのできなくなったときにおけるその物の価額を返還しなければならない。もっとも、返還すべき物が特種の通貨であって、返還期にその強制通用力を失った場合には、他の通貨で返還すべきである（592条・402条2項）。なお、貸主から引き渡された目的物が契約に適合しないものであるときは、その価額を返還してもよいことは前段末に述べた。

(3)　利息　　借主は利息を支払うべき場合が多い。しかし、これは特約または法律（たとえば商513条）に定めのある場合に限るものであって、それについて利息制限法や法定利率の定めのあることは前に詳述した（債12(4)・(6)参照）。

第15章　使用貸借

125　使用貸借の意義および成立

　使用貸借は、対価を払わないで他人の物を借りて使用・収益する契約である。契約当事者間に緊密な特殊関係が存する場合に締結されることが多いが、その社会的機能は大きくない（遺産建物の使用関係（最判平成8・12・17民集50巻10号2778頁・基本判例226）、共有建物の使用関係（最判平成10・2・26民集52巻1号255頁）につき使用貸借契約の成立を推認した判例がある）。なお、平成30年の相続法改正により、生存配偶者に相続前から居住していた建物に居住し続ける権利（配偶者居住権）が認められた（相66－70）。この権利は、居住建物について、無償で使用・収益することができる債権的利用権とされていて、使用借権に類似するものである（そこで、使用貸借および賃貸借の規定が準用されている）。

　使用貸借は借主が目的物の所有権を取得せず、したがって、必ず借りた物自体を返還すべき貸借契約の一種であることはすでに述べた（債121(1)参照）。この点において消費貸借と異なり、賃貸借と同一である。しかし、賃貸借は賃料を支払う有償契約であるのに反し、使用貸借は無償契約である点において賃貸借と異なる。

　平成29年改正前においては、使用貸借は要物契約とされていて、当事者の一方（使用借主）が無償で使用および収益をした後に、返還することを約して、相手方から物を受け取ることによって、その効力を生ずると規定されていた（改正前593条）。その当否については消費貸借に関して述べたと同様の議論がなされていた（債122(1)参照）。しかし、平成29年改正では、その性質を要物契約から諾成

契約に変更している。すなわち、使用貸借は、当事者の一方がある物を引き渡すことを約し、相手方がその受け取った物について無償で使用および収益をして契約が終了したときに返還をすることを約することによって、その効力を生ずると規定し（593条）、合意だけで使用貸借が成立することを明らかにした。そのうえで、諾成的消費貸借と同じ趣旨の規定を新設した。まず、貸主は、借主が借用物を受け取るまで、契約の解除をすることができる（593条の2本文）。ただし、使用貸借が書面によってなされた場合には、このような貸主の解除権は認められない（同条ただし書）。

126　使用貸主の義務

　使用貸借が諾成契約とされた結果、貸主は借主に対して、約定に従って目的物を引き渡す義務がある。そして、貸主は借主に対して目的物の使用・収益を許容する消極的な義務がある。しかし、賃貸人のように目的物を修繕して利用に適するようにしてやる積極的な義務はない。そして、使用貸主の引渡義務については、利息付きでない消費貸借と同様に、贈与者のそれに関する551条が準用されている（596条）。ともに無償契約だからである。なお、平成29年改正前においても、551条が準用されていたが、改正によって551条は大きく修正されているので、実質的な内容は改正前とは異なっている（債106(2)参照）。使用貸借において、使用貸主がどのような状態で目的物を引き渡すべきかについては、本来当事者間の合意によって決定されることを前提として（このことは明文で示されているわけではないが）、それについて明確な合意がない場合に、使用貸借の目的として特定した時の状態で引き渡すことを約したものと推定するとしたものである（551条1項）。したがって、推定規定であるから、別段の合意をすればそれが優先する。

　なお、使用貸主の権利については、解除と関連して、後に述べるとおりである（債129）。

127　使用借主の権利

　(1)　借主の目的物引渡請求権使用・収益権　　平成29年改正により、使用貸借が諾成契約となったのであるから、使用借主に目的物引渡請求権があることはいうまでもない。そして、借主は使用・収益権を有する。それは、ある意味においては物に対する直接の支配を内容とする。しかし、民法上これを独立の物権とみることは妥当ではない。このことは賃借権について述べる（債133(1)参照）。

　(2)　借主の義務　　借主が使用・収益をするにあたっては、契約または目的物の性質によって定まった用法に従わなければならない。また、貸主の承諾がなければ第三者に使用・収益させることはできない。これらの制限に違反すれば貸主は契約を解除（講学上の用語では告知）できる（594条、債129参照）。なお、買主は、契約の本旨に反する使用・収益によって生じた損害の賠償を請求できるが、貸主が目的物の返還を受けた時から１年以内にその請求をしなければならない（600条１項）。そして、この損害賠償請求権については、貸主が目的物の返還を受けた時から１年を経過するまでの間は、時効は完成しない（同条２項）。この規定は、平成29年改正によって新設されたのであるが、借主による用法違反の時から10年を経過してもなお、使用貸借契約が存続していて、貸主が用法違反を知らない間に消滅時効が完成した後に、使用貸借が終了した場合に、貸主が目的物の返還を受けた時には、もはや損害賠償を請求できなくなっているという不都合を避けるために、時効の完成を猶予するものである（総149(2)参照）。

128　使用借主の義務

⑴　**借主の善管注意義務**　　借主は借賃支払義務を負わないが、善良な管理者の注意をもって目的物を保存する義務を負うこともちろんである（400条）。民法は負担付使用貸借について規定していないが、庭の芝の手入れをするというような特約があれば、借主にその履行義務がある。

⑵　**費用の負担・償還請求**　　目的物に要する費用のうち、通常の必要費については、借主の負担であるが（595条1項）、その他の費用については、買戻しにおける費用償還に関する583条2項が準用されている（595条2項）。すなわち、使用借主が目的物の改良のために支出した金額その他の有益費については、その価格の増加が現存する場合に限り、使用貸主の選択に従い、その支出した金額または増価額を償還させることができる（583条2項では、「196条の規定に従い」と定められている）。そして、裁判所は、売主の請求により、その償還について相当の期限を許与することができる。賃貸借と異なることを注意せよ（608条参照）。なお、費用の償還請求権についても、前述の損害賠償請求と同様に、短期に行使すべき制限がある（600条1項）。

⑶　**借主の収去義務・収去権**　　借主は使用貸借の終了した時に目的物を返還することを要する。その際には、借用物に自分が附属させた物を収去し、変更を加えた点を改め、原状に回復しなければならない（599条1項本文）。ただし、借用物から分離できない物または分離するのに過分の費用を要する物については、収去しなくてよい（同項ただし書）。その後の当事者間の関係（附属させた物の所有権の帰属）については、明確ではないが、付合の問題として処理することになると解することができよう。他方で、借主は借用物を受

け取った後にこれに附属させた物を収去することができる（同条２項）。収去が可能でないときは、前述の費用償還請求権の問題となる。

129　使用貸借の終了および解除（告知）

　使用貸借は、以下の事由によって終了する。第１に、契約で定めた使用貸借の期間が満了したことである（597条１項参照）。第２に、使用貸借の期間を定めなかった場合において、契約に定めた使用・収益が終了したことである（同条２項）。第３に、借主が死亡したことである（同条３項）。

　また、すでに述べたつぎの事由があるときは、当事者による解除（告知）によって終了する。第１に、当事者が使用貸借の期間を定めなかった場合において、目的として契約に定めた使用・収益をするのに足りる期間が経過したときに、貸主は契約を解除できる（598条１項）。なお、この規定は平成29年改正前の597条２項ただし書に対応するものであるが、同条について、判例は使用貸借成立の基礎である人間関係が崩れた場合にこの規定を類推適用して貸主の解除を認めている（最判昭和42・11・24民集21巻９号2460頁・基本判例227）。第２に、当事者が使用貸借の期間および使用・収益の目的を定めなかったときは、貸主はいつでも契約を解除できる（598条２項）。第３に、すでに述べたように、借主が使用・収益権の範囲を逸脱したときには、貸主は契約を解除できる（594条３項）。第４に、借主はいつでも契約を解除できる（598条３項）。なお、使用貸借の解除には遡及効がないと解すべきである（620条参照）。したがって、いずれも告知の一場合である（債98(2)(ｱ)・135(3)参照）。

第16章　賃　貸　借

130　賃貸借の意義

(1)　**賃貸借一般**　　賃貸借は、借主が目的物の所有権を取得せず単にこれを使用・収益して、契約が終了したときに、その物自体を返還すべき貸借契約の一種である点では使用貸借と同じであるが、賃料を支払うべき点においてこれと異なるものであることはすでに述べた（債121(1)・125参照）。なお、民法の起草者は、賃貸借を消費貸借および使用貸借のように要物契約とはしなかった（平成29年改正によって、使用貸借は要物契約から諾成契約に改められた）。賃貸借は諾成の有償・双務契約である（601条参照）。

　今日賃料を支払って他人の所有にかかる財物を借りて使用・収益する現象は、生産活動、消費活動を含めて生活のあらゆる部門にわたってみられるので、賃貸借の社会的機能はきわめて大きい。衣装・自動車・建設機械などの動産から、建物・宅地・耕作地・山林などの不動産に至るまでことごとく賃貸借の目的となる。もっとも、民法は宅地については地上権、耕作地については永小作権という物権としての使用・収益権も用意して、当事者の選択にまかせている（物5・55・62参照）。しかし、わが国の実際においては貸す側と借りる側の力関係によって、この物権を設定する手段によるものはきわめてわずかであって、他人の不動産を使用・収益する場合は大部分が賃貸借によっている。

　なお、建設機械などの動産の賃貸借が、リースという名前で広く行われるようになった。それは2つの点で特色がある。その1つは、金融目的と結合して多く行われる。機械を必要とするAが製造者か

ら直接に買う代わりに、資力のあるＢが買い受け、それをＡに賃貸する形をとり、Ａは当該の機械を使用して得る収入からＢに賃料（機械の損耗代を含む）を支払う。その２つは、これとの関連で、機械の修理等は借主Ａが負担し、万一機械が破損・滅失したような場合には、あらかじめ定められた規定損害金（リース期間の経過に従って一定の額を逓減する）を支払う特約がされる。なお、機械にＢの所有であることを明示する等の配慮がされ、また、損害保険および機械の瑕疵等から第三者に損害が及んだ場合の責任保険が組み合わされるのが普通である。

(2) **不動産の賃貸借** 不動産の使用・収益は、宅地や山林はいうに及ばず、建物や農耕地の場合も長期に継続するのが多いが、契約自由の原則に立脚する民法は、賃借人の長期使用を保障し、その地位を保護する点においてほとんど無力であり、若干の配慮がされている場合にも、きわめて不十分である。賃借人はいつでもその宅地・建物・耕作地から、投下した資本や労力を回収することなく、追い出されるかもしれない立場におかれていた。このような状態はさすがに放置することは許されず、早く明治末期から住宅問題、小作問題として取り上げられた。そしてきわめて緩慢にではあるが、不動産賃借権は特別立法を通じて、その存続期間、その対抗力、その投下資本の回収の諸側面において物権に近い効力を与えられるようになった。借地権の場合には、特殊の形態によってではあるが、譲渡性さえも認められるに至った。この現象を不動産賃借権の物権化という。

これを賃貸借の対象に即してみれば、①宅地の貸借に関しては早く建物保護法（1909年（明治42年））、の制定をみ、のち、さらに借地法（1921年（大正10年））、続いて借地借家調停法（1922年（大正11

年)) の制定をみた。また、②借家については借地法と同時に借家法 (大正10年) が制定された。これらの法律は相応じて賃借人の地位の強化を図るものである。なお、臨時立法としては、関東大震災後の借地借家臨時処理法 (1924年 (大正13年)) があったが、第二次大戦後には同じ仕組みを発展させ、罹災都市借地借家臨時処理法 (1946年 (昭和21年)) が制定された。そして、同法は2013年 (平成25年) に廃止され、それに代わって、大規模な災害の被災地における借地借家に関する特別措置法が制定された (債132(2)(オ)参照)。また、地代家賃統制令は、戦時中の物価統制の一環として、1939年 (昭和14年) に国家総動員法に基づいて制定され、戦後はポツダム勅令として法律と同じ効力を与えられたが、1986年 (昭和61年) に廃止されるに至った。③耕作地の賃貸借に関しては当初小作調停法 (大正13年) が制定されただけであったが、後に多年の要望にこたえて農地調整法 (1938年 (昭和13年)) が制定され、それが第二次大戦後の農地改革を経て今日の農地法 (1952年 (昭和27年)) に受け継がれている。

　(3)　借地借家法・農地法　　日中戦争、第二次大戦、そしてその後に至るまで、住宅問題が存続してきたので、借地法・借家法は、それぞれ1941年 (昭和16年) および1966年 (昭和41年) に一部だが重要な改正をみた。そして、1985年 (昭和60年) から全面的改正作業が発足し、1991年 (平成3年)、借地・借家関係法 (建物保護法・借地法・借家法) は一本化されて借地借家法 (平成3年) として統合された。同法は不動産賃借権の多様化という内容となっている。ただし、同法施行前に成立した借地・借家契約に対しては適用されないことを附則で規定しているので、その範囲では従前の借地法・借家法も効力を残している。つまり、借地・借家に関する特別法は新

旧の二重構造をとることになった。なお、平成18年には、持家を含めて良質な住宅の供給等を図る住生活基本法が公布された（法61号）。

　農地についても、国際競争に耐えうる大規模農業の育成という課題のもとに、農地規制の緩和が農地法の一部改正の形で進んできたが、さらに根本的改正も検討され始めている。

　まことに、賃貸借は民法の中でその規定が直接の修正を受けることにおいて最も顕著な部分である。契約自由の原則の制限もまたそれだけ直接的なものがあるといわねばならない。本章では、これらの特別法の内容中民法の規定を直接変更する主要なものだけはこれを取り上げる。

131　賃貸借の存続期間

　⑴　民法による存続期間　　民法の規定によれば、賃貸借は50年を超える長期を約束してもその期間は50年とされる。契約後に期間を更新することはできるけれども、更新もまたその時から50年を超えることを許されない（604条）。所有権に対する長期にわたる債権的拘束は望ましくないという趣旨と解される。平成29年改正前においては、最長期間は20年とされていた。他人の土地の利用については、物権である永小作権、地上権は存続期間が20年〜50年とされていて（268条2項・278条参照）、起草者は、債権的利用である賃借権が20年以下であることと整合性をとったのではないかと思われる。しかし、20年を超える利用が期待される場合にも、地上権や永小作権が必ずしも利用されていないこと、また20年を超える賃貸借の存続期間を認める必要性があることなどから、50年に伸張されたのである。最短期の制限はないが、建物所有を目的とする土地の賃貸借に3年、4年のような約束があれば、通常は地代の据置期間とみる

べきである（総97(1)参照）。そして、期間を定めなかったときはいつ
でも解約の申入れをすることができるが、その後一定の猶予期間を
おいて賃貸借は終了する。このことは後に述べる。なお、期間経過
後に依然使用・収益を継続するときは賃貸借は更新されることにな
る。これも後に述べる。

　なお、民法は、処分権限のない者が管理行為として賃貸借をする
ときは、比較的短期のものに限定し、その期間を超える賃貸借はで
きないとしている（602条）。このような賃貸借を短期賃貸借という。
ここで、処分権限がない者というのは、不在者の管理人（28条）、
権限の定めのない代理人（103条）、後見監督人のある場合の後見人
（864条）、相続財産の管理人（918条3項・943条2項・950条2項・953
条）などである。平成29年改正前においては、行為能力の制限を受
けた者（未成年者、成年被後見人、被保佐人および被補助人）につい
ても、短期賃貸借の制限に服するとされていた（改正前602条）。し
かし、これらの者が短期賃貸借をできるかどうかは、それぞれの行
為能力の制限に関する規定（5条・9条・13条・17条等）によって規
律されていること、改正前602条の文言では、これらの者が単独で
有効に短期賃貸借ができるという誤解を生ずるおそれがあることか
ら、「処分につき行為能力を制限を受けた者」という文言が削除さ
れた。なお、短期賃貸借は、これを更新することはできるが、それ
も最初の契約の終了に近づいてからしなければならない（603条）。

　(2)　旧借地法における借地権の存続期間　　旧借地法は借地権（建
物の所有を目的とする地上権と賃借権とを包括する概念）の存続期間を
著しく伸長した。すなわち、特約がないと、堅固な建物の所有を目
的とする借地権なら60年、その他のものなら30年間存続する（当初
後者であったものも、防火地域の指定など事情の変更により、前者への

転換の途が開かれている（借地8条ノ2参照））。のみならず、特約を
もってしても、堅固な建物については30年、その他の場合には20年
未満とすることはできない（同2条）。更新による期間は堅固な建
物の場合は30年以上、非堅固な建物の場合は20年以上有効である
（同4条－6条）。この点は建物の所有を目的とする地上権と全く同
一の取扱いを受けるのであるから、地上権について述べたところを
参照されたい（物56参照）。なお、前述のとおり、以上の借地権の
存続期間は借地借家法の施行前に成立した借地権についてのみ適用
される。

　(3)　旧借家法における借家権の存続期間　　旧借家法は賃貸借（借
家権は、借地権と異なり、物権的用益権は認められておらず、賃借権の
みである）について1年未満の期間を定めた場合には、期間の定め
のないものとみなしたうえで（借家3条ノ2、ただし8条参照）、解
約申入れを制限することにしている（債135(1)(イ)(b)参照）。以上も、
借地借家法の施行前の借家権についてのみ適用される。

　(4)　借地借家法

　(ア)　借地権の存続期間　　借地借家法では借地権は普通借地権と
定期借地権に分かれる。普通借地権の存続期間は30年以上である
（借地借家3条）。更新による期間は最初が20年以上、2回目以後は
10年以上である（同4条本文）。ただし、当事者がこれより長い期間
を定めたときには、その期間による（同条ただし書）。

　定期借地権は更新のない借地権で、三種のものがある。第1は、
長期型で、50年以上の借地権である（同22条）。第2は、事業用型
で、もっぱら事業の用に供するものであり、必要に応じて、30年以
上50年未満の借地権と10年以上30年未満の借地権を区別して設定す
ることができる（同23条）。第3は、建物譲渡型であり、30年以上

経過後借地上の建物を地主に相当の対価で譲渡すると定めるもので
ある（同24条）。

　そのほか、一時使用目的の借地権の特則があり（同25条）、これ
には借地借家法上の諸規定は適用されない。

　(イ)　借家権の存続期間　　借家権の存続期間は旧借家法の規定と
ほぼ同じである（同26条－29条）。ただし、特別の事情がある場合に、
一時使用の借家権が認められている（同39条）。平成11年には、良
質な賃貸住宅等の供給の促進に関する特別措置法が制定され（平成
11年法律153号）、後述するように借地借家法38条が改正されて、更
新のないいわゆる定期借家権が導入された。

132　賃貸人の義務

　賃貸人は契約の存続中目的物を使用・収益に適するようにしてお
く義務を負う（601条）。その結果、賃貸人は目的物の使用・収益に
必要な修繕義務を負う（606条1項本文）。ただ、具体的どのような
場合にどのような修繕が必要であるかについての判断が困難な場合
も少なくない。事情によってはこの義務が否定されることもある
（最判昭和38・11・28民集17巻11号1477頁・基本判例237は、賃貸借の目
的である建物の破損、腐食等の状況が居住の用に耐えないほどではない
として、修繕義務の不履行を理由に賃料全部の履行を拒むことはできな
い原審の判断を是認している）。さらに、平成29年改正によって、賃
借人の責めに帰すべき事由によってその修繕が必要となったときは、
賃貸人は修繕義務を負わない旨が明文で規定された（同項ただし書）。
そして、賃貸人が賃貸物の保存に必要な行為をしようとするときは、
賃借人はこれを拒むことができない（同条2項）。

　平成29年改正では、他方で、賃借物の修繕が必要である場合に、
賃借人がみずから修繕することができる場合を定めている（607条

の2）。第1に、賃借人が賃貸人に修繕が必要である旨を通知し、または賃貸人がその旨を知ったにもかかわらず、賃貸人が相当の期間内に必要な修繕をしないときである。第2に、急迫の事情があるときである。

　また、賃貸人は、賃借人の支出した費用の償還義務を負う。ただし、この後の義務は費用の種類に応じてその範囲を異にし、また事情によって償還の時期を異にする（608条）。すなわち、賃貸人が負担すべき必要費を賃借人が支出したときは、直ちにその償還を請求できる。賃借人が有益費を支出したときは、賃貸人は、賃貸借終了時に、占有者の費用償還に関する196条の規定に従い（物27(2)参照）、その償還をしなければならず、裁判所は、賃貸人の請求により、その償還について、相当の期限を許与することができる。なお、賃借人が費用償還請求権を一定の期間内に行使すべきことは使用借主の場合と同様である（622条（600条の準用）、債128(2)参照）。賃貸人が、使用貸主と違ってこのような義務を負担するのは、賃貸借が有償だからである。なお、建物の貸借人が有益費を支出した後、建物の所有権の譲渡により賃貸人が交替した場合における新賃貸人の償還義務の承継については、後述する（債133(4)(イ)(c)）。

133　賃借人の権利

　(1)　**賃借権の性質**　賃借人は目的物を使用・収益する権利を有する。これは単に買主や委任者の権利のように相手方の行為を要求することを本体とするのではなく、目的物を直接に支配することを本体とする。しかし、民法は前述のように、原則としてこの権利を排他性があるものとはせず、また賃貸人の承諾がなければ転貸もできないとしているのであるから、これを物権と解することは適当ではない（物55(2)参照）。したがって、理論上は、前段に述べた賃貸人

の使用・収益をさせるべき債務に対応する賃借人の使用・収益請求権という債権に付随する一種の権能とみるのが穏当である。ただし、その後の諸立法（民法の改正も含む）によって、後に述べるように、特に不動産賃借権の効力は次第に増大し、対抗要件の具備は容易となり、その期間は延長され、賃借権の譲渡または転貸の権能も直接・間接に助長されたのだから、賃借権は次第に物権的効力を与えられつつあることは疑いがない。平成29年改正前において、判例はこの点に着目し、第三者に対抗できる賃借権について妨害排除請求権を認めていたが、後述するように、改正法はその判例法理を明文化した（605条の4）。ただし、対抗力のある賃借権に限って妨害排除請求を認めている点において、なお問題が残る（債18⑵参照）。

　⑵　賃借権の対抗力

　㋐　民法605条による対抗力　　不動産の賃貸借は登記すると以後その不動産について物権を取得した者その他の第三者（たとえば買主・抵当権者・抵当権に基づく競売の買受人）に対しても対抗することができる（改正後605条）。平成29年改正前において、「‥‥その不動産について物権を取得した者に対しても、その効力を生ずる」と定められていたが、「その他の第三者」を付加し、対抗力を主張しうる者の範囲を拡張するとともに、末尾を「対抗することができる」と改めた。もっとも、後者については、従来から対抗することと同義であると解されていて（大判大正10・5・30民録27輯1013頁）、対抗することができるという表現をとる同趣旨の他の規定（借地借家10条、農地16条）にあわせて、改正されたものであって、実質的な修正ではない。

　しかし、賃借権登記をなすべき特約がない限り、賃借人に登記請求権はない（大判大正10・7・11民録27輯1378頁。ただし、この事件で

は、賃貸人が登記に同意していたことを理由に、仮登記の効力を認めている）。

　（イ）　借地権の対抗力　　借地借家法は建物所有権を目的とする土地の賃借権について特殊な対抗要件を認めた。すなわち、借地人名義の建物の登記さえあればその建物の存在する土地の賃借権は建物の存する限り対抗力をもつ（借地借家10条。明治42年に制定された建物保護法１条の規定を引き継いだものである）。土地と建物は別個の不動産であるから、建物の登記は土地所有者の協力がなくてもできる。判例は、建物の登記が隣地上にあるように誤記されている場合でも、建物の同一性がたやすく認識され、更正登記が容易にできるような場合には借地権は対抗力を認められるとする（最大判昭和40・3・17民集19巻２号453頁）。しかし、借地人が建物を近親者（妻や子）の所有名義で登記した場合には、そもそも近親者といえども別人であるから、その登記は無効であるとの理由で対抗力を否定する（最大判昭和41・4・27民集20巻４号870頁・基本判例230）。しかしその当否は疑問であり、学説はほとんど反対している。

　（ウ）　借家権の対抗力　　借地借家法は建物の賃貸借につき、建物の引渡しがあれば対抗力を生ずるとした（借地借家31条）。

　（エ）　農地等の賃借権の対抗力　　同様に、農地法は農地または採草放牧地の賃借権につき、土地の引渡しさえあれば対抗力を生ずるものとする（農地16条）。

　（オ）　大規模災害借地借家特別措置法による対抗力　　大規模な災害の被災地における借地借家に関する特別措置法（平成25年法律61号）は、罹災都市借地借家臨時処理法（第二次大戦による戦災がその当初のものであったがその後の大災害にも適用された）に代わるものとして制定されたものであるが、大規模な災害の被災地において、

当該災害により借地上の建物が滅失した場合における借地権者の保護等を図るための借地借家に関する特別措置を定めている。この法律では、借地上の建物が滅失した場合には、その建物所有者の地上権または賃借権は、何らの登記がなくてもなお一定の期間対抗力があるものとしている（大規模災害借地借家特別措置法4条）。これは借地権の対抗力について公示の原則を破るものであって、異常時立法と称すべきである（物2(1)・56(3)参照）。

(3)　賃借権の範囲　　使用・収益の方法は契約または目的物の性質によって定まった用法に従うべきことは使用貸借に同じである（616条（594条1項準用））。これに違反したときは賃借人の債務不履行となり、賃貸人は一般の原則に従い不法な用益をやめるべきことを催告して解除をし、かつ損害賠償を請求できる（541条・545条4項。ただし、信頼関係が破壊された場合には無催告解除ができる（債135(1)(エ)(b)））。なお、損害賠償の請求権について短期存続期間の定めがあることも使用貸借と同じである（622条（600条準用））。

(4)　賃貸人の地位の移転

(ア)　賃貸人の地位の移転　　賃貸借の目的物に関する所有権の移転と賃貸借における賃貸人または賃借人の地位の移転は、それぞれ異なる法的関係であるが、両者は密接に関連していることから、賃貸借の目的物の所有権移転に伴う賃貸人の交代の問題と賃借権の譲渡および賃借物の転貸による利用者の変更の問題とに分けて論じられてきた。ここでは、前者の問題について述べる（後者については後述する）。賃貸借は債権的な関係であるから、賃貸している物の所有者がその物を他人に売却した場合には、本来は、賃貸借関係は新所有者と賃借人との間において承継されないはずであり（「売買は賃貸借を破る」という法格言はそのことを意味している）、賃貸借関

係も承継されるのであれば、契約上の地位の移転に関する法律行為によるべきであると考えられる。しかし、土地建物の賃貸借については、民法・借地借家法などの規定によって、一定の場合に賃借人が賃借権を新所有者等（「物権を取得した者」（改正前605条、借地借家31条）、「第三者」（借地借家10条）と表現されている）に対抗できるという構成によって賃借人を保護していることはすでに述べたとおりである（⑵参照）。これらの規定では、賃貸人（旧所有者）と賃借人との間の賃貸借契約の移転については、特に言及されてはいない（契約上の地位の移転については、明治民法には規定がなかったが、平成29年改正によって、債務引受とともに、規定が新設された（539条の2）。債97⑵参照）。

　（イ）　平成29年改正　　平成29年改正においては、賃借権の対抗力に関する規定については、大きな変更はされていないが、不動産の賃貸人たる地位の移転についての規定が新設された。

　（a）　賃貸人たる地位の移転　　まず、賃借人が605条、借地借家法10条、31条等の規定による賃貸借の対抗要件を備えた場合において、その不動産が譲渡されたときは、その不動産の賃貸人たる地位は、その譲受人に移転するとしている（605条の2第1項）。改正前において、判例は、賃貸借の目的物が第三者に譲渡されたときは、旧所有者と賃借人との間に存在していた賃貸借関係は、法律上当然に新所有者と賃借人間に移転し、新所有者が旧所有者の賃貸借契約上の地位を承継するとしていたが（大判大正10・5・30民録27輯1013頁）、改正法はそれを明文化したものである。たとえば、AがBに賃貸している物をCに売却した場合には、Cが賃貸人になり、賃貸借関係は、Cと賃借人Bとの間に存続することになる。しかし、不動産の譲渡人および譲受人が、賃貸人たる地位を譲渡人に留保す

る旨およびその不動産を譲受人が譲渡人に賃貸する旨の合意をした
ときは、賃貸人たる地位は、譲受人に移転しないとしている（同条
2項前後）。前述の例では、AとBとの間の賃貸借関係がそのまま
存続するが、所有者はCになったのであるから、物がCからAに
賃貸借が行われ、AがBにそれを転貸しているような関係になる
と考えられる。そして、この場合には、譲渡人と譲受人またはその
承継人との間の賃貸借が終了したときは、譲渡人に留保されていた
賃貸人たる地位は、譲受人またはその承継人に移転すると規定され
ている（同条2項後段）。前述の例では、CとAとの間の賃貸借関
係が終了したときは、Bに対する関係においては、Cが賃貸人とな
り、賃貸借関係は、Cと賃借人Bとの間に存続することになる。

　(b)　賃貸人たる地位の移転の対抗　　これらの規定により、賃貸
借の目的物である不動産について譲渡が行われ、譲受人に賃貸人た
る地位が移転した場合、および譲渡の時点で譲渡人が賃貸人たる地
位を留保し、譲受人が譲渡人に賃貸していたが、その後その賃貸借
が終了した結果、不動産の賃貸人たる地位が譲受人またはその承継
人に移転した場合には、譲受人またはその承継人は、賃貸物である
不動産について所有権の移転の登記をしなければ、賃貸人たる地位
の移転を賃借人に対抗することができない（同条3項）。

　(c)　費用の償還および敷金の返還債務　　また、これらの規定に
より、賃貸人たる地位が譲受人またはその承継人に移転したときは、
費用の償還債務（608条）および敷金の返還債務（622条の2第1項）
は、譲受人またはその承継人が承継する（605条の2第4項）。従来、
判例によって認められていた法理を明文化したものである。すなわ
ち、費用の償還について判例は、賃借建物の所有権譲渡により賃貸
人が交替したときは、新賃貸人が有益費の償還義務を負うとしてい

た（最判昭和46・2・19民集25巻1号135頁・基本判例228）。また、敷金についても判例は新賃貸人が返還義務を負うとしていた（債134(4)(イ)参照）。

(d)　合意による不動産の賃貸人たる地位の移転　　以上のように、賃貸人が賃貸借の目的不動産を売却することに伴い、賃貸人たる地位が譲受人に移転するのであるが、賃貸人である譲渡人と譲受人との間の合意によって、譲受人に賃貸人たる地位を移転させることもできるが、その場合に、賃借人の承諾を要しない（605条の3前段）。この場合においては、605条の2第3項および第4項の規定が準用される（605条の3後段）。

(5)　賃借権の譲渡・賃借物の転貸

(ア)　無断譲渡・転貸の禁止　　宅地や建物の賃借人は賃借地に建物を建てたり、借家に造作を施したりして、多大の投資をするから、賃借権の譲渡または賃借物の転貸（以下単に譲渡・転貸という）を認められないと、この資金の回収が難しい。しかし、民法は賃貸借の個人的色彩に着眼して賃借人がこれらの行為をするには賃貸人の同意を要するとした（612条1項、債52(2)参照）。この規定に基づいて借地権の譲渡があるとした判例（最判平成9・7・17民集51巻6号2882頁・基本判例236）や、借家につき一部の転貸があったとした判例（最判昭和33・1・14民集12巻1号41頁・基本判例246）がある。もっとも、賃貸人の承諾を得ない賃借権の譲渡または転貸借は、全く無効ではなく、賃借人と譲受人または転借人との間では有効で、ただ賃貸人に対抗できないと解されている。賃借人が承諾を得ずに無断で賃借物を第三者に使用・収益させたときは賃貸人は賃貸借を解除できる（612条2項）。判例は、実質的にみて譲渡・転貸に該当しない場合を認め（最判平成8・10・14民集50巻9号2431頁・基本判例

245）、また、民法がこの解除権を認めるのは無断転貸等が個人的信頼を基礎とする賃貸借関係では背信的行為に当たるからであると解し、形式的には無断転貸等に当たる場合でも背信的行為と認めるに足らない特段の事情があるときは、賃貸人の解除権は発生しないとしている（最判昭和28・9・25民集7巻9号979頁・基本判例247。債135⑴(エ)(b)参照）。なお、賃借人が賃貸人の承諾を得ないで賃借権の譲渡または転貸をしたときは、賃貸人は、原賃借人との間の賃貸借契約を解除して、賃借人・譲受人・転借人のすべてに対して明渡しの請求ができるだけでなく、原賃借人との間の賃貸借契約をそのままにして、譲受人・転借人に対する明渡請求もできる。もっとも、後の場合には、賃借人への引渡しを請求できるだけだと解する学説が多く、それが正当と思われるが、判例は、自分（賃貸人）への引渡しを請求できると解している（最判昭和26・5・31民集5巻6号359頁・基本判例248）。

　なお、借地権の譲渡・転貸については、特則が設けられている（後述(ウ)参照）。

　(イ)　承諾を得た譲渡・転貸の効果　　賃借人が賃貸人の承諾を得て賃借権を譲渡したときは、賃借人は契約関係を脱退し、賃貸人と譲受人との間に賃貸借が継続する。ただし、敷金交付者の権利義務関係は新賃借人に承継されない（最判昭和53・12・22民集32巻9号1768頁・基本判例249）。また承諾を得て転貸したときは、賃貸人と賃借人との間には従前の関係が継続し、賃貸人と転借人との間には新たに賃貸借関係が生ずる。この転貸借関係は賃貸人に対抗できるけれども、転借人と賃貸人との間には直接何らの法律関係も生じないはずである。しかし民法は、便宜のために、転借人は賃貸人に対して、賃借人が賃貸人に対して負っている債務の範囲を限度として、

直接に義務を負うものと定めた。したがって、賃貸人は転借人に対し直接に賃料の（転借料のうち賃借料の範囲内で）請求もできる。しかも、転借人はこれに対して賃料の前払いをもって対抗できない（613条1項）。この「前払い」の意味については争いがあるが、転貸借で約定された支払期以前の意味だとする判例が正当である（大判昭和7・10・8民集11巻1901頁）。賃貸人はこの便宜を認められるからといって賃借人に対する元来の権利を失うものではない（同条2項）。

　なお、賃貸借を基礎として、その上に転貸借が存在することから、基礎である賃貸借が終了した場合に、転貸借がどのようになるのかという問題が生ずる。平成29年改正前において、民法には、この問題に関する明文の規定がなく、主として、判例により以下のような法理が展開されていた。まず、賃貸人と賃借人との間で賃貸借が合意解除されても、その解除を転借人に対抗することができないと解されていた（大判昭和9・3・7民集13巻278頁）。しかし、賃貸借が賃借人（転貸人）の債務不履行を理由とする解除によって終了した場合には、賃貸人の承諾ある転貸借は、原則として、賃貸人が転借人に目的物の返還を請求した時に、転貸人の転借人に対する債務の履行不能により終了すると解されていた（最判平成9・2・25民集51巻2号398頁・基本判例254）。ただ、転貸および再転貸を予定して事業用ビルを一括して賃貸借がなされた場合において、賃借人の更新拒絶により賃貸借が終了しても賃貸人は信義則上その終了を再転借人に対抗できないとされた事例がある（最判平成14・3・28民集56巻3号662頁・基本判例251）。

　このような状況において、平成29年改正では、判例が認めていた法理を明文化した。賃借人が適法に賃借物を転貸した場合には、賃

貸人は、賃借人との間の賃貸借を合意により解除したことをもって転借人に対抗することができない（613条3項本文）。ただし、その解除の当時、賃貸人が賃借人の債務不履行による解除権を有していたときは、賃貸人は、その合意解除を転借人に対抗できる（同項ただし書）。

　(ウ)　借地権に関する特則

　(a)　建物等の買取請求権　　賃貸人の承諾が得られなければ譲渡・転貸ができないという原則は、借地法およびそれを引き継いだ借地借家法の制定によっても改められていない。ただ、借地上の建物を取得した第三者が、その土地の賃借権を譲り受け、またはその土地を転借した場合に、賃貸人がこれに承諾を与えないときは、賃貸人（借地権設定者）に対してその建物その他借地権者が権原により土地に附属させた物を時価で買い取るよう請求する権利（一種の形成権である）が認められている（借地10条、借地借家14条）。建物の買取りを希望しない賃貸人に譲渡・転貸を承諾させるについて若干の効果が期待されたのである。しかし、ここにいう時価とは、材木値段ではなく建物としての価格というにすぎず（最判昭和35・12・20民集14巻14号3130頁・基本判例233）、借地権価格を含まないと解されたので、結局、借地権譲渡の実効をあげることはできなかった。せいぜい借地契約が更新されないで終了する際の買取請求権——建物を取り壊さないで建物として買い取らせる——と同様の効果をもつにすぎない。なお、借地法も借地借家法も借地権の存続期間が満了し、契約の更新がない場合にも、建物等の買取請求権を認めている（借地4条2項、借地借家13条）。

　(b)　借地権の譲渡性の容認　　借地上の建物をみずから使用する必要のなくなった借地権者は、建物を第三者に賃貸することは自由

である。借地は借地権者がみずから建物所有のために使用し、ただ建物だけを第三者に賃貸する、つまり借地の転貸ではないという論理が認められるからである。それによって借地権者は、借家人から家賃として、土地使用を含む建物使用の対価を収めることができる。借地人が賃貸人に支払う地代と家賃の中の地代分との差額が大きくなると、借地権は現実に一種の財産としての価値、つまり借地権価格をもつようになる。これに加えて、賃貸人の側も、むしろ借地権の譲渡を認め、その代償として借地条件の変更や名義書換料などの名目で借地権価格の何％かを徴収したほうが得策であるという状況が生じ、それが慣行といってもよいほどに行きわたった。このような実情が、昭和41年の借地法改正の際に考慮され、同法は裁判所の関与を通して借地権の譲渡・転貸を認めた。借地借家法もこれを踏襲した。その要件・手続はおよそつぎのとおりである。

　借地上にある建物を、借地権者が第三者に譲渡しようとする場合に、借地権の譲渡または転貸が格別賃貸人に不利となるおそれがないのに、賃貸人が承諾しない場合には、裁判所は借地権者の申立てによって、賃貸人の承諾に代わる許可を与えることができる。その際に当事者間の衡平を図るために必要がある場合には、従前の借地条件の変更（たとえば地代の値上げ）を命じたり、財産上の給付（一種の名義書換料）を条件としたりすることができる。また、借地権の残存期間、従前からの借地関係や、譲渡・転貸が必要になった事由その他一切の事情を考慮しなければならない。なお、この申立てがあった場合に、賃貸人は裁判所の定める期間内に自分で建物の譲渡および賃借権の譲渡または転貸を受ける旨の申立てができ（一種の先買権）、この場合には、裁判所は相当の対価および転貸の条件を定めてこれを命ずることができる。これらの対価その他の条件の

決定にあたっては原則として鑑定委員会の意見を聴かなければならない（借地借家19条）。

　ここに述べた手続は、賃借権の目的である土地の上に存する建物を競売または公売によって取得した第三者にも準用される（同20条）。裁判所は、借地借家法20条1項後段の付随的裁判として、相当な額の敷金を差し入れるべき旨を定め、その交付を命ずることができる（最決平成13・11・21民集55巻6号1014頁・基本判例235）。

　これらの規定はさらに土地の転借人と賃貸人との間にも準用される（同19条7項・20条5項）。

　なお、これらの手続は借地非訟事件手続と呼ばれるが、この制度は、上記の土地賃借権の譲渡（任意譲渡、競売・公売を含む）・転貸のほかにも、借地条件を変更する場合および増改築の場合にも認められている（同17条）。またさらに借地契約の更新後の建物の再築の場合も同様である（同18条）。賃借人が賃貸人の承諾を得ないで、これらの行為をすれば、賃借人の使用収益義務（616条・594条1項準用）違反を理由に、契約を解除されることが多いからである。

134　賃借人の義務

　(1)　**賃料支払義務**　　賃料の支払手段およびその多寡は契約によって自由に定められるのが民法上の原則である。敷金・権利金などもそうである。しかし、いくつかの領域で規制がある。

　(ア)　**賃料の規制**　　以下に述べるように、かつては、地代・家賃、小作料の額について、規制がなされていたが、次第に緩和され、現在では、額の規制はなくなっている。

　(a)　**地代・家賃**　　借地の対価である地代および借家（建物の一部の賃貸借を含む）の対価である家賃については、地代家賃統制令があったが、同令は昭和61年に廃止されたことは前に述べた（債

130(2))。なお、罹災都市借地借家臨時処理法は、同法の適用がある場合に、著しく不当な約定については、その変更を命ずることができる旨の規定を設けていたが（罹災都市17条）、同法は平成25年に廃止され、それに代わる大規模災害借地借家特別措置法では、賃貸条件の変更命令の規定は置かれていない。

　(b)　小作料　　小作料については、かつては、その最高額を統制していたが、その後、農業委員会が小作料の額の標準となるべき額を定める制度に変更された（農地旧23条1項）。しかし、平成21年改正により、標準小作料制度が廃止され、農業委員会が賃料情報を提供する制度となった（農地52条）。

　(イ)　賃料の変更　　一度定められた賃料がその後の事情の変更によって増減される場合は少なくない。

　(a)　賃借物の使用および収益の一部をすることができなくなった場合における賃料の減額　　平成29年改正前においては、賃借物の一部が賃借人の過失によらずに滅失したときは、滅失の割合に応じた減額請求権があるとされていた（改正前611条1項）。これに対して、改正法では、第1に、賃料が減額される場合を賃借物の一部が滅失した場合に限らず、使用および収益の一部をすることができなくなった場合にまで拡張している。従来の解釈論に従ったものである。第2に、「債務者の過失によらないで」という文言を「賃借人の責めに帰することができない事由によるものである」という文言に修正している。第3に、このような場合に、賃料が当然に減額されるものとしている。改正前においても、請求の時点ではなく、一部滅失の時点に遡って減額されると解されていたことから、その解釈論に合わせたものである。

　(b)　減収による賃料減額請求権　　平成29年改正前においては、

447

宅地以外の収益を目的とする土地において不可抗力によって賃借人の得た収益が賃料より少ないときは、賃借人は収益の額まで減額を請求できる旨を規定し（改正前609条）、さらにその状態が2年以上続いたときは、賃借人は契約を解除できる旨を規定していた（610条）。これらの規定は、凶作の場合における小作人を保護する規定である。永小作権よりはよいようなものの（274条・275条）、小作人にとってたえがたく過酷な立法であると考えられていた（物66参照）。ただし耕作を目的とする農地の賃貸借の場合には、特別法である農地法によって、経済事情の変動による賃料増減請求権（農地旧21条）のほかに、小作料の額が収穫に対して一定の割合以上になったときは、その原因が凶作であれ、農産物の値下りであれ、小作人はその超えた分だけの減額を請求することができるとされていた（農地旧22条）。したがって、民法の規定が適用されるのは、採草放牧地の賃貸借などきわめてまれな場合に限ると解されていた。しかし、小作料の減額に関する農地法旧22条は、平成21年に削除されたので、民法609条・610条が農地の賃貸借に適用されることになった（なお、賃料増減請求権の規定は存続している（農地20条））。このような状況において、平成29年改正では、小作料の減額というもともとの立法趣旨に従って、農地および採草放牧地の賃貸借に適用されることを明確にした。すなわち、耕作または牧畜を目的とする土地の賃借人は、不可抗力によって賃料より少ない収益を得たときは、その収益の額に至るまで、賃料の減額を請求することができる（609条）。その場合に、賃借人は、不可抗力によって引き続き2年以上賃料より少ない収益を得たときは、契約の解除をすることができる（610条）。

　(c)　賃料増減請求権　　重要なのは物価その他の経済事情の変動

による賃料変更の請求（事情変更の原則）である（債85(2)(エ)参照）。判例は、早くから、東京その他一定の地方には経済的事情の変遷に応じて相当の地代の値上げを要求する慣習の存在することを認めたが、借地法（借地12条）・借家法（借家7条）（それぞれ、借地借家法11条・32条に引き継がれている）および農地法（農地20条1項）はこれを明文をもって認め、かつ賃料や小作料の値上げばかりでなく値下げもできるとした（債11(2)・物59(2)参照）。これは、一般に賃料増減請求権と呼ばれる。賃料増減請求権は形成権であるから、一定の増減額の意思表示が相手方に到達した時から、相当額の程度に増減額の効力が発生する（最判昭和36・2・24民集15巻2号304頁・基本判例240）。このために、賃料増額請求を受けた賃借人はいくら弁済の提供をしてよいかがわからず、大いに困惑する。このような状況は、減額請求をした賃借人においても同様である。なぜなら、賃借人の提供額が後日相当額に不足することが裁判により確定したら、債務不履行として契約を解除されることになるからである。そこで、賃料の増額について当事者間に協議が調わないときは、増額の請求を受けた賃借人は、相当と認める額の賃料を支払えば足りるとされていて、後に、相当と認める賃料額を超える新しい賃料額が裁判により確定したら、賃借人は不足額に年1割の利息を付して支払えばよいとされている（借地借家11条2項・32条2項、農地20条2項）。なお、「相当と認める額」というのは、賃借人が相当と認める額を意味するものであるが、賃借人が従前の賃料額を相当と認めていないのに、従前の賃料額と同額の賃料を支払ったとき、あるいは、賃借人が自己の支払額を主観的に相当と認めてはいたものの、その支払額が公租公課の額を下回ることを知っていたときは、相当賃料を支払ったことにならないとした判決がある（最判平成8・7・12民集50巻7号

1876頁・基本判例231）。また、賃料の減額について当事者間に協議が調わないときには、減額請求を受けた賃貸人は、相当と認める額の賃料を請求することができ、後に、相当と認める賃料額に満たない新しい賃料額が裁判により確定したら、賃貸人は超過額に年１割の利息を付して返還すればよいとされている（借地借家11条３項・32条３項、農地20条３項）。結局、これらの規定は、賃料増減請求権について、形成権としての効力に制限を加えているといえよう。

　なお、借地借家法では、借主保護の観点から、多くの条文が明文で強行法規とされている（借地借家９条・16条・21条・30条・37条）。賃料増減請求権に関する借地借家法11条（借地法12条を引き継いでいる）および32条（借家７条）について、それを強行法規とする旨の明文の規定はないが、判例は、借地法、借家法強行法規と解している（最判昭和56・４・20民集35巻３号656頁（借地12条について）、最判平成15・10・21民集57巻９号1213頁・基本判例241（借地借家32条について））。なお、定期建物賃貸借において借賃の改定に関する特約があるときは、借地借家法32条は適用されない（同38条７項）。

　地代・家賃について自動改定特約が締結されることがある。その場合に、地価が値上りしていたとき、あるいは家賃相場が値上がりしていたときに、自動的に賃料の増額を認めるとした特約が、地価が値下りした後に、あるいは家賃相場が値下がりした後に、効力をもつかどうかにつき、賃料減額請求権の強行法規性との関係において、問題となる。これについて、特約による地代等の額の定めが借地借家法11条１項の規定の趣旨に照らして不相当となった場合には、当事者は特約に拘束されず地代等増減請求権の行使ができるとした判例がある（最判平成15・６・12民集57巻６号595頁・基本判例232、最判平成16・６・29判時1868号52頁）。また、建物の賃貸借（いわゆるサ

ブリース契約）について、賃料自動増額特約によって、借地借家法
32条1項の適用を排除することができないとした判例がある（前掲
最判平成15・10・21）。

　なお、地代・家賃の紛争については、紛争解決の早期的解決を目
的として調停前置主義が採用され、まず調停にかけることが必須と
される（民調24条の2・24条の3）。

　(ウ)　**賃料支払時期**　　賃料支払時期は特約がなければ後払いであ
る。すなわち、動産・建物および宅地は毎月末、その他の土地は毎
年末に、ただし収穫季節あるものはその季節の後遅滞なく支払う義
務がある（614条）。

　(2)　**賃借物保管義務**　　①賃借人は善良な管理者の注意をもって
賃借物を保存すべきことはいうまでもない（改正後400条）。具体的
に、どのような注意義務を尽くすべきかについては、契約その他の
発生原因および取引上の社会通念によって定まるものである。その
ほか、②賃借物が修繕を要し、または賃借物について権利を主張す
る者があるときは、原則として、遅滞なくその旨を賃貸人に通知す
べき義務を負い（615条）、また③賃貸人のする保存に必要な行為を
認容すべき義務を負う（606条2項）。もっとも、賃借人がこの保存
行為を欲しないことがある。賃貸人が賃借人の意思に反して保存行
為をしようとする場合に、そのために賃借の目的を達することがで
きなくなるときは、賃借人は、契約を解除することができる（607
条）。④保管義務の外延にあるものとして、賃借人には用法遵守義
務があり、これに違反すれば、賃貸人は契約の解除ができる（616
条・594条1項）。

　(3)　**賃借物返還義務**　　賃貸借の終了した時に目的物を返還する
義務があり、その際に目的物を原状に復すべき権利義務のあること

は、使用貸借と同様である。そこで、平成29年改正前においては、使用貸借の規定が準用されていた（改正前616条・598条）。これに対して、改正では、賃借人の原状回復義務について、使用貸借とは別に、規定を新設した。すなわち、賃借人は、賃借物を受け取った後にこれに生じた損傷がある場合において、賃貸借が終了したときは、その損傷を原状に復する義務を負う（621条本文）。もっとも、この場合において、通常の使用および収益によって生じた賃借物の損耗（最判平成17・12・16判時1921号61頁は、通常損耗について賃借人が原状回復義務を負う旨の特約は、契約書に明記されているなど、明確な合意がなされていることが必要であるとしている）と賃借物の経年変化は、原状回復の対象から除かれている。そして、その損傷が賃借人の責めに帰することができない事由によるものであるときは、賃借人は原状回復義務を負わない（同条ただし書）。しかし、実際上は賃借人はいわゆる収去権を行使しても、資本の回収が図れないばかりでなく、賃借物の客観的価値を損傷する社会的損失が大きい。そこで借地借家法では借地人に建物の買取請求権を認め（借地借家13条、物58(5)参照）、借家人に造作の買取請求権を認めている（同33条。ただし、旧法（借家法）と異なり、任意法規に改められた（同37条））。賃借人は、この造作買取請求権に基づいて建物の留置権を主張できないというのが判例である（最判昭和29・1・14民集8巻1号16頁・基本判例243）。

(4)　敷金

(ア)　敷金の意義　　敷金は通常、借家契約に付随して当事者間の特約で賃借人から賃貸人に交付される金銭であって、賃貸借終了時に賃借人に返還されるものである。古くから慣習として行われてきた。賃料の数ヶ月分相当額が普通であるが、かなり高額のものも見

受けられる。その法律的性質は、保証金などと同じく、賃借人の債務を担保することを目的として、一種の条件付きに金銭の所有権を移転するものとみるべきである。しかし、民法および借地借家法には、明文の規定がなく、学説および判例によって、敷金に関する法理が形成されてきた（もっとも、不動産賃貸の先取特権に関する316条には、敷金という用語がみられる）。たとえば、賃貸借終了の際に、家賃の延滞があれば、当然に敷金から充当され、賃借人は、債務不履行がないことを条件として敷金返還請求権を有すると解されていた（大判大正15・7・12民集5巻616頁）。あるいは、敷金返還請求権は、家屋明渡完了の時において、それまでに生じた被担保債権を敷金額より控除し、なお残額がある場合に、その残額につき具体的に発生すると解されていた（最判昭和48・2・2民集27巻1号80頁・基本判例252）。また、賃貸家屋の根抵当権者が物上代位権を行使して、賃料債権を差し押えた場合においても、賃貸借契約が終了し、目的物が明け渡されたときは、賃料債権は敷金の充当により、その限度で消滅する（当然消滅の効果は511条［改正前］によって妨げられない）と解されている（最判平成14・3・28民集56巻3号689頁）。このように、敷金は賃貸借の終了したときに、返還されるものであることから、家屋の賃貸借終了に伴う賃借人の家屋明渡義務と同時履行の関係に立たないし（家屋明渡義務が先履行の関係にある）、敷金返還請求権をもって留置権を行使することもできないと解されている（最判昭和49・9・2民集28巻6号1152頁・基本判例253）。

　そして、平成29年改正においては、これまでの学説・判例による法理に従って敷金について明文の規定が置かれることになった。まず、敷金というのは、「いかなる名目によるかを問わず、賃料債務その他の賃貸借に基づいて生ずる賃借人の賃貸人に対する金銭の給

付を目的とする債務を担保する目的で、賃借人が賃貸人に交付する金銭をいう」と定義している。そのうえで、「賃貸人は、敷金……を受け取っている場合において、次に掲げるときは、賃借人に対し、その受け取った敷金の額から賃貸借に基づいて生じた賃借人の賃貸人に対する金銭の給付を目的とする債務の額を控除した残額を返還しなければならない」と定めている（622条の2第1項）。返還しなければならないのは、①賃貸借が終了し、かつ、賃貸物の返還を受けたとき、および②賃借人が適法に賃借権を譲り渡したときの2つの場合である。つぎに、賃貸人は、賃借人が賃貸借に基づいて生じた金銭の給付を目的とする債務を履行しないときは、敷金をその債務の弁済に充てることができると規定されている（同条2項前段）。したがって、賃貸借が継続している間に、賃借人が賃料の支払を怠った場合には、賃貸人は敷金をこれに充当してもよいが、充当する義務はなく、延滞賃料の全額を請求することもできると解される。これに対して、賃借人は、賃貸人に対し、敷金をその債務の弁済に充てることを請求することができないと定められている（同項後段）。

　そして、賃貸借が終了し、目的物を返還したときなど、上記のような事由により敷金を返還する場合には、賃借人が負担すべき債務があれば当然それだけ差し引かれた残額だけの返還請求権が生ずる。もしまた、敷金だけではその債務を弁済するのに不足であれば、賃借人は、弁済充当の規定（489条・491条）によって充当しても不足する債務を支払わねばならないことになる（弁済充当については、債64(2)(イ)(b)参照）。

　このように、敷金の返還請求権は、賃貸借終了時ではなく明渡時前に生ずる賃料相当額の損害金債権その他賃貸借契約により賃貸人

が賃借人に対して取得する一切の債権を担保するものであり、したがって、賃貸借が終了した後でも、家屋の明渡前には、その発生および金額の不確定な権利であって、券面額のある債権（民執159条）に当たらないから、賃借人の債権者がこれについて転付命令を得ても無効であるとされる（前掲最判昭和48・2・2）。

(イ)　敷金の承継　　平成29年改正前において、判例は、建物賃貸借の継続する間に家屋の所有者に変動があったときは、賃貸借契約とともに敷金もまた原則として新家主に引き継がれると解していた（大判昭和11・11・27民集15巻2110頁）。ただし、延滞賃料があればそれを差し引いた残額しか引き継がれないことも認められていた（最判昭和44・7・17民集23巻8号1610頁・基本判例242）。平成29年改正では、このような判例法理に従って、賃貸借の目的である建物が譲渡された場合には、譲受人が敷金の返還債務を承継することが明文の規定として定められた（605条の2第4項）。これについてはすでに述べたとおりである（債133⑷(イ)(c)）。

(5)　権利金その他の金銭授受　　借地契約または借家契約において、当事者間で、賃料、敷金のほかに一定額の金銭が権利金、礼金、保証金、建設協力金、更新料、譲渡承諾料（名義書換料）、建替承諾料等の名称で授受される場合が多くなっている。これらの意義、法律的性質、法的効果などについては、明確でないものが多い。

(ア)　権利金　　権利金には多種多様のものがあるので、いちがいに定義することが困難である。権利金は、何らかの権利変動（借地権・借家権の設定、譲渡、更新、増改築、建替など）のときに、利益供与の対価として授受され、原則として敷金と異なって返還を伴わない形態の金銭である。広義には、敷金以外のものは権利金の性質を有するものが多いが、具体的な授受形態に応じて、独立の概念と

して定着しているものも少なくない。更新料、譲渡承諾料、増改築・建替承諾料などがそうである。このうち、更新料については、借地契約の期間満了にあたり、借地権者が当然に更新料の支払義務を負うという事実上の慣習は存在しないとされる（最判昭和51・10・1判時835号63頁）。しかし、更新料の支払が、賃料の支払と同様、更新後の賃貸借契約の重要な要素として組み込まれていて、その賃貸借契約の当事者の信頼関係を維持する基盤をなしているものと判断され、その不払いが、この基盤を失わせる著しい背信行為として本件賃貸借契約それ自体の解除原因となりうるものとした判決もみられる（最判昭和59・4・20民集38巻6号610頁）。また、賃貸借契約書に一義的かつ具体的に記載された更新料の条項が消費者契約法10条に当たらないとした判決がある（最判平成23・7・15民集65巻5号2269頁）

　(イ)　礼金　　借家権の設定の際に授受される謝礼金をいう。権利金の一種であり、賃料の前渡分と考えるほかはあるまい。経済変動が激しい時代には、賃料が目減りすることが少なくないので、家主は、賃貸借の開始時に礼金の名で、また更新時に更新料の名で、一時金を取得する慣習が発生したのである。

　(ウ)　保証金　　貸ビル・マンションなどの賃借に際し、敷金とともに、あるいは敷金なしに、保証金の名目で授受される。一般には、金額は、敷金より高額で月額賃料と関係なく定められる。保証金は、賃貸借終了時に全部または一部を返還するという約定になっているものが多い。

　(エ)　建設協力金　　貸ビルの所有者が建設資金の不足を補うために、賃借人（またはその予約者）から受け取る金銭である。保証金とも称される。本質的には金銭消費貸借であり、その返還は賃貸借

終了時に全額とか、賃貸借開始時から一定の据置期間をおいてするとか約定されることが多い。ビルの所有権が他人に譲渡されても、従来の所有者が返還義務を負うとされている（最判昭和51・3・4民集30巻2号25頁）。

135　賃貸借の終了

　賃貸借の期間の定めの有無にかかわらず当事者の合意によって終了することはいうまでもない。しかし、これに対しては後述のように、特別法によるいくつかの例外がある。

　⑴　民法の定める終了事由

　㋐　賃借物の使用・収益不能　　平成29年改正によって、賃借物の全部が滅失その他の事由により使用および収益することができなくなった場合には、賃貸借が終了する旨の規定が新たに設けられた（616条の2）。建物が朽廃してその効用を失ったときは、その建物の賃貸借は当然終了するものと解すべきであるとした判例（最判昭和32・12・3民集11巻13号2018頁）を明文化したものである。なお、賃借物の一部滅失の場合には、それが賃借人の責めに帰すべき事由によるものであったとしても、賃貸借の目的を達することができないときには、賃借人は契約の解除ができる（611条2項）。

　㋑　期間の定めがある場合　　期間の定めがあるときは、期間の満了によって賃貸借の終了することは説くまでもあるまい（622条（597条1項の準用）、債129参照）。注意すべきは、この期間の満了後賃借人が引き続き使用・収益を継続し、賃貸人がこれを知って異議を述べないときは、従前の賃貸借と同一の条件でさらに賃貸借をしたものと推定されることである。これを黙示の更新という。この場合、その後は期間の定めのない場合と同一の猶予期間で、解約の申入れをすることができる（619条1項）。なお、更新後の契約には敷

金以外の担保は継続しない（同条2項）。更新の推定は継続的な契約関係についてきわめて実際に適した制度であるが（雇用に関する629条参照）、賃貸人が後になって更新の意思がなかったことを証明すると、更新の効果は生じないことになり、紛争を生ずるおそれがある。

　期間の定めがあっても当事者の一方または双方が期間内に解約（遡及効を有しない解除を意味する）しうる権利を留保したときは、その解約の申入れはつぎに述べる期間の定めがない場合に準ずる（618条）。

　㈡　期間の定めがない場合　　期間の定めがないときは、各当事者はいつでも解約の申入れをしうるが、賃貸借関係はこの意思表示から一定の猶予期間を経過して後に終了する。その猶予期間は、①土地については1年、②建物については3ヶ月、③動産および貸席については1日（617条1項）である。なお、収穫季節のある土地についてはその季節の後次の耕作に着手する前に解約の申入れをしなければならない（同条2項）。季節中に解約申入れをすると、つぎの季節中に賃貸借が終了し、実際上不便が大きいことから、解約の申入れ後1年の猶予期間内に、もう一度収穫ができるようにしようとする趣旨である。

　㈢　一定事由があるときの解除　　一定の事由があるときは期間の定めの有無を問わず解除することができる。その効果として、原則としてただちに（無催告で）契約を終了させうる。

　(a)　賃借人からの解除　　賃借人から解除できる場合としては、つぎのとおりである。①前述の賃貸人が賃借人の意に反して保存行為をするとき（607条）。②耕作または牧畜を目的とする土地の賃貸借において、不可抗力によって引き続き2年以上賃料より少ない収

益を得たとき（610条）。③賃借物の一部が滅失その他の理由により使用収益することができなくなった場合において、残存部分のみでは契約の目的を達することができないとき（611条2項）。

　(b)　**賃貸人からの解除**　　賃貸人から解除できる場合としては、つぎのものがある。①賃借人が賃貸人の承諾を得ずに第三者に使用・収益をさせたとき（612条2項）、賃借人に用法遵守義務違反があるとき（616条（594条1項の準用））など。これらは、両者の信頼関係が破壊されたから、無催告解除が認められていると解される（最判昭和27・4・25民集6巻4号451頁・基本判例211）。したがって、612条や616条に該当する違反行為があったときでも、信頼関係が破壊されない限り解除権は発生しないという理論（信頼関係理論）を学説・判例（最判昭和41・4・21民集20巻4号720頁）は採用している。②賃料の延滞などの債務の不履行があるときは、信頼関係理論によるべきかどうか。判例は不明である。ただし、判例は債務の不履行により賃貸借の継続を期待しえないまでに両者の信頼関係が破壊されたとは認められないのに、形式的な違反を理由とした解除を無効としている（最判昭和39・7・28民集18巻6号1220頁）。これは、賃料の不履行がひどい場合には信頼関係が破壊されているとみて無催告解除ができる、しかし、それがひどくない場合には催告をすべきであって、それでも催告に応じないときには信頼関係がいよいよ破壊されたものと解して解除ができるという意味に理解すべきであろう。

　(2)　**特別法による賃貸借終了に対する制限**　　借地法・借家法・借地借家法および農地法は、現在の賃借人の使用・収益の継続を認めることが賃借人保護のために必要であり、もしくは公益に合致する等のそれぞれの見地から、賃貸借の終了に対して制限を加えている

　(ア)　**期間の定めがあるとき**　　賃貸借である借地契約については、

この期間の満了後も賃借人が引き続き使用・収益を継続するときは、契約の更新があったものとみなして、後日の紛争の余地をなくしている（借地借家5条2項）。さらに進んで、期間が満了する前の一定の期間内に賃借人が契約の更新を請求したときは、建物がある場合に限り、借地契約は更新されたものとみなされる（同条1項）。これらに対して賃貸人は、みずから使用することを必要とするなど、正当の事由をもって異議を述べることができる（同6条。例として最判平成6・10・25民集48巻7号1303頁）。この場合に、正当事由の有無については、「借地権設定者及び借地権者（転借地権者を含む。以下この条において同じ。）が土地使用を必要とする事情のほか、借地に関する従前の経過及び土地の利用状況並びに借地権設定者が土地の明渡しの条件として又は土地の明渡しと引換えに借地権者に対して財産上の給付をする旨の申出をした場合におけるその申出を考慮して」判断すると定められている。判例では、正当な事由があるかどうかを判断するにあたっては、土地所有者側の事情と借地人側の事情を比較考量してこれを決すべきものであるとされているが（最大判昭和37・6・6民集16巻7号1265頁）、その場合に、借地契約が当初から建物賃借人の存在を容認したものであるとかまたは実質上建物賃借人を借地人と同一視することができるなどの特段の事情の存する場合でない限り、借地人側の事情として建物賃借人の事情を斟酌することは許されないものと解されている（最判昭和58・1・20民集37巻1号1頁・基本判例229）。また、期間満了前に建物が滅失し借地人が残存期間を超えて存続するような建物を築造するのに対して、土地所有者が遅滞なく異議を述べないと、借地権が一定の期間延長されるものとしたこと（同7条）、さらにこれに関連しては、借地法および借地借家法は、借地権が更新されずに消滅した場合に

建物があれば借地人は地主に対して建物の買取りを請求できるものとしたこと（同13条）は前に述べた。

　借家契約については、借地の場合と同様に、この期間の満了後も賃借人が引き続き使用・収益を継続するときは、賃貸人が異議を述べない限り、契約が更新されたものとみなされる（同26条２項）。また、期間が満了する前の一定の期間内に賃貸人が契約の更新しない旨の通知または契約条件を変更しなければ契約を更新しない旨の通知をしなかったときは、契約が更新されたものとみなされる（同条１項）。ただし、更新された後は、期間の定めのない契約となる（賃貸人はいつでも解約の申入れができるが、正当な事由がある場合でなければならない）。そして、更新しない旨の通知、使用収益の継続に対する異議には、賃貸人みずから使用することを必要とするなどの正当事由のあることが必要である（同28条）。

　農地または採草放牧地の賃貸借については、期間が満了する前の一定の期間内に当事者の一方が契約の更新しない旨の通知をしなかったときは、契約が更新されたものとみなされる（農地17条）。なお、契約の更新しない旨の通知をする場合には、都道府県知事の許可を受けなければならない（同18条）

　(ｲ)　期間の定めがないとき　　賃貸人の解約申入れは重大な制約を受けている。

　(a)　借地権　　期間の定めのない借地権は、30年存続する（借地借家３条）。

　(b)　借家権　　期間の定めのない借家権は、解約の申入れの後６ヶ月を経過して終了する（同27条１項）。この６ヶ月の猶予期間を無視していつでも立ち退くというような約束は絶対に効力がない（同30条）。しかもこの解約の申入れには、ここに述べた更新拒絶の場

合と同じく「みずから使用することを必要とする等その他正当の事由」を必要とする。この正当の事由の認定の基準に関連して、判例は第二次大戦以来の住宅難の激化とその緩和という社会事情の変化に対応して、注目すべき変化を示した。すなわち、立法の際の論議からみて賃貸人側にみずから使用することを必要とする事由があれば、正当の事由に当たる趣旨であったと思われる。しかし、はげしい住宅難を目の前にして、判例では賃貸人側の諸事情と賃借人側の諸事情とを比較考量して、社会的観点から正当事由の有無を決めるべきであるという判断基準が確立され（最判昭和25・2・14民集4巻2号29頁、最判昭和35・4・26民集14巻6号1091頁・基本判例228）、また、賃貸人からする立退料の提供もしばしば正当事由判断の補完資料と認められるに至った（最判昭和38・3・1民集17巻2号290頁・基本判例239、最判昭和46・11・25民集25巻8号1343頁）。借地借家法は正当事由の明確化の要請を容れて、いくつかの判断資料を列挙したが、従来の判例理論上確立している双方の諸事情の例示的明文化にすぎず、例示されている諸事情（同6条・28条）に限らず、その他の諸事情も総合的に考量して、正当事由の有無を決めるべきである。ただし、財産上の給付として立退料提供の申出が明文化されたことは注目に値する（同6条・28条）。

　前述したように（債131⑷⑺）、平成11年に制定された良質な賃貸住宅等の供給の促進に関する特別措置法は、正当事由を要件としない定期借家権を導入し、借地借家法38条を全面的に改正した。すなわち、公正証書による等書面によって、契約の更新がない旨を定めることができ（同38条1項）、そのためには賃貸人は賃借人に対し、あらかじめその旨を記載した書面を交付して説明を要し（同条2項）、期間の満了による賃貸借の終了にあたっては、賃貸人は賃借

人に対し、事前通知の義務があるとし（同条4項）、床面積が200平方メートル未満の建物の場合には、転勤・療養・親族の介護その他のやむをえない事情による賃借人による解約の申入れができる（同条5項）などの定めをした。

(c)　農地法　　農地法では解約申入れの猶予期間は民法の規定によるのであるが、それにはやはり都道府県知事の許可を受けなければならず、知事は、賃借人側に信義に反した行為があるとか、農地そのものの使用の転換を相当とするとか、賃借人と賃貸人の経営能力を比較考慮するなどしたうえでなければ、この許可を与えることはできない（農地18条）。

(ウ)　一定の事由があるとき　　上記(1)の(エ)(b)において述べた賃貸人からの解約申入れ事由は借地借家法の適用がある場合にも変更されていない。しかし、注意すべきは、農地法は賃借人の債務不履行を理由とする解除についてさえも都道府県知事の許可を要し、その許可は当該の債務不履行が「信義に反した行為」に該当した場合にはじめて与えられるべきものとしていることである（同18条）。

(エ)　居住用建物の賃貸借の承継　　居住の用に供する建物の賃借人が相続人なしに死亡した場合に、その当時婚姻または縁組の届出をしていないが、建物の賃借人と事実上夫婦または養親子と同様の関係にあった同居者は、建物の賃借人の権利義務を承継する（借地借家36条1項本文）。相続人があるときは、相続人に賃借権の相続が認められる。賃借人と同居していた上記の者は、相続人の賃借権を援用して居住することができる（最判昭和37・12・25民集16巻12号2455頁・基本判例244）。

(3)　終了の効果　　以上すべての場合に賃貸借の終了は将来に向かってのみ効力を生ずる。すなわち遡及効がない（620条前段）。な

ぜなら、継続的契約関係は、たとえ義務違反を理由とする解除であっても、将来に向かって契約関係を終了させさえすれば目的を達するものであって、遡及的に契約関係がなかったものとするのは、いたずらに法律関係を複雑とするだけだからである（債98⑴参照）。したがって、民法はある場合には賃貸借の「解約」といい（617条－619条）、他の場合には解除といっているが（607条・610条・611条2項・612条2項）、その効果は異ならないことになる。なおこの理論により、債務不履行を理由として一般の原則に従って解除する場合（前述⑴㈡(b)②参照）にも、その効果は同じく遡及効のないものと解すべきである。しかしいずれの場合においても、過失ある当事者の損害賠償義務が、この遡及効のない解除のために影響を受けないことはもちろんいうまでもない（620条後段）。

第17章　雇　　用

136　雇用の意義

　⑴　**雇用と労務供給契約**　　雇用は、労働者が労働に従事すること
を約し、使用者が報酬を与えることを約することによって成立する
契約である（623条）。諾成の有償・双務契約である。およそ他人の
労力を利用する契約（労務供給契約）には4つの種類がある。1は、
他人の労務自体の利用を目的とするもので、労務者を指図して、一
定の目的に向けて効果を発揮させる権能は使用者に属する。雇用が
これである。2は、他人の労力によって一定の仕事の完成を目的と
するもので、労務者がみずからその労務を按配しその危険において
仕事の完成に努めるのである。請負がこれに属する。3は、一定の
事務の処理という統一した労務を目的とするもので、必ずしも完成
した事務の結果のみを目的とはしないが、事務の処理は労務者が独
自の識見才能によってこれをするのである。委任がこれに属する。
4は、他人の物を保管するという特殊の労務を目的とする。寄託が
これに属する。このうち先の三者は場合によっては区別が困難なこ
とも少なくない。たとえば、いわゆる「出来高払の賃金」を支払う
とき、特に仕事の場所が労務者の自宅である場合は、雇用であるか
請負であるかが不明となる。また、委任においても、委任者の指
揮・命令の権能が多く、受任者が従属的関係に立つときは雇用の色
彩が強くなる。以前には医師・弁護士・学芸教師などのいわゆる知
的労働はもっぱら委任の目的となり雇用の目的とならないとされた
ものだが、現在はこのような区別をとらないからますますその識別
が難しくなる。

⑵　労働契約

　㈠　従属的労働関係　　労働供給契約の種類に関連してさらに重要なのは、いわゆる労働契約という観念が区別されていることである。資本主義経済の発達に伴って他人のために労力を供給する者は、企業組織の中で量的な労働を供給する状態になると、かれらの労力は独立して社会的効果を実現するものではなくなり、もっぱら使用者の指揮命令に従わねばならなくなる。のみならず、使用者と労働者との間の経済的地位の隔絶が次第にはなはだしくなるので、労働者はますます従属的地位に立つ。したがって労働供給契約はこの雇用・請負・委任の三種類とは直接の関係なく、従属的労働関係という特色の類型を示すようになる。そして、このような従属的な労働供給契約においては、使用者と被用者との個人的な自由契約ではとうてい公正な契約関係を実現することはできず、国家の積極的な干渉を必要とする程度がきわめて大きくなる。

　㈡　労働諸立法による規制　　そこで近年、この従属的労働関係という特色に基づいて、労働契約という特殊の類型が認められ、各国において特別立法と特殊理論の対象として論議されるようになった。わが国においても、これに関する特別立法は、産業の進展に伴って相当の数に上った。工場法（明治44年、大正５年施行）、工業労働者最低年齢法（大正12年）、鉱業法（明治38年）、鉱夫労役扶助規則（大正５年農令21号）、労働者災害扶助法（昭和６年）、労働者災害扶助責任保険法（昭和６年）、船員法（昭和12年）、商店法（昭和13年）などがその主要なものであった。その内容は多岐にわたったが、これを統一的に理解する基準として、また時には立法論の基礎として、労働契約という概念が主張された。終戦後には、これらの諸立法はある程度統一され、労働関係は労働組合法（昭和20年、改正新

法昭和24年)、労働関係調整法（昭和21年）、労働基準法（昭和22年）のいわゆる労働三法を基幹として規律されることになった。その後、労働契約に関する判例法理が形成されてきたが、平成19年に、労働契約関係の成立、展開、終了に関する労働法の原則と規範を定めるものとして、労働契約法が制定された。その結果、今日では雇用関係のほとんどすべてが労働契約として労働法の適用を受け、労働法学の研究の対象とされている。ここでそれについてくわしく述べるわけにはいかないが、雇用契約との関係において、その大綱だけを示しておこう。なお、以下単に労働契約というときは、労働基準法の適用を受ける雇用契約を指す。

　(ウ)　労働法の指導理念　　これは適正な労働関係の形成にあるといってもよいであろう。そのために労働法は2つの方法を採用している。

　(a)　労働基準法・労災法　　その1は、いわゆる労働者保護法に属するものであって、労働条件についての一定の基準を示して、これを最低のものであるとし、その基準を下回る労働契約自体が適正なものではないとの建前からこれを基準まで引き上げるという方法である。憲法27条2項にいわゆる「賃金、就業時間、休息その他の勤労条件に関する基準」を定めた労働基準法がそれである。同法は、初めに基本的な原則を示したうえで労働契約、賃金、労働時間などの直接労働契約に関する事項のほか、安全および衛生、年少者、女性、技能者の養成、寄宿舎などの多方面にわたって取締的規定を設けているが、さらに労働関係に付随して発生する事故や病気について使用者に無過失の、しかしある程度画一的な、責任を認める災害補償制度を設けている。そして、この使用者の補償義務の履行を確保するために、強制加入を原則とする労働者災害補償保険法（昭和

22年）が制定され、ほとんどすべての労働者がその適用を受けることになっている（債139⑵(イ)参照）。なお、使用者は事業場ごとに就業規則の作成を義務づけられ、その内容は、労働基準法および労働協約に抵触してはならず、法規範に準ずる効力を与えられている。

(b)　労働組合法・労働関係調整法　　その２は、労使が対等の立場に立ったうえで団体交渉を通じて具体的に適正な労働条件を決定するよう助成するという方法である。憲法28条はこれを労働者の基本権として保障し、労働組合法および労働関係調整法がこれを具体的に規定している。これらの法律は労働者の基本権である団結権・団体交渉権・団体行動権の行使を保障するばかりでなく、その団結を助成し、労働組合の健全な発達をうながす。すなわち、一方では労働組合の団結や団体行動に対する使用者の妨害行為を不当労働行為であるとして禁じ、労働委員会による特別の救済手続を認め（労組７条・27条）、他方では争議行為その他の労働者の団体行動に対して広い自由と特権とを認め、労使の対等な交渉の実現につとめる（同１条２項・８条）。その結果、締結された労働協約に対しては個々の労働契約を法的に規律する強い効力（直律的効力）を認めている（同16条──内容はつぎの(エ)参照）。

(エ)　労働契約の契約法理と三重の規制　　以上述べたようなわが労働立法のもとでは、使用者と労働者個人との間の個々の労働契約は以下のように位置づけられている。契約法の観点からすると、労働契約法は、民法の雇用に関する特別法として、使用者と労働者の間の契約関係を規律している。しかし、その内容については、通常三重の規制を受けている。第１に、労働契約は労働基準法の定める基準によって規制される（労基13条）。第２に、労働契約はそれぞれの労働者が所属する労働組合と使用者との間に結ばれた労働協約

の直律的効力のもとにおかれる（労組16条）。第3に、労働契約は使用者が従業員の意見を聴いて事業場ごとに定める（労基89条・90条）就業規則の定めによっても規制される（同92条・93条）。これらの詳細に立ち入ることはできないが、民法の雇用の規定を検討するにあたっては、今日の大部分の雇用契約が労働契約としてこのような労働法上の規制の対象となっていることを忘れてはならない。

137　雇用の期間

⑴　長期

⑺　**民法上の期間**　雇用の期間は、長期については民法上は直接の制限はない。しかし、あまりに長期間労働者を拘束することが望ましくないという観点から、契約期間の有無・その長短にかかわらず一定期間が経過した後にはいつでも請求できる旨の規定を置いている（ドイツ民法草案にならったものである）。平成29年改正前においては、普通の場合は5年、商工見習の場合は10年を超えるとき、または当事者の一方もしくは第三者の終身を期間とするときは、それぞれ5年または10年後はいつでも解除（将来に向かってのみ解除の効果が生ずる）できることになっていた（改正前626条参照）。

⑷　**労基法上の期間**　労働基準法の適用を受けるものについては、期間の定めのないものを除き、労働契約は、たとえば、特定の建築工事の完了までというように、一定の事業の完成に必要な期間を定めるもののほかは3年を超えることはできない。ただし、高度の専門的知識を有する労働者、満60歳以上の労働者との間の労働契約は、特例としてこの期間の上限は5年である（労基14条）。

⑼　**労働契約法上の期間**　労働契約法では、雇用の期間の長さの制限に関する規定は置かれていないが、使用者は、期間の定めがある労働契約（有期労働契約という）について、有期労働契約によ

り労働者を使用する目的に照らして、必要以上に短い期間を定め、反復して更新することのないように配慮しなければならない（努力義務であるが）としている（労働契約17条2項）。また、使用者は、有期労働契約において、やむを得ない事由がある場合でなければ、期間が満了するまでの間に労働者を解雇することができないとしている（同条1項）。

(2)　短期　　最短期については毎日毎日雇うというのも妨げない。しかし、事実は継続して雇っているのに、解雇の責任を免れるためにこのような形式をとることはもちろん脱法行為であって違法である。したがって、期間の定めのない雇用契約として解除（労働法では解雇と呼ばれている）に対する制約を受ける。すなわち、民法上は解約の申入れに関する627条の適用があると解され、労働法上は解雇予告に関する労働基準法20条の適用がある（債141⑵(イ)参照）。また、労働契約法では、期間の定めの有無にかかわらず、客観的に合理的な理由を欠き、社会通念上相当であると認められない解雇について、解雇権の濫用として、無効と定めている（労働契約16条）ほか、同一の使用者との間で短期の有期労働契約を反復し、契約期間の通算が5年を超える労働者について、期間の定めのない労働契約への転換が認められている（同18条）。

138　労働者の義務

(1)　労働に従事する義務　　契約の本旨に従ってみずから労働に従事する義務がある。使用者の承諾を得ずに第三者を自分に代わって労働に従事させることは許されない。これに違反すれば使用者は契約を解約することができる（625条2項・3項）。

(2)　違約金の定め　　労働者の仕事の上の失策について違約金を定めることは民法上は差し支えない（420条）。しかし、賃金の最小

限度をも失わしめるような特約は無効である（民執152条1項2号、民510条参照）。なお、労働法上は、労働契約の不履行について違約金を定め、または損害賠償を予定する契約は禁止されている（労基16条、船員33条）。

(3)　**労働請求権譲渡の禁止**　　労働者は使用者に対してのみ労働に従事する義務を負う。すなわち、使用者は労働者の承諾なしには労働請求権を第三者に譲渡できない（625条1項）。これに違反して譲渡しても、その譲渡は無効であって、本来の雇用関係には何らの影響を及ぼさない（ただし債52(2)参照）。労働法では、労働者が使用者との間の労働契約上の地位を維持したままで、使用者の命令に従って、他の使用者に労務を提供することを出向と呼んでいるが、労働契約法では、その濫用について、出向命令を無効としている（労働契約14条）。

139　使用者の義務

(1)　**報酬支払義務**

(ア)　**民法の場合**　　民法上は使用者は契約で定めた報酬を支払わなければならない（623条）。報酬の支払時期は原則として後払いである。労働を終わった後でなければ支払う義務はない。ただし期間をもって定めた賃金は、たとえ労働を完了しなくとも、その期間経過後には支払わなければならない（624条）。報酬の種類には制限がない。報酬請求権については、すでに述べたように、先取特権があり（306条・308条・311条・323条・324条）、またその差押えは禁止されている（民執152条1項2号）。

(イ)　**労働契約の場合**　　報酬（労働法では賃金と呼ばれている）は、労働契約において定められるが（労働契約6条）。就業規則が定められているときは、それによる（同7条）。なお、労働契約における

労働条件（賃金もその1つである）が就業規則に定める基準に達しないときは、その部分は無効とされ、就業規則の定める基準による（同12条）。

(a) 協約等の定め　労働協約があれば賃金その他の給与は協約および就業規則の定めるところによる（労組16条）。報酬が出来高払いその他請負制である場合には、使用者は労働時間に応じて一定額の賃金（保障給）の保障をしなければならない（労基27条）。なお最低賃金法（昭和34年）による制約がある。

(b) 労基法の規制　その全生存を労働の対価である賃金に依存している労働者たちにとっては、報酬すなわち賃金の支払が適正にかつ確実に行われることは最も肝要なことである。そこで労働基準法はこれについてかなり厳格な規制を行っている。すなわち、賃金は毎月1回以上、一定の期日を定めて（確定日払い）、原則として金銭で（現金払い）、しかも直接労働者に（直接払い）、その全額を（全額払い）支払わなければならない（労基24条）。前借金などと相殺することはもちろん（同17条）、その他の立替払いなどを差し引いたり、一括代理人に渡したりしてはならない。労働者が疾病・災害などで非常の費用に充てる場合には、支払期日前でも既往の労働に対する賃金を支払わなければならない（同25条）。また、「使用者の責に帰すべき事由による休業」の場合には、使用者は、「休業期間中当該労働者の平均賃金の百分の60以上」の休業手当を支払わなければならない（同26条）。これは、理論的には、双務契約の一方の債務が債権者の責めに帰すべき事由によって履行不能となった場合の危険負担の規定（536条2項、債94(3)(イ)参照）を修正して画一的な内容にしたものとみることができるが、その「使用者の責に帰すべき事由」とはいかなる範囲をさすか（たとえば、原料不足はどうか、部

分ストライキはどうか）は、困難な問題とされている。そして、使用者が以上の規定に違反すると、単に賃金の支払を怠っただけでも、30万円以下の罰金に処せられる（労基120条参照）。なお支払時期のいかんにかかわらず、賃金債権の消滅時効は一律に５年とされている（同115条、民166条参照）。その他、強制貯金を禁ずるなどの保護規定で、賃金はかなりの程度に保護されることになっているが、現実には、企業が倒産した場合などに賃金の不払いが生ずることを防ぐことはむずかしい。そこで、事態の対処として、政府は特殊の基金を設けて賃金の立替払いを行う方途を採用するに至った。

(2)　労働災害の補償

(ア)　扶助義務　　民法に規定はないが、古く使用者と労働者の間の人的なつながりが濃かった時代には、多かれ少なかれ使用者の扶助義務が認められたが、近代に至って次第に薄れていった。

(イ)　労基法・労災法　　近代的な企業の機械化されたその工場・事業場では、ほとんど不可避の現象としていわゆる労働災害が発生し、労働者が負傷し、疾病にかかる。そこで労働者が業務上負傷その他の損害を被ったときは、使用者はいわゆる無過失賠償責任を負うべきであるという思想が発達した（債178(2)(イ)参照）。この思想は現行の労働基準法の中に災害補償制度として取り入れられている。すなわち、使用者は、負傷または疾病そのものについて療養またはその費用負担の義務を負う（療養補償）ほか、労働者が療養のための休業によって失った賃金の60％以上の補償（休業補償）、身体に障害が残った場合にはそのための補償（障害補償）を行わなければならない（労基75条－77条）。なお、労働者が業務上死亡した場合には、葬祭料のほか、遺族または労働者の死亡当時その収入によって生計を維持した者に対して、相当の補償（遺族補償）を行わなけれ

ばならない（同79条・80条）。さらにこの制度と関連して、使用者がこの補償義務を迅速かつ公正に行うことを確保するために、労働者災害補償保険法が制定され（昭和22年）、政府管掌のもとに、相当に広い範囲に強制的に適用されている。

　なお、労働法において明らかにされたこの補償制度の精神は、労働基準法の適用を受けず、民法の雇用契約法理のもとにおかれる家事使用人にも拡張され、使用者は一定の扶助義務を負うと解すべきだとする見解もみられたが（本書第3版でもこのような見解に従っていた）、平成10年に労働基準法が改正され、家事使用人には労働基準法が適用されない旨の規定が明文で定められた（労基116条2項）。労働法分野の他の法律でも、労働基準法の労働者概念が用いられているが、家事使用人は除外されていることが少なくない（最低賃金2条1号、家内労働2条6項等）。

　⑶　**安全配慮義務**　　すでに述べたように、使用者は、労働者の労務にあたり、労働者の生命・身体を害しないように配慮すべき義務を負う（債25⑵参照）。安全配慮義務に関する法理は、主として判例により展開されてきたものであるが、労働契約法は明文の規定により安全配慮義務を定めている（労働契約5条）。

140　身元保証

　⑴　**身元保証と身元引受**　　身元保証ないし身元引受は雇用に付随して行われることがきわめて多い。この2つの用語は、実際上必ずしも区別して用いられてはいない。しかし、学者は普通これを区別する。すなわち身元保証は、本人が将来その責めに帰すべき事由に基づいて使用者に対して負担することになった場合の債務不履行による損害賠償債務を保証するものであって、将来の債務に対する保証であるが、身元引受は、本人の病気の場合などにもこれを引き

受け、使用者に本人を雇用したことから何らの損害を生じさせない
ようにする一種の損害担保契約であるとする（債45参照）。しかし、
いずれの場合においても、保証人ないし引受人の責任は重すぎる。
なぜなら労働者の身元を保証するのは、使用者が労働者の人物才能
を知らない場合に、当面心配のない人物であることを保証する意味
しかもたないのが普通である。したがって、使用者がその人物才能
を認めこれを信用して昇進させ、出納係・支店長などという重要な
地位を与えた後に不都合を働いたときは、むしろ使用者の見込違い
であって、保証人の責任とすべきではないはずである。しかし身元
保証・身元引受の契約証書の文面には、何ら制限のない広汎な保証
の旨が記載されるので、保証人が10年以上も後になって多額の損害
賠償を請求され、不当な結果を生じた事例がはなはだ多かった。そ
こで判例は当事者の意思と条理とによって妥当な解釈を下して、身
元引受の内容に一定の限界を与えたが、さらに特別法が制定されて
今日に至っている。

(2) **判例法**　判例の明らかにした理論は、第1に、事情変更の
原則を適用することによって、保証人に解除権を与えることであっ
たが（債85(2)(エ)参照）、その内容はつぎに述べる特別法に承継された。
第2に、具体的な責任の発生する以前における保証人の地位は相続
されないということである。この理論は、特別法に承継されなかっ
たが、むしろ事理の当然である（父が人物を信用して身元保証をして
も、子も同様の地位を承継するとはいえない）から、身元保証法によ
って保証人の責任が軽減された後にもなお適用されるものと解すべ
きである（大判昭和18・9・10民集22巻948頁・基本判例255）。

(3) **身元保証法**　身元保証ニ関スル法律（昭和8年）の内容を一
言する。①期間の定めのない保証契約は普通3年、商工業見習者に

475

ついて 5 年とする。特約があっても 5 年以上とすることはできず、更新は許されるが更新の時から 5 年以上にはできない（身元保証 1 条・2 条）。②使用者が、被用者に不適任または不誠実な事跡があり保証人の責任を生ずるおそれがあることを発見したとき、および、被用者の任務または任地の変更によって保証人の責任が加重するか、または被用者を監督することがむずかしくなったときは、使用者から保証人にその事由を通知すべく（同 3 条）、保証人はこれを知ったときに保証契約を告知できる（同 4 条）。③身元保証人の責任の有無および範囲を定めるにあたっては、使用者の監督の適否その他一切の事情を考慮してこれを決すべきである（同 5 条）。④これらの規定より保証人に不利益な特約は無効である（同 6 条）。

　この立法によって保証人の責任は相当制限される。これでは身元保証はあっても使用者の役には立たないと感ずる人があるかもしれない。しかし、家事使用人や徒弟の雇用はともかく、近代企業の経営者が多数の人を雇用するにあたって保証人の個人的責任などをあてにするのがそもそも間違いであろう。むしろ責任保険のような合理的制度がこれに代わらねばなるまい。

141　雇用の終了

⑴　期間の定めのあるとき

　⑺　民法の場合　　民法上は、①期間の満了によって雇用契約は終了するが、期間満了後引き続き労働に従事するときは賃貸借（619 条、債 135⑴⑷参照）と同様、黙示の更新が認められる（629 条）。ただし、身元保証金以外の担保は、身元保証などもことごとく更新された契約には移らない。身元保証金の性質は敷金（債 134⑷参照）などと同様である。

　②雇用期間の定めがあるときでも、その期間が 5 年を超過するも

のであるとき、または当事者の一方もしくは第三者の終身の間継続するものであるときは、5年経過後に各当事者からいつでも解除できることは前に一言したとおりである（626条1項）。ただし、この場合において、使用者が解除しようとするときは3ヶ月前に、労働者が解除しようとするときは2週間前に、予告しなければならない。（同条2項）。予告しないで解除したときには、解除の意思表示から、所定の予告期間が経過した時に契約は終了すると解してよいであろう。

　(イ)　労働契約の場合　　労働契約の場合には原則として3年であり、この制限期間を超える契約は、その部分については無効と解すべきであるから（労基14条・70条・13条参照）、民法におけるような長期間の契約における期間中途の解除の問題は起きない。労働契約法では、使用者は、期間の定めがある場合には、やむを得ない事由があるときでなければ、契約期間満了まで、労働者を解雇することができないとされている（労働契約17条1項）。

　(2)　期間の定めのないとき

　(ア)　民法の場合　　民法上は各当事者はいつでも解約の申入れをすることができる。この解約の申入れの後2週間経過して契約は終了する（627条1項）。期間によって報酬を定めたときは、当期の前半において、次期以後についてすることができる（同条2項）。たとえば、1ヶ月の給料を定めたときは、月の15日まででなければ、翌月はじめから解雇ができない。月の15日を過ぎれば翌月の16日からではなく、翌々月のはじめから解雇できるにすぎない。月の半ばに解雇される不利益を防ぐ趣旨である。もっとも、6ヶ月以上の期間をもって報酬を定めたときは、解約は次期のはじめからすべきことは同様だが、3ヶ月以前にすれば、必ずしも、当期の前半でなく

てもよい（同条3項）。

　(イ)　労基法の規制　　この民法の規定に対しては、特に使用者の解約申入れについて労働基準法が重要な制限を加えていることに注意すべきである。すなわち、天災事変などのやむを得ない事由または労働者の責めに帰すべき事由があって、行政官庁の認定を受けた場合のほかは、使用者は30日以前に予告するか、30日分の予告手当を支払わなければならない（労基20条）。また、業務上の負傷または疾病で療養中の者または、産前産後の休業中の者は、その期間中およびその後30日間は解雇ができない（同19条）。なお、この労働基準法の規定が、強行規定であることは疑いがないが、民法の規定については、任意規定と解する学者がむしろ多い。しかし、雇用契約に関する近時の法律理想の推移を考えるときは、労働者の利益のためにこれを強行規定と解するのが正当であろう。

　(3)　一定の事由があるとき

　(ア)　民法の場合　　民法上は期間の有無を問わず解約できる。そうしてその効果も原則として直ちに契約を終了させる。すなわち、つぎのとおりである。①前に述べたように、労働者が勝手に自分の代わりに他人をして労働に従事させたとき（625条3項）。②使用者が破産手続開始決定を受けたとき。ただし、常に期間の定めのない場合と同様の猶予期間がある。なお両当事者に損害賠償請求権がない（631条）。③やむを得ない事由があるとき。ただし、その事由が一方の過失によるものであるときは損害賠償の責任がある（628条）。本条は解雇するについても猶予期間を要しないものであるから、はたしてやむを得ない事由であるかどうかは慎重に決することを要する。④その他労働者に債務不履行のあるときは一般の原則に従って催告をして解雇できる（541条・543条）。

　(ｲ)　労働契約の場合　　民法のこの原則に対して、労働契約にあっては即時解雇は常に行政官庁（労働基準監督署長）の認定を受けなければならないことは、上に一言したとおりである。しかし労働法上は、もっと根本的に、そもそも使用者に解雇の自由が認められるかどうかが問題になる。そして、これについては、先に述べた制限のほかに、なおつぎのような制約がある。

　(a)　労働契約法による制限　　解雇が客観的に合理的な理由を欠き、社会通念上相当と認められない場合は、解雇権を濫用したものとして、解雇は無効とされている（労働契約16条）。

　(b)　労組法による制限　　使用者は、労働者が労働組合の組合員であること、組合に加入し、またはこれを結成しようとしたこと、労働組合の正当な行為をしたことを理由に、これを解雇しまたは不利益な取扱いをしてはならない（労組7条1号）。これに違反する解雇は不当労働行為であって、被解雇者は労働委員会に対して救済を求めることができ（同27条・28条参照）、裁判所に解雇無効の訴えを起こすこともできる。なお、労働審判法（平成16年法45号）により、労働者と事業主との間の民事紛争について、通常の民事訴訟手続とは別に審判手続が定められ（労働審判法）、個別労働関係の紛争解決制度が整備された。

　(c)　労働協約による制限　　労働協約に、組合員を解雇（その他人事一般を含むのが普通である）する場合にはあらかじめ組合と「協議する」「協議決定する」あるいは「組合の承諾を必要とする」などの条項がある場合には、使用者はそれぞれ協議しまたは承諾を得たうえでなければ組合員たる労働者を解雇することはできない。これに違反する解雇は無効である。

　(d)　就業規則による制限　　就業規則に従業員の解雇事由が列挙

してあり、それが制限的列挙であると解される場合には、その列挙事項に該当する事由がなければ解雇することはできない。これに違反する解雇は無効である。特に懲戒解雇の場合は一般に退職手当を支給しないから、従業員に懲戒解雇に該当する事由があったかどうかは厳格に判定されるべきである。

(e) 正当事由の要否　　以上述べたような制限のほかに、一般に期限の定めがない労働者を解雇するのに正当の事由を必要とするかどうかは、判例および多数説はこれを否定する。しかし、労働者に就業上の過怠があるとか、企業の整備上必要であるとかの正当の事由がないのに使用者が労働者を解雇した場合に、これを解雇権の濫用であるとして労働者に救済を与える判例が多く現われていることは注目に値する。

(ウ) 非遡及効　　以上いずれの場合にも雇用の終了は遡及効がない（630条（620条の準用））。債務不履行を理由とするときにも同様に解すべきことは賃貸借について述べたのと同じである（債135(3)参照）。

第18章　請　　負

142　請負の意義

　請負は、雇用・委任とともに労務供給契約の一種だが、仕事の完成を目的とする点に特色を有することはすでに述べた（632条、債136(1)参照）。仕事は有形であると無形であるとを問わない。諾成の有償・双務契約である。もっとも、建設工事の請負契約については一定の内容を書面によって明らかにすべきものとされている（建設19条）（ただし、書面を作らなくとも契約は無効ではない）。

143　請負人の義務

　(1)　**仕事完成義務**　　特約があるかまたは仕事の性質上請負人自身でしなければ、本旨に従った履行とならないという特別な場合を除いては、請負人自身で仕事を完成する義務はない。補助者を用いてよいのはもちろんのこと、下請負をさせてもよい。ただし、補助者または下請負人の責めに帰すべき事由については、ことごとく請負人みずから責任を負わねばならない。仕事の完成自体が契約の目的なのだからである。いわゆる債務の履行補助者の行為について、債務者の責任を当然に認めない学者も、請負についてはこの理論を認める（債22(4)参照）。なお建設工事の請負については、特約がない限り一括下請負（仕事の全部を下請負人にまかせること）は禁止されている（建設22条）。また、注文者は著しく不適当と認められる下請負人の変更を請求できる（同23条）。

　(ｱ)　**所有権の帰属**　　請負の目的が物の完成であるときは、約束の時期に完成した物を引き渡す義務がある。しかし、完成した物の所有権が誰に帰属するのかについては、明文の規定がなく、判例、

学説によって論じられてきた。だれが材料を供すべきかは契約によって定まるが、材料の提供者がだれであるかによって完成した物の所有権の帰属に差異を生ずると解されてきた。なお、平成29年改正では、建物建築請負において、所有権帰属に関する規定を置くことが検討されたが、次に述べるように、判例と学説が必ずしも一致していないこと、不動産工事の先取特権（物83⑶⑷）との関係をどうするかなどの問題があることから、明文の規定を置くことは見送られた。

　(a)　請負人が全部の材料を提供した場合　　建築請負ではこの場合が多いであろう。判例は、完成した物も請負人の所有に属し、普通には引渡しによって注文者に移転するという（大判大正3・12・26民録20輯1208頁・基本判例257）。このような見解は請負人帰属説と呼ばれている。この説によれば、請負人が代金をもらわないようなときは、引渡しまでは自分の所有物としてこれを保留できるし、その間に注文者が破産などしても注文者の債権者に渡す必要はないことになる。学説は、当初、このような判例を支持していたが、近年、学説では、当事者の通常の意思などを理由に、完成したときから所有権は引渡しをまつことなく直ちに注文者に帰属するという注文者帰属説が多数説であると考えられている。この説によれば、請負人の保護は留置権や占有の訴えの主張で十分に果たされるし、請負人帰属説をとれば完成時から引渡時までの間の建物の所持は土地に対して不法占有となるというのである。なお、判例は、建物建築の注文者が工事の進行に応じて請負代金を分割払いした場合には、引渡しをまつまでもなく完成と同時に原始的に注文者に帰属すると解している（最判昭和44・9・12判時572号25頁）。また、契約が中途で解約された場合には出来形部分は注文者の所有とするとの条項がある

ときは、請負人が材料を提供したとしても注文者に出来形部分の所有権が帰属する（最判平成5・10・19民集47巻8号5061頁・基本判例258）。

（b）注文者が全部の材料を提供した場合　完成した物は最初から注文者に属する（大判昭和7・5・9民集11巻824頁）。加工の規定の適用はないと解すべきである（246条1項ただし書、物49⑴（ウ）参照）。

（c）両当事者が一部ずつ材料を提供した場合　両当事者が材料の一部ずつを供するときは加工の規定によって所有権の帰属を定めるのを原則とする（同条2項参照）。

（イ）危険負担　仕事の完成前の災害による損失は請負人の負担に帰する。請負人は改めて仕事を完成すべく、特約がない限り、対価の増額を請求できない。仕事の完成が契約の目的だからである。

平成29年改正前においては、請負人の債務が当事者双方に帰責事由のない履行不能となるときは、危険負担の問題として、注文者の債務も消滅すると規定されていて（改正前536条1項）、請負人がその危険を負担するとされていた。これに対して、改正後は、注文者は、請負人に対してその債務の履行を請求することができないと規定されている（412条の2第1項）にとどまり、債権債務関係は当然には消滅しないとされている。そこで、注文者が契約上の債務を免れるためには、契約を解除しなければならない（542条1項1号）。もっとも、契約を解除しなくても、注文者は、請負人による報酬の請求に対して、その履行を拒むことができる（536条1項）。

なお、仕事の完成前に、注文者の責めに帰すべき事由により、その完成が不能になった場合について、平成29年改正改正の審議過程では明文の規定を置くことが検討されたが、結局、規定は置かれないこととなり、危険負担に関する536条2項の解釈に委ねられるこ

ととなった。改正前においては、債務は履行不能により消滅すると解されていたので、判例では、請負人は、このような場合に、自己の残債務を免れるが、民法536条2項によつて、注文者に請負代金全額を請求することができるとし、ただ、自己の債務を免れたことによる利益を注文者に償還すべき義務を負うにすぎないとしていた（最判昭和52・2・22民集31巻1号79頁・基本判例256）。改正後も、このような考え方が妥当するといえよう。もっとも、請負人は、請負契約を解除して、損害賠償請求することも可能である（545条4項参照）。

(2)　担保責任

(ア)　平成29年改正前　　平成29年改正前において、民法は、請負人の担保責任について、詳細な規定を設けていて、売買における売主の担保責任とやや異なった扱いをしていた。請負人は一面、仕事の瑕疵がその責めに帰すべき事由に基づくかどうかを問わず一定の責任を負わされるけれども、他面、たとえその責めに帰すべき事由に基づく場合にも、責任の内容に一定の制限が認められる。有償契約であることからいえば売主と同種の責任を認めるべきだが、土地の工作物の請負などにおいて解除を認めることは、社会経済上の損失も甚大であることを考慮したのである。

(a)　担保責任の内容　　平成29年改正前において、担保責任の内容は、以下のような権利を注文者が取得するとされていたことである。第1に、瑕疵修補請求権である。注文者は、相当の期間を定めて修補を請求できるのが原則だが、瑕疵が重要でなく、しかも修補に過分の費用を要するときは、損害賠償請求権があるだけである（改正前634条1項）。第2に、損害賠償請求権である。注文者は、瑕疵の修補とともにまたは修補に代えて損害賠償を常に請求できる

（同条2項）。第3に、契約の解除権である。注文者は、瑕疵が重要なもので、これがために契約の目的を達することができないときにだけ解除ができる（改正前635条本文）。修補の可能なときはまずこれを請求すべきものと解さねばならない。のみならず、建物その他土地の工作物の請負においては、解除は許されないと規定されていた（同条ただし書）。ただし、判例は、建築請負の目的物の建物に重大な瑕疵があるため建て替えざるを得ない場合には、注文者は、635条ただし書にかかわらず、請負人に対し、建物の建替えに要する費用相当額の損害賠償を請求できるとしていたので（最判平成14・9・24判時1801号77頁）、解除と同様の保護が注文者に与えられていた。なお、瑕疵が注文者側の事由、すなわち、その供した材料の性質または注文者の指図によって生じたときは、担保責任を負わないのを原則とするが、その場合でも、請負人がその材料または指図の不適当なことを知って告げなかったときは、やはり責任を免れることはできない（改正前636条）。

　(b)　担保責任の存続期間　　平成29年改正前においては、担保責任の存続期間には一定の制限が定められていた。すなわち、目的物の引渡しまたは仕事の終了の時から1年以内を原則とし（改正前637条）、建物その他の土地の工作物または地盤の瑕疵については、普通には5年、特に堅固な工作物については10年とされていた。もっとも、その前に工作物が瑕疵のために滅失または損傷したときは、その時から1年以内とされていた（改正前638条）。なお、この期間は、滅失損傷の場合を除き、改正前167条の消滅時効期間内、すなわち10年だけは特約で伸ばすことができるとされていた（改正前639条）。

　このような権利の行使期間内に注文者は権利を行使しなければ、

請負人の責任を追及できないはずだが、まだ報酬を支払っていない注文者は、権利の行使期間が過ぎた後でも、民法508条の類推適用により、損害賠償請求権をもって報酬請求権との相殺（505条）を主張できると解されていた（最判昭和51・3・4民集30巻2号48頁）。

(c)　担保責任免除の特約　　平成29年改正前においては、担保責任を負わない旨の特約は有効であるが、その場合でも、知って告げない事実については責任を免れることはできないとされていた（改正前640条）。

(イ)　平成29年改正　　以上のように、平成29年改正前においても、有償契約に売買の規定が準用されることを明文の規定で定めていたのであるが（559条）、請負人の担保責任については、売買と異なる規定が数多く置かれていて、両者の間には、大きな差異があった。しかし、請負人の担保責任に関する規定には売買と重複するもの、合理性を欠くと思われるものがあることから、改正法は、原則として、請負人の担保責任を売主の担保責任と同様に扱うこととし、請負人の担保責任に関する多くの規定を削除し、または修正したのである。

(a)　担保責任の内容　　民法559条によって、売買に関する規定が有償契約に準用されることから、種類または品質に関して、請負人が引き渡した仕事の目的物（引渡しを要しない場合には、仕事が終了した時に仕事の目的物）が契約の内容に適合しないときは、注文者は、請負人に対して、以下のような権利を取得する。第1に、注文者は、目的物の修補、代替物の引渡しまたは不足分の引渡しによる履行の追完を請求できる（562条の準用）。第2に、注文者が相当の期間を定めて履行の追完の催告をし、その期間内に履行の追完がないときは、注文者は、その不適合の程度に応じて報酬の減額を請

求することができる（563条1項の準用）。そして、次に掲げる場合には、注文者は、追完の催告をすることなく、直ちに代金の減額を請求することができる（同条2項の準用）。すなわち、①履行の追完が不能であるとき、②請負人が履行の追完を拒絶する意思を明確に表示したとき、③契約の性質または当事者の意思表示により、特定の日時または一定の期間内に履行をしなければ契約をした目的を達することができない場合において、請負人が履行の追完をしないでその時期を経過したとき、④これらの場合のほか、注文者が催告をしても履行の追完を受ける見込みがないことが明らかであるときである。第3に、注文者は債務不履行を理由とする損害賠償を請求し（415条）、契約の解除（541条・542条）をすることができる（564条の準用）。

　以上のような契約不適合について請負人が負う責任について、注文者の供した材料の性質または注文者の与えた指図によってその不適合が生じた場合には、注文者は、履行の追完の請求、報酬の減額の請求、損害賠償の請求および契約の解除をすることができない（636条本文）。ただし、請負人がその材料または指図が不適当であることを知りながら告げなかったときは、この限りでない（同条ただし書）。改正前636条の内容を維持するものであるが、請負人の負う責任を目的物の種類・品質に関する契約不適合の責任としたこと、売買において契約不適合の場合の責任内容を整備したことなどにより、条文の表現を改めたものである。

　なお、改正前において、瑕疵が重要でない場合に、その修補に過分の費用を要するときには、修補請求が認められない旨を定めた634条ただし書は、改正によって、削除されたが、新設された履行請求権の限界に関する412条の2第1項によって、追完不能と解さ

れる結果、従来と異ならないと考えられている。また、契約不適合
を理由とする損害賠償債務と請負報酬債務との同時履行について
533条の準用を定めた634条2項も削除されたが、改正後の533条に
おいて、債務の履行に「債務の履行に代わる損害賠償の債務の履行
を含む」が含まれることが括弧書で付加されたことによって、準用
の規定が不要になったためであり、同時履行の関係にあることは従
来と異ならない。なお、634条2項に関して、注文者が同時履行の
抗弁権を主張し、請負人から瑕疵の修補に代わる損害の賠償を受け
るまでは、報酬全額の支払を拒むことが信義則に反しないとした判
決がある（最判平成9・2・14民集51巻2号337頁）。契約不適合を理
由とする損害賠償債務と請負報酬債務との同時履行に関して、533
条を解釈する場合にも参考になると思われる。

　なお、仕事の瑕疵につき、請負人が不法行為責任を負うことがあ
る。すなわち、建物の設計者、施工者または工事監理者は、建築さ
れた建物の瑕疵により生命、身体または財産を侵害された者に対し、
不法行為責任を負うとされる（最判平成19・7・6民集61巻5号1769
頁・基本判例282）。

　平成19年には、建築業者による瑕疵担保保証金の供託、瑕疵担保
保険、紛争処理体制の拡充等を定める特定住宅瑕疵担保責任の履行
の確保等に関する法律が制定された（法66号）。

　(b)　担保責任の存続期間　　改正前においては、注文者は、目
的物の引渡しまたは仕事の終了時から1年以内に行使しなければな
らないとしていたが、改正法は、売買における売主の責任の期間制
限（566条）と同様に、不適合の事実を1年以内に通知することを
注文者に義務づけ、その義務を怠ったときは、注文者は契約不適合
を理由とする権利を失うとしたものである。すなわち、種類または

品質に関して、請負人が引き渡した仕事の目的物（引渡しを要しない場合には、仕事が終了した時に仕事の目的物）が契約の内容に適合しない場合は、注文者がその不適合を知った時から1年以内にその旨を請負人に通知しないときは、注文者は、その不適合を理由として、履行の追完の請求、報酬の減額の請求、損害賠償の請求および契約の解除をすることができない（637条1項）。したがって、注文者が契約不適合を知ったときは、その事実を1年以内に請負人に通知すれば、注文者の請負人に対する追完請求、損害賠償請求、契約の解除については、通常の債権の消滅時効の規定が適用されることになる。そして、仕事の目的物の引渡し時または仕事が終了した時において、請負人が契約不適合を知り、又は重大な過失によって知らなかったときは、注文者が1年以内に不適合の事実を通知しなくても、追完請求等の権利を失うことはない（同条2項）。

(c) 担保責任免除の特約　　担保責任を負わない旨の特約に関して規定していた640条は、平成29年改正によって削除された。しかし、559条によって、売買契約における担保責任を負わない旨の特約に関する改正後572条が請負にも準用される結果、改正前と同様に、担保責任を負わない旨の特約は有効であるが、その場合でも、請負人は、知っていて、告げなかった事実について、責任を免れることはできないと解される。

　平成12年に制定された消費者契約法（債29⑴㈹・⑵参照）は、消費者の利益のために、民法などの任意規定により消費者が損害を受けた場合の損害賠償請求権を免除または制限する契約条項瑕疵担保責任を免除する条項を無効と定めている（8条1項）。従来は、債務不履行とは別に、売主および請負人の瑕疵担保責任を免除または制限する条項を無効としていたが（同項5号）、平成29年民法改正

により瑕疵担保責任が債務不履行に統合された結果、債務不履行に関する1号・2号が担保責任についても適用されることになり、5号は不要として、削除された。すなわち、消費者契約である請負の仕事の目的物契約に適合しないときに、その不適合により消費者に生じた損害を賠償する事業者の責任の全部または一部を免除する条項、当該事業者にその責任の有無または責任の限度を決定する権限を付与する契約条項は無効である（同項1号・2号）。ただし、つぎの場合には、1項の規定は、適用しない。第1に、消費者契約において、目的物が種類または品質に関して契約の適合しないときに、事業者が履行の追完をする責任または不適合の程度に応じた報酬の減額する責任を負うとされている場合（同条2項1号）、第2に、消費者と事業者の委託を受けた他の事業者との間の契約または事業者と他の事業者との間の消費者のためにする契約で、消費者契約の締結に先立ち、またはこれと同時に、消費者契約の目的物が種類または品質に関して契約の適合しないときに、他の事業者が、その不適合により消費者に生じた損害を賠償する責任の全部もしくは一部を負い、または履行の追完をする責任を負うとされている場合である（同項2号）。

144　注文者の義務

　注文者は、目的物の引渡しと同時に、報酬を支払わなければならない（633条）。物の引渡しを要しない場合には、請負人の仕事が終了した時に、報酬を支払わなければならない（同条ただし書。624条1項の準用）。要するに、後払いを原則としたのである。もちろん、前払いや分割払いの特約ももちろん有効だが、この場合にも、仕事が完成されずに終わるときはこれを返還すべきである。

　注文者の責めに帰することができない事由によって仕事を完成す

ることができなくなった場合、または請負が仕事の完成前に解除された場合において、請負人がすでにした仕事の結果のうち可分な部分の給付によって注文者が利益を受けるときは、その部分は、仕事の完成とみなされ、請負人は、注文者が受ける利益の割合に応じて報酬を請求することができる（634条）。平成29年改正前に、判例は、仕事の内容が可分であり、その仕事の一部分が完成していて、注文者が完成した部分について利益を有するときは、すでに完成した部分については解除できないとしていた（最判昭和56・2・17判時996号61頁・基本判例259）。改正後634条は、このような判例法理をふまえて、仕事の完成が不能になった場合に加えて、完成前の解除の場合にも、完成した部分について、割合的な報酬請求権を認めたものである。

145 請負の終了

　請負の終了原因として特別なものが、以下のとおり３つある。とりわけ、(1)が特殊なものである。なお、請負の解除は雇用と異なり遡及効がある。

　(1)　**注文者の解除権**　　仕事の完成しない間は、注文者はいつでも損害を賠償して契約を解除できる（641条）。注文者の不要となった仕事を強いて完成させる必要はないからである。ただしこの場合には、これによって請負人に何らの損害を被らせるべきではないから、すでに用いた材料に関する費用はもちろん報酬も賠償すべきである。もっとも、請負人側が仕事の中止によって利益を得たときはこれを控除すべきこともちろんである。

　(2)　**注文者の破産手続開始決定**　　注文者が破産手続開始の決定を受けたときは、請負人または破産管財人は契約を解除できる（642条１項本文）。ただし、請負人による解除については、仕事の完成

後は解除することができない（同項ただし書）。そして、請負人は、すでにした仕事の報酬およびその中に含まれていない費用について、破産財団の配当に加入することができる（同条 2 項）。また、契約の解除によって生じた損害の賠償請求については、破産管財人が契約の解除をした場合における請負人に限り、その請求をすることができ、この場合において、請負人は、その損害賠償について、破産財団の配当に加入する（同条 3 項）。

　(3)　契約の内容に適合しないことによる解除権　　前述したように、仕事の目的物が種類または品質に関して、契約の内容に適合しないできないときは、注文者は契約の解除ができる（564条、636条参照。債143(2)(イ)(a)参照）。

第19章 委 任

146 委任の意義

　委任は、前に述べたように、労務供給契約の一種であるが、一定の事務の処理を委託すること、つまり、統一した労務を目的とする点に特色を有する（債136(1)・142参照）。したがって、受任者は多少の範囲において自由裁量の権限を有し、委任者との間に一種の信任関係が成立する。事務は法律行為とそうでない行為とがある。後者を特に準委任と呼ぶけれども、これを区別することは、その取扱いにかくべつ実益がない（643条・656条）。法律行為を委任する場合には、代理権の授与を伴う場合の多いことはすでに述べた（総114(1)参照）。

　委任は無償を原則とする。多少の謝礼を贈るにしても対価ではないと考えられる場合が多い。学者の講演にお車代などの名目でお礼をするのはその考えの表れであろう。しかし、特に有償の約束をしても委任でなくなるものではない（648条）。のみならず、今日では特に明示の約束をしなくとも慣習や黙示の意思表示で有償と解すべき場合のほうがむしろ多い。弁護士に事件を委任するなどはことにそうである。また、会社や法人の役員（総63参照）・財産の管理人（総44(2)参照）・後見人などの選任はいずれも委任または類似の契約であるが、実際上は必ずしも無償を原則とするとはいいえない（862条、会社361条・387条参照）。無償であれば片務契約、有償であれば双務契約、いずれも諾成契約である。もっとも、委任は信頼関係を基礎とするので、無償の場合にも受任者の責任が必ずしも軽減されない点を注意すべきである。

　他人の事務を処理するという関係は委任以外でも多く存在する。民法はこれらの関係について委任の規定——特に受任者の義務（644条－647条）および委任終了の際の特別措置（654条・655条）に関する規定——を準用する（831条・1012条・665条・671条など）。

　なお、平成11年に成年後見制度が導入された際に、任意後見契約に関する法律（法150号）が制定された。この法律は、委任を活用しつつ、任意後見契約の方式や効力に関し特別の定めをするとともに、任意後見人に対する監督に関する定めをするものである。詳細は親族法で説明する（親64(1)(オ)参照）。

147　受任者の義務

　(1)　**善管注意義務**　　受任者は委任の本旨に従い、善良な管理者の注意をもって、事務を処理すべきである（644条）。委任の本旨は、契約の目的とその事務の性質によって定まるが、受任者の義務の認定にあたっては委任者と受任者の関係を具体的に検討することを要する。対価の有無もしくは多少を問わずにこの義務が認められるところに信任関係に基づく委任の本質が現われる（大判大正10・4・23民録27輯757頁、最判昭和36・5・26民集15巻5号1440頁、最判昭和53・7・10民集32巻5号868頁・基本判例260、最判平成25・4・16民集67巻4号1049頁・基本判例261）。なお受任者はこの基本的義務のために多くの付属的義務を負担する。①委任者の求めに従い事務処理の状況および終了後の経過および結果を報告する義務（645条）。②事務の処理にあたって受け取った金銭その他の物および収取した果実を引き渡す義務（同条1項）。③委任者のために自分の名で（代理の方式によらないで）取得した権利を移転する義務（同条2項）。代理権を伴うときは委任者の名で法律行為をし、権利は当然に委任者に直接に帰属するから、移転の必要がない。④委任者に引き渡すべき

金銭または委任者の利益のために用いるべき金銭を、自分のために消費した場合の利息支払ならびに損害賠償義務（647条）。この損害賠償は委任者の被った実害であって法定利率には限らないこともちろんであるから、一般の金銭債務の例外である（419条1項、債28参照）。

(2) **復委任**　委任は信任関係に立つものであるから、受任者は原則としてみずから事務の処理に当たるべきである。履行補助者を用いることはもとより差し支えないが、第三者をして代わって事務を処理させることはできない。平成29年改正前においては、復委任に関する規定は置かれていなかった。しかし、この原則に例外を認めないときは委任者にとってもかえって不利であることから、判例・学説は、任意代理人の復任権の規定（104条、改正前105条）を類推して、同一の条件と責任のもとに復委任を許すのが至当であると解していた（復代理については、総113参照）。そこで、改正法は、復委任に関する規定を新設した。まず、受任者が復受任者を選任する権限について、受任者は、委任者の許諾を得たとき、またはやむを得ない事由があるときでなければ、復受任者を選任することができないとしている（644条の2第1項）。任意代理人による復代理人の選任に関する規定（104条）にならったものである。そして、復受任者の権限について、代理権を付与する委任において、受任者が代理権を有する復受任者を選任したときは、復受任者は、委任者に対して、その権限の範囲内において、受任者と同一の権利を有し、義務を負うとしている（644条の2第2項）。この規定も復代理人の権限に関する規定（106条）にならったものである。

148　委任者の義務

委任者は、前述のように、一般に報酬支払義務を負わないが、受

任者に対し、委任によって何らの損害も被らせないようにする義務がある。すなわち、①費用前払いの義務（649条）、②受任者が事務の処理にあたって善良な管理者の注意を用いながら必要と認めて支出した費用およびその利息の償還義務（650条1項）、③同じく、必要と認めて負担した債務の弁済義務ならびに担保供与義務（同条2項）などを負うだけでなく、④受任者が過失なく被った損害については、委任者の責めに帰すべきものかどうかを問わず無過失賠償責任を負う（同条3項）。

　特に報酬支払義務を負う場合には後払いを原則とし、ただ期間をもって報酬を定めた場合にだけ、その期間の経過後において請求できることは雇用と同じである（648条2項）。

　委任の報酬については、事務処理の労務に対して報酬が支払われる場合（労務割合型と呼ばれる）と委任事務の履行により得られる成果に対して報酬が支払われる場合（成果完成型と呼ばれる）の2種類があるとされている。労務割合型の委任が中途で終了した場合における報酬について、平成29年改正前においては、受任者の責めに帰することができない事由によるときは、受任者は、すでにした履行の割合に応じて報酬が請求できるとされていた（改正前648条3項）。これに対して、改正法では、割合に応じた報酬の請求できる場合を「委任者の責めに帰することができない事由によって委任事務の履行をすることができなくなったとき」と「委任が履行の中途で終了したとき」の2つに分けている（648条3項）。ただし、履行不能について、「委任者の責めに帰することのできない事由による」という文言の意義については、明確ではなく、疑問が提示されている。法制審議会の議論の経緯によると、委任者の責めに帰すべき事由による履行不能には、536条2項が適用され、受任者は報酬の全

額を請求できることから、その場合に、648条3項が適用されないことを示す趣旨でこのような文言が用いられているということである。

　成果完成型の委任における報酬については、平成29年改正によって、請負に類似した規定が新設された。まず、委任事務の履行により得られる成果に対して報酬を支払うことを約した場合において、その成果が引渡しを要するときは、報酬は、その成果の引渡しと同時に、支払わなければならない（648条の2第1項）。そして、委任が中途で終了した場合については、請負において割合に応じた報酬を定めた規定（634条）が準用されている（648条の2第2項）。すなわち、委任者の責めに帰することができない事由によって委任の成果を完成することができなくなったとき、または委任が成果の完成前に解除されたときは、受任者がすでにした成果のうち可分な部分の給付によって委任者が利益を受ける場合は、その部分を成果の完成とみなし、この場合において、受任者は、委任者が受ける利益の割合に応じて報酬を請求することができる。

　なお、委任、特に有償委任が労働契約に該当する場合――たとえば、研究嘱託の形をとっているが勤務のあり方や報酬の支払方法が一般労働者と同じである場合――は労働基準法の適用があり、委任者は同法所定の義務を負うと解される。

149　委任の終了

　⑴　解除の自由　　委任は、各当事者がいつでも直ちに解除（告知）しうることを特色とする（最判昭和56・1・19民集35巻1号1頁・基本判例262、651条1項）。ただ相手方に不利な時期に解除したとき、または委任者が受任者の利益をも目的とする委任を解除したときには、解除した者は、相手方の被った損害の賠償をしなければ

ならない（同条2項本文）。平成29年改正前は、相手方の不利な時期
に解除した場合にだけ解除した者に損害賠償義務を課していたが、
改正法は、損害賠償義務を受任者の利益をも目的とする委任の場合
にまで拡張した。改正前において、大審院判例は、民法651条は受
任者が委任者の利益のためにのみ事務を処理する場合に適用がある
ものであって、その事務の処理が委任者のためのみならず受任者の
利益をも目的とするときは、委任者は同条により委任を解除するこ
とができないとしていた（大判大正9・4・24民録26輯562頁）。その
後、最高裁判例は、受任者の利益にもなっている委任について、や
むを得ない事由があるときには、委任者は解除しうることを認め
（最判昭和43・9・20判時536号51頁）、さらに、委任が受任者の利益を
も目的としている場合には（賃貸建物の管理を受任している会社が賃
借人からの保証金を保管し、自由にそれを使用することが認められてい
た事案）、委任者による解除によって不利益を受ける受任者は損害
賠償を請求できることを認めていた（前掲最判昭和56・1・19）。改
正法は、このような判例法理を明文の規定として、取り込んだもの
である。なお、委任契約によって受任者に支払われる報酬がここで
いう、利益に当たらないことは、「専ら報酬を得ることによるもの
を除く」という括弧書に明示されている。ただし、自分のほうにや
むを得ない事由があるときは委任を解除することができ、損害賠償
をすることも必要ではない（同条2項ただし書。ただし、労働契約に
該当する場合には労働基準法上の制約がある）。これも信任関係を基本
とする特質の表れである。もっとも、当事者がこの告知権を放棄し
ても必ずしも無効とすべきでないことは、あたかも任意代理における
る代理権を撤回しない特約と同様である（総116⑵参照）。なお委任
の解除にも遡及効がないことは賃貸借および雇用と同様である

（652条・620条・630条参照）。

(2) 解約以外の終了事由　　委任は、解約による場合以外にも、①委任者または受任者の死亡、②委任者または受任者の破産手続開始決定、③受任者についての後見開始審判によって当然に終了する（653条）。

(3) 委任終了時の措置　　委任終了の場合に当事者が損失を被るのを防ぐため応急処置を命ずる2つの特則がある。

(ア) 緊急処分義務　　委任終了の場合において急迫な事情があるときは、受任者・その相続人または法定代理人は、委任者・その相続人または法定代理人が、委任事務の処理ができるようになるまで必要な処分をしなければならない（654条）。事務処理が中絶して不利益の生ずることを考慮したものであるが、信任を受けた者の側における当然の責任というべきである。

(イ) 委任終了の対抗要件　　委任終了の事由はことごとく相手方に通知し、または相手方がこれを知った後でなければ、これをもって相手方に対抗できない（655条）。受任者が委任の終了を知らずに事務の処理を続ければ、権利がないのに他人の事務に干渉したことになる。また委任者が知らないのに、委任が終了したとして受任者が事務の処理を中止すれば委任者の不利益となろう。これらの不利益を防止しようとする趣旨である。

第20章　寄　　託

150　寄託の意義

　寄託は、寄託者がある物を保管することを受寄者に委託し、受寄者がそれを承諾することによって効力を生ずる契約である（657条）。平成29年改正前においては、寄託は要物契約とされていて、受寄者が寄託者のために物を保管することを約して、その物を受け取ることによって効力を生ずるとされていた（改正前657条）。改正前において、民法は前述の消費貸借および使用貸借とともに寄託を要物契約としていたが、ローマ法以来の伝統的な考え方に従ったものであり、合意に基礎を置く近代民法の考え方からすると、合理性があるのか疑問視されていた。また、寄託について、これを要物契約としなければならない特別の理由もないし、要物契約としないことによって重大な問題を生ずるわけではない。そこで、改正法は、これを改め、諾成契約としたのである。寄託の目的となるは物と規定されているにとどまるので、動産に限らず、不動産でもよい。もっとも、実際には、動産の寄託が主たる場合である。フランス民法（1918条）、ドイツ民法などのように動産に限る立法例も少なくなく、日本の旧民法も動産に限っていたが（財産取得編206条）、起草者は動産に限る必要がないとして、不動産もその対象としたのである（オーストリア民法にならったものと考えられる）。保管とは、目的物を支配内において原状を維持することである。他人の労務を利用する契約の一種であり（債136⑴参照）、物を保管するという比較的限られた目的をもつ点で特色がある。なお、実社会においてみられる、倉庫業者や旅館・飲食店などへの寄託は商法典で規定しているので

（595条以下）、民法の寄託の制度はそれほど重要な作用をもたない。

　寄託には保管料を支払う場合とそうでない場合とがある。前者は有償・双務契約であり、後者は無償・片務契約である。そのいずれであるかによって、つぎに述べるように受寄者の保管義務に軽重があることに注意すべきである。

151　受寄者の義務

(1)　保管義務

　(ア)　受託者による保管　　受寄物の保管義務が中心である。保管のために用いるべき注意の程度は、有償寄託では善良な管理者の注意であるが（400条）、無償寄託では自己の財産に対するのと同一の注意に軽減される（659条、債9(2)—ただし商595条参照）。

　(イ)　第三者による保管　　受託者は、寄託者の承諾を得たとき、またはやむを得ない事由があるときでなければ、第三者に受寄物を保管させること（再寄託あるいは復寄託という）ができない（658条2項）。平成29年改正前においては、第三者に保管させることができる場合を寄託者の承諾を得た場合に限っていたが（改正前658条1項）、改正法は、復委任に合わせて、やむを得ない事由があるときに拡張したものである。そして、適法に第三者に保管させた場合について、改正前においては、一方で、105条を準用することによって、受寄者の責任を選任・監督上の過失に限定し、他方で、107条2項（改正後の106条2項に当たる）を準用し、保管する第三者は、寄託者に対して、その権限の範囲内において、受寄者と同一の権利を有し、義務を負うこととしていた（改正前658条2項）。これに対して、改正法は、適法に寄託物を第三者（再受寄者と呼ばれる）に保管させた場合には、再受寄者は、寄託者に対して、その権限の範囲内において、受寄者と同一の権利を有し、義務を負うことを規定

するにとどめた（658条3項）。復代理の場合（106条2項）、代理権
を付与する委任における復委任の場合（644条の2第2項）と同様の
扱いを定めたものであるが、改正前107条2項を準用していた部分
を引き継いでいるといえよう。再受寄者の行為について、受寄者が
寄託者に対して負う責任については（改正前に、105条を準用してい
た部分）、債務不履行に関する一般規定によって処理されるものと
解されている。

(2)　通知義務　　平成29年改正前においては、第三者が寄託物に
ついて権利を主張して訴えを提起しまたは差押え、仮差押えもしく
は仮処分をしたときは、受寄者は遅滞なくこの事実を寄託者に通知
しなければならないことだけを規定していた（改正前660条）。これ
に対して、改正法は、この規定を維持し、それに寄託者がすでにこ
れらのことを知っていたときには、通知する義務がない旨のただし
書を付加する（660条1項）とともに、2項および3項を追加した。
すなわち、第三者が寄託物について権利を主張する場合であっても、
受寄者は、寄託者の指図がない限り、寄託者に対しその寄託物を返
還しなければならない（同条2項本文）。ただし、受寄者が前述の通
知をした場合またはすでに寄託者が訴えの提起等の事実を知ってい
るためにその通知を要しない場合において、その寄託物をその第三
者に引き渡すべき旨を命ずる確定判決（確定判決と同一の効力を有す
るものを含む）があったときであって、その第三者にその寄託物を
引き渡したときは、寄託者に寄託物を返還する義務はない（同項た
だし書）。そして、受寄者は、2項の規定により寄託者に対して寄
託物を返還しなければならない場合には、寄託者にその寄託物を引
き渡したことによって第三者に損害が生じたときであっても、その
賠償の責任を負わない（同条3項）。この規定は、第三者に対する

関係において、受寄者が免責される旨を定めているにとどまり、第三者が被った損害については、第三者と寄託者の間で調整されることになる。

(3) **引渡義務等** 委任の規定の準用により、受任者と同じく、保管にあたって受け取った金銭・その他の物を委任者に引き渡し、取得した権利を移転する義務、および自己のために消費した金額の利息を支払い、かつ損害を賠償する義務を負う（665条［646条・647条準用]）。

(4) **返還義務** 受寄物返還の義務としては、受け取って保管した同一物を返還すべきことはいうまでもない。返還の場所は保管をすべき場所であることを原則とするが、受寄者が正当の事由によってその物を保管する場所を変更したときは、その現在の場所で返還してもよい（664条）。なお、寄託が有償である場合には受寄者は保管料について留置権を有するこというまでもない。

152 受託者による寄託物の使用

受寄者は、寄託者の承諾がなければ、受寄物を使用することができない（658条1項）。

153 寄託者の義務

(1) **費用前払い・損害賠償義務** 保管のために必要な出費その他を償還すべき義務は委任者と同様である。すなわち、①費用の前払いならびに償還（665条［649条・650条1項準用]）および債務の弁済ならびに担保供与の義務を負う（665条［650条2項準用]）。②しかし、受寄者が目的物の性質または瑕疵を知らずに被った損害を賠償する義務は、委任者のように無過失責任ではなく、寄託者が過失によってその性質または瑕疵を知らない場合に限る（661条・650条3項参照）。

⑵　特約による報酬支払義務　　報酬支払義務は特約のある場合に生ずることも、その支払の時期も、委任と同じに取り扱われる（665条［648条準用］）。

154　寄託の終了

寄託は寄託者の利益のための制度であり、寄託者の経済的地位は一般にさほど弱いものではないから、寄託の終了に関する民法の規定はきわめて寛容にできている。賃貸借や雇用のように解約の申入期間などの煩しい問題がない（617条・627条）。なお、民法は目的物の返還とだけいっているが、理論上は解除を前提とするものであることは、使用貸借などと同様である（債129参照）。

⑴　期間の定めがない場合　　期間を定めないときは寄託者はいつでも返還を請求できるし（662条１項参照）、また、受寄者もいつでも返還することができる（663条１項）。

⑵　期間の定めがある場合　　期間を定めたときにも、寄託者はいつでも返還を請求できる（662条１項）（ただし、保管料は経過した期間の割合で支払わねばならない）。平成29年改正において、寄託者による期限前の返還請求によって、受寄者が損害を被った場合に関する規定が新設された。すなわち、受寄者は、寄託者がその時期の前に返還を請求したことによって損害を受けたときは、寄託者に対し、その賠償を請求することができる（同条２項）。ここで、損害というのは、期限が到来した時に返還されたなら受寄者が得たであろう利益から、期限前の返還によって受寄者が得た利益を控除したものと解されている。また、受寄者も契約の当時は予想されなかったやむを得ない事由があるときには、期限前に返還することができる（663条２項）。

155　混合寄託

　複数の寄託者が寄託した物の種類・品質が同じである場合に、受寄者がそれを混合して保管する形態の寄託を混合寄託（かつては混蔵寄託と呼ばれていた）という。具体的には、油類、穀物などが考えられている。明治23年に制定された旧商法には、規定が置かれていた（613条）。しかし、明治民法には規定は置かれなかった。起草者は、混和の規定（245条）があるので、混蔵寄託の規定は必要がないと考えていたようである。その後、現行商法（明治32年）では、混蔵寄託の規定は置かれていない。しかし、実務上の重要性があることから、その法的関係について、学説では、つぎのように理解されていた。第1に、混合されて一体となった寄託物は、寄託者全員の共有に帰属する（消費寄託のように、受寄者が所有権を取得することはない）。第2に、各寄託者は、寄託契約に基づき、受寄者に対して一体となった寄託物から、自己が寄託した物と同数量の物を取り分けて返還するように請求できる。第3に、混蔵寄託が成立するためには、すべての寄託者の承諾が必要である。

　このような状況をふまえて、平成29年改正において、混合寄託に関する規定が新設された（665条の2）。まず、複数の者が寄託した物の種類および品質が同一である場合には、受寄者は、各寄託者の承諾を得たときに限り、これらを混合して保管することができると規定されている（同条1項）。寄託物の種類および品質が同一であること、各寄託者の承諾を得ることを要件として、混合寄託が成立するのである。ただ、混合して一体となった寄託物の所有権の帰属については、明文化されてなく、解釈論に委ねられている。そして、受寄者が複数の寄託者からの寄託物を混合して保管したときは、寄託者は、その寄託した物と同じ数量の物の返還を請求することがで

きると規定されている（同条2項）。各寄託者は、他の寄託者と関係なく、単独で返還請求ができると解されている。また、寄託物の一部が滅失したときは、寄託者は、混合して保管されている総寄託物に対するその寄託した物の割合に応じた数量の物の返還を請求することができると規定されている（同条3項前段）。一部滅失による損失をすべての寄託者が平等に負担する趣旨である。もっとも、この場合においては、損害賠償の請求を妨げないと規定されているので（同条3項後段）、受寄者の責めに帰すべき債務不履行の場合には、受寄者が損害賠償責任を負うことになる。

156　消費寄託

(1)　意義　　受寄者が受寄物を消費しこれと同種・同質・同量の物を返還すればよいという寄託もある。これを消費寄託または不規則寄託という。銀行に金を預けるのがその例である。預金者は銀行に金を貸すのではなく預けるのである。価値の保管を託すともいうべきである。しかし、受寄者である銀行は目的物の所有権を取得しこれを利用する権能を得る結果、預金者のほうが保管料を払うどころか、反対に銀行のほうで利息を払うようになる。この寄託は法律的にみると前述の消費貸借と異なるところがない。そこで民法もこれについてはもっぱら消費貸借の規定を準用することにした（666条2項・3項。ただし、591条1項は除かれている）。しかし、寄託では、目的物を保管することによる危険を回避するという利益が寄託者にあるのに対して、消費貸借では、目的物を利用するという利益が借主にあるという本質的な違いがあると考えられる。平成29年改正では、その点に着目し、消費寄託にも寄託の規定が適用されることを基本とし、貸主の引渡義務および借主の価額返還義務に関する消費貸借の規定を準用するとともに、預貯金に関する契約に関して、

返還時期に関する消費貸借の規定を準用することとした（666条）。

(2)　**成立と効果**　受寄物を受寄者が消費できる場合が消費寄託であるが、平成29年改正によって、消費寄託の場合にも、受寄者は、寄託された物と種類、品質および数量の同じ物をもって返還しなければならないことを明文で規定した（666条1項）。ただ、他人の金銭（その他の代替物）を預かる法律関係が消費寄託であるかどうかには若干問題がある。団体の役員や財産の管理人などが、その職務の一部として金銭を保管する場合は委任事務の処理とみるべきであって、その責任はもっぱら委任の規定に従って定められるべきである。親族が未成年者の金銭を預かるように、委任関係はなくもっぱら金銭の保管を目的とする場合は、消費寄託ではなく普通の寄託として扱うべきである。消費寄託の場合と異なり、これらの受寄者は金銭を自分の利益に利用する権限を認められず、かりに、親族が未成年者の金銭を保管する場合を消費寄託とすると、受託者である親族が保管に伴う危険（たとえば親族が未成年者から預かった金銭を銀行預金として保管していた場合に、その銀行が破産したとき）を負担することになるが、保管者である親族の責任を軽減するのが妥当と考えられるからである。

　銀行その他の金融機関への金銭の預入が消費寄託であることは上述のとおりである。これまで、出資者と預入行為をした者が異なるとき、預金者が誰かをめぐって争われる事例が少なくなかった（一例として最判平成15・6・12民集57巻6号563頁、最判平成15・2・21民集57巻2号95頁・基本判例263）。このような預金者の認定の問題は、寄託契約の要物性とも関連するものであって、寄託が諾成契約になったことによって、今後どのように進展するかは、注目に値しよう。

　消費寄託に特殊な効果としては、上に一言したように、普通の寄

託と違って受寄物が不可抗力によって滅失する等の危険を受寄者が
負担すると解されるが、改正された666条において、以下のような
効果が認められる。すなわち、まず、消費寄託に590条および592条
が準用される（666条2項）。したがって、無償の消費寄託の場合に
は、贈与に関する551条の規定が準用され、寄託者は、寄託の目的
である物を、寄託の目的として特定した時の状態で引き渡すことを
約したものと推定され、負担付きの消費寄託については、寄託者は、
その負担の限度において、売主と同じく担保の責任を負う（590条
参照）。また、受寄者が寄託者から受け取った物と種類、品質およ
び数量の同じ物をもって返還をすることができなくなったときは、
受寄者は、その時における物の価額を償還しなければならない
（592条本文参照）。ただし、金銭の消費寄託において、その目的であ
る特定の通貨が強制通用力を失ったときは、受寄者は他の通貨でそ
の額を返還しなければならない（同条ただし書［402条2項準用］）。
結局、消費寄託では、普通の寄託と違って受寄物が不可抗力によっ
て滅失する等の危険を受寄者が負担すると解されることになる。さ
らに、預金または貯金に係る契約により金銭を寄託した場合につい
て、591条2項および3項が準用されている（666条3項）。受寄者
は、返還の時期の定めの有無にかかわらず、いつでも返還をするこ
とができる（591条2項参照。なお、消費貸借に関する591条1項と比較
せよ）。ただし、当事者が返還の時期を定めた場合において、寄託
者は、受寄者がその時期の前に返還をしたことによって損害を受け
たときは、借主に対し、その賠償を請求することができる（591条
3項の準用）。なお、消費寄託において返還の時期を定めた場合に
ついては、通常の寄託に関する規定が適用され、寄託者は、いつで
も返還請求できる（662条1項）。

(3) **消費寄託の規制**　　預金者という組織のない大衆を保護する
ために、銀行その他の金融業界に対する多くの監督法令があり、行
政指導が行われているが、巧妙な仕組みを考案してこれを潜脱する
ものが跡を絶たない。そこで戦後「貸金業等の取締に関する法律」
（昭和24年）が制定されたが、後にこれを改めて「出資の受入れ、
預り金及び金利等の取締りに関する法律」（昭和29年）によって取
締りの範囲を拡大し、さらに「預金等に係る不当契約の取締に関す
る法律」（昭和32年）を制定して、預金を通じて行われる不当な金
融取引を取り締まっている。しかし、これらが十分に効果を発揮し
ているかどうかは疑わしい。ことにサラ金問題が社会問題として登
場し、その対策として、利息制限法、貸金業法および出資法が数次
にわたって改正されたことは、利息制限法に関連して、前に述べた
（債12(6)(エ)参照）。

　なお、労働基準法は、いわゆる社内預金の仕組みによって労働者
から預金を受け入れる場合について、金額・利率・返還の保障など
についてきびしい条件を付している（労基18条）。

第21章　組　　合

157　組合の意義

⑴　**意義**　　組合は、数人が共同の事業を営むために互いに協力することを約することによって成立する（667条1項）。共同事業には制限はない。営利でなくとも、また一時的なものでもよい。ただ共同事業であることを要するから、少なくとも利益は全員が受けるものでなければならない。協力は、民法では出資という言葉が使われているが、労務でもよいのであるから（同条2項）、その種類に制限はなく、いやしくも財産的価値あるものなら何でもよい。A・B・C3人の兄弟が、Aの実用新案権と、Bの家屋と500万円の資金およびCの労務とを出資しあって、製造販売業を営むようなものが組合の一例である。複数の建設会社が共同して1つの事業を請け負う場合の共同企業体も組合に該当する（最判平成10・4・14民集52巻3号813頁）。

⑵　**組合の団体性**　　組合は共同事業を営む団体である。共同の事業を営む団体は、典型的には社団と組合に分けられることは先に述べた（総47後段参照）。そして組合の団体性は、社団に比べると弱い。社団は構成員の意思から独立した客観的な存在であり、したがって、構成員の交替にかかわらず同一性を維持するが、組合は構成員の共同の意思によって存在し、加入・脱退には全員の合意を必要とする。社団の業務はその機関によって執行されるが（構成員は決議に参加するだけ）、組合の業務は各組合員が執行する建前であり、一組合員が執行する場合には各自の委任による代理という形をとる。社団の財産の主体は積極的にも消極的にも社団そのものであるが

（構成員は持分をもたないし、債務について直接の責任を負わない）、組合の資産・負債に対して組合員は直接に権利を有し義務を負うとされる。したがって、社団は法人格を与えるのに適しているが、組合は必ずしもそうでない。民法はこのような性格をもつ団体、つまり組合を組合契約によって成立するものとして規定している（667条1項）。それにもかかわらず、そこには各組合員を共同目的のもとに統制しようとする原理が作用することを、民法自体不十分ながら認めている。組合の団体性と契約性の交錯を矛盾なく調整することが解釈に課せられた課題である。

(3) 組合の社会的作用　社会のあらゆる方面において団体的行動の重要性が理解されるにつれ、組合の社会的使命ははなはだ大きくなる。もっとも、組合は、権利能力をもたない点においては法人と対立し、またその団体員の個性の比較的強い点においてはすべての社団（権利能力のあるものないものも含めて）と対立する。そうして、少し規模の大きな団体は、会社または一般社団法人の組織を備える。また近時特別法によって設立を助長される団体はほとんどすべて法人格を与えられる。また社団は、たとえ法人格を取得しなくても、なお、いわゆる権利能力のない社団として、組合とは異なる法理によって規律されるべきものであることはすでに述べたとおりである（総47参照）。したがって、これらの点から形式的にみるときは、民法の組合の団体法において占める地位は必ずしも大きくはないように思われるかもしれない。しかし、社会生活における団体的活動は無数の態様を示し、これに関する特別の立法がたえず増加してはいるが、決してその全部に及びうるものではない。したがって、民法の組合の規定およびその法理にもなお重大な作用の存することを認めねばならない。

158 組合契約の特質

(1) **合同行為性**　　組合契約は、各人が出資をして共同の事業を営むことを約することによって成立する。すなわち、先に一言したように、民法はこれを契約の一種とみている。一般に、契約は、対立する当事者（売買契約では、売主と買主）の合意によって形成される法律行為であると観念されている。これに対して、複数の者が社団を設立する行為は、当事者が共通の目的に向かって合意するものであることから、合同行為と呼ばれる。組合契約には通常、事業の目的、出資、組合の構成、運営などに関する規則（組合規約）の制定およびその変更が含まれるが、これは、共同事業を行うという同一の目的を達成するために合意を形成する行為である（比喩的な表現ではあるが、すべての組合員が同一の方向に向かって意思表示をしていると説明される）。したがって、その性質はこれを合同行為と解してよい。各組合員が他の各員に対して有する協力請求権は、各自それぞれの利益のために給付を交換することを目的とするのではなく、組合員全員の共通の利益のために給付を結合することを目的とし、各当事者にとって同一の意義を有するものだからである。そこで、民法において、契約に関する共通の規範（その多くは、契約通則として規定されているものであるが、売買に関する規定が有償・双務契約の一般規定として他の有償・双務契約に準用されるものも含まれる）が組合契約に適用されるのかが論じられてきた。前述のように、組合契約の合同性を考慮すると、契約通則の規定の適用は原則として否定すべきものと思う。もっとも、これを諾成の有償・双務契約関係とする学説も、有償契約ないし双務契約に関する一般的規定は、組合に適用されるにあたって一定の制限を受けるものとみている。平成29年改正前においては、具体的に、同時履行の抗弁権、危険負担、

解除などの規定について、その適用を否定すべきかが学説論じられてきた。このような状況をふまえて、改正法では、一方において、契約に関する共通の規範の適用について、明文の規定を定め、他方において、これまでの学説・判例の展開に従って、規定の修正を行っている。契約に関する共通の規範の不適用について、整理するとつぎのとおりである。

　(ア)　同時履行の抗弁権・および危険負担の不成立　　平成29年改正前において、各組合員は業務執行員もしくはすでに出資した組合員から出資を請求された場合に、たとえ他に出資をしない組合員があっても、同時履行の抗弁権（533条）を行使できないと解されていた。また、一組合員の特定物の出資義務が不可抗力によって履行不能となっても、この者が出資したことになるのではなく（改正前534条１項の適用はない）、その者の出資がすべて不能になれば、組合関係から脱退することになると解されていた。これに対して、改正法は533条および536条が組合契約に適用されないことを明文で規定し（667条の２第１項）、同時履行の抗弁権および危険負担の規定が適用されないことを明らかにした。したがって、各組合員は、他の組合員が出資義務を履行しないことを理由に、同時履行の抗弁権を主張できず、また、他の組合員の出資義務が履行不能になったことを理由に出資義務の履行を拒絶することもできない。さらに、改正法では、組合員は、他の組合員が組合契約に基づく債務（出資債務に限らない）の履行をしないことを理由として、組合契約を解除することができないことも明文で規定された（同条２項）。なお、一員の出資義務が履行不能のために結局組合がその目的を達しえなくなって解散するのは別問題である（682条１号参照）。

　(イ)　559条の不適用　　平成29年改正前においては、有償契約に

売買の規定を適用する旨の559条も適用がないと解されていた。た
とえば、売主の担保責任の規定（改正前561条－572条）を準用して、
解除権を認めることは組合の団体性に適せず、むしろ脱退・解散に
よって処理すべきであること、代金減額請求権を生ずる場合は、出
資の評価を改めることで解決すべきであることなどがその理由であ
る。改正法では、559条を組合に適用するか否かを明示する規定を
定めていないので、この問題は、今後の解釈に委ねられている。

　㋒　解除規定の不適用　　契約解除の通則（540条－548条）も、
その主要な目的は当事者が給付を交換する場合の処理にあると解さ
れる。したがって、解除に該当する事由がある場合には除名・脱
退・解散などの団体構成の変動として処理するのが適当であると考
えられる。この点についても、平成29年改正では、取り上げられて
いない。

　(2)　組合契約の瑕疵　　組合契約を合同行為と解しても、一種の
意思表示であるから、行為能力の制限・錯誤・詐欺・強迫などの瑕
疵があった場合の効果が問題となる。平成29年改正前においては、
ドイツの学説にならって、組合が事業を開始する以前であれば通常
の契約の場合と同様に処理してよいが（無効・取消しの原因となる意
思表示をした組合員は、組合関係から離脱するが、残存する組合員のみ
で組合を成立させようとする意思がない限り、組合関係が全体として無
効・取消しの影響を受ける）、第三者と取引関係を生じた後において
は、意思表示に関する民法総則の規定は適用されず、無効・取消し
の原因となる意思表示をした者は瑕疵を理由に組合契約の取消しで
はなく脱退することができるが、組合と取引をした第三者に対する
関係では、行為能力の制限を理由とする場合以外は、普通の脱退組
合員と同様の責任を負うべきものと考えられてきた。これに対して、

改正法は明文の規定を新設した。すなわち、組合員の一人について意思表示の無効または取消しの原因があった場合には、無効・取消しの効果は生ずるが、そのことによって、他の組合員の間においては、組合契約は、その効力を妨げられないことが定められた（667条の3）。組合契約全体は無効とならない趣旨である（もちろん、一人の組合員の意思表示について、無効・取消しの効果を生じた場合には、組合全体に対して影響を及ぼす旨の特約があれば、それが認められる）。そして、この規定は、第三者と組合との間の取引開始の前後を問わず、適用される。なお、無効・取消しの原因となる意思表示をした組合員がすでに出資をしていたときは、その者は、組合に対して、その返還を求めることができると解されている。

(3)　**金銭出資義務の特則**　　金銭出資義務を負担する組合員がその履行を怠った場合には、延滞利息だけでなく、組合の被った損害を賠償しなければならない（669条）。組合契約の特質から普通の金銭債務不履行の例外を設けたのである（419条1項、債28参照）。

159　組合の対内関係（業務の決定と執行）

平成29年改正前においては、組合の業務について、意思決定と決定された意思に基づく業務の執行とが条文の文言では明確に分離されていなかった。そこで、改正では、規定の文言上で組合の業務の決定と執行を区別する修正がなされた。

各組合員が業務の決定と執行の権利義務を有するのを組合の本質とする。社団と異なって各組合員の個性が重要視されるからである。したがって、一部の組合員にこの権利義務を委任してしまうことも可能ではあるが、この委任には総組合員の同意を要する。

(1)　**業務執行権**　　各組合員が業務執行権を保有する場合には組合員の過半数をもって組合の業務執行を決定し、各組合員がこれを

執行する（670条1項）。しかし、組合の常務、すなわち、その組合の目的遂行のために普通にすべき業務で特別に重要でないものは、各組合員が単独ですることができる（同条5項本文）。ただし、その場合にもその完了前に他の組合員が異議を述べたときは単独で行うことができない（同項ただし書）。

　(2)　**業務執行者への委任**　　組合の業務の決定および執行は、組合契約の定めるところにより、一人または数人の組合員または第三者に委任することができる（670条2項）。委任を受けた者は、業務執行者と呼ばれる。この場合には、業務執行者が組合の業務を決定し、これを執行する。また、業務執行者が数人あるときは、その過半数をもって組合の業務を決定し、各業務執行者がこれを執行する（同条3項）。ただし、(1)に述べたところと同様に、常務については、各業務執行者が単独で行うことができるが、完了前に他の業務執行者が異議を述べたときは単独で行うことができない（同条5項）。この種の業務執行組合員の職務はあたかも受任者の職務に似ている。したがって、民法はこれについて受任者の権利義務に関する規定を全部準用した（671条・[644条－650条の準用]）。しかし、その関係は委任のように両当事者からいつでも解除できるものではなく（651条参照）、正当な事由がなければ辞任することができない。また、解任するには正当な事由があるばかりでなく、さらに他の組合員全員の一致を要する（672条）。なお、業務の決定および執行を組合員以外の第三者に委任する場合には、組合とその第三者との間の関係は、純粋な委任契約であって、何ら特別な関係ではない。したがって、このような第三者の権利義務は委任に関する規定によって規律される。第三者はいつでも辞任することができるし、組合もいつでも解任することができる（組合員全員の合意を必要とする）。ただし、

やむを得ない事由がない限り、相手方に不利な時期に解除した場合などにおいて、損害賠償義務が生ずる（651条。債149(1)参照）。

業務執行者（組合員または第三者）を定めたときは、業務執行者以外の組合員は常務といえども執行することができない。しかし、組合員は、組合の共同事業を営むうえにおいて、利害関係を有することから、みずから進んで組合の業務および財産の状況を検査する権利だけは常にこれを有する（673条）。

160 組合の対外関係（組合代表）

(1) **平成29年改正前**　平成29年改正前においては、組合の対外関係に関する明文の規定がなく、学説・判例は、一方で組合内部の業務執行に関する規律を参考にし、他方で法人・代理に関する民法総則の規律を参考に、以下のような解釈論を展開してきた。

まず、組合が外部に向かって何らかの法律行為をするには、従来の見解によれば組合員全員が共同でするか、またはその数人が他の全員を代理して、これをしなければならないと解されていた。組合には法人格がなく、その権利義務は結局各組合員の権利義務であるから、組合の法律行為によってこのような効果を生ずるためには、各組合員が、みずからまたは代理人によって、行為の当事者とならねばならないからである。もっとも近時の判例は組合の団体性を重視して「対外的には組合員の過半数において組合を代理する権限を有する」という（最判昭和35・12・9民集14巻13号2994頁）。業務執行における原則が対外関係にも反映するとみているのである。理論的にいえば、業務執行権の所在と代表権の所在とは無関係なわけである。しかし、実際に組合契約を締結するときには、業務執行権と組合代表を一緒にして定めるのが普通である。すなわち、各組合員が業務執行権を保有するときは、各組合員が各自他の全員を代理する

権能を有するのが常であり、また業務執行組合員を定めるときは、各業務執行組合員が各自他の全組合員を代表する権能を有するのが常である。したがって、特段の事情がない限り、その執行者は、いやしくも組合の業務に関し組合の事業の範囲を踰越しない限り、第三者に対して組合員全員を代表する権限を有し、組合契約等で内部的にこの権限を制限しても、善意・無過失の第三者に対抗できないと解されていた（最判昭和38・5・31民集17巻4号600頁）。その関係は、法人の理事の事務執行権と法人代表権との関係に類似するものである（総61参照）。

　(2)　平成29年改正　　このような状況において、平成29年改正では、これまでの学説・判例に従って、組合の代理に関する規定を新設し、対外的な関係を明文化した（670条の2）。各組合員は、組合員の過半数の同意を得たうえで、他の組合員を代理して、組合の業務を執行することができる（同条1項）。また、組合の常務については、各組合員は、単独で組合員を代理して、常務を行うことができる（同条3項）。しかし、業務執行者があるときは、業務執行者のみが組合員を代理することができるのであって（同条2項前段）、業務執行者でない組合員は、組合員を代理することができない。そして、業務執行者が数人あるときは、各業務執行者は、業務執行者の過半数の同意を得たときに限り、組合員を代理することができる（同項後段）。また、組合の常務については、業務執行者が置かれていない場合における各組合員と同様に、各業務執行者は、単独で組合員を代理して、組合の常務を行うことができる（同条3項）。

　なお、組合契約の特別法である有限責任事業組合契約に関する法律、投資事業有限責任組合契約に関する法律においても、民法改正に合わせて、組合の代理に関する規定が置かれている（有限責任事

業組合契約法14条の2、投資事業有限責任組合契約法7条の2）。

(3)　**組合の訴訟行為**　　組合の訴訟行為は、組合の対外的業務執行の一態様にほかならないから、対外的業務執行の理論に従って考えればよい。すなわち、組合代表権を有する組合員、業務執行組合員等は各自組合を代表して訴えまたは訴えられることができる。組合員の一人が組合を訴える場合でも同様である（大判大正6・5・23民録23輯917頁）。

　なお、判例は代表者の定められている組合は、その内部組織が社団の実体をもたなくても、すべて民訴法29条によってその名において訴えまたは訴えられることができるとする（最判昭和37・12・18民集16巻12号2422頁）。しかし同条の適用は、社団の実体を備える団体に限るとする多数説を正当と考える。

161　組合の財産関係

(1)　**合有**　　組合の積極財産は総組合員の共有である（668条）。すなわち、前に挙げた例についていうと、Aの実用新案権もBの家屋と500万円の金も、さらに組合事業の進行によって取得する財産もすべてA・B・Cの共有となる（最判昭和33・7・22民集12巻12号1805頁・基本判例264）。しかしこの共有は、普通の共有と異なり組合の共同目的のために拘束されて団体的性質を加味する一種の合有である（物50(2)参照）。その限りにおいて、組合員の固有の財産と区別された、ある程度まで独自性のある、組合財産というものができる。

(ア)　**物権的財産**　　上に述べた家屋や実用新案権のような無体財産権は、民法の規定によれば共有または準共有とされているが（264条参照）、つぎのような拘束を受ける。

(a)　**分割の禁止**　　組合員は全員の合意がある場合を除いて、

清算前に組合財産の分割を請求できない（676条3項・256条参照）。組合財産の分割を認めると、組合の事業を阻害し、その目的に反する結果を生ずる可能性があるというのがその理由である。そこで、判例は、組合員全員の合意があれば、組合財産を分割できるとしている（大判大2・6・28民録19輯573頁）。

　(b)　持分処分の禁止　　各組合員は、組合財産に属する個々の財産、たとえば前例の家屋または実用新案権の上に持分を有し、これを処分することはできるけれども、この処分を他の組合員および組合と取引をした第三者に対抗できない（676条1項）。この処分を無条件に認めると、組合目的に協力すべき地位と目的達成の手段である財産とが帰属を異にすることになり、組合の活動の障害となるばかりでなく、第三者を害することになるからである。他の組合員全員の同意を得た場合でも、対内関係において持分が第三者に帰属するものとして取り扱われるにすぎない。

　㈠　組合の債権　　平成29年改正前においては、組合の債権について定めた規定はなく、これも総組合員に合有的に帰属し、各組合員は潜在的持分を有するにすぎないと解されてきた。このような合有説に従って、以下のように説明されてきた。①組合員は持分の割合で分割した一部についても個人の資格でその請求をすることはできない。個人として組合の債務者に対して負う債務と相殺することもできない。②組合員の一人が組合を脱退すれば、債権を含めて全組合財産は残存組合員に合有的に帰属する。持分の譲渡という観念をいれる余地がないから対抗要件を必要としない。③債権の合有持分の処分も他の組合員、組合と取引をした第三者に対抗できない（改正前676条1項）。④組合の債務者は、その債務と組合員個人に対する債権とを相殺することはできない（改正前677条）。

　これに対して、改正法は、組合の債権に関する規定を新設するとともに（676条2項）、組合員の債権者が組合財産に権利行使できない旨の規定を定め（677条）、組合の債権債務関係と組合員個人の債権債務関係を分離する方向を明確にした。すなわち、組合員は、組合財産である債権について、その持分についての権利を単独で行使することができない。したがって、組合員の債権者が組合員が有している組合財産上の持分を差し押さえることができないことになる。

　(2)　**組合の債務**　　平成29年改正前においては、組合の債務について、組合員がどのような責任を負うのかは、民法の規定上必ずしも明確ではなく、合有説によれば、以下のように理解されていた。まず、組合の消極的財産、すなわち、銀行から借り入れた借金の返還債務などや、組合の業務に関連して組合が負担する損害賠償債務なども組合員全員に合有的に帰属すると解されていた。したがって、その債務は第1に、金銭債務のように可分であっても、数額的に分割されずに、全額が各組合員に帰属し、組合財産を引当てとする合有的債務である。結局、組合債務は本来組合財産で弁済されるべきものであると考えられていた（大判昭和11・2・25民集15巻281頁）。しかし、第2に、これと並んで各組合員は、個人財産を引当てとする個人的責任を負担することが定められていた。すなわち、組合の債権者は、その債権の発生の時における組合員の損失分担の割合に従って、各組合員に対して、その権利を行使できるが、その割合を知らなかったときは、各組合員に対して等しい割合でその権利を行使することができるとされていた（改正前675条）。したがって、組合の債権者は、債権全額について、全組合員（またはその代表者）を相手として、組合財産に対して請求（執行）することもでき、また、それぞれの組合員を相手として、それぞれの組合員の負担する

分割された数額（損失分担の割合または等しい割合）について、それ
ぞれの組合員の個人的財産に対して請求（執行）することもできる
ことになる。

これに対して、改正法は、まず、組合の債権者が組合の財産につ
いて、その権利行使をすることができる旨を明文で規定した（675
条1項）。さらに、組合の債権者は、その選択に従い、各組合員に
対して、損失分担の割合または等しい割合でその権利を行使するこ
とができるとしている（同条2項本文）。ただし、組合の債権者がそ
の債権の発生の時に各組合員の損失分担の割合を知っていたときは、
その割合による請求しかできない（同項ただし書）。各組合員が組合
の債務について分割責任を負うことについては、改正前と異ならな
いが、改正法は、各組合員が等しい割合で責任を負うことを原則と
している（債権者がそれと損失分担の割合を知っていたことについては、
組合側が立証しなければならない）。

なお、組合に対する請求の給付判決に基づいて、同一の債務名義
によって、個人財産に対しても執行することができると解すべきで
あろう。しかも、組合に対する請求権と組合員個人に対する請求権
は併存し、理論上は、その間に主従の差はなく、債権者はいずれを
行使することも自由だといわねばならない（実質的に組合的性質を
有する合名会社の債務については、この2つの責任の間には法律的にも
主従の関係がある（会社580条参照））。この各組合員がその個人的財
産を引当てとして負担する責任は、──組合財産で弁済されれば、
それだけ消滅することはいうまでもないが、そうでない限り──そ
の組合員が脱退しても、組合が解散しても、免れることはできない。
その意味で、組合員は組合債務について自己の負担する割合の範囲
内で出資義務に制限されない無限責任を負う。この理論を追求する

と、組合員Ａが、第三者Ｄの組合に対する30万円の債権を譲り受け
ても、——自分の負担する個人的債務は混同によって消滅するが
——組合財産に対する30万円の債権については、混同を生ずるもの
ではない（組合財産から20万円しか請求できないのではない）と判例
（前掲大判昭和11・2・25）がいっていることも理解しうるであろう。

　(3)　**損益分配の割合**　　損益分配の割合は、別段の約束がない限
り、出資の価額を評価してその割合に従う。ただし、利益または損
失についてだけ分配の割合を定めたときはその割合は利益と損失の
両者に共通のものと推定する（674条）。

162　脱退および加入

　(1)　**脱退**　　組合を純粋に契約関係とするときは、従来の組合員
が脱退したり、新組合員が加入したりすると、組合は同一性を失う
はずである。しかし、民法は脱退を認め、これによって組合の同一
性を失わないものとしている。組合の団体性を尊重したものであっ
て、きわめて妥当である。

　(ア)　**脱退の2態様**　　脱退する者の意思に基づく脱退（任意脱
退）とそうでないもの（非任意脱退）とがある。

　(a)　**任意脱退**　　任意脱退は他の組合員全部に対する解約（告
知）である。もし組合の存続期間を定めないとき、またはある組合
員の終身の間存続すべきものと定められたときは、各組合員は、原
則として、いつでも脱退できる。ただし、脱退が組合にとって不利
な場合には、やむを得ない事由がなければ脱退できない（678条1
項）。これに反し、組合の存続期間が定められているときは、やむ
を得ない事由があるときだけ脱退できる（同条2項）。やむを得な
い事由がある場合には、組合の存続期間の定めの有無にかかわらず
常に任意に脱退ができるという678条の定めは強行規定であり、こ

れに反する組合契約の約定はその限度で効力を有しないとされる（最判平成11・2・23民集53巻2号193頁・基本判例265）。

　(b)　非任意脱退　　非任意脱退の原因は、死亡・破産手続開始の決定・後見開始審判・除名である（679条）。除名は最も重大な事由であるから、要件が厳重である。すなわち、正当の事由がある場合にだけ、しかも除名しようとする1人を除き他の全員の同意を要する（2人が共謀すればどちらも除名ができない。解散するほかはない）。そして、除名はこれを除名される者に通知しなければこれをもってその者に対抗できない（680条）。

　(イ)　脱退した組合員の持分の払戻し　　組合は脱退員——死亡のときはその相続人——との間の財産関係を整理すべきである。それは要するに組合の積極財産に対する組合員の持分を分与することである。しかし、個々の財産の持分をそのまま分与しこの部分を組合の統制に服さないものとすることは、組合の活動を害するおそれがある。したがって、組合は出資の種類に関係なく金銭に計算して分与することができる（681条2項）。組合債権もその持分額だけが脱退員の自由な債権となるのではなく、持分額に相当する金額を組合から支払ってもらえるだけのものと解すべきである。なお、この計算は脱退の時における組合の財産状況に従ってすることを要すると定められているが（同条1項）、それは当然であろう。また、脱退の時にまだ完了しなかった事項についての計算は、その完了後まで留保しうるとしたのはきわめて至当なことである（同条3項）。組合債務は、前述のように、各組合員に分割された債務なのだから脱退後にもこれを負担する。

　(ウ)　脱退した組合員の責任　　平成29年改正前においては、脱退した組合員の責任に関する明文の規定は置かれていなかった。しか

し、組合員は、脱退しても、加入していた当時に組合が負担していた債務については、引き続いて責任を負うものと解されていた。他方で、組合を脱退した組合員には、組合財産から組合債務を控除した残額に基づいて、持分の払戻しが行われる（681条）ことから、組合員はすでに責任を果たしたものと考えられ、脱退した組合員は、組合の債務に関して、組合に対して、担保を提供すること、弁済などによる免責を得させることを請求でき、さらに、組合の債権者に対して弁済したときは、組合に対して求償できると解されていた。そこで、改正法は、以上のような解釈論として認められてきたことを明文化した（680条の２）。まず、脱退した組合員は、その脱退前に生じた組合の債務について、従前の責任の範囲内でこれを弁済する責任を負うことを明らかにした（同条１項前段）。そして、債権者が全部の弁済を受けない間は、脱退した組合員は、組合に対して、担保を供させ、または自己に免責を得させることを請求することができる（同項後段）。また、脱退した組合員は、脱退前に生じた組合の債務を弁済したときは、組合に対して求償権を有する（同条２項）。

　⑵　加入　　平成29年改正前においては、加入については民法に規定がなかったが、脱退を許す以上、当然加入も許されるというべきであるとして、判例・通説は、加入を認めていた。そして、加入はその時の組合員全部の同意を要すると解されていた。また、加入者は、組合財産の合有者となり、それを引当てとする組合債務の債務者となると考えられていた。しかし、個人財産を引当てする責任は、加入の後に生じた組合債務についてだけあると解されていた。改正法では、このような考え方に従って、加入に関する規定が新設された（677条の２）。すなわち、組合員は、その全員の同意によっ

て、または組合契約の定めるところにより、新たに組合員を加入さ
せることができることが規定された（同条1項）。そして、組合の
成立後に加入した組合員は、その加入前に生じた組合の債務につい
ては、これを弁済する責任を負わないことも規定された（同条2
項）。

163　解散および清算

(1)　**解散事由**　　組合は解散によって終了するが、平成29年改正
前においては、組合が目的である事業の成功またはその成功の不能
によって解散すると定める（改正前682条）とともに、やむを得ない
事由があるときは、各組合員が解散を請求することができると定め
ていた（683条）。このほか、組合契約によって定めた解散事由の発
生、総組合員の同意などによって解散することは、民法に規定はな
いが、当然であると解されていた。平成29年改正では、これらのこ
とを明文化した。すなわち、組合は、つぎに掲げる事由によって解
散すると規定し、解散事由を列挙している（682条）。その解散事由
は、①組合の目的である事業の成功またはその成功の不能、②組合
契約で定めた存続期間の満了、③組合契約で定めた解散の事由の発
生および④総組合員の同意である。また、やむを得ない事由がある
ときは、各組合員が解散請求できることは、従来のままである。な
お、この解散請求は、他の組合員に対する解約（告知）であるが、
その効果が将来に向かってのみ組合の存続をなくするものであるこ
とはむしろ当然の事理である（684条［620条の準用］）。

(2)　**清算**　　清算は、解散した組合の財産関係の整理であって、
法人の清算に似ている。清算は、総組合員が共同して行うか、組合
員が選任した清算人が行う（685条1項）。

(ア)　**清算人の選任**　　清算人の選任は、組合員の過半数をもって

決定する（同条2項）。もちろん、組合契約でこれと異なる選任方法を定めておくこともできる。また、組合契約において清算人を直接指定しておくことも可能であると考える。一般に、組合員の中から清算人を選任するものと考えられるが、組合員以外の第三者を清算人に選任することも可能である。ただし、組合員の中から清算人を選んだ場合には、その辞任・解任については、業務執行組合員の辞任・解任の規定が準用されている（687条［672条の準用]）。あたかも組合の業務執行の延長と考えられているわけである。

　(イ)　清算業務の執行　　清算業務の執行または清算人の地位はすべて業務執行に準じて考えてよい（686条［670条3項－5項、670条の2第2項・3項の準用]・687条［672条の準用]）。

　(ウ)　清算人の職務権限　　清算人の職務、権限は法人の清算人のそれと同様である（688条1項、78条［平成19年削除］参照）。すなわち、①現務の結了、②債権の取立ておよび債務の弁済、および③残余財産の引渡しである。そして、清算人は、これらの職務を行うために必要な一切の行為をすることができる（688条2項）。

　(エ)　残余財産の分配　　残余財産は、各組合員の出資の価額に応じて分配する（同条3項）。

第22章　終身定期金

164　終身定期金の意義

終身定期金契約は、当事者の一方が相手方に対して、ある特定人すなわち自分か、相手方か、特定の第三者の死亡するまで、定期に金銭その他の物を給付することを約することによって成立する契約である（689条。大判昭和3・2・17民集7巻76頁・基本判例266）。賭博や富くじのように偶然の利益を得ることを目的とする契約を射倖契約という。終身定期金契約も、特定の人の死亡という偶然の事由によって終了するものであるから、定期金の総額は不確定のものであって、まさしく射倖契約である。フランス民法は、射倖契約を典型契約としていて、終身定期金契約は、その一類型である（なお、フランスでは、定期金額の改訂制度などこの契約を利用しやすい環境が整備されていて、不動産売買における代金の支払などに用いられている）。日本の旧民法は、これにならって、射倖契約の章を置き、その中で終身年金権に関する規定を定めていた（財産取得編164条以下）。現行民法は、それを引き継いだものである（射倖契約という言葉は使われていない）。

たとえば、Aが自分の店に永年勤続したBに対してその死亡まで毎月10万円を給付するとか、CがDに一時に一定の金額を払込み、DをしてEにその死亡するまで毎月10万円を給付させる、というような契約がその例である。したがって、終身定期金契約は一定の人の死亡するまで存続する定期金債権（総155(3)参照）を生ずる点に特色を有する。そうして、もしこの定期金債権を負担するのに対価を受けないならその契約は贈与となり、代金を受け取っているなら売

買となる（病院施設の売買代金を支払う方法としての終身定期金契約について、大阪高判平成20・4・25判タ1276号218頁参照）。そこで、民法は終身定期金債権という特殊な債権を生ずる点で、これを1つの典型契約としたのであるが、贈与、売買など他の契約類型における債務の履行方法として、終身定期金契約が締結されるという意味において、他の典型契約とは少し異なっている。なお、以前から行われている厚生年金保険法（昭和16年）その他各種の年金制度のほかに、国民年金法（昭和34年）が制定されて国民の老齢、障害または死亡に関して必要な年金の給付を行う制度が確立されたが、これらはいずれも終身定期金の発生を内容とする。しかし、いずれも国・公共団体その他特殊の機関が管掌する社会保険ないし社会保障である性質を有し、民法の予定するものとは多少その性質が異なる。のみならず、これらに関する法律は、年金債権の効力についてもそれぞれ詳細な規定を設けているので、民法の規定を適用する余地はほとんどない。

　終身定期金債務は遺言で成立させることもできる。その成立要件は遺贈の規定によるが、その効力である終身定期金債権について終身定期金契約の規定を準用する（694条）。

165　終身定期金契約の効力

　この契約によって債務者は「一定の人の死亡まで、定期に一定の金銭その他の物を給付しなければならない」という抽象的な内容の債務を負う。これが終身定期金債権である。そして月末とか年末とか定まった時期がくると、右の「一定のものを給付すべき債務」を現実に負うことになる。この毎期の債権はこの基本的な定期金債権から独立して消滅時効にかかるものであり（総155(3)(ウ)参照）、譲渡その他の処分も独立にすることができる。学者はこの定期に生ずる

債権を支分権と呼ぶ。この基本的な終身定期金債権と支分権との関係は、前述した基本的な利息債権と支分権としての利息債権との関係と同じである（債12⑵参照）。

　民法は終身定期金債権の解除と存続期間に関して特別の規定を設けただけである。

⑴　**終身定期金契約の解除**　　定期金債務者が定期金の元本を受けた場合に、その定期金の給付その他の義務を怠るときは、相手方は元本の返還を請求することができる。ただし、すでに定期金を何回か受け取ったときは、その総額から元本の利息を差し引いた額を債務者に返還しなければならない（691条1項）。この元本返還の請求は、民法にはそういっていないが、一種の解除とみるべきである。いいかえれば、履行遅滞による解除（541条）の特則として、要件と効果を特別にしたものとみるべきである。したがって、元本の返還とともに、損害賠償を請求できること（691条2項）、および、元本の返還や損害賠償の請求と受け取った定期金の返還とが同時履行の関係に立つこと（692条）は、当然の事理である（545条4項・546条参照）。

⑵　**定期金債権存続の決定**　　終身定期金債権の存続期間の標準となる特定人が、債務者の責めに帰すべき事由で死亡したときは、そのまま定期金債権を消滅させて損害賠償の請求権だけを残すことは関係を複雑にする。そこで債権者またはその相続人は、裁判所に請求して債権の存続期間を決定してもらえることにした。裁判所は、死亡した者が右の事故がなかったら生存したであろうと考えられる期間を基礎として、相当の期間を決定する（693条1項）。もっとも、債務者の責めに帰すべき事由で右の特定人の死亡することは債務不履行の一種であるから、元本を給付した場合だったら、前段に述べ

た解除権を行使することもできるのは当然である（同条2項）。

　(3)　日割計算　　終身定期金契約が一定期間の中途で終了したとき、たとえば、毎月10万円を給付する場合に月の15日に死亡したようなときは、日割計算として5万円を給付すべきである（690条）。

第23章　和　　解

166　和解の意義

　和解は、当事者が互いに譲歩してその間に存する争いをやめる義務を負う契約である（695条）。争いというのは、法律関係についての主張が対立する——一方が正しければ他方は誤っている——場合は明瞭であるが、双方とも法律関係が不明確であると考え、それを一定の関係であると認め合う場合にも、そこに「たとえ真実とは違っても」という意思が存すれば、将来に向かって争いをやめる意味で和解と認めてよい。なお、当事者間に訴訟が係属することは、それだけで争いの存在となる。しかし、たとえば、一方が他方を欺いて当事者間に一定の法律関係があることを契約しても和解ではない（大判大正5・7・5民録22輯1325頁）。争いの種類には制限はない。ただ、当事者の処分できない権利関係については和解することはできない。たとえば、父が子を相手に嫡出子否認の訴えを起こしている場合に、相当の財産を与えてこれを認めさせるという和解は許されない（774条参照）。なお、互いに譲歩することが和解の要件であるから、当事者の一方だけがその主張を減縮するのは和解ではない。和解は裁判上でされることもある。その場合には民事訴訟法上の特別の効力が与えられる（民訴89条、民訴規32条1項、民訴275条1項、民訴規169条、民訴275条2項・3項・267条、民執22条7号）。司法改革の一環として平成16年に公布された「裁判外紛争解決手続の利用の促進に関する法律」（ADR法）（法151号）により、和解の活用が増大することが予想される。

167 和解の効果

(1) **権利の移転・消滅の確定** たとえば甲地の所有者Ａと乙地の所有者Ｂとが境界線を争うとする。Ａは現在の境界線として鉄条網の張ってある線より２メートルＢの地面に入った線が境界だと主張し、Ｂは現在の線が正しいと主張する。和解によって現在より１メートルＢの地面に入った線をもって境界線と定めたとする。両者の所有権の範囲はこれによって確定する。その場合に、もし後になって前に鉄条網のあった線がやはり正当な境界線だったという確証が出たらどうなるであろうか。この場合にも和解の効果は動かない。Ｂの土地１メートルが和解によってＡに移転されたものと認められる（696条）。しかし、契約の内容が単に不明確な境界線を確認したにとどまることもありうる。その場合には、後日の確証によって宣言が誤りだったことになって、和解の効果も覆えることになる理屈である。しかし、先に述べたように、そこに「たとえ真実と違っても」という意思が存するならば、和解として、同様の効果を認めるべきである。なお、注意すべきは、このＡ・Ｂの争いはそれぞれの所有権の及ぶ範囲の争いであり、いわゆる境界確定の訴えとしての争いではないことである。判例は、相隣者との間で境界を定めた事実があっても、これによって、その一筆の土地の境界自体は変動するものではない、とする（最判昭和31・12・28民集10巻12号1639頁）。極端な例をとれば、甲地と乙地が市町村の境界線を狭んでいる場合を考えれば、Ａ・Ｂの和解により市町村の境界線が動くことはないであろう。したがって、前の例では、真実の境界線は後日現在の鉄条網の張ってある線であるということが判明すれば、和解の効力としてＡの所有権は甲地と現在より１メートル入った乙地の一部とにまたがる範囲ということになる（なお、平成17年不動産登記法の改正

により筆界特定制度が導入された（物36(2)(ウ)参照））。

　当事者が互いに譲歩して、争いを解決するという和解の性質から、錯誤との関係や示談後の後遺症などにについて、以下に述べるような議論がなされている。もっとも、債務不履行、契約の解除など契約一般に関する法理が当てはまることはいうまでもない。そのうえで、和解の性質をどのように考慮に入れるかという問題である。

　(2)　和解と錯誤との関係　　和解と錯誤の関係は古くから争われている問題であるが、判例・学説は、和解の場合には、争いの目的である事項に錯誤があった場合には、95条の適用もないとする（最判昭和36・5・26民集15巻5号1336頁）。しかし争いの目的とならなかった事項に錯誤がある場合、――たとえばＡは甲債権を念頭におき、Ｂは乙債権のことだと思って、債権額や弁済期についての争いを互譲して和解契約をした場合のように――争いの対象そのものに錯誤があった場合、あるいは、――たとえばＡは10万円の債権があると主張しＢは5万円だけ弁済したと主張し、7万円で和解した場合に、実はその債権はＡがＣから譲り受けたものであるが、その譲渡行為が無効であることにＢが気がつかなかったというように、――争いの対象以外のことで単に和解の前提とされた事実に錯誤がある場合には、やはり95条の適用がある（最判昭和33・6・14民集12巻9号1492頁・基本判例267）。

　(3)　示談後の後遺症　　交通事故などの場合の損害賠償に関する示談も一種の和解だが、全損害を正確に把握しがたい状況のもとで、早急に行われた示談は、示談当時予想されていた損害についてのみであって、示談当時予想できなかった不測の再手術やその後発生した後遺症についてまで、賠償請求権を放棄した趣旨と解すべきでないとされる（最判昭和43・3・15民集22巻3号587頁・基本判例268）。

(4) **事情変更の原則**　　和解についても、事情変更の原則により、契約の解除が認められる場合があると考えられるが、建物の賃貸人と賃借人との間における裁判上の和解で、賃借人が約1年後に建物を明け渡す旨の条項が定められた場合に、その後、住宅事情が変化したという事案において、戦災等のため、住宅事情の相違があるからといって、和解につき直ちに賃借人の解除権を容認しなければならない信義衡平上の必要があるものとは認められないとした判決がある（最判昭和29・2・12民集8巻2号448頁・基本判例213。なお、事情変更の原則については、債85(2)(エ)・87(2)(エ)参照）。

第24章　事務管理

168　事務管理の意義

(1)　**意義**　　事務管理は義務のない者が他人の事務を管理する行為であることは前に述べた（債4参照）。他人の事務に干渉する権利も義務もない者は、みだりにこれをすべきではない。しかし、好意でするときは、その行為はある程度まで是認されるべきであり、本人も一応感謝の念をもつべきである。そこで民法は、一方では、管理者に対して、いやしくも他人の事務を管理し始めた以上最も本人の利益に適合するように管理を継続すべき義務を負うものとするとともに、他方では、本人に対して、管理者の支出した費用を償還する義務を負わせた。管理者は他人の事務を処理する者である点で受任者に似ている。だが、受任者のように、費用の利息や避けることのできない損害について賠償を受けることはできない（650条・702条1項・2項参照）。しかし、事務管理の規定がないと、本人はただ次章に述べる不当利得者として、現に利益の存する限度の償還をすればよいことになるから、管理者は支出した費用だけでも請求できるかどうかわからなくなる。つまり、事務管理制度は本人に対して委任者と不当利得者との中間の立場を認めた。

(2)　**社会的作用**　　特殊の場合には、社会共同生活のために事務管理を助長することも考えられる。遺失物の拾得は事務管理の一種であるが、本人から5分ないし2割の報労金を請求できるものとしているのはこの思想の現れである（遺失4条・28条参照）。また水難者または難破船を発見した者が救済すべき義務を課せられるのは（水難2条、船員14条参照）、事務管理をなすべき義務が認められる

特例である。民法では事務管理は単に当事者間の個人的制度と考えられているけれども、社会的制度として考えるべき一面も有することを示すものである。

169 事務管理の成立要件

(1) **義務がないこと**　　義務なく他人の事務の管理を始めることが第一の要件である。この事務とはきわめて広い意味であって、生活に必要な一切の仕事である。一回の処理で完結する処分行為でもよく、管理という言葉にとらわれる必要もない。共同で契約を締結した者の一人が、他の者の事務管理者として当該の契約を解除することも可能である。しかし、他の者の追認がない限り、共同者の全員による契約の解除があったことにはならない（大判大正7・7・10民録24輯1432頁）。本人に対して義務がなければ第三者に対して義務があっても事務管理となる。債務者の委託を受けないで保証人となった者が弁済をするのは、債権者に対しては自分の義務を履行するのだが、本人（主たる債務者）に対しては事務管理となるというのはこの理に基づく（債48参照）。同様に公法上の義務の履行が本人に対して事務管理となる場合も起こりうる。

(2) **他人のため**　　他人のために、他人の事務として、事実上他人に利益を帰する意思をもってすることを要する。しかし、さらに贈与の意思をもてば、必ずしも贈与契約の成立がなくても事務管理とはならない。

(3) **本人の意思との関係**　　本人の意思に反し、または本人の利益のために不利なことが明らかでないことを要する。このような場合には、管理を始めた者も継続してはならないのであるから（700条ただし書参照）、はじめから明らかなときは事務管理そのものが成立しないとみるべきである。ただし、本人の意思は公序良俗に反し

ないものでなければならない。たとえば捨て子を保護し、自殺しようとする者を救うのは、たとえ本人の意思に反しても事務管理となる。なお、意思無能力である相続人のために相続税を納付したことが本人（相続人のこと）の不利益だったとはいえないとして、事務管理に当たりうるとした判決がある（最判平成18・7・14判時1946号45頁）。

170　事務管理の効果

(1)　**違法性阻却**　　事務管理と認められる行為は違法性がなくなる。すなわち、事務管理者は不法行為者として賠償責任を負うことはない。民法はこれを明言していないが、これを1個の合法的な制度として債権の発生を認める以上疑いのない点である（債181(4)(エ)参照）。

(2)　**管理者の義務**　　管理者は、始めた管理を継続すべき義務を負う。この義務は本人、その相続人または法定代理人が管理できるようになるまで継続する。もっとも、上に一言したように、管理の継続が本人の意思に反し、または本人のために不利なことが明らかなときは、管理をやめるべきである（700条）。管理の方法は本人の欲するところに従うべきことを第一とするが、これがわからないときは、事務の性質に従って最も本人の利益に適合するように管理すべきである（697条）。本人の身体・名誉または財産に対する急迫の危害を免れさせようとする場合には、悪意または重過失についてだけ責任を負うが（698条）、その他の場合には善良な管理者の注意を用い、これを欠くときは責任を負うべきである。なお従たる義務として、管理開始の通知の義務（699条）・受任者と同様にいわゆる計算の義務（701条［645条－647条準用］）などを負う。

(3)　**本人の義務**　　管理者の支出した有益費用の全額を償還し

（702条1項）、管理者の負担した有益な債務を弁済しまたはその担保を供与すること（同条2項［650条2項準用］）を原則とする。なお、管理に際して管理者が本人が受けた利益を超える損害を被った場合にも、当然に予期されるものは償還すべき費用に加えるべきであろう。ただし、管理者が、本人の意思に反して管理をしたときは、この請求権の範囲は現に利益の存する限度に縮限される（702条3項）。

　⑷　代理との関係　　事務管理として管理者が本人の名前で法律行為をした場合に、その行為が直接本人に効果を及ぼすであろうか。事務管理が有効に成立する場合には、管理者はその範囲で代理権を有するものとみられると説く学者もある。しかし、代理と事務の処理とは別個の概念だから（総112⑴㈠参照）、本人の追認のない以上、代理の効果は生じない。すなわち、直接に本人に効果を及ぼすものではないと解するのが正当である（最判昭和36・11・30民集15巻10号2629頁・基本判例269）。たとえば、帰省中の友人のために、頼まれないで、全集ものの予約出版に友人の名前で申し込んだような場合には、事務管理とはなるが、代理とはならない。ただ本人の追認があれば、無権代理行為の追認の理論によって本人について効果を生ずる（113条）。なお、管理者が自分の名前で法律行為をしたときは、本人について直接に効力を生ずる余地はない。ただ本人の所有物を処分したようなときは——腐敗しやすい物を処分した場合などには、なお事務管理となることは疑いないが——相手方が所有権を取得するかどうかは、即時取得の規定によって決せられることはいうまでもない（物28参照）。

171　準事務管理

　Bが勝手にAの特許権を実施して巨利を博したような場合に、AはBに、その計算を命じ費用を差し引いた利益の全部の引渡しを求

めることができるだろうか。Bの行為は不当利得でもあり、不法行
為でもあるから、利得の返還または損害賠償を請求できることは明
らかであるが、不当利得はAの損失を、不法行為はAの損害を限度
とする。Bの行為がなかったなら、Aははたしてそれだけの利得を
得たであろうか——それがまさに損失または損害に当たるのである
が——証明ははなはだむずかしい。もしBの行為を事務管理とすれ
ば、これはBの収支簿から算出することができ、この請求は容易に
認められる（701条［645条－647条準用］参照）。しかし、事務管理と
するには、BにAのためにするという意思がない。そこで一部の学
者は、このようなものを準事務管理と称し、事務管理の効果のうち、
本人のために認められるものだけをこれについて生じさせ、これに
よって本人の立場を保護しようと主張する。

　しかし、このような場合には、不当利得または不法行為の規定に
従って処理するのが適当であろう。なぜなら、悪意の不当利得や不
法行為においても、いわゆる管理者の利得は、一般に、本人にとっ
て損失または損害であると考えて差し支えないのであり、例外的に
管理人の特殊の才能で、本人としてはとても得られない利益を収め
たのであれば、むしろ償還させないのが公平に適するからである。
もっとも、このような場合に、本人がいわゆる準事務管理を追認す
れば、普通の事務管理となり、管理行為は違法性がなくなり、本人
は費用償還義務を負うとともに、管理者の収めた利得の全部の償還
を請求することができる。たとえば、A・B共有の船舶をB名義に
登録しておいたところ、Bが勝手にその船舶を時価より高価に売却
した場合、Aは後日その売却行為を承認し、Bに対し、代金半額の
引渡しを求めうる（大判大正7・12・19民録24輯2367頁）。その点か
らいっても、本人が追認もしないで（違法な行為としておきながら）

利得だけを請求することを認めるのは、民法の体系として筋違いである。なお、準事務管理という考え方が実効を収めるとされる上記の特許権や著作権などの侵害による損害賠償請求については（不法行為に基づく請求である）、相手方の得た利益の額は特許権・著作権の侵害により権利者の受けた損害の額と推定する旨の規定等が設けられている（特許102条、著作114条）。

第25章　不当利得

172　不当利得の意義

不当利得は、何らかの利得を得た者に、その利得を保有させる正当の理由がない場合に、それと因果関係をもって損失を被った者に対して、その利得の償還を命ずる制度であることは、すでに一言した（債3参照）。Aは消費貸借契約のためにBに金50万円を交付したが、その契約が当初から無効であり、あるいは後に取り消されたとする。Bに故意または過失のない以上不法行為というべきではない（709条参照）。しかし、Bにこれを保留させることは明らかに公平を失する。Bに対してAへの返還を命じて公平を図ろうとするのが不当利得制度である。しかし、不当利得の生ずるのは利得の変動が損失者Aと受益者Bとの間の行為、つまりAの意思に基づく給付行為による場合には限らない。受領権者としての外観を有する者に対する弁済が有効となるときは（478条、債63⑵㋐参照）、弁済行為とは関係のない真実の債権者が損失者として弁済受領者に対して利得の返還を請求できる。また添付によってBの所有物がAの所有に帰したときは、BからAに不当利得の返還を請求できることはすでに述べたが（物49⑵）、添付は人の行為によることさえ必要ではない（物49参照）。さらに、AとBとの間の行為に基づく場合でも、それが法律上の原因を欠くことになった理由が、Aの側にある場合、Bの側にある場合、その他の場合などさまざまでありうる。

このように、不当利得は、あらゆる原因に基づく利得の変動に関し、その変動が公平の原則に反する場合にその均衡を保とうとする制度である。しかも、受領権者としての外観を有する者への弁済や

添付などの例にみるように、法律が一定の理由（基準）から債権の消滅もしくは所有権の取得という利得の変動を認めている場合にも、この変動が関係当事者間の基準からみて相対的・実質的に不公平なものであれば、不当利得制度はその均衡を図ろうとするのである。したがって、不当利得は他の規定から生ずる結果が形式的に正当なものであっても実質的に公平に反するときに、これを是正することを統一的な基礎理念とする制度だということができよう。

　しかし、他方で、不当利得の生ずる場合の類型はすこぶる多様であり、この抽象的な統一的理念だけでは処理しきれないものがある。そこで、学説は不当利得の各種の類型について分析・検討を加えている。財産的価値の移動が損失者の給付行為による場合（給付不当利得）と、そうでない場合、なかでも利得者の権限のない行為による場合（侵害不当利得）とに大別し、前者については契約の解除に準じた処理をすべきだとするのが学説の大勢である。

　このように、不当利得制度は、それ自体固有の担当領域をもちながらも、財産的価値の移動を規律する一般的・形式的な基準と、利得者・損失者間の相対的・実質的な基準との矛盾を正義・公平の理念に従って調整するものであり、いわば私法秩序の体系における潤滑油の作用を営むものであるといえよう。

173　不当利得の一般的要件

　⑴　利益　　他人の財産または労務によって利益を受ける者（受益者）がなければならない。

　⑺　利益の内容　　利益を受けるというのは、財産の積極的増加の場合と、財産の減少を免れる消極的増加の両方を含む（利益の有無に関する一事例として最判平成10・5・26民集52巻4号985頁）。「財産」は権利より広い観念だから、財産の積極的増加には財産権の取

得、その内容の拡張のほか、財産的利益を含む。既存の債務を免れることも積極的増加である。消極的増加とは、ある事実があったために、当然に被るべき損失を免れ、そのため現実の財産総額がその事実がなかったと仮定した場合の財産総額より大きくなることである。また他人の財産によるというのも、すでに他人に帰属している財産についてだけでなく、当然他人に帰属すべき財産を帰属させないときでもよい。

　(イ)　利益を受ける方法　　利益を受ける方法には制限はない。通常他人の財産または労務の給付による場合と、その他の場合に大別されるが、具体的な事例に即していえば、①損失者から利得者への給付行為（契約が取り消された場合など）、②損失者から第三者への給付行為（第三者の弁済）、③利得者と第三者との間の行為（債権の準占有者への弁済）、④第三者と第三者の間の行為（債務者以外の者が債権者以外の者に対してした弁済が有効とされる場合）、⑤利得者または損失者の一方的な行為（他人の物の事実上の利用、他人の動物の飼育）、⑥官公署の行為（執行における不当に有利な配当）、⑦事件（自然力による添付）など、多種多様である。特に第三者が介入する場合に困難な問題を生ずることは(3)に述べるとおりである。

　(2)　損失　　利得によって他人に損失を及ぼすことが第2の要件である。損失を及ぼすというのも、広く他人の既存財産を減少させること（積極的減少）と、当然に増加すべきところを増加させないこと（消極的減少）を含む。なお、Bが権限なしにAの財産、たとえば、休閑地を耕作して利得を得た場合に、Aに何ほどの損失を及ぼしたとみるべきかということが問題になる。不法行為においても同様の問題が起きるが、民法の解釈としては、原則としてAはBの得た利益と同一の利益を得たはずであると解し、特別の事情がある

ときは、適当な修正を加えるべきものと考える。

(3) **因果関係**　　利得と損失との間に因果関係があることが第3の要件である。もっとも、ここにいう因果関係については説が分かれている。

(ア) **直接の因果関係**　　判例は、直接の因果関係が必要であり、間接の因果関係を含まないとする考え方をとってきた（大判大正8・10・20民録25輯1890頁）。もっとも「直接」という観念はやや緩やかに解し、Aの損失とCの利得との間に、Aと契約関係にあるBが介在するときにも、この損失と利得との間の因果関係はなお直接であるとする。たとえば、BがCから賃借したブルドーザーをAに修理させ、修理代を払わないままAより引渡しを受けて後日Cにこれを返した場合に、修理に要したAの損失とそれに相当するCの利得の間には直接の因果関係があり、Bが無資力のため修理代金債権が無価値であれば、その限度で不当利得が成立するという（最判昭和45・7・16民集24巻7号909頁－ブルドーザー事件・基本判例271）。このように、A・B間の契約に基づくAの給付が契約外のCを受益させた場合、AのBに対する修理契約上の請求権を転用して利益を受けるCに対する不当利得返還請求を認める制度は、ローマ法に由来し、**転用物訴権**と呼ばれるが、この訴権をフランス法は肯定し、ドイツ法は否定する。わが国では、このブルドーザー事件は本来契約法理によって解決すべきだとして判決に批判的な学説が多かったが、その後これと類似した賃借建物の修繕に関する事件で、Cが利益を受けたというには、CがBとの間の契約を全体としてみて対価関係なしに利益を受けたときに限られるとして不当利得の請求を制限する判例が現われている（最判平成7・9・19民集49巻8号2805頁・基本判例272）。

　(イ)　騙取金による弁済　　因果関係の有無が実際上もっとしばしば問題となるのは、ＢがＡを欺いて金銭を騙取したり、Ａの金銭を横領したりして、自己の債権者Ｃに弁済した場合である。判例は、はじめ、ＢがＡを欺いて金銭を騙取して、それをＣに交付した場合には、金銭の所有権がＢの金銭と混合したような場合には因果関係は間接になるという考え方に立っていた（大判大正9・5・12民録26輯652頁参照）。これに対して、金銭の所有権の所在で不当利得の成否を決するのは不当であるとの非難が加えられ、むしろ利得と損失を生ずる事情の単一性があればよいという考え方が強く主張されるに至った。ドイツ法学の影響によると思われるが、第三者の行為が介在する場合に、因果関係を問題とすることに由来する不都合を避ける趣旨であり、傾聴に値する。しかし、この問題は「社会観念上普通に因果関係があると認められる」場合には、不当利得の成立が認められると解して差し支えない。判例も最近は従来の態度を改め、騙取者が「騙取又は横領した金銭をそのまま利得者の利益に使用しようと、あるいはこれを自己の金銭と混同させ又は両替し、あるいは銀行に預入れ、あるいは一部を他の目的のため費消した後その費消した分を別途工面した金銭によって補填する等してから、利得者のために使用しようと、社会通念上損失者の金銭で利得者の利益をはかったと認められるだけの連結がある場合には、なお不当利得の成立に必要な因果関係があるものと解すべきである」という（最判昭和49・9・26民集28巻6号1243頁・基本判例270）。「社会通念上の連結」がどのような事情があれば切れるかがつぎに問題になるであろうが、妥当な見解である。

　(4)　法律上の原因がないこと　　利得が「法律上の原因なく」生じたことが必要である。要件中の最も重要なものである。公平の原理

による抽象的標準であるから、その意義を明確にするのは困難である。けれども、まず「法律の理想である公平の観念に照して受益者がその利得を保有する実質的な理由がないと認められること」というべき抽象的な原理に立って、その具体的標準を明らかにする作業に努めるべきである。この見地から２つの類型が区別される。

　(ア)　給付利得の場合　　第１の類型は、財産価値の移動（利得と損失）が損失者の意思に基づく給付行為によるものである。いわゆる給付不当利得である。この類型における「法律上の原因」は給付の目的ないし原因である。したがって、損失者がこのような給付をする目的ないし原因の欠けていることが、法律上の原因を欠くことになる。さらに、いくつかの類型に分けられる。

　(a)　目的の不存在　　給付をする当時から目的が存在しない場合である。たとえば、給付の目的を含む法律行為が不成立または無効の場合はもちろん、取り消された場合や解除された場合も法律行為が遡って効力を失うから、同じ類型に入る（総125・131参照）（なお解除については特則がある（債102(1)参照））。仮処分における保全すべき権利について、本案訴訟の判決において、仮処分命令の発令時からその権利が存在しなかったと判断され、仮処分命令を取り消す旨の決定が確定した場合には、仮処分命令を受けた債務者がその保全執行としてされた間接強制決定により取り立てられ、債権者に交付された間接強制金は法律上の原因を欠いた不当利得に当たる（最判平成21・4・24民集63巻４号765頁）。また、すでに弁済によって債務が消滅しているのに重ねて弁済した場合も同様である（これについては特則がある（債175(1)参照））。

　(b)　目的の不到達　　給付の当時に予期された目的が不到達に終わった場合である。たとえば、結納として金品を交付したのに婚姻

が成立しなかった場合がそれである（大判大正6・2・28民録23輯292頁・基本判例373）。

　(c)　目的の消滅　　給付の当時存在した目的が後に消滅した場合である。たとえば、債権が消滅したのに債権者が債権証書を保有しているのは、この類型に当たる不当利得である（債65参照）。

　これらすべての場合に、損失者の給付は目的の存在を予定してされるのだから、これを欠く場合にはその利得の返還を命じなければ公平に反する。もっとも、法律行為の無効または取消しによって所有権も移転しないときには不当利得にはならないと考える学説もある。たとえば、売買契約が制限行為能力を理由として取り消された場合に、もし目的物の所有権も遡及的に売主に復帰するときは、売主は所有権に基づいて返還を請求するのであって不当利得ではない、売買契約の債権的効果だけが取り消されて所有権が買主のもとに残る場合にだけ不当利得になるという。しかし、すでに物権編で説いたように（物10(3)参照）、売買契約によって原則として所有権も移転するという見解に立つときは、その取消しは原則として所有権の復帰を伴うものであるから、これを不当利得でないとすると無効・取消しの結果、不当利得となる場合はきわめて少なくなる。そしてこの場合を、例外的に所有権が買主のもとに残る場合と区別して、返還すべき範囲を異にすることは権衡を失する。法律行為の無効・取消しなどにおいては、その所有権関係のいかんを問わず皆これを不当利得とみてよいと考える（物10(4)参照）。なお、契約の解除の結果として原状回復をするのも本質は不当利得の返還である。しかし、民法は解除の特質に基づいて返還の範囲を特別に規定したのである（545条）。

　(イ)　非給付利得の場合　　第2の類型は、利得が損失者の意思に

基づく給付行為以外の法律事実によって生ずる場合（広義のいわゆ
る侵害不当利得）である。さまざまのものを含み、統一的な積極的
特色を示すことは困難である。各場合について、利得者に利得を保
有させることが、単に法律の形式的・一般的な効果としてだけでな
く、実質的・相対的に公平なものとして是認されるべきかどうかを
考えよ、というよりほかに標準の示しようがない。これに属する主
要な態様の分類を試みると、まず利得が人の行為によって生ずる場
合と、それ以外の場合に分けられる。

　(a)　利得が人の行為によって生ずる場合　　前者はさらに、利得
が利得者の行為によって生ずる場合（利得者が損失者の所有物を使用
し、または処分する（大判昭和12・7・3民集16巻1089頁参照））、利得
が損失者以外の第三者の行為によって生ずる場合（第三者が損失者
の飼料で利得者の家畜を飼育し、または債務者が債権の準占有者〔受領
権者としての外観を有する者〕に弁済する（大判大正7・12・7民録24
輯2310頁参照））、および利得が利得者のために給付する意思のない
損失者の行為によって生ずる場合（損失者が誤って利得者の家畜を飼
育し、または損失者が利得者の第三者に対する債務を弁済する）に分け
られる。

　(b)　利得が人の行為によらないで生ずる場合　　後者、すなわち
利得が人の行為によらないで生じた場合は、さらに利得が直接に法
律の規定から生ずる場合（たとえば、添付、遺失物拾得者の所有権取
得、善意占有者の果実取得権（189条）、即時取得（192条）、時効取得
（162条）、などがそれであるが、わが民法上は添付および無償の善意取得
者以外の場合には不当利得の問題は起きない）と、利得が事件の事実
的結果として生ずる場合（養魚池の魚が他人の池に入り、上流の土地
が流れて下流の土地に付着して寄洲を生じた）とに分けられる。しか

し、不当利得の見地から法律上の原因の有無を決定するためには、個々の場合についてその規定・制度の趣旨を検討しなければならない。

174　不当利得の効果

不当利得者は利得返還の債務を負う。返還は、利得の性質上不可能な場合（たとえば労務による利得）を除き、できる限り利得した原物をもってすべきである。その範囲は、善意、すなわち利得が法律上の原因を欠くことを知らない場合と、悪意、すなわちこれを知っている場合とで異なる（大判昭和11・7・8民集15巻1350頁）。前者においては利得を残さないようにするにとどまるが、後者においては損失者の損害を塡補するのであって、不法行為に類する。

なお、不当利得返還請求権行使するのは、損失者であるが、マンションの一部の区分所有者が共用部分を第三者に賃貸して得た賃料のうち、各区分所有者の持分割りに相当する部分の不当利得返還請求権は各区分所有者に帰属するが、その請求権を区分所有者の団体のみが行使できる旨の集会の決議または規約がある場合には、各区分共有者はその請求権を行使できないとした判決がある（最判平成27・9・18民集69巻6号1711頁）。

(1)　**善意の受益者の返還義務**　　返還の範囲は現に利益の存する限度に限る（703条）。利得の縮減があった場合に善意の利得者を保護する趣旨であるが、ここに善意とは、上に述べたように法律上の原因を欠くことを知らないことであるから、それ以外の事由、たとえば、自己の財産に対するのと同一の注意を怠って利得した目的物を滅失・損傷した場合には縮減を認めるべきではない。同じ趣旨から、不当利得の発生に損失者・利得者のいずれがより多く関与しているか、つまり責任ある者はだれかも、考慮に入れるべきものと思う。

金銭の交付によって生じた不当利得の利益が現存しないことについ
ては、不当利得返還請求権の消滅を主張する者が主張・立証しなけ
ればならない（最判平成3・11・19民集45巻8号1209頁・基本判例273）。
つぎの諸点を注意すべきである。

　(ア)　原物返還　　利得が原物の形で現存すれば、その返還には所
有権・占有・登記・制限物権・債権などそれぞれ事情に応じて返還
もしくは抹消・消滅・復活等の手続がとられる。

　(イ)　価格返還　　原物返還が社会観念上不能であれば価格で返還
する。利得が労務による場合や利得者が目的物を消費し、もしくは
その責めに帰すべき事由で、目的物が滅失・損傷または第三者へ
譲渡された場合などはこれによる。なお、利得の目的物が金銭以外
の物であって、その価格の変動がある場合には、価格返還に変わっ
た際の時価によるのを原則とする。たとえば、株式のように代替性
のある物を利得した受益者がその後それを第三者に売却処分したと
きは、損失者に対して、原則として売却代金相当額の金員の不当利
得返還義務を負う（最判平成19・3・8民集61巻2号479頁）。しかし、
利得者の責めに帰すべき事由によって価格返還になったが、その後
その物の価格が上がったような場合には、返還時の価格によるべき
ものと考える。

　(ウ)　果実・収益　　原物返還の場合に、すでに収取した果実は善
意の占有者に帰属するから、返還の対象にならない（189条参照）。
しかし価格返還の場合に、たとえば、金銭の交付によって不当利得
が生じた場合には、利得者がこれを運用して得た利益は、損失者が
当然取得したであろうと考えられる範囲においては、損失者の損失
があると解すべきであり、それが現存する限り703条の「利益の存
する限度」に含まれると解される（最判昭和38・12・24民集17巻12号

1720頁・基本判例106）。

　㈋　目的物を取得する際に支出した反対給付　　売主Ａと買主Ｂの間の売買が無効である場合には、ＡとＢとの両者に不当利得を生ずるわけであるが、原物返還が可能な場合はＡには原物返還、Ｂには代金の返還の請求を認めるべきであり、両者は同時履行の関係にある（最判昭和47・9・7民集26巻7号1327頁・基本判例207）。しかし、原物返還が不能な場合には、原物の価格と代金額とを比較して差額の返還によることが考えられる。この場合にも両請求権の対立を認めたうえで両者の調整を図るべきであろう。

　⑵　悪意の受益者の返還義務　　返還の範囲は、利得の現存すると否とを問わず、受けた利益に利息を付して返還すべきであり、なお損害があればこれを賠償すべきである（704条）。ここに悪意とは、法律上の原因のないことを知りながら利益を得ることである。過失を含まない。したがって、他人の物を自分の物と思って売却した場合に過失があれば不法行為になるが、悪意の不当利得者にはならない。一般に、悪意の主張・立証責任は不当利得返還を請求する損失者が負担すると考えられるが、判例は、貸金業者が利息制限法の制限超過利息を受領し、貸金業法43条1項適用されない場合（同項は、借主が利息として任意に支払った金員を有効な弁済とみなす旨を定めているが、平成18年に削除されている）、その貸金業者は、同項の適用があると認識し、その認識を有するに至ったことについてやむを得ないといえる特段の事情のあるときでない限り、悪意の受益者と推定されるとしている（最判平成19・7・13民集61巻5号1980頁。なお、最判平成21・7・10民集63巻6号1170頁参照）。つぎの諸点を注意すべきである。

　㈠　原物返還　　原物返還を原則とし、それが不能な場合には価

格返還に変わることなどは善意の場合と同じである。

(イ) 利息　　利息を付するのは、価格返還の場合に限られる。その額は、法定利率（404条参照。現在は、年３％である）によって計算される。

(ウ) 損害賠償　　損害賠償の責任とは、この基準によって利得を返還しても損失者になお損害が塡補されないで残るときは、それを賠償しなければならないということである。このような損害賠償責任の法的性質をどのように解するかについて、学説の見解は分かれている。本書第３版では、「不法行為に類するが、この賠償請求権の時効期間は一般の規定（167条１項（筆者注：平成29年改正後167条））に従うと解される」としていた。学説では、不当利得の特別な責任と解する見解、不法行為と解する見解、債務不履行と解する見解などが主張されているが、不法行為説が有力であるとされている。これに対して、判例は、704条後段の趣旨は、悪意の受益者が不法行為の要件を充足する限りで不法行為責任を負うことを注意的に規定しているにとどまるとして、不法行為説をとることを明らかにした（最判平成21・11・9民集63巻９号1987頁）。

175　特殊の不当利得——非債弁済

　債務がないのに弁済すれば受領者に不当利得が生ずるのはいうまでもない。一般にこれを非債弁済という。これには３つの態様がある。

(1) 狭義の非債弁済　　債務が存在しないにもかかわらず任意の弁済として給付した場合には、時効によって消滅した債務の弁済のような特殊の場合を除いて（総147(2)参照）、原則として不当利得となるが（最大判昭和43・11・13民集22巻12号2526頁、債12(6)(イ)(b)参照）、民法はさらに、債務の不存在を知らないことを、要件として追加し

ている（705条）。債務のないことを知っているにもかかわらず弁済する者には、たとえ贈与としてしたのでなくとも、返還請求権を認める必要がないからである。

(2)　期限前の弁済　　期限前の弁済は常に不当利得とはならない。ただ、弁済者が錯誤によって弁済期前であることを知らなかった場合にだけ、債権者に対してこれによって得た利益（中間利益）の返還を請求できる（706条）。

(3)　他人の債務の弁済　　債権者Ａに対する債務者がＢであるのに、Ｃが自分で債務者であると誤信して弁済しても、弁済は効力なく不当利得となる。ＡのＢに対する債権は影響を受けない。しかし、Ａもまた、正当に弁済を受けたものと信じて証書を滅失させもしくは損傷し、担保を放棄し、または時効によってその債権を失ったときは、Ａを保護するために、Ｃは不当利得の返還を請求できないものとした（707条１項）。その結果、Ａの債権は目的を達して消滅し、Ｂが不当利得をすることになり、ＣはＢに対して償還を請求できることになる（同条２項）。なお、保証人でないのに保証人と誤信して弁済するのは、形式的には存在しない自分の債務の弁済であるが、705条でなく707条を適用すべきである。また、第三者が他人の債務として弁済するときは第三者の弁済となる。もし、その弁済がＢの意思に反するために第三者の弁済として効力を生じないときは、ＣはＡに対して、不当利得として返還を請求できることになる（474条２項本文参照）。しかし、この場合に、Ｂの意思に反することをＡが知らなかったときは、弁済は有効とされるから（同項ただし書）、ＣはＢに対して、不当利得の返還請求をすることになる。平成29年改正前においては、弁済を受けた債権者が善意である場合について、債権者を保護する規定が弁済のところに置かれていなかったた

め、学説は、債権者を保護するために707条を類推適用するのが妥当と考えていたが、改正によって、弁済に関する規定が整備されたので、707条を類推する必要がなくなった（ただし、474条2項の方が債権者をより広く保護している。債62(1)(ウ)参照）。

176 不法原因給付

(1) **意義** 賭博に負けて金を支払ったような場合には、賭博契約によって給付したのであるが、その契約は公序良俗に反して無効なのだから（90条）、結局、法律上の原因のない給付となる（大判明治41・5・9民録14輯546頁）。しかし、この返還請求を認めると、みずから賭博をしたことを主張して法律の保護を受けうる結果となって、はなはだしく不当である。そこで民法は、不法な原因に基づいて給付をした者はその返還を請求できないものと定めた（708条本文）。しかし、他人の窮迫に乗じて暴利を貪る行為のように、原因を不法とする理由が利得者側だけに存するときは、損失者は給付した利得の返還を請求できる（同条ただし書）。この場合にはみずから不当なことをしたと主張することにはならないからである。

みずから不法な行為をしておきながら、その不法であることを理由として裁判所に救済を求めることを認めないという制度は、その技術的な仕組みは同じではないが、各国の法制の等しく認めるところである。民法708条はドイツ民法の例にならって、不当利得制度の中に取り入れているが、その趣旨は、広く法の目からみて正義に反する主張には助力しないという点にあり、したがって、不当利得を理由とする救済請求に限らず、他の理由、たとえば、所有権に基づく返還請求の形式をとった場合にもなお本条を類推適用すべきものと解されている（後述(5)参照）。また、ヤミ金融業者が著しく高利の貸付けにより元利金等の名目で借主から金員を取得した場合には、

借主は貸主に対して不法行為に基づく損害賠償を請求でき、結果的には利息のみならず貸付金の返還も免れるとされることは、すでに利息に関して述べたが（債12⑹(オ)(f)）、その根拠として、借り受けた利益を損益相殺（債185⑸）等の対象として借主の損害額から控除することは民法708条の趣旨に反して許されないとされる（最判平成20・6・10民集62巻6号1488頁・基本判例278）。また、米国債購入資金名目で金員を騙取された被害者が不法行為に基づいて損害賠償を請求した場合に、加害者が国債を購入していないにもかかわらず、被害者に支払った仮装配当金について、不法原因給付によるものであって、損益相殺ないし損益相殺的な調整として被害者の損害額から控除することはできないとされる（最判平成20・6・24判時2014号68頁）。

(2)　**要件**　不法な原因のためにものを給付することである。

(ア)　「不法」な原因　　その時代の一般的倫理観念からみて、公の秩序・善良の風俗に反すると認められることである。上記のような法の趣旨からして給付者の主観が重要であり、また給付者と受領者の不法性の大小も比較される。具体的にはつぎの諸類型に分けて考察される。

(a)　善良の風俗に違反する行為　　売春その他性的不道徳に関連する給付行為や賭博などがこれに当たる。

(b)　公の秩序に反する行為　　給付そのものが犯罪に当たる場合や、犯罪の資金の交付などがこれに当たる（最判昭和29・8・31民集8巻8号1557頁・基本判例276参照。密輸資金の借主の側が悪らつであり、貸主側の不法的分子が微弱であるとして返還請求を認めた）。この見地からは強制執行を免れるために財産を仮装譲渡すること（刑96条の2）も、ここにいう「不法」な原因のためになされた給付に当

たると解される（最判昭和27・3・18民集6巻3号325頁参照。刑法改
正前の行為には708条の適用はないという）。また、酌婦としての稼働
契約が公序良俗に反し無効である場合に、これに伴って消費貸借名
義で交付された金員は不法原因給付であって、その返還請求はでき
ないとされる（最判昭和30・10・7民集9巻11号1616頁・基本判例23）

　(c)　主として政策的禁止法規に違反する行為　　多くの場合に不
法性は小さい。判例も、708条の不法とは、行為の性質が当然に醜
悪なものないしは公序良俗に反するものと解し、禁止規定に違反す
る行為がすべて「不法」に当たるわけではないとするが（前掲大判
明治41・5・9）、古くは権利株売買（会社50条参照）、外国人土地法
違反、いわゆる斤先掘契約（鉱業権者が違法に採掘権を賃貸する契約）
や名板貸契約（名義を貸して営業をさせる契約）などに関し、「不法」
に該当するとしたものが多くみられ、学者から批判された。

　(d)　統制法規違反の場合　　統制法規違反につき、ひんしゅくす
べきほどの反社会性があるとはいえず「不法」に当たらないとした
判例があるが（最判昭和35・9・16民集14巻11号2209号）、いちがいに
はいえず、結局、それぞれの法規について、その目的・統制の態様
とそれについての国民一般の周知度、違反に対する倫理的反発など
に照らして判断するほかはない。

　(ｲ)　不法な「原因のため」の給付であること　　その給付によっ
て積極的に企図された目的が社会的に不法であり、それが給付者に
対する非難性を生ずることである。給付の内容自体が不法である場
合（賭博の負け金の支払）、不法な行為の対価として不法性を帯びる
場合（不倫な同棲の対価）、さらに動機が不法な場合（密航資金の供
与）などの諸形態があるが、給付者と受領者のどちらが積極的であ
り、よりいっそう非難性があるかなど諸般の事情を考慮すべきであ

る（前掲最判昭和29・8・31参照）。

　㈦　ものの給付がされたこと　　給付の目的である「もの」は動産・不動産等の財物でも、労務の提供などの現実の利益でもよい。「給付」は強制されたものでなく、給付者の意思に基づくものであることを要する。動産の場合は引渡しであり、不動産の場合は原則として登記である（最判昭和46・10・28民集25巻7号1069頁・基本判例275）。もっとも未登記の不動産の場合には引渡しが708条の「給付」になると解される（後掲最大判昭和45・10・21参照）。なお、受領者に事実上終局的な利益を与えるものであることを要する。したがって債務を負担し、あるいは、それを準消費貸借にしても給付をした場合に該当しない。和解契約をした場合も同様である。またたとえば、風俗を紊す不法な営業のために家屋を賃貸して引き渡した場合には、経過した賃料の請求はできないが、将来に向かっては、まだ終局的に給付していないのだから、借家契約の無効を主張して返還を求めることは許されるべきである。

　(3)　効果　　給付したものの返還は請求できないことである。

　㈠　返還請求できない者　　給付者本人が返還を請求できないことはいうまでもない。相続人、代理人についても同様であり、給付者の債権者が代位権の行使をする場合もこれに準ずるが、破産管財人は全債権者のために独自の立場で行動するのであるから、返還請求を認めるべきであろう。

　㈡　価格返還　　返還を請求できない目的物は、給付したものだけでなく、それに代わる価格もそうである。

　㈢　任意の返還　　受領者が任意に返還することは差し支えない。返還を約束する契約も有効である。当事者が不法の給付を後悔して遡ってなかった状態に戻す契約を禁ずる理由はないからである。

㈘　所有権の帰属　　返還を請求できない場合の目的物の帰属については問題がある。たとえば、不法原因給付が物の所有権の移転である場合に、返還の請求はできないが、所有権は依然として給付者にあると考えることもできないわけではない。しかし、物権変動について意思主義の原則をとるわが民法のもとでは、原因である債権契約が無効であれば所有権も移転しない（物10⑵・⑶参照）のと表裏の関係で、返還請求ができないという債権関係の効果として、所有権は受領者に帰属してしまうと解するのが妥当であろう。判例もほぼ同じ趣旨を述べるに至った（最大判昭和45・10・21民集24巻11号1560頁・基本判例274。反対的効果として受領者に帰属するという）。

⑷　例外　　708条ただし書は不法の原因が受益者についてだけ存在する場合を例外であるとする。しかし、同条本文を給付者が自分がした不法な原因を主張して救済を求めることを認めない趣旨とみるなら、受益者についてだけ不法の原因がある場合は、そもそも不法原因給付に該当しないはずであり、無意味な規定となる。したがって、この但書に意味をもたせるとすれば、受益者についてのみ存するとの文言にとらわれず、給付者に多少の不法要因があっても、受益者の不法性が圧倒的に大きいときは、この但書によって返還の請求を認めるべきである。判例も大体この趣旨を認めている（大判大正13・4・1評論13巻民414頁。なお、前掲最判昭和29・8・31参照）。

⑸　不当利得以外の理由に基づいて請求する場合　　先に一言したように、708条本文の趣旨は不当利得以外の理由による請求の場合にも拡張して適用すべきである。たとえば、債権者の強制執行を免れる目的で財産を友人に仮装売却する債権者詐害行為が犯罪を構成（刑96条の2参照）する場合には、この売却を通謀虚偽表示を理由に無効であるとして、所有権に基づいて目的物の返還を求めることは

許されない（大判大正 7・8・6 民録24輯1494頁参照）。ただし、単な
る通謀虚偽の表示の場合には、708条にいう不法の原因に基づく給
付とはいえない（前掲最判昭27・3・18ほか）。

　その反面、たとえば妻のある男と不倫の性的関係に入った女が慰
謝料の請求をした場合、男の側の違法性が著しく大きいときは、
708条ただし書の精神からこれを容認すべきである（最判昭和44・
9・26民集23巻 9 号1727頁・基本判例277）。

第26章　不法行為

第1節　序　　説

177　不法行為の意義

　不法行為は、他人に損害を及ぼす不法な行為であって、加害者が
その損害を賠償すべき義務を負うものである（債5⑵参照）。他人に
損害を及ぼすことは、契約関係にある当事者が、その契約の本旨に
従った履行をしないことによっても起きるが、それは原則として、
契約によって特に負担した債務の不履行として処理される（債21以
下参照）。不法行為制度は、そのような特別の関係にない者の間で、
一定の要件のもとに、被害者に生じた損害を、それに原因を与えた
者に負担させることを目的とする。つまり、被害者に加害者に対す
る損害賠償の請求権を認めるものであり、契約と並んで債権法中の
主要な地位を占め、理論上も実際上もきわめて重要な問題を提供す
る。

　人が社会秩序に違反して他人に損害を加えた場合に、これに対し
て法が何らかの制裁措置をとることは、人類の歴史とともにみられ
る。そのねらいは、①加害者の処罰、②被害者の満足、③被侵害利
益の塡補、④社会秩序の回復、⑤反社会的行為の予防などである。
しかし、やがて刑事責任と民事責任が分化し、刑法と不法行為法が
その機能を分けるようになると、刑法の機能では③が脱落して①④
に集中し、他方で不法行為法の機能では①の色彩が大きくうすれ、
③が強調されながらも、これらの諸機能が競合して、その法理に影

響を与えている。もっとも、個人の自由活動の領域をできるだけ広く認めようとする初期市民社会の理想からは、不法行為の成立要件を厳格にして、法の干渉を最小限度に制限することが要請された。わが民法709条以下の仕組みはこのような時期にでき上がったものである。しかし、その後まもなく、わが国も産業革命の過程を通り抜け、社会生活は複雑化の度合を深め、これに伴ってやがて社会思想にも大きな変化が現われる。このような社会生活の実態の変化は不法行為法の領域に強く影響し、判例および学説は、この厳格な民法の仕組みを解釈によって緩和することにつとめ、かなりの成果を挙げてきた。しかし、昭和30年代からの急激な経済の発展、およびそれが社会生活に及ぼした大きな変化は、多くの部面において、特別法の制定を促し、それがさかのぼって不法行為法の指導理念にも顕著な変化をもたらした。段をあらためて検討しよう。

178　社会生活の変化と不法行為法の発展

　不法行為法は、前段でも述べたように、刑法との分化が十分でなかった時代には、個人の、何らかの意味で暴力を伴う違法な行為によって損害を生じた者に、その賠償請求を認めるものであった。侵害の対象としては身体や有形の財産が主要なものであった。しかし、経済・文化の発展とともに保護されるべき利益は、精神的なものないし人格権的なものに拡大され、侵害の態様も行動的・一時的なものから状態的・継続的なものにまで多様化し、社会活動の単位が個人から集団ないしは企業体に移るとともに、侵害の主体ないし賠償責任の主体も集団的ないし複雑な形態をとるようになった。当然のことながら、不法行為理論もこれらの変化・発展に対応して発展する。以下、おおむね民法施行の時期を起点として、現在に至るまでのこの社会生活の変化と不法行為法の発展の跡を概観してみよう。

(1) 保護されるべき利益の拡大

(ア) 社会生活の実態　　不法行為の出発点が、法の保護する権利が侵害されたことにあるとしても、何が保護されるべき権利であるかは、時代によって変遷し、次第に拡張されてきた。いつの時代にも人の身体や生命を侵害から守ることが法の重要な機能であることに変わりはない。生命侵害に対して近親者の親族権の侵害という概念が生まれ、また、不動産や動産の有形の財産権が、侵害から保護されてきた。そのうちやがて個人の肉体的・精神的自由や名誉や、いわゆるプライバシーなどが、人格権ないし人格的利益として保護されるべき対象として登場する。したがって、これらに随伴する精神的な利益も保護の対象とされることになる。これには、一方で個人の尊重、人格の尊厳などの風潮の高まりと、他方で情報化社会におけるマスメディアの飛躍的な発達がその背景をなしている。他方、財産としては発明・著作などの無体の価値、さらには商号・商標・老舗などまでが保護の対象として登場する。そして最近では人が社会人として活動し、あるいは人間らしい生活を営むという利益は、その侵害の態様との相関関係において、すべて保護されるべき利益であり、その侵害に対して救済が与えられるべきであると考えられ、主張されるに至っている。たとえば、清純な水や空気、日照、静かな環境を享受することなどである。美しい眺めさえも保護されるべき利益として取り上げられている。

(イ) 法の発展

(a) 権利侵害論　　平成16年の改正前の民法709条は、「故意又ハ過失ニ因リテ他人ノ権利ヲ侵害シタル者ハ之ニ因リテ生シタル損害ヲ賠償スル責ニ任ス」と定めていた。これを文字どおりに読めば、侵害された利益が何々権として認められていることを要する。しか

し、判例・学説は次第に権利の観念を広く解釈し、結局、違法な行為であればよいという理論を確立した。個人の自由を保障することを第1の理想とした時代には、単に客観的な規範に違反するだけでなく、その規範によって認められている被害者の主観的な権利の侵害を要件とするという理論が適当であったかもしれないが、個人の自由と公共の福祉との調和を図るべき現代の民法においては、狭すぎるからである。

　たとえば、商売敵を陥れるために虚偽の風説を流布したとする。もし権利侵害を要件とすれば、これを不法行為とするためには営業権というものの存在を論証しなければならない。そこで学者は、虚偽の風説を流布して他人の業務を妨害することは刑法で犯罪となるから（刑233条）、民法上業務権ないし営業権を認めてもよいとし、その結果この行為は権利侵害となると論じた。しかしこれは全く無用の迂路である。刑法に禁じられるような行為で他人に損害を加えることは違法な加害行為だから賠償せよ、と論じて少しも妨げがあるまい。そうすると、さらに一歩進んで、たとえ刑法で犯罪とされない行為でも公の秩序・善良の風俗に反する行為で損害を加えれば、不法行為となると論じうることになる。

　(b)　**違法性理論**　　判例に現われた解釈論としても、かつて、桃中軒雲右衛門の吹き込んだ浪曲のレコードを勝手に複製模造して売り出すことが、不法行為となるかどうかと争われた事件で、不法行為の成立は否定された。この場合に考えられる権利は著作権だが、著作権は音楽については成立するが浪曲は音楽ではないから、雲右衛門は著作権を有しない、したがって何らの権利侵害がないというのであった（大刑判大正3・7・4刑録20輯1360頁。当時の著作権法では、演奏のような実演は保護されていなかった）。音楽理論に拘泥して

浪曲の上の著作権を否定した理論にも承服できないが、それよりも、権利侵害のない以上このような不正な行為も不法行為にならない、という根本理論が反省されねばならない。ところが、それから10年を経ないうちに、借家人が刻苦経営した大学湯という湯屋の暖簾を、賃貸借終了の後に、家主が勝手に他人に賃貸して利益を得ていることが不法行為となるか、という事件が問題になったときには、判例は、湯屋の営業権ないし老舗権というものが、法律によって権利として認められているかどうかは特に詮議するまでもなく、その侵害行為が現代の法律の理想からみて許されない違法なものであれば不法行為となる、という趣旨の理論に立って不法行為が成立しうるとした（大判大正14・11・28民集4巻670頁―大学湯事件・基本判例283参照）。この判決が不法行為の要件としての権利侵害に関して、このような理論を明らかにしたことは、雲右衛門の浪曲（浪花節）事件と対比して、判例理論の著しい進歩を認めねばならない。

　こうした推移を経て、平成16年の民法改正においては、他人の権利または「法律上保護される利益」を侵害した場合に不法行為が成立することを明文化した（709条）。

　(c)　相関関係論　このような理論は典型的な自由競争の場にも適用される。同種の商品を扱う商人は互いに相手方の競争から保護されるべき権利をもつわけではない。しかし、競争相手が自分の商品と混同誤認を生ずるようなことをしたり、原産地を偽ったりして、そのために損害を被った場合には、これを不法行為と認めることはそれほど困難ではあるまい。しかし、その後、この点が不正競争防止法（昭和9年）によって明言され（この法律は、工業所有権の保護に関するパリ条約の批准による条約上の義務を果たすために制定されたわずか6ヶ条からなるものであるが、他人の氏名、商号、商標等と同一

または類似のものを使用して他人の商品との混同を生じさせる行為をした者や商品の原産地を誤認させる行為をした者に損害賠償責任を負わせている)、個人主義民法の中核である商業上の自由競争について、社会の協同生存の理想からする一般的限界が設けられたことは、「権利侵害から違法性へ」という不法行為の保護法益を拡大する民法の解釈と軌を一にするものであり、重要な意義をもつ(この法律は、その後、平成5年の全面改正を含めて多くの改正を経て、規律の強化が図られている)。そして、戦後の立法にかかる国家賠償法(昭和22年)は、不法行為の要件として、「違法に他人に損害を加え」るという観念を、真正面から認めるに至っている(同法1条1項参照)。このようにして、「権利侵害」とは違法な行為であるという理論が確立すると、その「違法」の判定は、一方で侵害される利益が法律上どのような保護を与えられているものかを吟味し、他方で侵害行為がいかなる社会規範にどのように反するかを検討し、両者の相関関係において決すべきであると考えられようになる(なお債181(1)参照)。

(2)　侵害行為＝損害発生の態様の多様化

(ア)　社会生活の実態と思想の変化　　保護されるべき利益が侵害されて損害が発生する態様も、社会生活の変化に応じて多種多様になる。近代以前には、その社会の内部において、救済が問題となる意味において侵害行為と認められたのは、原則として個人の直接でかつ積極的な行為であった。そして侵害者の主観のいかんを問わずいわゆる厳格責任が問われた。しかし、市民社会が成立し、自由な所有権と自由な取引が社会構成の基本原理となり、人の活動の領域が拡大され、また複雑になると、損害が人の間接的あるいは消極的な行為によって生じた場合にも、生じた損害の塡補が要請されるこ

とになる――つまりこれを侵害行為と認めるようになる。このように人の社会的活動から、損害が波及する範囲が広がってみると、人の社会的活動の自由に対する要請とも相まって、賠償責任に対する何らかの制約が加えられる。そこから責任の根拠は、損害に原因を与えたすべての行為ではなく、損害に原因を与えた者に責められるべき過失がある場合に限るという主張が登場する。これは、過失がなければ、たとえ他人に損害が及んでも行為者に責任はないことを意味し、自由主義体制の要請とも合致したため、広く資本主義諸国の法制度によって採用されるところとなった。たとえば、一定の構成要件を満たした場合にのみ不法行為の成立を認めていたイギリス法において、救済は次第に類似の要件を満たした場合に拡張され、今や学説は過怠（negligence）をもって不法行為の大半を統一的に体系づけようとする段階にきているのはその適例である。

　しかし、社会生活の実態はさらに前進する。機械化の拡大、化学産業の発展、生活環境の都市化、消費物資の大量生産と既製品化などから、ほとんど必然的に災害が発生する。たとえば、交通事故や労働災害などの事故が毎年必ず相当量発生する。また、危険を包蔵する施設からは類型的な損害が周辺に及ぶ。人の主観的な注意だけをもってしては、これを防ぐことができない。だれかがその犠牲者になることはある意味で不可避である。また、1つの工場から排出するガスまたは汚水では格別の災害を招かないが、いくつかの工場のそれが競合すると、周辺の人畜や農作物に損害を及ぼすいわゆる公害という現象が頻発するようになる。さらに立場を変えて一般の大衆からみると、ほとんどすべての商品が他人、特に大量生産をする企業の供給に負っていて、自分でその安全性を検討する可能性がほとんどないまま、生産者ないしは供給者を信頼して消費する状態

が成り立っている。ところが、この信頼に違背してこれらの製品に欠陥があり、消費者が損害を被る事件があとを絶たない。企業活動が複雑化し巨大化した現在、このような瑕疵のある物を通して、第三者に損害が及んだ場合に、その被害者が加害者側のどの過程のだれに過失があったかを立証することはほとんど不可能である。瑕疵は過失が客体化したものとみて、それを流通過程に入れた者の責任を認めるべきであろう。事情によっては、むしろ過失の有無にかかわらず被害者の救済が要請される場合がきわめて多くなっているのである。後述の製造物責任（債191(6)参照）がその一例である。

(ｲ)　法の発展

(a)　民法　　市民社会成立とやや時を同じくして制定された民法は、不法行為成立の一般的な要件として故意・過失を掲げている。すなわち、刑事責任と異なり、過失で十分であるという意味において過失責任主義の原則をとっている。しかし資本主義の発達とともにこの原則でカバーしきれない領域が広がっていることは上述のとおりである。

もっとも、民法は709条のほかに特殊の不法行為とされる5つの特別な制度を定める。そのうちの4つのもの、すなわち責任無能力者を監督する義務者等の責任（714条）、他人を使用する者等の責任（715条）、土地の工作物等を占有および所有する者の責任（717条）、および動物を占有する者等の責任（718条）は、いずれも故意・過失の要件を多少緩和するものである。ことに土地の工作物の所有者の責任は一種の無過失責任である。したがって、これらの規定を適当に拡張して解釈すれば、わが民法の理論としても、一律の過失責任主義から生ずる不当な結果をある程度まで緩和することができる。すなわち、大企業に雇われる者の不法行為については715条を解釈

することによって企業者の責任をかなり広く認め、また物的施設を有する企業者の責任は717条を拡張解釈することによってかなり重く認めることができるであろう。判例も学説もこの方向に動いてきたことは後に詳しく述べるとおりである。

　(b)　特別立法　　今日、社会生活のあらゆる部面で起きる事故（たとえば交通事故）や災害（たとえば労働災害や公害など）による損害を、それに原因を与える者の間に公平に配分すること、とりわけそこから利益を得ている者に負担させることは、民法の解釈のみではほとんど不可能である。そこである種の事故や災害については、無過失責任論が唱えられ、種々の特別立法が行われるに至る。すなわち、まず企業活動から、企業の内部で働く労働者が被る損害については、いわゆる労働災害補償の名において、労働基準法その他の特別法によって企業者の無過失責任が認められていることはすでに雇用に関連して述べた。ことにこの損害については、さらに、強制的な社会保険（労働者災害補償保険法（昭和22年））によって、損害の塡補が行われていることは注目すべき現象である。また、企業から外部に及ぼす損害のうち、鉱害に関しては先に昭和14年の旧鉱業法の改正によって鉱害賠償責任が明定され、新法に受け継がれている（鉱業109条以下）。さらに自動車の運行によって他人の生命・身体を害した者は絶対責任に近い責任を負わされる（自動車損害賠償保障法（昭和30年）３条参照）。また原子力を利用する発電事業などを行う者についても無過失責任が認められた（原子力損害の賠償に関する法律（昭和36年）３条）。

　これらの制度はまだ十分とはいえないのではあるが、しかし、理論としてすでに個人本位の不法行為理論がこの一角から崩壊しつつあることを見逃すことはできない。ことに企業から生ずる損害の賠

償について、強制的な保険制度が利用されて損害の分担が行われていることも注目すべきことである。すなわち労働者災害補償保険法のことは前述した（債139(2)(イ)参照）。自動車はこれについて賠償責任保険契約が締結されているものでなければ運行の用に供してはならない（自賠5条）。原子力事業所も同様の措置を講ずることを義務づけられている（原賠6条・7条・7条の2）。その後、産業廃棄物による公害が社会問題になるに及んで公害対策基本法（昭和42年。現在の環境基本法）、大気汚染防止法（昭和43年）、水質汚濁防止法（昭和45年）などの公害立法が相次いで行われ、事業者の無過失責任を認めるとともに（大気汚染25条以下、水質汚濁19条以下）、他方、直接に被害者の損害を塡補するための基金として事業者から汚染負荷量賦課金を徴収する等の措置が講じられている（公害健康被害補償法（昭和48年）。なお、この法律は昭和62年に名称が変更され、現在は、公害健康被害の補償等に関する法律となっている）。さらに製造物の欠陥から生じた損害についても、平成6年に製造者の無過失責任を認める製造物責任法（いわゆるPL法）が制定された。これについては後に述べる（債191(6)参照）。

(3)　**侵害の主体としての企業の登場**　犯罪と十分に分化しなかった時代の不法行為の責任者は自然人である個人が原則であったが、社会活動の単位として法人が登場するに及んで、法人もまたその機関がその職務を行うにつき行った不法行為につき責任を負うものとされる（一般法人78条・197条、総62(1)参照）。ところで、一定の目的を遂行するために人的組織と物的施設をもった活動体は、社会的には一個の企業として認定され、それが法人経営であるか個人経営であるかは、その活動から第三者に損害を及ぼす不法行為の関係ではほとんど差異がない。ある企業の活動から他人に賠償されるべき損

害が発生した場合に、その活動の担当者が機関であるか、被用者であるかに関係なく、その企業が責任を負うと考えるのが社会の実態に合っている。

　しかし、民法は両者を区別し、法人の責任の場合には、代表者である機関の行為を法人自体の不法行為とみるのに対し、使用者の責任の場合には、被用者の不法行為に対する責任とみていると解される。近時一部の学者は、むしろ実態に即して、直接に企業の責任とみるべきであると主張している。いわば企業という一種の組織体の内部の故障から損害が発生したことが明らかにされれば、それがどの歯車の故障によるかは重要ではないというのである。この考え方には、先に述べた損害発生の態様の多様化——企業活動のどの段階のだれに過失があったか不明の場合が多いことなど——との関連においても、傾聴すべきものがある。

　⑷　救済手段ないし対応策の発展

　⑺　予防的措置に対する要請　　不法行為によって損害を被った者の救済、つまり不法行為の効果は、原則として金銭による損害の賠償である。しかし、被侵害利益として人格権またはそれに類似する利益が次第に広く認められるようになり、かつその侵害が継続的である場合が多くなった。侵害の継続に対応して将来の損害についてもあらかじめ担保を供させるのも1つの方法（たとえば、空港の騒音に対する賠償）であろうが、その侵害を緩和する措置（防音装置の建設）や、事情によっては差止命令（一定時間の使用禁止）のほうがより適切な救済である場合が少なくない。不法行為に対する救済手段として、原状回復や差止命令が取り上げられるゆえんである。その法理はなお形成途上にあり、今後の研究を必要とする。

　⑷　関連する諸制度の整備　　社会に発生する損害の予防や、被

害者の救済は、被害者・加害者間の私法上の利害調整を目的とする不法行為法のみで処理できるものではない。各種の保険、なかでも社会保険は、必ずしも加害者の責任を前提としていない。たとえば、通勤途上の災害は通常は「業務上」とは認められず、使用者は原則として補償責任を負わないのであるが、労災保険は被害者に保険給付を行う（労災7条1項2号参照）。また自動車事故については、加害者不明の損害についても補償が行われる（自賠72条参照）。さらに、公害関係の諸立法は、一方である種の損害について企業者の無過失責任を認めているが、他方で公害発生の予防に関する措置を事業者に義務づけ、また、ばい煙発生施設等の措置者から汚染負荷量に対応する賦課金を徴収し、これを公害健康被害者の補償に当てるなど、広い行政措置について規定している（環境基1条・6条以下、公害健3条以下・47条・68条等。なお、鉱業117条以下参照）。このように、私法の領域を超える諸制度が、不法行為制度と関連し、相互に補いながら、社会生活における損害発生の予防と被害者の救済に努めていることに注意すべきである。

　(5)　要約　　以上不法行為の変遷を要約すれば、現代社会では、現実の不法行為現象として、古典型不法行為（個人的な故意・過失による財産・身体・生命の侵害、名誉毀損、貞操侵害など）と現代型不法行為（自動車事故、製造物責任、医療過誤、産業公害など）とが入り交って発生しているので、不法行為の要件・効果に関し、古典型不法行為に適合している法理が現代型不法行為には不適合となって、あらためて、過失論（責任論）、違法性論（権利侵害論）、因果関係論、損害論などが再検討され、複雑な理論状況を呈するに至っているということができる。そして、被害者の救済も個人による賠償のみでは適切な処理ができないので、各種の方策が登場するに至って

いるのである。

第2節　一般的不法行為の成立要件

179　故意・過失

　不法行為が成立するためには、第1に、損害が故意・過失ある行為によって加えられることを要する（709条）。

　⑴　故意　　故意という観念は従来しばしば用いられてきたものであるが、不法行為について具体的にいえば、自分の行為が他人に損害を及ぼすことを知って、あえてこれを行う心理状態である。必ずしも損害を加えること自体を目的としなくてもよい。群集の中に自動車をつっ込んで怪我をさせたときに、目的は急いで家に帰りたいのであったとしても、怪我人を出すかもしれないと知ってあえてこれをしたときはやはり故意（未必の故意）はある。工場としては一応正常な操業でも、その産業廃棄物が付近の住民に損害を及ぼす場合、そのことを知りつつあえて操業する行為は、同じく故意といえないこともない。

　⑵　過失　　過失とは、法律上要求される注意を怠ったことである。不法行為の成立要件としては普通人ないしは標準人に要求される注意を怠った過失（抽象的軽過失）でよいと解されている。過失責任の例外としては、失火の場合は失火ノ責任ニ関スル法律（明治32年）によって故意または重過失がなければ責任を負わないと定められている。責任能力のない未成年者の行為による火災につき、未成年者の監督義務者に失火責任法にいう重大な過失がなければ損害賠償責任は生じない（最判平成7・1・24民集49巻1号25頁・基本判例306）。この法律は借家人が失火で借家を焼失させた場合の家主に

対する責任については適用がないと解されている（大連判明治45・3・23民録18輯315頁・基本判例162、大判昭和8・5・16民集12巻1178頁）。

　なお、職業上の不法行為との関連で、標準人とは、それぞれの職業における標準人であることを注意すべきである。たとえば、医師が、医療を行うにあたって標準的な医師として払わなければならない注意を怠った場合は過失である。判例は、医業に従事する者には、その業務の性質に照らし、危険防止のため実験上必要とされる最善の注意義務が要求され、医師が、給血者に対して相当の問診をしても梅毒感染の危険があったことを聞き出すことが不可能であったと断言できないのに、それをしなかったのは過失であるという（最判昭和36・2・16民集15巻2号244頁－梅毒輸血事件・基本判例280）。そして、最善の注意義務の基準は、診療当時の臨床医学の実践における医療水準であり、医療機関の性格、所在地域の医療環境の特性等の諸般の事情を考慮して判断すべきであるとされている（最判平成7・6・9民集49巻6号1499頁－未熟児網膜症姫路日赤事件・基本判例281）。また、医療水準は、平均的医師が現に行っている医療慣行とは必ずしも一致するものではないとし、医薬品の添付文書使用上の注意事項に従わず、それによって医療事故が発生した場合には、これに従わなかったことにつき特段の合理的理由がない限り、医師の過失が推定されるとされている（最判平成8・1・23民集50巻1号1頁）。その他の職業についても同様であって、一般人の注意義務とはその程度を異にする。たとえば、建築士は、建築士法および建築基準法の規定による規制の潜脱を容易にする行為等、その規制の実効性を失わせるような行為をしてはならない法的義務があるものというべきであり、建築士が故意または過失によりこれに違反する行

為をした場合には、その行為により損害を被った建築物の購入者に対し、不法行為に基づく賠償責任を負う（最判平成15・11・14民集57巻10号1561頁）。のみならず、この注意義務は科学や技術の進歩に伴って高度化する（債191⑸⑹⑺参照）。特に医学の分野で目立つ現象である（なお、看護師について、最判平成22・1・26民集64巻1号219頁参照）。もっとも職業人も、職業以外の事項については、一般人と同じ注意義務を負っていることはいうまでもない。

⑶　故意・過失の区別の要否　　ある種の不法行為、たとえば詐欺や強迫は故意を要件とするが、たとえば、財物や身体を傷つけた場合などは一般的に故意と過失の間に差異がない。そこから両者を含めて過失責任主義の原則ということがいわれる。しかし、近時故意・過失は単純な心理状態ではなく、違法性を含む概念であるとする説が主張されている。この考え方によれば故意と過失の間、あるいは過失の態様の異なる場合などに、責任の有無や損害賠償の範囲について差異が認められることになろう。この理論の今後の発展に注意したい。

⑷　立証責任　　故意・過失の立証責任はともに原則として原告（被害者＝損害賠償請求権者）にある。この点債務不履行の場合と異なる（債22⑶参照）。しかし、事件によっては事柄自体から過失が当然に推定される場合（たとえば、権原がないのに他人の所有地に建物を建てたとか、注射をしたら腕が動かなくなった）のあることを注意すべきである。たとえば、予防接種に際して、医師が適切な問診を尽さなかつたため、接種対象者の症状、疾病その他異常な身体的条件および体質的素因を認識することができず、禁忌すべき者の識別判断を誤って、予防接種を実施した場合において、予防接種の異常な副反応により接種対象者が死亡または罹病したときには、担当医

師は接種に際し右結果を予見しえたものであるのに過誤により予見しなかつたものと推定するのが相当であるとしている（最判昭和51・9・30民集30巻8号816頁。なお、前掲最判平成8・1・23参照）。また被害者に相手方の過失を具体的に証明させることが酷である場合（たとえば、工場排水が汚濁されていたことは証明できるが、それが工場のどの部局のだれの過失によって汚濁されたかの立証は、外部者にとっては不可能である）にも過失の推定が認められる。これらの場合の推定は、経験則に基づくものであって事実上の推定といわれる。その結果、事情によっては無過失責任に近くなる場合もあろう。なお特許法は他人の特許権等を侵害した者は過失があったと推定している（同103条）。

180　責任能力

第2に、行為者に責任能力があることを要する。正常な意思活動をする能力のない者は自分の行為によっても責任を負わないという趣旨である。責任無能力には2種類ある。

(1)　未成年者の責任能力　　1は、その行為の責任を弁識する知能を備えない未成年者の行為である（712条）。単に道徳的に悪いということを知るだけでなく、多少法律的な、すなわち損害賠償のような難しい問題となりそうなことを知る知能である。それぞれの場合について、その未成年者の年齢・環境その他の事情から判断すべきである。判例は、たとえば12歳2ヶ月の少年が空気銃で人に怪我をさせたときは、責任無能力と判示した（大判大正6・4・30民録23輯715頁）（この場合は、監督義務者が賠償義務を負う（714条））。しかし、他人に雇用された11歳11ヶ月の少年が自転車のスピードを出しすぎて他人に怪我をさせた場合には責任能力ありと判示している（大判大正4・5・12民録21輯692頁）（この場合は、少年の責任能力を認

めたほうが使用者の責任を問いやすい（715条））。

(2) **責任弁識能力を欠く者の責任**　責任無能力の2は、精神上の障害により自己の行為の責任を弁識する能力を欠く状態にある間の行為である。事理弁識能力を欠く常況にあることは必要でない。その加害行為のときに酩酊その他の事由で事理弁識能力を欠く状態であってもよい。しかし、その一時的なこの状態が故意または過失によって生じたものであれば責任は免れない（713条）。

なお、土地の工作物の瑕疵によって他人に損害が生じた場合の所有者の責任（717条1項）のように、行為と無関係の不法行為については責任能力の問題は起きないと解される。

181　権利侵害ないし加害行為の違法性

(1) **違法性の認定**　民法は不法行為の成立要件の1つとして権利または法律上保護される利益の侵害といっているが（709条）、すでに述べたように、広く違法な行為と解すべきであり、その違法性の認定にあたっては、侵害された利益と侵害行為の態様の両面から考えるべきである。すなわち、侵害された利益が所有権その他の物権のように強い権利と認められたものなら、侵害行為は一般に不法行為となる。しかし、営業上の利益とか老舗というように必ずしもはっきり権利とされていないものなら、特にその侵害行為が不当なものであることを要する。これを侵害行為の側からいえば、それが業務妨害として刑法上犯罪とされるようなものであれば、被侵害利益は営業のように必ずしも権利と認められないものでもよいが、侵害行為自体が正当な競争行為としての商業上のボイコット（たとえば、商売敵の商品を取り扱うなら取引をしないというような場合）などである場合には、被侵害利益は債権では足らず、人格権か所有権のような強い権利の侵害がこれに伴わなければならないと考えられる。

問題なのは、侵害行為が、形のうえでは一応行為者の側の自由ない
し権利の行使に該当し、被侵害利益が広い意味の人格権のようにそ
の限界が明確でない場合である。たとえば、新聞は報道の自由を認
められるが、他人のプライバシーをむやみに侵害してはならない。
しかし、公衆に身をさらして社会的活動をしている者は、どの範囲
でプライバシーの権利を有するかが問題となる。また、たとえば、
土地の所有者はその上に建物を建て、事業を営む権利を有するが、
それが相隣関係に関する民法の規定の予想しない高層であった場合、
行政上の取締法規に違反している場合、または工場から著しい騒音
を出している場合に、隣地の所有者もしくは隣地に居住している者
は、それぞれ日照や電波の妨害その他の侵害を、どの程度まで受忍
しなければならないかが問題となる（最高裁は日照妨害について権利
濫用を（最判昭和47・6・27民集26巻5号1067頁）、騒音については受忍
限度を（最判昭和42・10・31判時499号39頁）理由としている）。しかし
結局は、加害行為の態様と被侵害利益の種類とを相関的に考察し、
法律の理想に照して違法性の有無を決するほかはない（相関関係説）。
不法行為の要件として実際上最も重要なものだから、少し詳細に説
明しよう。

　(2)　**被侵害利益**　　これを財産権と人格権に大別して考えること
ができよう。

　(ア)　**財産権**

　(a)　**物権の侵害**　　財産権のうち所有権その他の物権（占有権に
つき物30(4)参照）はすべての人に対する権利として最も強固なもの
であるから、その侵害は一般に違法性を帯びる（大連判大正7・
5・18民録24輯976頁）。ただし、物権の内容も公共の福祉による制
限に服するものであるから、その制限される範囲においては、外形

上侵害行為があっても違法性を帯びないことになる。普通の社会生活に伴う隣地からの臭気・音響・振動などがその例である。もっとも、これらの侵害（ドイツ法では、Immission と呼ばれている）も、先に言及したように、隣地居住者の受忍限度を超えると違法性を帯びることになる（判例はこの場合の被侵害利益を人格権としてとらえる傾向にあるように思われる）。さらに、物権的請求権に基づく侵害の排除の請求は権利濫用となるため認められないが、不法行為を理由とする損害賠償の請求は是認されることもありうる。電力会社が所有者の承諾をえないで地下にトンネルを作ったような場合がその例である（大判昭和11・7・10民集15巻1481頁・基本判例74。所有者はトンネルの除去は請求しえないが、損害賠償は請求しうる）。違法性は各場合についてその有無を判断すべき相対的な観念であることを示す一例ともいえる。なお、特別法が認める漁業権、鉱業権（鉱業109条以下）などの準物権、著作権（著作112条以下）、特許権（特許100条以下）などのいわゆる無体財産権は対世的財産権であるから、その侵害は一般に違法性を帯びる。ただし、これらの権利の内容およびその侵害者の責任については、それぞれ特別法に規定があることに注意すべきである。

　(b)　債権の侵害　　債権も財産権の一種として第三者からの侵害行為は違法性を帯びる。ただ債権は本来債務者に対して給付を請求する権利であるから、債権が円滑にその目的を達することができない直接の原因が債務者の不誠実にある場合には、はたして債権が侵害されたといえるかどうかが疑問となる。また、債権の存在を認識したうえでその侵害が認められるという意味で、債権侵害には故意が要件となると解されている。債権の本質に関連してすでにひと通り述べたが（債7(1)・18(1)参照）、少し詳しく述べる。

　第1に、債権の帰属自体を侵害する行為——たとえば、無権限の者が受領権者の外観を有する者として有効な弁済を受ける行為（478条参照）——は債権の侵害となることは疑いない。第2に、債権の目的である給付を侵害する行為も、給付の消滅をきたす場合には、——たとえば、給付の目的たる特定物を破壊し、またはなす債務において債務者を拘禁する行為など——債権の侵害となる（大判大正7・10・12民録24輯1954頁・基本判例284）。第3に、債務者の債務不履行に加担して、債権本来の内容の実現を不可能または著しく困難にさせた場合は、どうであろうか。その行為が、犯罪を構成する場合——たとえば、債務者が強制執行を免れるために財産を隠匿するのに加担すること（刑96条の2参照）——、または公序良俗に反する場合——たとえば、相手方の代理人と通謀して相手方に不利な取引をする行為——には、違法性を帯びる（大刑判大正4・3・10刑録21輯279頁・基本判例157参照）。しかし、その行為が第三者の側からみて許された自由競争の範囲内——たとえば、他人が買い受けたがまだ登記していない不動産を登記名義人から譲り受けて登記する行為など（物14(2)(イ)参照）——であれば違法性を帯びない（最判昭和30・5・31民集9巻6号774頁参照）。第三者の側に特別の地位が認められている場合——たとえば労働組合の役員が組合員にストライキその他の債務不履行に当たる争議行為を指令する行為（労組8条参照）——は、このことはさらに明瞭である。

　(イ)　人格権の侵害　　身体・自由・名誉の侵害が違法性を帯び、不法行為となることは民法も間接に認めている（710条）。生命・貞操・氏名（最判昭和63・2・16民集42巻2号27頁・基本判例292）・肖像などその他の人格権の侵害について不法行為の成立を否定するものでないことはいうまでもない（輸血を望まない「エホバの証人」の

信者に説明をしないで輸血をした医師の責任に関する最判平成12・2・29民集54巻2号582頁—エホバ輸血事件・基本判例285参照）。

　(a)　生命の侵害　　生命侵害はそれ自体として違法性を帯びることはもちろんであるが、生命を奪われた者自身に対する不法行為と、その者の父母・配偶者および子という最近親者に対する不法行為とが考えられる。

　(i)　死者自身の逸失利益・慰謝料等　　第1に、前者についてはかつての通説はこれを否定した。被害者はその死亡によって権利主体でなくなるから、自分の死亡による損害賠償請求権の主体となりえず、相続人は被相続人の有した権利だけしか相続しないというものであった。これに対し、学説はその理論構成において分かれているが、結局これを肯定すべきものと主張する。あるいは被相続人と相続人とは法律上同一人格の継続と考えるべきであるとし、あるいは相続人は被害者が負傷の極限概念としての死亡の瞬間までに取得する損害賠償請求権を相続すると構成し（判例の考え方はこれに近い（大判大正15・2・16民集5巻150頁・基本判例326））、あるいは残された親族共同体が家団として家族員の死亡による損害賠償請求権を取得すると説く。

　この損害賠償に被害者が生存していたら得たであろう所得（逸失利益）が含まれることは疑いないが、死亡者自身の慰謝料請求権が含まれるかについてさらに説が分かれる。通説はこれを肯定するが、判例は古くから、慰謝料請求権は性質上一身専属であるから、被害者が請求の意思を表示して金銭の支払を目的とする債権にならない限り、相続されないとしていた。しかし、交通事故などで死亡した被害者が死亡の前に慰謝料請求の意思を表示できるかどうかは全く偶然のことであり、そのいかんによって損害賠償の構成や額に大き

な違いが生ずることは妥当でない。そこで判例は「残念々々」などといった被害者の言葉を慰謝料請求の意思の表明とみることなどによって相続の肯定につとめてきたが、ついに説を改め、通説（当然相続説）を容認するに至った（最大判昭和42・11・1民集21巻9号2249頁・基本判例339、相13⑵参照）。なお、意思表示の有無にかかわりなく、慰謝料請求権の相続は否定し、つぎに述べる近親者の慰謝料請求権（711条）によるべきであるという説も有力になってきている。

　(ii)　近親者の慰謝料請求権　　第2に、被害者の父母・配偶者・子に対する不法行為について、民法はこれを明定している（711条）。加害者はこれに対して財産的ならびに精神的損害を賠償しなければならない。学説および判例はこれを親族権の侵害と解している。この見地からみて711条の解釈に関連して2つの問題がある。その1つは、内縁の妻や未認知の子、さらに同条所定以外の祖父母・兄弟などの近親者は、損害賠償の請求ができないかである。慰謝料については同条所定の者に限るとする説もあるが、同条を類推適用すべきであろう（被害者の夫の妹につき最判昭和49・12・17民集28巻10号2040頁・基本判例341）。なお、被害者の収入で生活していた協同生活体ないし世帯の構成員たちが、その実際上の扶助を受ける利益（民法上の扶養請求権ではない）を侵害されたことを理由として、財産的損害の賠償を請求できる場合もありうると解すべきである。その2つは、死亡に至らない重傷の場合に同条を類推し、または709条・710条により慰謝料の請求ができるかである。判例・学説は被害者の死亡の場合に等しい精神的苦痛を受けた近親者についてこれを肯定する（最判昭和33・8・5民集12巻12号1901頁・基本判例340）。

　(b)　身体の侵害　　身体傷害は、不法行為の原始的形態であり、

違法性を帯びることはいうまでもない。健康を害することも含む。身体傷害に伴って、被害者本人に対する回復までの治療費、収入の喪失、精神的苦痛などのほか、さらに身体的精神的障害（後遺症）が残れば、それに由来する将来にわたっての労働能力の喪失ないし収入の喪失と慰謝料が賠償の対象となる。これは損害賠償額の算定の問題であるが（債185(2)参照）、それとは別に、被害者と近親関係その他の関係にある者（間接被害者）に生じた損害について賠償の義務があるかどうかが問題となる。判例は、親の負傷を治療するために出費した子は、加害者に対して自己の名で賠償請求ができるとする（大判昭和12・2・12民集16巻46頁）。しかし他方、子が負傷し事実上親が治療費を負担した場合にも、子は自分の名で賠償請求ができるともいう（大判昭和18・4・9民集22巻255頁）。両者の損害賠償請求は不真正連帯の関係に立つと解される。なお、実質上個人経営の有限会社の取締役の負傷によって会社が被った損害は取締役の受傷と相当因果関係ありとする（最判昭和43・11・15民集22巻12号2614頁・基本判例327）。子の重傷を理由に母が慰謝料を請求できるかについては上述(a)の末尾参照。

　(c)　自由の侵害　　肉体的自由と意思決定に関する精神的自由を含む。前者は逮捕・監禁である必要はなく、通行の妨害でもよく（差止請求を認めた最判昭和39・1・16民集18巻1号1頁、最判平成9・12・18民集51巻10号4241頁・基本判例110）、また暴力によるばかりでなく、物理的または精神的に行動の自由を奪うことでも行われる。後者は詐欺または強迫による侵害がそれに当たる。いわゆる村八分は自由と名誉に対する侵害である（大判大正10・6・28民録27輯1260頁）。

　(d)　貞操の侵害　　貞操も人格権の1つであることはいうまでも

ない。配偶者のある者の意思に反して性的関係を結ぶことは、その者に対する不法行為であると同時にその配偶者に対する不法行為でもある。夫婦の一方と不倫関係を結んだ者は、相手方の配偶者に対しても不法行為者として、損害賠償義務を負う。第2次大戦前において、夫の姦通は妻に対する離婚原因とならず（旧813条5号）、また男子の姦通も処罰の対象となっていない（刑法旧183条）にもかかわらず、民法上夫婦相互間の貞操義務を認めていた（大判大正15・7・20刑集5巻318頁）。最高裁も、夫婦の一方の配偶者と肉体関係を持った第三者は、他方の配偶者の夫または妻としての権利を侵害し、その行為は違法性を帯び、その配偶者の被った精神的苦痛を慰謝すべき義務があるとした（最判昭和54・3・30民集33巻2号303頁・基本判例301。ただし、第三者の行為は、未成年の子に対する不法行為を構成しないとしている）。ただし、このような場合に、第三者が負うのは、不貞行為を理由とする不法行為責任であって、その夫婦を離婚させたことを理由とする不法行為責任を負うのは、第三者が、単に夫婦の一方との間で不貞行為に及ぶにとどまらず、当該夫婦を離婚させることを意図してその婚姻関係に対する不当な干渉をするなどして当該夫婦を離婚のやむなきに至らしめたものと評価すべき特段の事情があるときに限られると解されている（最判平成31・2・19民集73巻2号187頁。判旨は、特段の事情がないとして、離婚に伴う慰謝料請求をしりぞけている）。もっとも、配偶者の一方が第三者と肉体関係をもったとしても、その当時夫婦の婚姻関係が既に破綻していたときは、特段の事情のない限り、この第三者は他方配偶者に対して不法行為責任を負わないとされている（最判平成8・3・26民集50巻4号993頁・基本判例302）。なお、婚姻関係を破綻させた責任者である夫婦の一方は、他方に対して損害賠償の責任あるものと解されていたが、

今日では離婚の際の財産分与請求（768条・771条）で処理するのが実際的であろう（親32(2)参照）。判例は、慰謝料を財産分与の中に含めてもよいし、これを別個に扱ってもよいとしている（最判昭和31・2・21民集10巻2号124頁・基本判例365）。そして実際に財産分与として給付された額が著しく少ない場合には、その中に慰謝料は含まれていないとみて、慰謝料請求権を別個に行使できるとしている。同様の問題は内縁の不当破棄についても生ずるが、判例は、婚姻予約の不履行の理由でも、不法行為の理由でも、損害賠償を求めうるという（最判昭和33・4・11民集12巻5号789頁・基本判例371）。

　(e)　名誉の侵害　　名誉とは、人が社会から受ける客観的評価を意味し、人が自分について有する主観的評価（名誉感情）は含まない（最判昭和45・12・18民集24巻13号2151頁・基本判例286）。名誉は、個人ばかりでなく、法人その他の団体もこれを有する（最判昭和39・1・28民集18巻1号136頁・基本判例287）。したがって、団体の名誉が侵害された場合には団体が損害賠償または名誉回復のための適当な処分を求めることができる（723条）。適当な処分として、加害者に謝罪広告を命ずる判決が行われており、それが良心の自由を害しないかどうかが問題とされるが、最高裁判所は合憲としている（最大判昭和31・7・4民集10巻7号785頁・基本判例291。債184(2)参照）。事情によっては、団体の構成員の名誉も同時に侵害されたと認められる。なお、名誉侵害には営業上の技術や信用に対する誹謗をも含む。

　はたして名誉が侵害されたかどうかの判断は、きわめて微妙である。被害者がはたして保護されるべき名誉を保有していたかどうかが問題であり、文芸作品とモデルの問題、いわゆる国民の知る権利を背景とする事実の報道や表現の自由ないし、公正な論評との関係

などがこれに加わると、さらに複雑である。結局は侵害の態様との相関において健全な良識によって総合的に判定するほかはない。マスメディアといえどもその特権を濫用することは許されない。

　なお、インターネット上のウェブサイトに掲載された記事についても、新聞記事と同じように、名誉毀損が成立しうることを認めた判決もみられる（最判平成24・3・23判時2147号61頁）。

　名誉毀損は、人の客観的な社会的評価を低下させる行為であるが、新聞記事による名誉毀損は、新聞が発行され、読者がこれを閲読しうる状態になった時点で、本人が記事の掲載を知ったかどうかにかかわらず、名誉毀損による損害は発生しているとされる（最判平成9・5・27民集51巻5号2024頁）。

　名誉毀損行為につき違法性が阻却される場合がある。すなわち、当該行為が公共の利害に関する事実に係りもっぱら公益を図る目的に出た場合に、摘示事実が真実であると証明されたときがそうである（最判昭和41・6・23民集20巻5号1118頁・基本判例288。刑230条の2第1項参照）。この事実を行為者が真実と信じるのに相当な理由があるときも同様である。判例は、通信社の配信記事をそのまま掲載した新聞社にその内容を信ずるについて相当の理由があるとはいえないとしている（最判平成14・1・29民集56巻1号185頁、最判平成14・3・8判時1785号38頁。これらの判決の事案は、いずれもロス疑惑事件の当事者が通信社の配信記事を掲載した新聞社に対して損害賠償を請求したものである）。他方で、通信社と新聞社が、記事の取材、作成、配信という一連の過程において、報道主体としての一体性を有すると評価することができるときには、通信社を取材機関として利用、取材を代行させたものとして、通信社が配信記事に摘示された事実を真実と信ずるについて相当の理由がある場合には、新聞社が新聞

に掲載した記事に摘示された事実を真実と信ずるについて相当の理由があるとしている（最判平成23・4・28民集65巻3号1499頁）。

　なお、意見ないし論評の名誉毀損についても、その行為が公共の利害に関する事実にかかり、かつ、その目的が専ら公益を図ることにあった場合に、意見ないし論評の前提としている事実が重要な部分について真実であることの証明があったときには、人身攻撃に及ぶなど意見ないし論評としての域を逸脱したものでない限り、その行為は違法性を欠くとものというべきであり、真実の証明がないときにも、行為者においてその事実を真実と信ずるについて相当の理由があれば、故意または過失は否定される（最判平成9・9・9民集51巻8号3804頁）。

　名誉毀損の効果としては、損害賠償、前述した適当な処分のほか、名誉侵害行為の差止請求も認められる（最大判昭和61・6・11民集40巻4号872頁－北方ジャーナル事件・基本判例289、小説の出版等の差止めに関する最判平成14・9・24判時1802号60頁・基本判例290ほか）。

　（f）　プライバシーの侵害　　プライバシーとは、人々の私事が公開されないという利益をいう。それは、かつては人々が私事について公開されたくない自由であると定義されていたが、今日では、人が自己の情報を自ら管理する権利を有するという意味での一種の管理権であるとみられている。今日、マスコミやコンピュータの発達により、人々のプライバシーが害される可能性が多い。とりわけ財産取引に関しても個人信用情報の公開が問題となる。このような個人信用情報は厳格に管理される必要がある。プライバシーが侵害された場合の効果は、名誉の場合とほぼ同様であり、損害賠償、原状回復、差止請求が問題となる。

　プライバシーは、アメリカの判例法で発展したものだが、わが国

でも、三島由紀夫氏の「宴のあと」という小説、映画「エロス＋虐殺」におけるそれぞれモデルとみられる人のプライバシーの侵害の有無が下級裁判所で争われた。

　最高裁判所では、京都市のある区が、労働事件における使用者側の弁護士からの照会に応じて、ある人の犯罪歴につき詳細な回答をし、会社側がこれを公開した場合に、区には公権力の違法な行使があったとした事例がある（最判昭和56・4・14民集35巻3号620頁）。判決自身は、プライバシーという言葉は使っていないが、プライバシーの侵害があったという補足意見が述べられた。その後、最高裁はプライバシー概念を承認し、その侵害に基づく小説の出版等の差止めを認めた（前掲最判平成14・9・24）。また大学主催の講演会に参加を申し込んだ学生の氏名、住所等を大学が無断で警察に開示した行為はプライバシーの侵害になるとした（最判平成15・9・12民集57巻8号973頁－早稲田大学講演会事件）。また、インターネット上のウェブサイトの検索事業者が、ある者に関する条件による検索の求めに応じ、その者のプライバシーに属する事実を含む記事等が掲載されたウェブサイトのURL等情報を検索結果の一部として提供する行為が違法となるか否かは、当該事実の性質および内容、当該URL等情報が提供されることによってその者のプライバシーに属する事実が伝達される範囲とその者が被る具体的被害の程度、その者の社会的地位や影響力、前記記事等の目的や意義、前記記事等が掲載された時の社会的状況とその後の変化、前記記事等において当該事実を記載する必要性など、当該事実を公表されない法的利益と当該URL等情報を検索結果として提供する理由に関する諸事情を比較衡量して判断すべきもので、その結果、当該事実を公表されない法的利益が優越することが明らかな場合には、検索事業者に対し、

当該 URL 等情報を検索結果から削除することを求めることができ
るものとしている（最決平成29・1・31民集71巻 1 号63頁。ただし、プ
ライバシーに属する事実が公表されない法的利益が優越するとはいえな
いとして、削除請求を否定している）。また、少年保護事件を題材と
して家庭裁判所調査官が執筆した論文を雑誌および書籍において公
表した行為について、その事実が公表されない法的利益と公表する
利益とを比較衡量し、事実を公表したことがプライバシーの侵害と
して不法行為法上違法になるとはいえないとして、不法行為の成立
を否定した判決がみられる（最判令和 2・10・9 民集74巻 7 号1807頁）。
なお、社会的に公の活動をしている人については、プライバシーの
保護の範囲が限定される。

　平成11年には、情報公開法（行政機関の保有する情報の公開に関す
る法律、法42号）が制定されたが、反面、個人情報を保護するため
に、平成15年には、高度情報通信社会の進展から個人の権利を保護
するための個人情報保護に関する法制度が整備された。まず基本と
なる法律は、個人情報の保護に関する法律（平成15年法57号）であ
る。同法は、個人情報保護に関する基本法的部分と民間部門におけ
る個人情報保護法の部分からなっている。そして、公的部門におけ
る個人情報保護については、行政機関の保有する個人情報の保護に
関する法律（平成15年法58号）、独立行政法人等の保有する個人情報
の保護に関する法律（平成15年法59号）および地方公共団体の定め
る個人情報保護条例によって規律されている。

　(g)　その他の人格権の侵害　　肖像権につき、何人もその容ぼう
等を撮影されない自由を有するとした判例がある（最大判昭和44・
12・24刑集23巻12号1625頁）。氏名について有する利益としての氏名
権については、テレビのニュースで在日韓国人の氏名を日本語読み

したのは違法ではないとした判例がある（前掲最判昭和63・2・16）。さらに、氏名、肖像等が商品の販売等を促進する顧客吸引力を有する場合に、その顧客吸引力を排他的に利用する権利（いわゆるパブリシティ権）を侵害することも不法行為法上違法になるとされている（最判平成24・2・2民集66巻2号89頁－ピンク・レディ事件・基本判例293。ただし、具体的な事案については、歌手の写真を雑誌に掲載したことが違法であるということはできないとしている）。また、高層マンションの建設をめぐる紛争において、良好な景観を享受する権利も法律上保護に値するものとして、不法行為の成立する可能性を認めた判決もみられる（最判平成18・3・30民集60巻3号948頁－国立景観訴訟事件・基本判例294。ただし、具体的な事案については、景観利益を違法に侵害する行為に当たらないとしている）。もっとも、このような利益を個人的な利益である人格権として位置づけることには問題がないわけではない（判旨には、公共的な利益の要素があると理解する見解もある）。

(3)　**侵害行為の態様**　　その違法性が強ければ、これによって侵害される利益の権利としての性格が弱くてもなお不法行為として損害賠償の義務が認められる。

(ア)　**刑罰法規違反行為**　　刑罰法規違反の行為が最も強く違法性を帯びる。たとえば、虚偽の風説を流布して人の信用を毀損する行為は、刑法上犯罪を構成するから（刑233条）、その行為は不法行為となる。したがってその際、被侵害法益である信用が権利であるかどうかはしいて問題にする必要はない。

(イ)　**取締法規違反行為**　　取締法規違反の行為も、その法規が他人の保護を目的とするものであれば、不法行為の成立要件としての違法性を帯びる。たとえば、取締役が目論見書や、財産目録・貸借

対照表または付属明細書などに虚偽の記載をした場合には、過料に処せられるが（会社976条参照）、そのために会社を信用してこれと取引をした者が損害を被った場合などがそれである。なお、会社法には、このことを明らかにする規定がある（会社429条）。

　(ウ)　公序良俗違反行為　　特に法律上の規定がなくても、公序良俗違反の行為も違法性を帯びることがある。浪曲のレコードについて前述した判例のとおりである。なお、競争入札にあたって入札者間でなされる談合は、昭和16年以来犯罪を構成するとされたが（刑96条の6）、このような立法がなくても、社会の倫理観念に背くものとして不法行為を成立させることがあろう。

　(エ)　権利濫用行為　　権利の行使もそれが濫用にわたれば違法性を帯びることがある。個人本位・権利本位に終始した法思想のもとでは「権利を行使する者は悪をなさず」とされ、権利の行使は常に違法性を欠くと考えられたが、現在の法思想においては、権利も公共の福祉に従うべきものであり、これを逸脱するときは、権利の濫用としてもはや是認されないものとなる（1条3項）。このことは民法の全領域にわたって近年の学説・判例の築き上げてきた理論である。かつて鉄道院が、駅構内の操車線路敷設にあたって適当な注意を払わなかったために、信玄公旗掛けの松という由緒ある老樹を煤煙で枯死させた事件において、かくべつ多額の費用をかけなくても、また運転計画に大きな支障を生じさせないで避けることができたのに、あえてしなかったのは権利行使の範囲でないとされたことがある（大判大正8・3・3民録25輯356頁－信玄公旗掛松事件・基本判例3）。この法理が昭和23年の民法改正の際に1条3項で明文化されたことはすでに述べたとおりである（序9(3)(ウ)参照）。

　もっとも、権利濫用の主たる効果は法が当該の権利行使に助力し

ないという点にある。それが相手方に対する不法行為を構成するか
どうかは、それによって侵害される利益の性質との関連で慎重に決
定しなければならない。しかし、これに関連しては近時都市化が進
み、高層建築や工場施設などの急激な増加、新幹線・高速道路・空
港などの拡大新設等による日照妨害、騒音、振動・煤煙・臭気など
による生活妨害が続出するに及んで、日照権とか環境権などの保護
が強力に主張されるに至った。これらの権利はなお形成途上にあり、
その内容は必ずしも明確でない。また、土地所有権の効力について
も、公共の福祉の見地からの制約があるが、その限界について必ず
しも国民一般の間に共通の理解が成立しているわけではない。そこ
で一方で、都市計画その他国の強力な政策や、きめこまかい立法に
よる規制を進めるとともに、他方で、裁判や行政措置を通じて近隣
被害者の受忍限度についての国民的合意の形成によって解決を図る
べきであろう。

　(4)　**違法性の阻却**　　侵害行為と被侵害利益とから考えて一応違
法性ありとされる行為も、当該の場合に特にこれを許容すべき特殊
の事由のあるときは違法性がなくなる。これを違法性阻却事由とい
う。

　(ア)　**正当防衛**　　他人の不法行為に対して自分または第三者の権
利または法律上保護される利益を防衛するために、やむを得ずした
加害行為には違法性がない（720条1項本文）。もっとも、この加害
行為は防衛しようとする不法行為者に対する反撃には限らず、第三
者に対する加害でもよい。Aになぐられるのを防ぐためBの庭園を
踏みにじったのでもよい。この点、刑法の正当防衛と異なる（刑36
条）。ただし、この場合BはAに対して損害賠償請求権を取得する
（720条1項ただし書）。

(ｲ)　緊急避難　　他人の物から生ずる急迫の危難を避けるために、やむを得ずその物を損傷する行為には違法性がない（同条２項）。Ａの犬が食いついてきたときやむを得ず打ち殺すような行為である。

(ｳ)　正当行為　　民法には規定がないが、正当な権利の行使が違法性のないことは当然であり、正当なストライキが不法行為を構成しないのは、この理論に基づく（憲28条、労組１条２項・８条参照）。また正当な業務上の行為も同様である。医療行為による患者の身体への侵襲はこれに当たる（刑35条参照）。

(ｴ)　事務管理　　事務管理が違法性を阻却することは前述した（債170⑴参照）。

(ｵ)　被害者の承諾　　被害者の承諾が法令または公序良俗に反しない限り違法性を阻却する。野球の見物人がファウルの球で負傷しても違法ではないのはこの理由で説明される。しかし、危険を承知で工場に雇われたではないか、という抗弁のように、むやみに適用すべきではない。

(ｶ)　その他の違法性阻却事由　　公序良俗によって是認される加害行為は違法性がない。親権のない母親が事実上その子を養育している場合の適当な範囲における懲戒行為（親権者には懲戒権がある（822条））、スポーツ、遊戯（最判昭和37・2・27民集16巻2号407頁－鬼ごっこ事件・基本判例297）による加害行為などはその適例である。

(ｷ)　行政上の許可等がある場合　　行政上の特許ないし許可は私法上の違法性を当然に阻却するものではないことを注意すべきである。許可が申請者の申請に基づいて比較的軽易に与えられる場合（たとえば、仮差押え・仮処分など）、許可が一般的であって申請者の責任において執行すべき範囲が広い場合（たとえば、鉱業権者の施業案に対する監督官庁の認可など）には、そこから生ずる第三者への加

害の違法性は阻却されない。

(5)　**立証責任**　　加害行為が違法であることは被害者が証明しなければならない。権利の侵害があるか、行為の態様が公序良俗に反するかなどの価値判断は裁判所がするが、その判断の資料となる事実は被害者が証明すべきである。違法性阻却の事由の立証責任は加害者にある。

182　損害の発生

損害の発生が不法行為成立の要件であることはいうまでもない（709条）。財産的損害に限らないこと、つまり精神的損害を含むことは民法も明言する（710条）。積極的損害と消極的損害を含むこともちろんである。いずれも債務不履行について述べたと同様である（債26⑴参照）。損害の発生は原則として被害者が証明しなければならないが、物の損傷、身体の傷害などの場合は、それ自体が損害であり、その事実が証明されれば、損害の金銭による算定だけが問題として残る。生命侵害に対する近親者（711条参照）の精神的損害もその一例である。なお、わが民法上は、賠償額は現実に発生した損害の額に限られる。イギリス法が認める名目的損害賠償額（たとえば、被告が許可なく原告の土地に入った場合に認められる）は認められない。またアメリカで実際の損害額の２倍ないし３倍の賠償を認める懲罰的損害賠償額も日本では認められない（懲罰的損害賠償を命じた外国判決について執行判決はできないとする最判平成９・７・11民集51巻６号2573頁がある）。

183　因果関係

加害者の故意・過失のある違法な行為と、被害者に生じた損害との間に「あれがなければこれもない」という事実上の因果関係がなければ、不法行為は成立しない（身分関係に関する最判昭和54・3・

30民集33巻2号303頁・基本判例301）。そしてそのことは原告、すなわち被害者が証明しなければならない。普通の場合には、この因果関係は割合に明瞭で、証明は比較的容易である。人を段って怪我をさせた例などがそれである。また、A工場の排水だけでは損害は生じないがB工場の排水と合流して損害が生じたことが証明される場合には、A・Bともに原因を与えたと認められることにも問題はない。A・Bともに賠償の責任があるかどうかは別問題である（債191(5)参照）。

　しかし、損害が性質の異なる複数の原因によって生じた場合、たとえばこの段打の例で被害者が病院に運ばれ、医師が手術のために注射したらショックで死亡したような場合に、最初の加害が死亡という損害の原因と認められるかどうかはかなりむずかしい問題である。また、損害が加害行為ないしは損害発生の原因と思われる物に特有な性質のものでないとき、たとえば、ある工場から一定量の有毒物質を河川に放流した事実があるが、その河川に農薬が流れ込んだ可能性もあり、その流水を利用する者に生じた健康障害が、前者に特有のものでない（農薬からも生じうる）とき、はたして工場排水から健康障害が生じたといいうるかどうか疑問であろう。さらに遡れば、ある病気（たとえばスモン病）の原因がなんらかの新薬（たとえばキノホルム）の服用によるものかどうかを、科学的に証明することがきわめて困難な場合も起こる（キノホルムとスモン病の因果関係は、医学者の長期にわたる論争の末、結局、肯定された）。そのような場合には多数の事例の検討から原因を推定する、いわゆる疫学的方法によって因果関係を認定すること（津地四日市支判昭和47・7・24判時672号30頁）、あるいは統計上因果関係を認定すること（最判昭和44・2・6民集23巻2号195頁）も行われる。

　思うに、不法行為は、自然界に生じた事実の因果の連鎖を明らかにすること自体を目的とするものではなく、結局は、公平の観念に従って損害の分担を決定する制度である。「当該の違法行為がなかったらその結果は生じなかった」という関係の厳密な証明や自然科学的証明を被害者に要求することは酷な場合が少なくない。最高裁も、医療過誤の事例で、被害者の明らかにした事実を総合検定し、特定の事実が特定の結果を招来した関係を是認しうる高度の蓋然性の証明が認められる場合には、法律上の因果関係ありと判断してよいとする（最判昭和50・10・24民集29巻9号1417頁－ルンバール事件・基本判例298。債191⑺⑷(e)参照）。また、工場排水から地域住民に健康障害が生じた公害の事例では、裁判所はつぎのような判断を下している。──①被害疾患の特性とその原因物質、②原因物質が被害者に到達する経絡、の2点について「状況証拠の積み重ねにより、関係諸科学との関連においても矛盾なく説明ができれば、法的因果関係の面ではその証明があったものと解すべきであり」「汚染源の追求がいわば企業の門前にまで到達した」ら、③加害企業における原因物質の排出（生成・排出に至るまでのメカニズム）については、「むしろ企業側において、自己の工場が汚染源になり得ない所以を説明しない限り、その存在を事実上推認され、その結果すべての法的因果関係が立証されたものと解すべきである」（新潟地判昭和46・9・29下民集22巻9・10号別冊1頁－新潟水俣病事件・基本判例300）。

第3節　不法行為の効果

184　損害賠償の方法

　不法行為の効果は、加害者が被害者に対して損害を賠償する義務

を負うことである（709条）。

　(1)　金銭賠償の原則　　不法行為による損害を賠償する方法には、可能な限り原状を回復する主義と金銭に評価して賠償する主義とがあるが、民法は債務不履行による損害賠償と同じく、金銭賠償の原則を採用した（722条1項による417条の準用による。債26(3)(ア)参照）。思うに、債務不履行の場合には債務の本旨に従った履行の請求権が認められていて、それが債務者の責めに帰すべき事由により遅滞し、もしくは不能になるか、履行はされたが不完全であるか、もしくは契約が解除されて債務が消滅した場合などに、はじめて損害賠償が問題となるので、金銭賠償の原則によるのが妥当である。不法行為の場合にもドイツ民法のように原状回復を原則とし、それが不能な場合にはじめて金銭賠償によるのを原則とすることも考えられる。民法が不法行為について金銭賠償を原則としたのは、たとえば、他人の土地に家を建て、もしくは他人の物を持ち去ったような場合には、原状回復は物権的請求権によって実現できるので、目的物を損傷もしくは滅失した損害や、妨害のあった期間権利者の使用を不能にした損害——原状回復は不能である——を不法行為法によって塡補すればよいと考えたものであろうか。そうだとすれば、722条1項を厳格に読む限り債権や人格権に基づいて妨害の排除請求が認められる関係は、不法行為法の領域外の問題ということになりそうである。しかし、後に述べるように民法自体、名誉の侵害について例外を認めているのであるから、原状回復に不法行為上の損害賠償としての地位ないし機能を認めるのが妥当であろう。たとえば、加害者が実行した原状回復（損傷した物の修復）は、それが妥当である限り損害賠償として認めるとか、騒音を発生する工場の建設者に対する被害者の防音壁の設置の請求を認める（一種の原状回復である）

などがそれである。もっとも、その取扱いは当事者の公平を考慮するなど慎重に決すべきである。

(2) 例外としての原状回復　　現行法上例外として原状回復を認めている場合がある。民法は名誉毀損においては、裁判所は被害者の請求により、損害賠償に代えまたは損害賠償とともに、名誉を回復するに適当な処分を命ずることができる（723条）。新聞紙上に謝罪広告を出すなどがその例である（最大判昭和31・7・4民集10巻7号785頁・基本判例291）。謝罪広告が良心の自由などを侵害するかが争われたが、名誉毀損行為が事実に反しまたは不当であることを表明するものであり、合憲であるとする。不正競争防止法にも同じ趣旨の規定がある（不正競争7条）。また、鉱害についても、金銭賠償を原則とはするが、賠償金額に比して著しく多額の費用を要しないで原状の回復をすることができるときは、被害者の請求または裁判所の判断によって原状の回復を命ずる途を設けている（鉱業111条3項）。

(3) 定期金賠償　　不法行為に基づく損害の金銭による賠償は、加害者が損害の全部の価額を一括して被害者に支払う一時金賠償の形式で行われる。損害の価額を分割して定期的に支払う定期金賠償の形式も考えられるが、実務では、ほとんどの場合一時金賠償である。被害者が一時金賠償を求めているときに、裁判所が定期金賠償を命ずることできないとした判決もみられる（最判昭和62・2・6判時1232号100頁）。しかし、学説では、定期金賠償を認めるべきとする見解もみられる。下級審裁判例にも定期金賠償を認めたものが散見される。そして、最高裁は、交通事故の被害者が事故に起因する後遺障害による逸失利益について定期金による賠償を求めている場合において、不法行為損害賠償制度の目的および理念に照らして相

当と認められるときは、定期金による賠償の対象となるものと解されるとするに至った（最判令和2・7・9民集74巻4号1204頁）。判旨によれば、その目的は、「被害者に生じた現実の損害を金銭的に評価し、加害者にこれを賠償させることにより、被害者が被った不利益を補填して、不法行為がなかったときの状態に回復させること」であり、その理念は、「損害の公平な分担を図ること」であるとしたうえで、「交通事故に起因する後遺障害による逸失利益という損害につき、将来において取得すべき利益の喪失が現実化する都度これに対応する時期にその利益に対応する定期金の支払をさせるとともに、上記かい離が生ずる場合には民訴法117条によりその是正を図ることができるようにすることが相当と認められる場合がある」としている（なお、民訴117条1項は、定期金による賠償を命じた確定判決について、口頭弁論終結後に、後遺障害の程度、賃金水準その他の損害額の算定の基礎となった事情に著しい変更が生じた場合には、その判決の変更を求める訴えを提起することができると定めているが、平成8年改正により導入されたものである）。自賠責保険を含めて損害賠償に関する実務に与える影響は大きいと考えられる。

185 賠償すべき損害

(1) **損害の種類と範囲**　　不法行為を原因として被害者に生ずる損害にはどのような種類があり、どの範囲が賠償すべきものであろうか。

(ア) **財産損害・無形損害**　　不法行為による損害賠償の範囲については、債務不履行に基づく損害賠償を定める416条のような規定がない。しかし、富喜丸事件判決（債26(3)(イ)）は、従来の判例を変更し、民法416条の規定は不法行為による損害賠償に準用すべきであるとし（なお、中間最高価格の賠償に関するこの判決の判断について、

後述⑵㋐参照）、その後その考え方は最高裁でも維持されている（最判昭和48・6・7民集27巻6号681頁・基本判例329）。多くの学説もこれに賛成している。損害には、すでに述べたように、財産的なものと精神的ないし無形的なものがあり（債182参照）、ともに賠償の対象となる。後者は慰謝料と呼ばれる。侵害された利益が財産権的なものであっても精神的な損害が発生するし（たとえば、父のかたみの品をこわされた）、人格権的なものであっても財産的損害が発生する（たとえば、身体傷害で治療費を要し、後遺症があり、将来にわたって十分に就業できない）。ただ、前者においては通常侵害された財産権の価格が賠償すべき損害であるが、後者においては通常精神的な損害の賠償を伴う。そして、精神的苦痛は人によって異なるから、その算定はすこぶる困難である。しかし、普通の人の受ける苦痛を標準とし、慣行と公平の観念によって定められる。

　（イ）　積極的損害・消極的損害　　損害には積極的なそれ（不法行為があったため被害者が支出した損害）と消極的なそれ（逸失利益。得べかりし利益の喪失ともいう）とがあるが（債182参照）、賠償すべき損害は両者の全部に及ぶ。受傷した被害者の近親が看護のために支出した旅費の相当額（最判昭和49・4・25民集28巻3号447頁・基本判例331）、死亡した被害者のために支出した墓碑建設費・仏壇購入費（最判昭和44・2・28民集23巻2号525頁・基本判例332）、相当額の弁護士費用（最判昭和44・2・27民集23巻2号441頁・基本判例333）も積極損害に含まれる。

　通説・判例の逸失利益は、擬制的なものだから、交通事故による後遺障害による逸失利益の算定にあたり事故後の別の原因による被害者の死亡の事実は、特段の事情がない限り、就労可能期間の認定上考慮すべきではなく（最判平成8・4・25民集50巻5号1221頁・基

本判例336）、最初の事故による逸失利益から死亡後の生活費を控除すべきではないが（最判平成 8・5・31民集50巻 6 号1323頁）、死亡後は介護費用の必要がなくなるので、介護費用を交通事故による損害として請求することはできないとされる（最判平成11・12・20民集53巻 9 号2038頁・基本判例337）。

　不法行為により死亡した者が生存したならば将来受給し得たであろう軍人恩給としての扶助料や遺族厚生年金は、同人の不法行為による損害として逸失利益に当たらない（最判平成12・11・14判時1732号83頁、最判平成12・11・14民集54巻 9 号2683頁）。

　⑵　損害額の算定と因果関係

　㋐　相当因果関係　　加害行為と事実上の因果関係にある損害、その加害行為がなかったならば生じなかったであろう損害は、場合によっては限りなく拡大する。たとえば、過って人に軽傷を負わせたことから、被害者が、治療に時間を空費して有利な契約締結の機会を失ったばかりでなく、その傷から菌が入って死亡し、何千万円もの損失を惹き起したとしよう。それをすべて賠償させることは、加害者に酷であり、公平に反する。そこで、加害行為から実際に生じた損害のうち、軽傷を負わせるという加害行為から通常生ずるであろうと考えられる損害——治療費、普通人の受ける精神的苦痛、仕事を休んだ損害——だけを賠償させるのを本則とする相当因果関係説がとられる。⑴アで述べたように、債務不履行に関する416条を不法行為にも類推適用しようとするものである（債26⑶㋑参照）。ただし、債務不履行の場合には債務者は特定の債権者と対立関係にあり、特別の事情を知ることが多いのに対し、不法行為の場合には当事者は加害行為があってはじめて対立関係に入るのが普通だから、特別の事情を予見するのはきわめて例外（たとえば、故意による殺

傷）であるという違いがある。この点から、近年、相当因果関係説は適切でなく、不法行為には416条の適用を否定する説も有力になってきている。

　(イ)　損害額算定の具体例

　(a)　物の滅失・損傷の場合　　物の滅失・損傷においては通常その交換価格・修繕料などを賠償すべきである。中間最高価格の賠償は、原則として認められない（大連判大正15・5・22民集5巻386頁－富喜丸事件・基本判例330。債26(3)(イ)参照）。特に転売によって利益を得る関係にあったとか、祖先の遺愛の品であって精神的苦痛が大きいというときは、これを特別の事情による損害とみるべきである。

　(b)　生命侵害の場合　　生命の侵害では、まず、その者の得べかりし年間の収益稼働可能年数（平均余命に基づいて計算される）を乗じて総収益を算出し、そこから生存したであろう期間の生活費相当額を控除する。この金額は将来にわたって得られる純利益であるから、そこから、さらに中間利息を控除したものが、死者の得べかりし利益（逸失利益）の現在価額である。それが被害者の損害額であり、その他の財産的損害および精神的損害と合わせて、相続人に承継され、加害者が賠償することになる。得べかりし年間の収益については、原則として、被害者が現実に得ていた収益であるが、主婦、学生、幼児などのように、労働して給与を得ていない被害者については、どのようにその収益を算定するかが問題となる。たとえば、判例は、被害者が男児である場合において、被害者側にとって控え目な算定方法を採用することにすれば、慰謝料制度に依存する場合に比較してより客観性のある額を算出することができ、被害者側の救済に資する反面、不法行為者に過当な責任を負わせることともならず、損失の公平な分担を窮極の目的とする損害賠償制度の理念に

も副うのではないかと考えられるとしている（最判昭和39・6・24民集18巻5号874頁・基本判例334。ただし、判旨は、通常男子の平均労賃を算定の基準とし、35年間（稼働可能期間）を通じてその年収額をこの平均労賃と同額とし、これを基準にホフマン式計算方法により中間利息を控除し、一時払いの額を求めている原審の算出方法は、これを肯認するに足る別段の理由が明らかにされない限り、不合理というほかはないとしている）。そして、被害者である女性が妻としてもっぱら家事に従事する期間における逸失利益について、判例は、女子労働者の平均賃金に相当する収益をあげる者として算定するのが適当であるとしている（最判昭和49・7・19民集28巻5号872頁）。また、満1歳の女児の逸失利益につき、女子労働者の全年齢平均賃金額を基準額として収入額を算定することが不合理でないとしている（最判昭和61・11・4判時1216号74頁参照。なお、最高裁は、ライプニッツ方式による中間利息の控除をして現在価額を算定していることも含めて、このような算定方法を是認している）。このように、女子労働者の全年齢平均賃金額を基準とし損失利益を算定する最高裁判例は少なくない（最判昭和62・1・19民集41巻1号1項・基本判例335）。もっとも、このような賃金統計を利用した逸失利益の算定方法によると、男児と女児の間に差が生ずることになるが、そのことを批判する見解もみられる。この問題について、下級審裁判例では、女子労働者の平均賃金額に家事労働額を加算し、さらに慰謝料額を増額した例もみられるが（東京高判昭和55・11・25下民集31巻9～12号953頁。なお、上告審では、家事労働の加算分については争われていない（最判昭和56・10・8判時1023号47頁））、最高裁は、14歳の女子中学生の逸失利益について、女子労働者の平均賃金額にによって算定することが不合理ではないとし、家事労働分を加算すべきではないとしている（前掲最判

昭和62・1・19）。判旨は、その理由として、被害者が将来労働によっ
て取得しうる利益は賃金統計にる算定によって尽くされていて、家
事労働を加算することは二重に評価計算することになり相当でない
こと、予測困難な男女間の格差の解消を確実なものとして不法行為
者に負担させることは合理的とはいえないことをあげている。

　なお、交通事故の被害者がその後に他の事故によって死亡した場
合であっても、その事実は、就労可能期間の認定上考慮すべきもの
ではないと解されている（前掲最判平成8・4・25）。

　被害者が将来得られたであろう逸失利益の現在価額を算定するに
あたっては、中間利息を控除することになるが、その具体的な計算
方法について、判例では、民事法定利率を基礎として（最判平成
17・6・14民集59巻5号983頁）、ホフマン方式によることを認めた事例
（最判昭和37・12・14民集16巻12号2368頁）、ライプニッツ方式によるこ
とを認めた事例（最判昭和53・10・20民集32巻7号1500頁）がみられる。
学説では、民事法定利率ではなく、実質的な市場の金利によるべき
であるとする見解もみられた。なお、ホフマン方式とライプニッツ
方式の違いは、前者では利息を単利で計算するのに対して、後者で
は利息を複利で計算する点にある。もっとも、判例でとられている
ホフマン式では、1年ごとに利息を控除する複式ホフマン方式がと
られている。このような状況において、平成29年改正では、債務不
履行による損害賠償について、将来取得すべき利益および将来負担
すべき費用（不法行為の場合における生活費の控除がこれに当たる）か
らの中間利息の控除に関する規定が新設され（417条の2）、不法行
為にも準用されることになった（722条1項）。したがって、中間利
息の控除は、損害賠償請求権が発生した時点における法定利率によ
って計算することになる（417条の2第1項。現在は年3％である）。

改正法は、ホフマン方式によるか、ライプニッツ方式によるかを定めていないので、従来の判例によれば、いずれも認められているということになる。

なお、債務不履行については、利息の支払が遅延している場合に、利息を元本に組み入れることができる旨の規定が定められているが（405条）、履行期後の遅延利息にも適用されると解されている（大判昭和17・2・4民集21巻107頁）。不法行為については、このような規定がないが、判例は、不法行為に基づく損害賠償債務の遅延損害金について、同条の適用ないし類推適用により元本に組み入れることはできないとしている（最判令和4・1・18民集76巻1号1頁）。不法行為に基づく損賠償債務については、何ら催告を要せず、不法行為の時から遅延損害金を生ずると解されているから（債186(3)参照）、遅延損害金の元本組入れを認めてまで債権者の保護を図る必要性はないというのがその理由である。

　(c)　身体傷害の場合　　身体傷害においては治療代を主とするが、後遺障害があり従前の仕事ができなくなれば、そのために減る所得（障害の程度については労災保険法および自賠法で定めている後遺障害等級表が用いられ、それに対応する労働能力喪失率によって算定されるのが普通である）および身体障害となったことの精神的苦痛の慰謝が計量されるべきである。判例は差額説をとり、労働能力の喪失にかかわらず収入の減少がないときは、特段の事情がない限り、財産上の損害は認められないとするが（最判昭和56・12・22民集35巻9号1350頁・基本判例328）、被害者の努力によって収入が維持されているような場合には、特段の事情があり、労働能力の喪失による損害を認めるべきである（労働能力喪失説）。小規模会社の社長が受傷した場合には、会社は加害者に対して社長の受傷による逸失利益の賠

償を請求できる（最判昭和43・11・15民集22巻12号2614頁・基本判例327）。一時的に日本に滞在する外国人の逸失利益は、予想される日本での就労期間内は日本での収入額により、その後は出国先での収入額により計算する（最判平成9・1・28民集51巻1号78頁・基本判例338）。

　(d)　慰謝料　　名誉・貞操などの侵害では主として精神的損害が計量される。

　(ウ)　いずれの場合にも、その範囲は、数学的精確さをもって算出することははなはだしく困難であるから、被害者および加害者の社会的地位・職業・資産、加害者の故意もしくは過失の大小、加害行為の倫理的非難に値する程度など、諸般の事情を考慮し、前例にならい、公平の標準に従って決定されるべきである（民訴248条参照）。

　(3)　損害賠償額の算定時期　　債務不履行と同様に、判例・学説ともに、不法行為時すなわち責任原因発生時（通常は、損害の発生時でもある）を基準として損害額を算定すると解している。前掲富貴丸事件（債26(3)(イ)参照）は、416条が不法行為に準用されることを認め、不法行為により滅失毀損（損傷）した者の価額がその後騰貴したときには特別事情による損害としてその賠償が認められるとしている。もっとも、不法行為時から一定の時間を経過して生じた晩発性の損害（放射線治療による損害、石綿粉塵による損害など）については、損害の発生時を基準として算定するほかないであろう。なお、この問題は、遅延損害金の発生時期と密接に関連している（債186(3)参照）。

　(4)　過失相殺　　被害者に過失があるときは、裁判所は損害賠償の額を定めるのにこれを考慮することができる（722条2項）。過失相殺の理論である。しかし、債務不履行の場合と少し違って、裁判

所は額についてだけ、それも考慮しうるにすぎない（過失を認定しても、諸般の事情により考慮しなくとも違法ではない）。債務不履行との間にこのような差異を設ける十分な根拠があるかどうか、すこぶる疑問である（債27⑴参照）。注意すべき点がいくつかある。

　⑦　損害の拡大　　被害者の過失によって損害が拡大したときも含まれることである。

　⑦　事理弁識能力　　被害者が未成年者であっても、たとえば赤信号のとき通ってはいけないなどのように、事理を弁識するに足る知能を備えていれば、その過失を考慮すべきことである（最判昭和39・6・24民集18巻5号854頁・基本判例342。小学校2年生について肯定）。

　⑨　被害者側の過失　　被害者側の過失、たとえば、幼児の傷害について母親に過失がある場合にも考慮されることが多いことである（最判昭和34・11・26民集13巻12号1573頁。なお、最判昭和42・6・27民集21巻6号1507頁・基本判例343は、園児を引率していた保育園の保母は被害者と身分上ないしは生活関係上一体をなす関係にはないとしてその者の過失について否定）。また、無償で自動車に同乗中に被った傷害について、運転者の過失を被害者側の過失として考慮されるかも問題となる。一方で、夫や内縁の夫が運転した場合に、その過失は被害者側の過失として考慮される（最判昭和51・3・25民集30巻2号160頁、最判平成19・4・24判時1970号54頁）。友人の運転する自動二輪車に同乗して暴走行為を繰り返していたところ、パトカーと衝突して死亡した被害者について、運転者の過失を被害者側の過失として考慮される（最判平成20・7・4判時2018号16頁）。他方で、運転者が同じ職場に勤務する同僚である場合には、その過失は被害者側の過失として考慮されない（最判昭和56・2・17判時996号65頁）。

㈄　**加害者が複数の場合**　　交通事故と医療過誤が共同不法行為とされる場合（交通事故と医療過誤が競合する場合の不法行為の性質については、債190⑴㈦参照）において（自転車に乗っていた幼児がタクシーに接触し、負傷したが、救急車で搬送された病院の医師にも過失があり、被害者の両親にも経過観察を怠った過失があるとされた場合）、過失相殺は、それぞれの加害者と被害者との間で過失の割合に応じてなされるべきであって、他の加害者と被害者との間における過失の割合を斟酌して、過失相殺をすることは許されない（最判平成13・3・13民集55巻2号328頁・基本判例319。相対的過失相殺）。しかし、1個の交通事故で加害者が複数である場合において（道路脇に非常点滅灯を点灯せず停車していた車の脇を対向車線へはみ出して走行していた車に対向車線を制限超過速度で進行してきた車が衝突した場合）、その交通事故の原因となったすべての過失の割合（絶対的過失割合）を認定できるときは、絶対的過失割合に基づく被害者の過失による過失相殺をした損害賠償額について、加害者は連帯して共同不法行為に基づく賠償責任を負う（最判平成15・7・11民集57巻7号815頁。絶対的過失相殺）。

㈠　**中間責任・無過失責任の場合**　　過失相殺は公平の原則の表れであるから、加害者が使用者責任または工作物の占有者もしくは所有者としての責任を負う場合、すなわち過失が直接に問題とならない場合にも、被害者に過失があるとき（たとえば、高圧電線の設置に瑕疵があって人を殺したが、被害者に過失があったとき）はこれを考慮すべきことはもちろんである。過失相殺という文字にこだわるべきではない。

㈮　**過失相殺の類推適用**　　被害者の心的要因が寄与して損害が拡大した場合（最判昭和63・4・21民集42巻4号243頁・基本判例344）、

被害者にもともとあった疾患が損害の発生に寄与した場合（最判平成4・6・25民集46巻4号400頁・基本判例346）などにも722条2項の類推適用が認められる。ただし、単に首が長いというような身体的特徴は、過失相殺における考慮の対象とはならない（最判平成8・10・29民集50巻9号2474頁－首長事件・基本判例347）。また、長時間にわたる残業を恒常的に伴う業務に従事していた労働者がうつ病にかかって自殺した場合の使用者責任について、労働者の性格が通常想定される範囲を外れない限り、その性格を心因的要因として考慮することはできないし、労働者と同居する両親がこの者の生活の改善措置をとらなかったことは過失相殺の考慮事由とはならないとされる（最判平成12・3・24民集54巻3号1155頁・基本判例345）。

(5) **損益相殺**　不法行為が被害者に損害を与えると同時に利益を与えることもある。その場合には損害から利益を控除すべきことは当然である（債27(2)・102(2)参照）。生命侵害の場合に推定収入から生活費を控除するのは一種の損益相殺である。

被害者が不法行為に起因して、公的給付や保険給付を受ける場合には、これらの給付者と被害者、加害者との間の利害調整という複雑な問題が生ずる。被害者（死亡の場合にはその相続人）の受ける損害と利益との間に同質性があるかどうかが重要な判断基準となっている。

公的給付の一例である退職年金の受給者が不法行為によって死亡した場合に、その相続人が被害者の死亡を原因として受ける遺族年金は、その支給が確定した額を損害賠償額から控除すべきだとされる（最大判平成5・3・24民集47巻4号3039頁・基本判例348）。また、労働者が不法行為によって死亡し、その損害賠償請求権を取得した相続人が労災保険法に基づく遺族補償年金の支給を受け、または支

給を受けることが確定した場合には、遺族補償年金は労働者の死亡
による遺族の被扶養利益の喪失をてん補することを目的とするもの
であって、そのてん補の対象とする損害は被害者の逸失利益等の消
極損害と同質であり、かつ、相互補完性があるものと解されるから、
逸失利益等の消極的損害の元本との間で、損益相殺的な調整を行う
のが相当であるとされている（最大判平成27・3・4民集69巻2号
178頁・基本判例349)。

　これに対して、私的保険である生命保険金については、不法行為
による死亡に基づく損害賠償額から控除すべきでないとされている
（最判昭和39・9・25民集18巻7号1528頁)。保険金がすでに払い込ま
れた保険料の対価の性質を有し、不法行為の原因と関係なく支払わ
れるべきものであるというのがその理由である。また、第三者の不
法行為により家屋が焼失した場合に、家屋所有者に支払われる火災
保険金について、第三者が負担する損害賠償額から控除されるべき
でないとされている（最判昭和50・1・31民集29巻1号68頁)。ただ
し、保険者は、保険者代位制度により（商旧662条（現行保険25条))、
被保険者が第三者に有する損害賠償請求権を取得する結果、被保険
者（家屋所有者）は支払われた保険金の限度において、第三者に対
する損害賠償請求権を失い、その結果、第三者に請求することがで
きる賠償額が保険金の額だけ減少することとなるにすぎない。また、
搭乗者傷害保険契約に基づき、死亡した被害者の相続人に支払われ
た保険金は相続人の損害額から控除されるべきでないとされている
（最判平成7・1・30民集49巻1号211頁)。なお、社会保険制度の給
付についても、同様の代位制度が設けられている場合がある（健保
57条等参照)。

　(6)　賠償者の代位　　賠償すべき損害の範囲と直接に関係はない

が、たとえば、他人の時計を壊した者がその代金の全額を賠償した
ときは、壊れた時計の所有権は賠償者に帰属するものとしないと公
平を失する。債務不履行に認められる賠償者の代位の制度（422条）
は不法行為にもこれを認めるべきである。

186　不法行為による損害賠償請求権の特殊性

(1)　**胎児に関する特則**　　不法行為による損害賠償の請求権につ
いては、胎児はすでに生まれたものとみなされる（721条）。たとえ
ば胎児の父が殺されたとする。胎児が出生して後に711条によって
損害賠償を請求しても、胎児は加害の当時被害者の子ではなかった
とされることを心配して、被害者死亡の際に胎児はすでに生まれた
ものとみなして子である地位を認めようとする用意である（胎児中
に損害賠償請求に関しては権利能力があるとみることも考えられる（総
19参照））。

(2)　**相殺の禁止**　　平成29年改正前においては、不法行為による
損害賠償債務の債務者は、被害者に対する自己の債権でこれと相殺
することは許されないと規定されていた（改正前509条）。これに対
して、不法行為に基づく債務一般に相殺禁止することは広すぎるの
ではないか、双方的な不法行為（たとえば、自動車と自動車の衝突事
故で、双方の運転者に過失があり、それぞれが相手方に損害賠償債権を
有する場合）では相殺を認めてもよいのではないか、などの批判が
あり、大きく改正された。改正後の規定によると、悪意による不法
行為に基づく損害賠償の債務者、人の生命または身体の侵害による
損害賠償の債務者は、原則として、相殺をもって債権者に対抗する
ことができないこととされた（509条。なお、詳細については、債73
(2)(エ)参照）。

(3)　**損害賠償債務の履行期**　　不法行為による損害賠償の履行期に

ついては、理論的には、期限の定めのない債務として、被害者である債権者が請求するした時から遅滞に陥ると考えられる（412条3項）。しかし、不法行為債務については、不法行為時に成立し、催告を要せずに、その時から遅滞に陥ると解されている（最判昭和37・9・4民集16巻9号1834頁）。したがって、その時点から遅延損害金も発生することになる。もっとも、不法行為により侵害された財産権の価額が不法行為後に高騰した場合には、最高価額に達した以後賠償済みに至るまでの期間における法定利率による損害額の賠償請求できるが、不法行為時から最高価額に達した時までの期間については、特に別段の損害を被ったことを証明してその請求をすることは格別であるが、当然最高価額に対する法定利率による損害を被ったとして、その賠償請求することはできないと考えられる（大判大正5・11・17刑録22輯1777頁）。なお、損害賠償額の算定時期については、債185(3)参照。

　また、不法行為債権の代位取得に関して、交通事故の被害者に医療給付を行った医療保険者は、加害者に対する損害賠償請求権の元本を代位取得するのであって、元本に対する遅延損害金の支払請求権を代位取得するものではないから、医療保険者は医療給付を行った翌日からの遅延損害金を加害者に請求できるにとどまるとされている（最判令和元・9・6民集73巻4号419頁）。

　(4)　消滅時効　　不法行為による損害賠償の請求権は比較的短い期間で時効にかかる。すなわち、被害者またはその法定代理人が損害および加害者を知った時から3年、または不法行為の時から20年である（724条）。なるべく速やかに問題を片づけないと要件の有無や損害の証明が困難となることと、被害者の感情の鎮静すべき時期が過ぎてから問題をまき起すのは不当だ、ということを考えたもの

である。３年の時効期間における損害等を知った時というのは、被
害者がそれを確実かつ現実に知った時を意味する（最判昭和42・
７・18民集21巻６号1559頁、最判平成６・２・22民集48巻２号441頁・基
本判例71、最判平成14・１・29民集56巻１号218頁・基本判例350）。継
続的不法行為により損害が継続的に発生した場合には、各損害を知
った時から個別的に消滅時効が進行する（大連判昭和15・12・14民集
19巻2325頁・基本判例351）。

　不法行為の時から相当期間経過後に損害が発生するような類型に
ついて、判例は、20年の期間（除斥期間と解されていた）の起算点に
ついて、不法行為の時ではなく、損害の全部または一部が発生した
時点であると解している。たとえば、石炭鉱山における粉じんの発
生防止について、国が鉱山保安法に基づく保安規制の権限の適正な
行使をしなかったことが国家賠償法１条１項に当たるとして、国の
賠償責任を認めた事案において（国家賠償法については、債191⑴参
照）、除斥期間の起算点を損害の全部または一部が発生した時点で
あると判示している（最判平成16・４・27民集58巻４号1032頁・基本判
例352。起算点を被害者の死亡の時とする原審判決が是認されている）。
また、乳幼児期の予防接種によるＢ型肝炎ウィルスの感染につい
て、除斥期間の起算点を加害行為（集団予防接種）の時ではなく損
害発生（Ｂ型肝炎の発症）の時であるとしている（最判平成18・６・
16民集60巻５号1997頁）。また、水俣湾周辺地域から転居した後に発
症した遅発性の水俣病患者について、水俣湾またはその周辺海域の
魚介類の摂取を中止してから４年以内に水俣病の症状が客観的に現
れることなどから、転居から遅くとも４年を経過した時が除斥期間
の起算点となるとしている（最判平成16・10・15民集58巻７号1802頁）。
なお、これまで、20年の期間は除斥期間と解されてきた（最判平成

元・12・21民集43巻12号2209頁。除斥期間の概念については、総134参照）。しかし、平成29年の債権法改正において、20年の期間も3年の期間と同様に、消滅時効期間であることが明文化された（724条）。したがって、20年の期間についても、時効の更新および完成猶予の規定が適用される。期間の法的性質と具体的な起算点の決定とは、必ずしも関連するものではないが、20年の除斥期間としての起算点に関する改正前の判例法理が時効期間となった改正後にも維持されるのかは、検討の余地があるように思われる。

　さらに、平成29年改正では、人の生命または身体を害する不法行為については、短期の消滅時効期間を5年に伸張している（724条の2）。債務不履行に基づく人の生命または身体の侵害による損害賠償債権の消滅時効期間（166条1項、167条）と平仄を合わせたものである。

　(5)　他の請求権との関連——請求権の競合の問題　　実生活においては、ある1つの事実が、不法行為の要件を満たすが、同時に他の債権発生の要件、すなわち契約不履行もしくは不当利得の要件を満たす場合が起きる。たとえば、他人の燃料の保管を依頼された者が誤ってそれを消費してしまえば、債務不履行でもあるし不法行為でもあるし、不当利得でもある。被害者はどの要件を立証して損害賠償もしくは不当利得返還を請求してもよいとするのが古くからの判例の態度である（大連判明治45・3・23民録18輯315頁・基本判例162、大連判大正7・5・18民録24輯976頁）。つまり請求権は競合する（請求権競合説）。これは従来の通説でもあった。この場合、どれを選ぶかによって立証責任が違うこと、たとえば、債務不履行を選べば相手方債務者に無過失の立証責任があり、不当利得を選べば過失は問題でなく利得の現存の証明が問題になる。しかし、もっと重要な

問題は、どれを選ぶかによって、認められる請求権の性格ないし効
果が違うことである（たとえば、契約責任は時効で消滅しているが不
法行為責任は残っている場合が起こる（後掲最判昭和38・11・5参照））。
先に述べた不法行為による損害賠償請求権の特質——相殺禁止、特
別の短期消滅時効——は契約不履行による損害賠償請求権（商行為
についてはもっと短い時効期間または除斥期間の定めがある（たとえば
商586条・598条・617条））や不当利得返還請求権にはないものであ
る。このような違いのあるものを、当事者の自由な選択にまかせて
よいものであろうか。特に不法行為責任と契約責任のように、一般
法と特別法の関係にあるものについて強い疑問が提出された。そこ
で学説においては非競合説（**法条競合説**）が有力に主張されるに至
った。すなわち、ある事実が契約不履行に該当するなら、不法行為
は成立しないのが原則であり、ただ、当該の行為が契約関係の枠を
全く逸脱している場合（たとえば、預った物を故意に壊した）は例外
であるとする。これに対して、原告が訴訟によって争っているのは、
1つの事実から自己に生じた損害の塡補であって、それを契約不履
行というか不法行為というかは、申立てを基礎づける法的視点にす
ぎない。事実を審理したうえで、いずれを選んで審判するかは裁判
所の自由であるという考え方が訴訟法学者から提起された（同一訴
訟物説）。近時はこの考え方を実体法の領域に移した説が主張され
ている。すなわち、1つの事実からは、実体法上も1つの請求権が
認められるべきであり、ただ、それに複数の規範が適用される関係
にあるのだから、規範の具体的内容に矛盾・衝突があるなら、これ
を一定の基準に従って調整すべきであるとする（**規範統合説**）。この
見地からは、たとえば、いくつかの異なる消滅時効期間のうち、ど
れか1つが適用されることになるであろうし、またたとえば、不法

行為による賠償請求権の特質とされる相殺禁止規定の趣旨が再検討され、事情によっては契約不履行による損害賠償請求権にも適用されるというようなことが考えられる。

　以上のほかにも、いくつかの説が対立しているが、結局は各種の具体的な事件について妥当な結論を引き出すのに、どの説が適切であるかの問題に帰する。そしていずれの説もどこかで柔軟性を要求される。たとえば競合説をとる判例も、運送人が保管している物品を過失によって第三者に引き渡してしまった事件において、それが「運送品の取扱上通常予想される事態ではなく、且つ契約本来の目的範囲を著しく逸脱するものであるから、債務不履行に止まらず、……不法行為上の損害賠償請求権の発生をも認めうるとした（筆者注：原審の）判断は首肯することができる」と述べている（最判昭和38・11・5民集17巻11号1510頁）。この柔軟性を規範の調整に求める説は傾聴に値する。その発展を注目したい。

第4節　特殊の不法行為

187　特殊の不法行為

　前節で述べた一般的不法行為の成立要件と何らかの点で異なるものを、一般に特殊の不法行為という。民法の規定する特殊の不法行為はどのような点で特殊であるかという観点から、一応2つの類型に分けることができる。その1つは、他人の不法行為によって生じた損害について責任を問われるものである。責任無能力者の監督義務者等の責任（714条）、他人を使用する者等の責任（715条・716条）、がそれである。その2つは、物の瑕疵またはその管理から発生する損害について占有者および所有者が責任を問われるものである。土

地の工作物等の占有者および所有者の責任（717条）、動物の占有者等の責任（718条）がそれである。なお、民法は多数の者の共同不法行為について規定している（719条）。これらの場合には、多かれ少なかれ過失責任の原則に対する例外が認められるという意味において特殊であるが、具体的にはむしろ損害発生の態様が特殊である点に重点がある。

　これに対し、近時の科学技術と産業の異常な発展、それに伴う生活関係の不均衡に由来する特殊の損害の発生は、新しい特殊の不法行為の類型を創り出している。労働災害、自動車事故、産業公害、などがそれであり、すでに特別立法により、一方で無過失責任またはそれに近い責任が認められ、他方で強制保険またはそれに近い措置によって被害者の救済が図られている。さらに進んで製造物の瑕疵に由来する損害一般、医療過誤による損害などについての責任の法理ないし立法が主張されている。以下、民法の認める特殊の不法行為および民法と関連の密接な特殊の不法行為の仕組みを説明する。

188　他人の不法行為に対する責任

　(1)　**責任無能力者の監督義務者等の責任（714条）**　　責任無能力者が責任を負わない場合（債180参照）には、これを監督すべき法定の義務ある者が責任を負う。たとえば、親権者（820条）、後見人（857条）、児童福祉施設の長（児童福祉47条参照）などがその例である。しかし、判例は、認知症に罹患した高齢の精神障害者の妻とその息子は、法定の監督義務者に当たらないとしている（最判平成28・3・1民集70巻3号681頁・基本判例305）。そして、法定の監督義務者に代わって責任無能力者を監督する者も責任を負う。たとえば、幼稚園の保母、小学校の教員などがその例である。

　これらの監督義務者あるいはその代行者は自分が監督義務を怠ら

なかったことを証明すれば責任を免れることができる（最判平成27・4・9民集69巻3号455頁・基本判例304。未成年者の両親が危険な行為に及ばないよう日ごろから通常のしつけをしていたことなどから、監督義務者としての義務を怠らなかったとしている）。したがって、絶対的な無過失責任ではない（なお、使用者責任との比較について、後(2)(ア)参照）。しかし、立証責任が普通の場合と反対になっていることと、問題となる過失は加害行為についてではなく監督についてであることが普通の場合と異なる。こうした場合の責任は、過失責任と無過失責任の中間という意味で中間責任といわれる。

　なお、制限行為能力者に責任能力があると認められる場合には、たとえば、17歳の少年がバイクで人身事故を起こした場合、その者は、資産が何もなくても、賠償の責任を負うのであって、714条の適用はない。しかし、それでは被害者救済にならないことが多い。そこで、親権者・未成年後見人は未成年の子の監護・教育をする義務を負うこと（820条・857条）に着目して、学説は監督義務者の監督不行届のような義務違反と当該未成年者の不法行為によって生じた結果との間に相当因果関係を認めうるときは、監督義務者につき709条に基づく不法行為が成立するという理論を主張した。判例もこの法理を認めた（最判昭和49・3・22民集28巻2号347頁・基本判例303）。

(2)　使用者等の責任（715条）

　(ア)　使用者責任の意義・根拠　　ある事業のために他人を使用する者は、被用者が事業の執行について第三者に加えた損害を賠償する責任を負う（715条1項本文）。使用者に代わって事業を監督する者も同様の責任を負う（同条2項）。大企業組織の発達した現代においてきわめて重要な意義を有する規定であることは前述した。

そもそも使用者責任の根拠は、①使用者が被用者の選任を誤り、もしくは監督を怠り、または誤った指示をしたという使用者自身の広い意味の過失にあるのか、それとも、②使用者の事業活動の一環として組み入れた者のその事業に関連する不法行為について、使用者が被用者になり代わって賠償責任を負うべきものとしたのであろうか。わが民法715条の文言（ドイツ民法831条とほとんど同じ）は①の考え方に立ち、立証責任だけを転換して、使用者が被用者の選任・監督について相当の注意をしたとき、または相当の注意をしても損害が生ずべきであったときは、この限りでない（715条1項ただし書）。これも、いわゆる中間責任である。しかし、事業経営の実態において選任・監督が形式化してくると（たとえば、資格ある航海士を雇用して、船舶を運航させた場合を考えよ）、そこに過失ありとすることが常識に反することになる。そうかといって、その航海士の過失によって起こった事故について、使用者に責任なしとすることは、とても是認できない。そこで判例は、使用者の無過失の立証をほとんど認めないという態度を示し、学説もこれに賛意を表している。つまり、715条はその運用において上記②の考え方（ドイツ系以外の多くの西欧諸国はこれに近い）に立って運用されているといってよかろう。さらに、後述するように（後掲(ウ)参照）、判例は、被用者が使用者の事業の執行について、第三者に損害を与え、みずからその損害を賠償した場合に、諸般の事情に照らして、損害の公平な分担という見地から相当と認められる額について、使用者に求償することができるとするに至った（後掲最判令和2・2・28）。使用者責任を被用者の代位責任ではなく、報償責任、危険責任などの帰責原理に基づく使用者固有の責任と位置づけているといえよう。

　(イ)　使用者責任の成立要件

（a）　使用　　事業に使用するということである。これはきわめて広く解してよい。判例は、事業の執行について被用者がある程度使用者の意思に服従すべき場合であることを要するとしている（大判昭和2・6・15民集6巻403頁。ただし、医師が父の雇人で同居している女中に薬品の所在を告げ、患者の母に渡すように委託した場合について、原審は、女中が医師の意思に服従すべき関係にあったか否かを確定していないとして、その判決を破棄している）。たとえば、兄が所有する自動車を弟に運転させ、これに同乗して自宅に帰る途中、助手席で運転の指示をしていた場合（最判昭和56・11・27民集35巻8号1271頁・基本判例307）、暴力団の最上位の組長の直接間接の指揮下で、下部組織の構成員が資金獲得活動の従事していた場合（最判平成16・11・12民集58巻8号2078頁）などにおいて、使用関係を認めている。一時的に使用するのでもよい。営利的なものに限らない。また使用関係が現実にあればよく基礎となる契約が無効であってもかまわない。しかし、選任・監督の余地あるものでなければならないから、タクシーの乗客と運転手の関係などは入らない（後述(3)参照）。

（b）　事業の執行について　　被用者が事業の執行について損害を加えた場合でなければならない。この観念はあたかも法人の不法行為成立の要件として代表者が「職務を行うについて」というのと類似する（一般法人78条・197条、総62(1)(イ)参照）。すなわち、ここでも行為の外形上事業行為自体と認められるもの（最判昭和30・12・22民集9巻14号2047頁－通産省事件・基本判例309）、およびこれと適当の牽連関係に立つ行為を含む（大判大正15・10・13民集5巻785頁・基本判例308）。具体的な決定にあたっては、使用者がいかなる事業にいかなる関係で使用するのかを考えるべきである。ことにその使用関係が多人数を組織的に雇い、使用者を中心とする組織体をなす

ようなときは、その組織の一部を担当してなされた行為だと認められるものはことごとく事業を執行するについてなされたものとなる。使用者の責任は、多人数を使用して自分の活動範囲を拡張する者は、当然その範囲内の加害行為について責任を負うべきだという、いわゆる報償責任の理論に立つものだからである。

　実務上は、被用者がその本来の職務を超えてした行為が多く問題となる。判例は、①当該の行為が被用者の分掌する職務と相当の関連性を有し、かつ、②被用者が使用者の名で権限外にこれを行うことが客観的に容易である状態に置かれているとみられる、という基準を示している（最判昭和40・11・30民集19巻8号2049頁）。その反面、相手方が職務権限外であることを知り、または知らないのに重大な過失がある場合には、使用者の責任を否定する（最判昭和42・11・2民集21巻9号2278頁・基本判例310）。なお、自動車事故については、運行供用者の責任（自賠3条。債191⑵参照）が介在するためか、職務執行につきという要件が多少緩和されているように思われる（最判昭和39・2・4民集18巻2号252頁。なお債191⑵参照）。

　(c)　被用者の不法行為　　被用者の加害行為自体には不法行為の一般的要件を必要とするか。判例および大多数の学者は肯定する。ことに故意・過失を要すると解している。これは使用者の責任を、なお独自の企業者の責任としないで、加害者だけの責任としては被害者の保護が十分でないからこれを補充する立場において認められたものと考える思想であって、理論的には考慮の余地がある。しかし、民法は賠償した使用者は加害行為をした被用者に対して求償権があるものとするから（715条3項）、解釈論としては、被用者の故意・過失を要するというほかはなかろう。国家賠償法1条1項はこの趣旨を明言している。

　(d)　**免責**　　使用者は被用者の選任・監督について相当の注意をしたことまたは相当の注意をしてもその損害を防止できなかったことを証明すれば責任を免れる（同条1項ただし書）。この免責事由の有無を決するにも本条の趣旨から考えるべきである。先に一言したように、判例・学説は大企業関係における使用者については、この免責事由の存在を容易に認めず、使用者の責任を加重する傾向を示している。たとえば、数千人を雇う自動車運輸業の使用者は一人ひとりの運転手を直接選任・監督することは事実上不可能であろう。しかし、その場合にも支配人その他に委せることは選任・監督を怠らないものとみるべきではなく、支配人などが選任・監督を誤ればみずから選任・監督を誤ったとして責任を負うべきものと解さねばならない。

　(ウ)　**使用者の責任と被用者の責任の関係**

　(a)　**使用者の責任と被用者の責任**　　使用者が715条により被害者に対して損害賠償責任を負うと同時に被用者も709条により被害者に対して損害賠償責任を負う場合に、その両者の関係は、学説・判例では、不真正連帯債務と解されてきた。しかし、不真正連帯債務概念が必ずしも明確でなく、一方の債務が履行されれば、他方の債務も消滅するが、一方について生じたそれ以外の事由が他方にどのような影響を与えるかは必ずしも明確になるわけではない（なお、平成29年改正では、連帯債務における絶対的効力事由の多くが相対的効力事由とされたことにより、不真正連帯債務を認める意義は少なくなっている［債42参照］）。たとえば、判例は、被用者の負担する損害賠償義務が時効消滅しても、使用者の負担する損害賠償義務は、当然には消滅しないとしている（大判昭和12・6・30民集16巻1285頁。なお、判旨は、連帯債務の時効に関する439条が類推適用されないとしているが、

平成29年改正により、この規定は削除されている）。

　(b)　使用者による被用者への求償　　使用者または監督者が責任を負う場合にも、加害者である被用者自身が責任から解放されるのではない。使用者または監督者が賠償したときは、被用者に求償することができる（715条3項）。もっとも、判例は、使用者が常に被害者に賠償した全額を被用者に求償できるとしているわけではなく、信義則上相当と認められる限度で求償を請求できるとしている（最判昭和51・7・8民集30巻7号689頁・基本判例311）。なお、公権力の行使に当たる公務員がその職務を行うについて加えた損害については、国または公共団体は公務員に故意または重過失がある場合にだけ、求償権を認められる（国賠1条2項）。多少でも過失があれば求償されるのであれば、公務員の立場ははなはだ不利益となり、職務の執行にあたって弱気になるおそれがあるからである。

　(c)　被用者による使用者への求償（逆求償）　　715条では、使用者から被用者への求償について、規定しているが、被用者から使用者への求償については、規定していない。そこで、学説は、当初、使用者の責任を代位責任と捉えることから、被用者からの求償については、否定的であった。しかし、前述のように、信義則により、使用者の求償を制限する考え方が出てきたこともあり、学説では、被用者からの求償も認められるとする見解が有力となった。そして、判例は、被用者が使用者の事業の執行について第三者に損害を加え、その損害を賠償した場合には、被用者は、その事業の性格、規模、施設の状況、被用者の業務の内容、労働条件、勤務態度、加害行為の態様、加害行為の予防または損失の分散についての使用者の配慮の程度その他諸般の事情に照らし、損害の公平な分担という見地から相当と認められる額について、使用者に対して求償することがで

きるとするに至った（最判令和 2 ・ 2 ・28民集74巻 2 号106頁）。

　㈡　被用者と第三者の共同不法行為における使用者の責任　　被用者と第三者との共同不法行為により他人に損害を加えた場合に、判例は、第三者が自己と被用者との過失割合に従って定められるべき自己の負担部分を超えて被害者に損害を賠償したときは、第三者は、被用者の負担部分について使用者に対し求償することができるとしている（最判昭和63・ 7 ・ 1 民集42巻 6 号451頁）。

　⑶　注文者の責任（716条）　　注文者は、請負人がその仕事について第三者に加えた損害を賠償する責任を負わない。ただし、注文または指図についてその注文者に過失があったときは、この限りでない（716条）。注文者は、請負人を使って仕事を完成させるものであるが、原則として工事中に請負人を監督指揮するわけではなく、完成した物の引渡しを受けるだけであるから（632条参照）、工事中に請負人が第三者に加えた損害については賠償する責に任じない。ただし、注文そのものまたは指図について過失があった場合には、709条の原則からいっても賠償責任があることはいうまでもない（最判昭和43・12・24民集22巻13号3413頁・基本判例312）。なお注意すべきは、請負契約の形をとっていても、実質的には715条にいう使用・従属の関係にある場合が少なくない。建築現場の請負人と下請人との関係に多くみられる。このような場合には、その事業の執行につき下請人またはその被用者が第三者に加えた損害につき元請人に賠償責任を認めるべきである（労働基準法87条が、このような場合に特定の事業における労働災害について元請人を使用者とみなしていることを参照せよ）。

189　物から生じた損害に対する占有者等の責任

　民法は 2 つの類型について規定する。

(1) 土地の工作物等の占有者および所有者の責任（717条）

　土地の工作物の設置または保存に瑕疵があることによって他人に損害を生じたときは、その工作物の占有者は、被害者に対してその損害を賠償する責任を負う。ただし、占有者が損害の発生を防止するのに必要な注意をしたときは、所有者がその損害を賠償しなければならない（717条1項）。

　(ア) 所有者の無過失責任　　家屋の柱が朽ちていたため崩壊して往来の人を怪我させたとする。第1に、借家人のような占有者は責任を負うが、損害の発生を防止するに必要な注意をしていたことを証明するときは責任を免れるという中間責任を負う。第2に、所有者は責任を負い、この所有者の責任にはなんらの免責事由を認めない。すなわち無過失責任である（大判昭和3・6・7民集7巻443頁）。このような重い責任は、本来安全であるべき土地の工作物がその信頼に反して危険である場合は、それを占有または所有する者はそれによって生じた損害について当然に責任を負うべきだといういわゆる危険責任である。しかし、現代社会における危険な物は、土地の工作物などという観念では十分に示しきれない大企業設備に存するのだから、民法の規定はその意味で時代に遅れたものである。解釈にあたって適当に拡張すべきこと前述のとおりである。

　(イ) 土地の工作物責任の成立要件

　(a) 土地の工作物　　土地の工作物からの損害である。土地の工作物とは建物・橋梁・鉄道・道路・電柱・小学校の遊動円木（大判大正5・6・1民録22輯1088頁）などのように土地と直接な関係のある工作物である。鉱山・工場・高圧線のゴム被膜などの設備も大部分これに入る（最判昭和37・4・26民集16巻4号975頁。最判昭和37・11・8民集16巻11号2216頁・基本判例313）。

(b)　設置・保存の瑕疵　　この工作物の設置または保存に瑕疵あることが必要である。瑕疵とは設置・保存に不十分な点があるという意味であるが、物質的な瑕疵に限らず機能的瑕疵を含む。したがって設備を全体として観察し、たとえば、鉄道会社が必要な場所に踏切番人その他の設備をしないという保安施設を欠くことなども、土地の工作物の設置上の瑕疵と考えられる（最判昭和46・4・23民集25巻3号351頁・基本判例314）。子供が興味をもって出入りしそうな危険な場所に、十分な防護柵を設けていないのも瑕疵とみるべきである。なお、瑕疵が故意・過失によって生じたことを必要としないことはいうまでもない。

(c)　因果関係　　損害がこの瑕疵によって生じることが必要である。ただし、瑕疵が唯一の原因であることを要しない。自然力、たとえば大雨・地震などが加わったときは相当因果関係の問題となるが、被害者の行為が加わったときは後述のように過失相殺の趣旨を拡張して賠償額を按配するだけである。

(d)　占有者の免責　　占有者には免責事由があるが所有者に免責事由を認めないことは前述した。

(ウ)　求償　　この瑕疵について他に直接の責任者があるとき、たとえば、工事請負人の過失によるときには、賠償責任を負った占有者または所有者はこれに対して求償ができる（717条3項）。保存について占有者に過失があった場合、賠償責任を負った所有者から占有者に対しての求償も認められる。

(エ)　竹木の栽植・支持の瑕疵　　竹木の栽植または支持に瑕疵がある場合には工作物に準じて取り扱われる（717条2項）。(ウ)の場合と同様、求償が認められる（同条3項）。

(2)　**動物の占有者等の責任（718条）**　　動物の占有者は、その動物

が他人に加えた損害を賠償する責任を負う。ただし、動物の種類および性質に従って相当の注意をもってその管理をしたことを証明すれば責任を免れる。しかし、飼育していた野生の猛獣が逸走して人に危害を加えた場合には、このような証明は成り立たないであろう。歴史的に認められてきた危険責任の一種だが、現在における意義はさほど大きくはない。ただし、ペットブームによって近年被害はふえている。動物の飼主がその子供や使用人に散歩させていた動物が他人に損害を加えたときは、飼主が「占有者」であって、子供や使用人は占有補助者にすぎないとされる（最判昭和37・2・1民集16巻2号143頁・基本判例315）。

　動物の占有者に代わって動物を管理する者も、動物の占有者と同様の責任を負う（718条2項）。この場合には、占有者も責任を負うが、独立の所持をする保管者とまったく同じ注意義務を負うのではなく、占有者は、動物の種類および性質に伴い、相当の注意をもってその管理者を選任・監督したことを立証すれば免責される（最判昭和40・9・24民集19巻6号1668頁）。

190　共同不法行為者の責任（719条）

　(1)　**共同不法行為の3態様**　　共同不法行為といわれるものには3つの態様がある。

　(ア)　**狭義の共同不法行為**　　数人が共同の不法行為によって他人に損害を加えたときは、各自が連帯してその損害を賠償する責任を負う（719条1項前段）。数人で共同して家屋を破壊するように、各人の行為がいずれも一般不法行為の要件を備える場合である。これを狭義の共同不法行為という。民法は、各共同者が連帯責任（正確には不真正連帯）を負うものとした。したがって共同者の1人について勝訴判決を得た場合にも、債権が満足されない限り、他の者に

賠償を求めることができる（大判昭和10・12・20民集14巻2064頁）。故意と過失が競合する場合（大判大正2・4・26民録19輯281頁・基本判例316）、および過失が競合する場合（大判大正3・10・29民録20輯834頁・基本判例317）にも行為の客観的共同があるとみるのが判例だが、偶然に過失が競合する場合は、独立的不法行為の競合にすぎないこともあるという学説が有力である。実行行為をしない者も共同不法行為責任を負う（最判昭和62・1・22民集41巻1号17頁－レール置石事件・基本判例318）。なお、大気汚染、水質汚濁による人の健康侵害の場合は、共同行為者のうち、排出が著しく少ない者についてはこれを考慮に入れる裁量権を裁判所に与えている（大気汚染25条の2、水質汚濁20条）。

　交通事故における過失とその後の医師の過失が競合した場合に、独立不法行為の競合とみる学説も有力だが、最高裁の判例で注目すべきものがある。すなわち交通事故とその後の医療事故とのいずれもが被害者の死亡という不可分の1個の結果を招来し、この結果については相当因果関係にあるときは、両者は共同不法行為に当たるから、各不法行為者は被害者の被った損害の全額について連帯して責任を負うべきであるとされた（最判平成13・3・13民集55巻2号328頁・基本判例319。なお、過失相殺に関する判旨については、すでに述べた（債185⑷㈍参照））。

　㈠　加害者不明の共同不法行為　　共同行為者のうちいずれの者がその損害を加えたかを知ることができないときも、前段と同様とする（719条1項後段）。数人で1人を殴った場合に、だれか1人裂傷を負わせたが、それはだれだかわからないような場合である。理論的にいえばその1人だけ裂傷に対する責任を負い、他は殴ったことについてだけ責任を負うはずであるが、民法はこの場合にも連帯

責任とした。公平に適する取扱いである。なお、A・Bの2工場の流水汚染によって損害が生じた事件で、Aの廃水の流水がなくてもBの分だけですでに許容量以上であるなら、Aの廃水が損害の原因だとは必ずしもいえない、という抗弁に対して、裁判所は、Aは自己の廃水放出と相当因果関係の範囲内にある全損害について、その賠償の責に任ずべきであるという（最判昭和43・4・23民集22巻4号964頁－山王川事件・基本判例320）。

　(ウ)　教唆者および幇助者　　行為者を教唆した者および幇助した者は、共同行為者とみなして、前項の規定を適用する（719条2項）。これらの者は直接の加害者とその加害行為自体を共同にするものではないが、民法はこれも連帯責任とした。知的障害者や精神障害者を教唆するような場合には、教唆者自身が道具を使用して加害行為をするものとみるべきであって、共同不法行為ではない。

　(2)　共同絶交の場合等　　一人ひとりの行為は不法行為に当たらないが、多数の者が共同して行うと違法性を取得し、不法行為となる場合がある。共同絶交ないし村八分がこれに当たる。労働者のやるストライキやボイコットも同じ構造をもつが、この場合にはかえって団体行動権の一種としての争議権が保障されている結果、それが正当と認められる限り不法行為にならないばかりでなく、債務不履行の責任も問われないことに注意すべきである（憲28条、労組8条参照）。

　(3)　共同不法行為の効果　　共同不法行為者各自の行為がそれぞれ独立に不法行為の要件を備えるときは、各自は違法な加害行為と相当因果関係にある全損害の賠償責任を負う（前掲最判昭和43・4・23）。平成29年改正前においては、719条が連帯債務を生ずる旨を定めているにもかかわらず、学説・判例は、共同不法行為者が負

うのは、連帯債務（改正前432条－445条）ではなく、不真正連帯債務であるとしていた（最判昭和57・3・4判時1042号87頁ほか）。その理由は、共同不法行為では、被害者救済の観点からすると、改正前434条以下の絶対的効力に関する諸規定の適用を排除することが望ましいということである。これに対して、改正では、連帯債務に関して、これまで絶対的効力事由とされていた履行の請求、相殺、債務の免除および時効の完成について、相対的事由に改められた（債43⑵⑷参照）。したがって、改正後において、共同不法行為者相互間の関係をどのように解すべきかについては、再検討が必要である。従来の判例・学説を取り入れて、条文を整理するという改正法の基本的な考え方からすれば、結局、不真正連帯債務と解したうえで、具体的な事案における事情（関連共同性の強弱など）を考慮して、共同不法行為者の1人について生じた事由が他の共同不法行為者にどのような影響を与えるかを判断することになるのではないかと思われる。その意味において、被害者が共同不法行為者A・Bのうちの1人Aとした訴訟上の和解においてBの残債務をも免除する意思を有していたときは、免除の効力はBにも及ぶとする判例（最判平成10・9・10民集52巻6号1494頁・基本判例321）は、改正前のものであるが、改正後もなお参考になるといえよう。

　不真正連帯債務においては、負担部分の観念がないことから、1人の債務者が債務の全部を弁済し、他の債務者が債務を免れても、求償の問題は当然には生じないと解されているが、法律の規定、当事者間の公平などを根拠に、求償が認められる場合もあるとされている。判例は、内部の求償権を故意・過失の割合を基礎にして決めることになるとしている（最判昭和41・11・18民集20巻9号1886頁・基本判例322。平成29年改正前のものであるが、改正後も参考になるもの

と思われる)。そして、その割合が不明のときは平等割合と解して
処理するほかはないであろう。もっとも、719条では、共同不法行
為者が連帯して損害賠償責任を負うと規定しているのであるから、
平成29年改正後は、共同不法行為者が負担しているのは、436条以
下に規定する連帯債務であって、不真正連帯債務ではないと解する
こともできるように思われる。ただし、その責任を連帯債務と解し
たとしても、共同不法行為とされる事案における不法行為者相互間
の共同性の強弱については、多様な類型が考えられることから、そ
のことを解釈論上においてどのように扱うのかという問題が残ると
思われる。いずれにせよ、共同不法行為者相互の関係をどのように
解するかは今後の課題であるといわざるを得ない。

　なお、複数の使用者による共同不法行為の場合に、一方の使用者
が、当該被用者の加害行為の態様等によって定められる負担部分を
超えて損害を賠償したときは、その超える部分につき、この使用者
は他の使用者に対し求償をすることができるとした判例（最判平成
3・10・25民集45巻7号1173頁）も、同様に改正前のものであるが、
参考になるであろう。

191　その他の特殊の不法行為

　上に述べた民法の規定する不法行為のほかに、いくつかの特殊の
不法行為に関する特別法が制定され、また特別の理論が主張されて
いる。そのうちの主要なものについて仕組みのあらすじを述べる。

　⑴　国家賠償法

　㋐　公権力の行使の損害賠償責任　　日本国憲法17条は、何人も、
公務員の不法行為により、損害を受けたときは、賠償を求めうると
定め、国家賠償法がこれを具体的に規定している。すなわち、国ま
たは公共団体は、「公権力の行使に当る公務員が、その職務を行う

について、故意又は過失によって違法に他人に損害を加えたときは」民法715条と同様の使用者責任を負う。ただし、当該の公務員に対する求償は、彼に故意または重大な過失があったときに限られる（国賠１条。債188⑵㈦参照）。なお、書留郵便物および特別送達郵便物につき、国の損害賠償責任を免除・制限している郵便法の規定は憲法17条に反するという判例がある（最大判平成14・9・11民集56巻7号1439頁）。

　㈣　公の営造物の設置・管理の瑕疵に基づく損害賠償責任　　道路・河川などの公の営造物の設置または管理に瑕疵があったために他人に生じた損害については、国または公共団体は、民法717条と同様の責任を負う（国賠２条）。ただし、営造物は、717条と異なり土地という制限がないので、自動車、航空機等はもとより、ピストル、警察犬なども含むと解されている。航空機の発着による騒音被害については、空港の設置に瑕疵があるとされる（最大判昭和56・12・16民集35巻10号1369頁－大阪空港騒音事件・基本判例295）。国道を自動車で通行中の人が落石の命中により死亡した場合には、十分安全策を講じていなかったのは管理の瑕疵だとして国の責任を認めた判例がある（最判昭和45・8・20民集24巻9号1268頁）。これと異なり、水害の場合は、河川は道路と違って人工的なものではなく自然公物だから、河川の未改修部分からの水害については管理に瑕疵があるとはいえないが（最判昭和59・1・26民集38巻2号53頁－大東水害事件）、改修・整備された河川からの水害については、河川管理の一般的基準および社会通念からみて安全性を欠くときは瑕疵があるとした判例がある（最判平成2・12・13民集44巻9号1186頁－多摩川水害事件）。

　なお、被害者が通常予測できない行動をしたために被害が発生し

た場合には、瑕疵があるとはいえないとされる（最判昭和53・7・4民集32巻5号809頁）。

(2) **自動車事故に対する運行供用者の責任**　自動車の普及に伴いほとんど不可避的に発生する事故の被害を救済するために、自動車損害賠償保障法（昭和30年法97号）は、運行供用者に無過失責任に近い責任を課するとともに（自賠3条）、強制保険制度を導入した（同5条以下）。自動車という危険物の保有から利便を得ていることがこの責任の根拠である。同法は、他人の生命または身体を害した場合の責任についての特別法であるから、財産損害（物損）は、民法の適用による。

(ア) **運行供用者**　責任の主体は運行供用者である。運行供用者というのは、一般的に、「自動車の使用についての支配権を有し、かつ、その使用により享受する利益が自己に帰属する者を意味する」とされる（最判昭和43・9・24判時539号40頁）。ただし、このような考え方は、二元説と呼ばれるが、現在では、運行支配に重点が置かれているとされる。そして、具体的事案における運行供用者性の判断では、さまざまな事情が考慮されている。典型的には、自動車の所有者・賃借人などが運行供用者に当たるとされている。したがって、被用者が雇主所有の車を無断で私用のために運転して事故を起こしたときでも、自動車の所有者である雇主には責任がある（最判昭和39・2・11民集18巻2号315頁－農協事件・基本判例323）。しかし、一方で、名義貸与の依頼を承諾して自動車の名義上の所有者兼使用者となった者が運行供用者に当たるとされたが（最判平成30・12・17民集72巻6号1112頁）、他方で、未成年の子の所有名義であっても、父がその車を子のために買い与え、保険料その他の経費を負担し、子が親もとから通勤し、その生活を全面的に父に依存して営

んでいたなどの事実関係があるときには、父親が供用者に当たると
されていることもある（最判昭和49・7・16民集28巻5号732頁）。自
動車の所有権を留保した割賦販売者は供用者ではない（最判昭和
46・1・26民集25巻1号126頁）。他人の車を盗んで運行（泥棒運転）
中に事故が発生した場合における所有者は運行供用者には該当しな
い（最判昭和48・12・20民集27巻11号1611頁）。自動車を一時的に貸与
している場合には、貸主が供用者であるとされていることが多い。
たとえば、レンタカーの場合（最判昭和46・11・9民集25巻8号1160
頁－レンタカー事件・基本判例324）、使用者が退職後の被用者に身の
回り品を実家に運搬して寮を明け渡させる目的無償で自動車を貸与
した場合（最判昭和46・1・26民集25巻1号102頁）などである。しか
し、2時間の約束で無償貸与したが、返還されないまま約1ヶ月後
に借主が事故を起こした場合に、貸主が運行供用者に当たらないと
された例もある（最判平成9・11・27判時1626号65頁）。また自動車修
理業者が修理のために預かった自動車をその被用者が運転して、事
故を起こした場合には、修理業者が運行供用者としての責任を負う
（最判昭和44・9・12民集23巻9号1654頁）。

　(イ)　運行　　「その運行」によって損害を加えることが要件であ
る。これを「その自動車の運行」と解するか「自己のための運行」
と解するかによって大きな違いが生ずる。前者であれば泥棒が運転
した場合も含まれるが、後者であれば運転者と供用者の間に親族関
係・雇用関係その他の密接な関係があって、外形的に保有者のため
の運行と認められることが必要である。自賠法の仕組みが自動車ご
とに強制保険を適用していること（5条・12条参照）を考え合わせ
ると、前者の考え方によりながらも、第三者による無断運転など従
来の運行支配が供用者の責めに帰すべき事由なしに喪失された場合

には、「その運行」に当たらないと解するのが妥当であろう。下級審の判決例もその傾向にあり、運行支配喪失の立証を供用者に求める説が有力である。

　(ウ)　他人　　他人の生命または身体を害したことを要する。すなわち、いわゆる人身事故に限る。物損については民法709条以下の規定による（自賠4条）。なお被害者は「他人」であることを要する。好意同乗者はもちろん（最判昭和42・9・29判タ211号152頁）、運行供用者の配偶者（最判昭和47・5・30民集26巻4号898頁－「妻は他人」事件・基本判例325）、子その他の同居の親族や運転者以外の被用者も他人であるが、当該自動車の運行供用者および運転者を含まない。実際問題としては主として強制保険でカバーされるかどうかに関連して意義を有する。

　(エ)　免責事由　　つぎに述べるような免責事由を立証できないこと

　(a)　自己および運転者が自動車の運行に関し注意を怠らなかったこと　　供用者は自分で運転した場合はもちろん、他人に運転させた場合でも、同じく、自動車の点検整備および現実の運転に関して、運転者側に運行上過失がなかったことを証明しなければ責任を免れない（運転者側に過失がなかったとはいえないとした最判昭和46・11・19民集25巻8号1236頁－千葉県警パトカー事件）。

　(b)　被害者または運転者以外の第三者に故意または過失があったこと　　被害者に信号無視などの過失があったこと、対向車がセンターラインを越えてきたこと、道路が陥没していたことなど、第三者の故意・過失で事故が起きたことの立証である（たとえば、最判昭和43・7・25判時530号37頁。交差点で合図もなく軌道を斜めに横断して右折を開始した対向車に衝突した自動車の運転者側に免責を認めた）。

この文言からは、供用者および運転者のほかに責任者がいることを要するように読めるが、不可抗力の立証を排除する趣旨ではないと解される。

　(c)　自動車に構造上の欠陥または機能の障害がなかったこと
点検整備を怠ったために由来するものに限らず、現在の産業技術の水準からみて当該自動車に欠陥や機能障害がなく、完全であったことの立証である。

　この３つの免責事由のすべてが立証できれば供用者は損害賠償の責任を免れる。もっとも、当該の事故と関係のない免責事由をすべて立証させること（たとえば、明らかに第三者の過失に起因する事故の場合にこの(c)まで立証をさせること）は供用者にとって酷である。そこで判例は、当該の要件事実（この例で(c)）が当該事故と関係がない旨を主張し、立証すれば足りるとする（最判昭和45・１・22民集24巻１号40頁）。

　(オ)　自動車損害賠償責任保険　　自動車は自賠法で定める責任保険の契約が締結されているものでなければ、運行の用に供してはならない（自賠５条）。ここにその仕組みを詳しく述べることはできない。注意すべき２、３の点を述べれば、①被害者は保険会社に対して直接に損害賠償額の支払を請求することができ（同16条１項）。しかも、政令で定めるところにより仮渡金の支払という簡易の途が開かれている（同17条）。このようにして受けとった保険金の限度で、自賠法３条または民法709条による保有者または運転者に対する損害賠償請求権が減額されることはいうまでもない。②保険金額は、死亡・傷害・後遺障害について施行令の定める定額が支払われる（後遺障害については自賠法施行令の別表で１級から14級に及ぶ等級表が定められている）。③轢き逃げなどで自動車の保有者が明らかで

ない場合には、政府が、被害者の請求により、自動車損害賠償保障事業の資金から所定の金額を支給する（自賠72条）。

　自賠法による強制保険の保険金額には限度がある（現在、最高3,000万円）。被害の救済のためには自賠法だけでは不十分だから、任意保険が上積みとして活用されることが多い。任意保険の約款によると、事故が発生した場合に、保険会社が加害者に代わって被害者と示談を結び、示談によって定まった範囲について保険会社が被害者に保険金の支払をするという示談代行が認められている。

　また、労災事故である交通事故の被害者が労災保険給付を受けてもなお塡補されない損害について直接請求権を行使する場合は、被害者の直接請求権の額と国に移転した直接請求権の額の合計額が自賠責保険金額を超えるときであっても、被害者は、国に優先して自賠責保険の保険会社から自賠責保険金額の限度で自賠法16条１項に基づき損害賠償額の支払を受けることができるものと解されている（最判平成30・9・27民集72巻４号432頁）。

　(3)　鉱害に対する責任　　鉱害の賠償については旧鉱業法が昭和14年の改正で無過失責任を認めたが、新鉱業法（昭和25年）はこれを承継している。鉱物の採掘や鉱煙の排出など鉱業実施から生ずる損害のすべてを賠償すべきであり、人身侵害に限らず、財産の損傷を含む。賠償の方法に原状回復主義を導入したこと（鉱業111条）は先に一言した。なお行政上の監督・指導等の措置によって鉱害の賠償に関する紛争の予防と解決に資する途を設けている。

　(4)　原子力損害に対する責任　　原子力損害の賠償に関する法律（昭和36年）によって規定されている。原子力事業者の損害賠償責任について、国際的には、パリ条約、ウィーン条約などによって、共通の原則が確立されている。昭和36年当時、日本は国際条約に加

盟していなかったが、原子力損害賠償法の内容は、ほぼその共通原則に則ったものである。まず、原子力発電会社その他の原子力事業者は、原子炉の運転等によって生ずるすべての損害について、異常に巨大な天災地変または社会的動乱による場合を除いて、過失の有無を問わず無限の責任を負う（原賠3条）。原子力事業者に責任が集中されていて、それ以外の者は責任を負わないとされている（同4条）。また、他にその損害の発生の原因について責めに任ずべき者があるときの求償権も制限されている（同5条）。なお、福島事故については、被害者による損害賠償請求訴訟が多数提起されているが、その中には、東京電力に対する請求と合わせて、国に対しても、原子力発電所の事故を防ぐための規制権限を行使しなかったことを理由として、国家賠償法に基づく損害賠償請求をしているものがみられる。下級審では、その請求を認めた判決もあるが（たとえば、仙台高判令和2・9・30判時2484号185頁等）、最高裁では、国の責任を否定している（最判令和4・6・17の2判決［裁判所ウェブサイト掲載］）。後述するように、日本が国際条約に加入したことから、国際原則である責任集中制度において、国家賠償法による国の責任をどのように考えるかも将来の課題である。

　その損害は巨額になる可能性が大きいので、その賠償を確保する措置を事業者に義務づけている（同6条）。具体的には、保険会社と原子力損害賠償責任保険契約（一工場、一原子力船当たり法律で定める金額。現在は1,200億円）を締結し（同7条・8条）、かつこの契約でカバーしない損害（主として地震・噴火によるもの）について政府と原子力損害賠償補償契約を締結すること（同7条・10条）を事業者に義務づけている。そして、実際に事故が生じた場合には、原子力損害の賠償に関して紛争が生じた場合における和解の仲介およ

び当該紛争の当事者による自主的な解決に資する一般的な指針の策定に係る事務を行わせるために、原子力損害賠償紛争審査会を設置することができる（同18条）。東日本大震災により発生した東京電力福島第一原子力発電所事故に起因する原子力損害賠償は、金額・件数ともにきわめて大きく、大量の被害者に衡平かつ迅速に損害賠償がなされるための立法的・行政的措置がなされ、原子力損害賠償制度が大きく修正された（なお、日本もこの分野における国際条約の１つである原子力損害の補完的な補償に関する条約（CSC 条約）に加盟した）。

(5) 公害に対する責任

(ｱ) 公害の意義　　産業革命によって人類の生活関係の中で機械や化学的装置などの人為的なものの占める割合が急激に増大すると、その影響が近隣の居住者ないし一般公衆に波及するようになり、そこから損害が発生する。その結果、機械文明のもたらす利益と、それに伴う損害の調整が要求されることになる。大気汚染、水質汚濁、騒音、振動、悪臭などによる生活環境の破壊を通じて、人の生命や健康に損害を及ぼす公害の問題は、その典型的な表われである。これは公法・私法の区分を超えて総合的に立ち向う必要がある問題であり、先進各国はいずれもその対策に苦心している。いわば世界的規模の問題である。わが国でも昭和42年の公害対策基本法（現在の環境基本法）からはじまって数年の間に12、3にのぼる関連の法律が制定されている。以下に述べる問題のほかに公害の紛争の処理の手続を定める公害紛争処理法がある。また、ある事業を営む場合に、公害への影響を十分調査するという環境影響評価法（平成９年法81号）に基づく環境アセスメントの問題もある。さらに、日照については、建築基準法の中で基準が定められている。

(ｲ)　公害についての公法上の問題

(a)　公害の未然防止　　環境基本法のもとで、各種の行政的な未然防止のための大気汚染防止法、水質汚濁防止法のほかに、農用地の土壌の汚染防止等に関する法律、騒音規制法、振動規制法、建築物用地下水の採取の規制に関する法律、悪臭防止法、廃棄物の処理及び清掃に関する法律などが制定されている。公害の未然防止につき、環境基本法は、２つの基準を掲げている。１つは環境基準である（16条）。あるべき環境についての基準を定め、行政の目標としては、この環境基準に達する施策を講ずるというのである。もう１つが同法21条１項１号に基づき大気汚染防止法等が定める排出基準である。これは、具体的な汚染物質の規制基準であり、これ違反した者は処罰される。

(b)　公害健康被害の補償　　公害健康被害の補償等に関する法律は、一定の公害による健康被害（大気汚染による慢性気管支炎、気管支ぜんそく等の非特異性疾患が多発している第一種地域と大気汚染または水質汚濁による水俣病、イタイイタイ病等の特異性疾患が多発している第二種地域に分けられるが、現在第一種地域の指定はすべて解除されている）の補償について定めている。損害賠償請求権があっても、その支払が確保されなければ被害は救済されないから、一定の補償をしようというのである。補償給付の種類は、①療養の給付および療養費、②障害補償費、③遺族補償費、④遺族補償一時金、⑤児童補償手当、⑥療養手当、⑦葬祭料の７つとなっている（公害補償３条１項）。損害賠償と異なり、補償だから、得べかりし利益や慰謝料は含まれていない。そこに限界はあるが、最低限度の補償は認められている。その財源は企業に対する賦課金であり、都道府県知事を窓口として納付され、指定された地域の指定された疾病の被害者

に対して補償金が支払われるという仕組みになっている。

(ウ)　公害についての民法上の問題

(a)　公害に対する損害賠償

(i)　過失　　公害源を発生する企業が、それによって周辺に損害が及ぶであろうことを予見しまたは予見が可能であるにもかかわらず、なお操業を続けた場合に、予見した場合は故意、予見可能であった場合はその損害の防止が現在の技術では不可能であった場合にも過失による加害と解すべきであろう。ただし、判例は、損害防止のために相当の設備を施す義務をつくした場合は過失がないとするが（大判大正5・12・22民録22輯2474頁－大阪アルカリ事件・基本判例279）、近時はこのような義務を高度化することによって有過失を認定することが多い。

(ii)　受忍限度　　社会生活においては、ある種の侵害はある程度まで忍容しなければならないこととの関連である。たとえば、隣から流れてくる音や煤煙は常に文句がいえるわけではなく、それが受忍限度を超えた場合にはじめて救済を求めることができる。つまり侵害が被害者からみて受忍限度を超えれば違法性が生じ、賠償義務を負う。受忍限度の判断は、当該の公害によって侵害される利益は何か、精神と肉体とを含めての健康であるか、静穏な生活であるか、美しい眺望であるかなどによって異なるであろう。さらに、その地域が工場地域か住宅地域か（地域性）、すでに人の居住している所に進出したものかどうか（先住性）、加害行為の互換性があるものかどうか、行政上の規制（たとえば、音量基準・排出基準）に違反しているかどうかなどの諸要素が総合的に判断されるべきである。原則として通常人の感受性を標準とし、事業の公共性は損害賠償の責任を認める障害とはならない（たとえば、高速道路による公害は、道

路の使用差止めの理由にならない場合でも、受忍限度を超えていれば損害賠償義務を発生させる）。

(iii)　因果関係　　先に述べたが、損害が特定の公害源に由来するという因果関係の立証がむずかしいことである。いわゆる疫学的方法が採用される場合が多い（債183参照）。そこから法的因果関係は蓋然性でよいという説が主張されるに至っている。なお、特殊の認定の機構が工夫され、いわゆる公害患者としての認定が行われているが、それは不法行為上の因果関係と密接な関係をもつであろう。

(iv)　共同不法行為　　加害者が複数ないし多数である場合（自動車の排気ガスのように公害源が不特定多数の場合は不法行為の問題にはなりえない）に共同不法行為の原則をそのまま適用してよいかという問題がある（債190(1)参照）。特に大企業と小企業とに同じ不真正連帯の責任を負わせてよいかが問題になる。なお、四日市ぜんそく事件では、コンビナートを形成するＡ社等の排出する煤煙等がぜんそく被害を生じさせたとき、Ａ社と同系列の会社であって、生産面等で強い関連共同性を有するＢ社の排出する煤煙等は被害者に到達していなくても、Ａ社とともにＢ社にも共同不法行為の責任があるとされた（津地四日市支判昭和47・7・24判時672号30頁）。

(v)　企業自体の責任　　715条の適用の前提とされる特定の被用者の過失の立証が困難であるところから、むしろ直接に企業自体について709条の責任（企業責任）を認めるべきかが問題となる。

(vi)　無過失責任　　特殊の公害についてはさらに一歩進めて無過失責任が認められているが（債178(2)(イ)参照）、その範囲をさらに拡張すべきかどうかの問題がある。

(b)　公害の差止請求　　公害については損害賠償だけでは不十分であり、現に公害が生じている場合にそれを差し止めるという請求

が重要となってくる。主要な事件として、大阪国際空港事件では、航空機の発着による騒音被害について、夜9時から10時までの航空機の発着の差止めを求める請求につき、航空機の発着の禁止を空港管理者である国に求めるのは、不可避的に航空行政権の行使の取消し・変更・発動を求める請求を包含するので、通常の民事上の請求の限界を超えるとして、訴えは却下された（最大判昭和56・12・16民集35巻10号1369頁－大阪空港騒音事件・基本判例295）。新幹線訴訟では、東海道新幹線の名古屋付近の住民の騒音被害について、列車の減速を求める差止請求につき、新幹線の公共性などを考慮して否定する判決が下された（名古屋地判昭和55・9・11判時976号40頁、名古屋高判昭和60・4・12下民集34巻1・4号461頁）。高速道路の騒音・大気汚染についても、同旨の判例がある（最判平成7・7・7民集49巻7号2599頁－国道43号訴訟・基本判例296）。差止めを認めうるかどうかについて、一部には、いわゆる環境権を認める立場、すなわち環境について人々が有する利益を内容とする権利が差止請求の根拠となるという指摘がある。しかし、多くの学説・裁判例は、前述した人格権を根拠とすることができるとしている。差止めの基準として、受忍限度という考え方がある。共同生活をする以上、多少の騒音その他の被害はやむをえないとし、社会生活のうえからみて受忍できる限度を超える場合にはじめて、人格権の侵害を理由に差止めを求めることができるという。ただ、差止めは、企業の操業停止に至るので、その基準は損害賠償に比べてやや厳格にならざるをえないであろう。

(6) 製造物責任

(ア) 意義と問題点　　人が日常使用しもしくは消費している製品に欠陥があって、そのために負傷しもしくは疾病にかかる等の損害

を被った場合に、その製造者に対して損害賠償の請求を認めようとするのが製造物（生産物）責任論である。日本では、昭和30年頃ドライミルクの中に製造工程でひ素が混入したため乳幼児が傷害を受けた森永ひ素ミルク事件、昭和35年頃からつわり止めの薬を服用した母親から先天性障害児が生れたというサリドマイド事件、整腸剤キノホルムの多量服用によって一万人余りの傷害者が出たスモン病事件、北九州市でカネミという食品メーカーが製造したライスオイルに PCB が混入していたため多数の傷害者が出たカネミ油症事件などが発生し、いずれも製造者の責任が問われた。

　民法上、欠陥のある商品を製造したメーカーMに対し、その商品の販売者ディーラーDより購入したユーザーUが損害を受けた場合に、UがMの責任を問うには、債務不履行ないし瑕疵担保責任または不法行為が考えられるが、いずれも難点があったため、平成６年に製造物責任法（いわゆる PL 法）が制定された。

　(イ)　製造物責任法　　製造物責任法は、製造物の欠陥により人の生命、身体または財産に関する被害が生じた場合における製造業者等の損害賠償責任について定める（製造物１条）。「製造物」とは、製造または加工された動産をいう（同２条１項）。つぎに「欠陥」とは、その製造物の特性、通常予見される使用形態、製造業者等がその物を引き渡した時期その他その物に関する事情を考慮して、その物が通常有すべき安全性を欠いていることをいう（同条２項）。判例は、医薬品について、人体にとって本来異物であるという性質上、何らかの副作用が生ずることを避け難い特性があるとされているところであり、副作用の存在をもって直ちに製造物としての欠陥あるということはできないとしている（最判平成25・4・12民集67巻４号899頁－イレッサ薬害訴訟）。さらに、責任主体については「製造業

者等」と規定されているが（同条３項）、①実際に欠陥製造物を製造・加工した者、②欠陥製造物を購入した業者、③他人が製造・加工・輸入した欠陥製造物に、みずから製造業者（製造者・輸入者）であると氏名・商号・商標その他の表示をした業者、④実際は他人が製造した欠陥製造物であるが、その製造、加工、輸入、販売の形態その他の事情からみて、その物の実質的な製造業者と認めうる氏名等を表示した者、も含まれる（同条３項）。

　前記の「製造業者等」は、その引き渡した物の欠陥により、他人の生命、身体または財産を侵害したときは、これによって生じた損害を賠償すべき責任がある（同３条）。このことは、要するに、本法は、製品事故の場合に、不法行為法の過失責任主義を修正し、製造物の客観的な欠陥の有無を責任要件と認めたことを意味し、従来被害者側に課されていた過失の証明という大きな障害を除去したことである。ただし、本法は、つぎの２つの場合を、製造業者等の免責事由として認めている（同４条）。その１つは、いわゆる開発危険の抗弁と呼ばれるものであって、製造物の引渡時における科学・技術の知見によっては、欠陥の存在を認識できなかった場合（同条１号）、もう１つは、部品・原材料の製造業者の免責であるが、部品・原材料の製造がもっぱら他の業者（たとえば完成品製造業者）の設計指示に従ったことにより部品・原材料たる製造物に欠陥が生じ、かつその欠陥につき過失がない場合（同条２号）である。

　損害賠償の対象は、前述のとおり生命、身体または財産の侵害によって生じた損害であるが（同３条）、欠陥製造物自体に生じた損害は本法の賠償対象から除外されている（同条ただし書）。これは、一般の契約責任（不完全履行・瑕疵担保など）に従うことになる。

　製造物責任の損害賠償請求権の消滅時効期間は、民法724条と同

じく損害および賠償義務者を知った時から3年だが、20年の除斥期間が短縮され、製造業者等が当該製造物を引き渡した時から10年を経過したときに責任は消滅する（製造物5条1項）。ただし、人の生命・身体を侵害した場合の損害賠償請求権については、3年または10年ではなく、5年または10年とされている（同条2項）。この10年の期間は、身体に蓄積した場合に人の健康を害することとなる物質による損害、または一定の潜伏期間経過後に症状が現われる損害については、その損害が生じた時から起算する（同条3項）。さらに、損害賠償責任に関しては、本法によるほか、民法の規定によると定めたので（同6条）、過失相殺、損害賠償の方法、賠償額の算定などは、民法の不法行為責任と同様に扱われることになる。

　なお、医薬品の副作用による損害についての医薬品副作用被害救済制度、SGマークが表示された製品の欠陥による人身損害についての賠償制度など、特定の分野における製造物責任に関する特別制度も存在する。

　⑺　医療過誤　　近年医療上の過失によって損害を被ったという理由で医師が患者から損害賠償の請求を受ける事件、いわゆる医療過誤事件が急増した。医療に関する科学と技術の進歩に不幸な事故が伴いがちであること（たとえば、帝王切開という手術が開拓されない時代には、それに伴う事故は起こらなかった）、健康保険の発達などにより医療担当者と患者の関係が希薄になり、従前のようにたての関係でなくなってきたこと、などがその理由であろう。これを特殊の不法行為の一種とみるのは、あるいは論理的でないかもしれないが、そこには一般の不法行為と異なるいくつかの特殊の問題点が指摘される。

　なお、分娩に関連して発症した重度脳性麻痺児について、医師の

過失がなくても補償がなされる産科医療補償制度が存在する。

　(ア)　不法行為か債務不履行か　　医療は医師と患者という関係の存在を前提として行われる。このような関係は契約によって成立するのが原則である。その意味では交通事故などとはその成り立ちを異にする。しかし医療過誤の結果は人の身体・健康・生命の侵害を伴うため、多くの外国の法制度において、契約の不履行ないし不完全履行としてではなく、不法行為として取り扱われてきた（契約不履行では慰謝料請求ができない法制度（たとえば、英・独など）が少なくないことを参照）。わが国でも同様であったが、近時は債務不履行を理由とする訴えの提起が多くなり、医師に債務不履行の責任を認める判決が多くみられるようになった。請求権の競合論もからんで議論の対象となっている。問題は医師と患者の関係の成立に至る契約関係が、それに決定的な効果を及ぼすか、それとも、逆にいえば医師と患者の関係を規律する一般的な強い規範があって、その関係への入り方（無料の医療か、意識のない者・幼児などの医療か）はあまり問題でないとみられるかにある。医療は断続的な措置の継続であって、その一つひとつが患者の容体に対応したものでなければならず、それぞれに注意義務が要求され、過誤が起こりうるので、性格としてはむしろ後者に近い。のみならず、一般的にいって医師と患者の関係への入り方そのものが一種の付合契約であり、通常の医療は医師の判断で行われる（患者の承諾については後述参照）独特のものである。契約上の規範と不法行為上の規範の衝突（たとえば消滅時効・相殺禁止など）は個々に調整処理すべきであろう（債186⑸参照）。なお、医療過誤についても安全配慮義務の立場からとらえようとする議論もあるが、判例上は確立していない。

　(イ)　医療過誤の成立要件

（a）　違法性　　医療は人の身体もしくは精神に対して施されるので、その結果、患者の生命・身体・健康に損害が発生したとすれば、一般に違法性の要件が充足されることに問題はない。正当な理由がないのに診療を拒否することも、医師の診療義務（医師19条1項）との関係で違法と解すべきである。

（b）　過失　　医療過誤について医師の責任が認められるためには、彼に過失があったことを要する。医師には、業務の性質に照らし危険防止のため最善の注意義務が必要とされる（最判昭和36・2・16民集15巻2号244頁－梅毒輸血事件・基本判例280、最判昭和44・2・6民集23巻2号195頁－水虫事件、最判昭和51・9・30民集30巻8号816頁－予防接種事件）。その認定は、その時、その地域における医療の水準からみて、専門職として善良な管理者の注意を欠いていた（いわゆるプロフェッショナル・ネグリジェンス－専門家の責任）かどうかを総合して行われる。過失の発現形態には、①診断を誤った結果必要な措置をしなかった。②必要な措置をしたが措置に過失があった。③患者の意に反する措置をした、などがある。これに関連して2つの問題がある。その1つは、医学の進歩によって、従前なら十分であるとされた処置が、現在では不十分とされることが少なくないことである。注意義務の基準となるのは、診療当時の医療水準である。この水準に達することが困難な場合の医療施設における医師の責任は否定されるが（最判昭和57・3・30判時1039号66頁－未熟児網膜症事件）、それに達しうる場合の医師の責任は認められる（最判昭和60・3・26民集39巻2号124頁－未熟児網膜症事件）。医師は医療水準を超えた緻密・真摯・誠実な医療を尽くす義務を負うものではなく（最判平成4・6・8判時1450号70頁）、当該医療機関の性格、所在等からみて、新規の治療法の知見を有することが期待される場合には、

特段の事情がない限り、この知見が当該医療機関の医療水準となる（最判平成7・6・9民集49巻6号1499頁・基本判例281）。その2つは、いわゆる特異体質等によるショックの問題である。極端な場合には患者は死亡する。この場合の医師の責任の有無については、その措置が必要であったか、あるいは妥当であったか（適応性）と、ショックを防ぐための注意が十分に払われたかどうかが判断の基準になろう。なお、医師に過失があったことの立証を患者側に求めることは、今日でも同僚の医師の証言が得にくいこともあって無理がある。債務不履行を理由とする訴えが多くなった理由もそこにある。訴えの形式にかかわらず、裁判所が積極的に解明に努めるべきであろう（債186⑸参照）。

　開業医の場合には、開業医としての医療水準に適合した医療の提供が要求されるにとどまるのであるが、他方でより適切な医療機関に適時に転送する義務を負っている。したがって、患者の診察にあたった医師が、過失により患者を適時に適切な医療機関へ転送すべき義務を怠った場合において、その転送義務に違反した行為と患者の重大な後遺症の残存との間の因果関係の存在は証明されなくとも、適時に適切な医療機関への転送が行われ、同医療機関において適切な検査、治療等の医療行為を受けていたならば、患者に重大な後遺症が残らなかった相当程度の可能性の存在が証明されるときは、医師は、患者が前記可能性を侵害されたことによって被った損害を賠償すべき不法行為責任を負う（最判平成15・11・11民集57巻10号1466頁）。

　(c)　使用者責任　　医療行為は医師の責任において行われるのであるが、実際には看護師等の補助者によって行われた場合、あるいは病院の勤務医によって行われた場合に、それぞれの過誤について

医師あるいは病院が715条の使用者責任を負うことはいうまでもない。選任もしくは監督の余地がないことをもって抗弁とすることは認められない（債188(2)参照）。

(d)　損害の発生　　医療過誤は人の生命・身体・健康に対する侵害およびそれによって患者が被る経済的な損害となって現われる。この点は交通事故・労働災害と性質を同じくする。したがって治療費・慰謝料・後遺障害に対する損害などの算定についてはこの2つの制度が参考とされることになる。

(e)　因果関係　　医師が特定の措置をし、またはしなかったことが、損害発生の原因であるかどうかの因果関係が明確でない場合があり（たとえば、未熟児網膜症は育児室の酸素量と関係なく起こることがあるという）また誤診がはたして当該の損害の原因と認められるかどうか疑問の場合が少なくない（たとえば、がんを発見できなかったが、発見したとしても手遅れで死を免れなかったかどうかなど）。

医療行為と損害との因果関係の存在は、原告の被害者が証明しなければならないが、それは統計的因果関係（前掲最判昭和44・2・6－水虫事件）、ないし高度の蓋然性の証明で足りる（最判昭和50・10・24民集29巻9号1417頁－ルンバール事件・基本判例298、最判平成11・2・25民集53巻2号235頁。債183参照）。

延命利益の賠償が認められることがある。医師の過失である医療行為と患者の死亡との間の因果関係は証明されないが、上過失がなければ患者がその死亡の時点においてなお生存していた相当程度の可能性の存在が証明される場合には、医師は不法行為責任を負うとされる（最判平成12・9・22民集54巻7号2574頁・基本判例299）。

(ウ)　患者の承諾の問題　　医師の医療行為について一般的に患者の承諾を得なければならない。医師には、治療行為についての説明

義務があり、患者の自己決定による選択が必要である（インフォームド・コンセント）。乳がんの手術にあたり、当時医療水準として未確立であった乳房温存療法について医師の知る範囲で説明すべき診療契約上の義務があるとされた事例（最判平成13・11・27民集55巻6号1154頁）、あるいは、帝王切開を希望する妊婦に対して、経腟分娩の一般的な危険性について一応の説明はしたものの、胎児の最新状態に基づく経腟分娩の選択理由について医師が十分に説明しなかった事例（最判平成17・9・8判時1912号16頁）があり、また、債務不履行につき引用したように（債25⑶参照）、末期がんを患者本人に告知すべきでないと判断した医師が患者の家族にその病状等を告知しなかったことが診療契約に付随する義務に違反するとされた事例は不法行為にもあてはまる（最判平成14・9・24判時1803号28頁）。通常の投薬や注射などについては、患者が特に異議を述べなければ承諾があったものと推定されるが、外科的手術などの場合（その範囲については問題があろう）は、積極的に承諾を求めるべきものとされる。承諾を得ないでした医療行為については、その結果が良であってもなお精神的損害などについて責任を問われる可能性がある（一例としてエホバの証人輸血事件（債181⑵㈤参照））。患者には幼児や判断能力を失った高齢者・精神障害者・失神者などが含まれ、これらの者についてだれが代わって承諾の意思表示ができるかの問題があるが、結局、社会通念に従って判断するほかはない。

　なお、患者の承諾は、当該医療行為の過誤を免責するものでないことはいうまでもない。

事 項 索 引

① 数字は本書の通し番号を示す。
② 見出中の——は大見出を，〜は大見出をふくむ中見出を示す。

か　行

判　例　索　引

① 言渡日付順。項目の通し番号・記号で示す。
② ＊印の判例は，民法基本判例集に登載のものである。

著者略歴

我妻　榮（わがつま　さかえ）
　明治30年米沢市に生まれる。大正９年東京帝国大学卒業，東京大学教授，東京大学名誉教授，法務省特別顧問。昭和48年10月逝去。

有泉　亨（ありいずみ　とおる）
　明治39年山梨県に生まれる。昭和７年東京帝国大学卒業，京城大学法文学部を経て東京大学教授，社会科学研究所教授，東京大学名誉教授。平成11年12月逝去。

川井　健（かわい　たけし）
　昭和２年広島市に生まれる。昭和28年東京大学卒業，北海道大学助教授・教授，一橋大学教授・学長を経て，一橋大学名誉教授。平成25年５月逝去。

野村　豊弘（のむら　とよひろ）
　昭和18年東京都に生まれる。昭和41年東京大学卒業，学習院大学専任講師，助教授，教授，学習院大学名誉教授。

沖野　眞已（おきの　まさみ）
　奈良県に生まれる。東京大学法学部卒業，筑波大学専任講師，学習院大学助教授・同教授，一橋大学教授を経て，2010年より東京大学教授。

民法2　債権法　第4版

2003年11月20日	第1版第1刷発行
2005年4月15日	第2版第1刷発行
2009年2月25日	第3版第1刷発行
2022年11月20日	第4版第1刷発行

著者　　我妻　榮
　　　　有泉　亨
　　　　川井　健
　　　　野村豊弘
　　　　沖野眞已

発行者　井村寿人

発行所　株式会社　勁草書房

112-0005 東京都文京区水道2-1-1　振替 00150-2-175253
（編集）電話 03-3815-5277／FAX 03-3814-6968
（営業）電話 03-3814-6861／FAX 03-3814-6854
堀内印刷所・中永製本

小型でパワフル名著ダットサン！
通説の到達した最高水準を簡明に解説する。

ダットサン民法 ◆◆◆◆◆◆◆◆◆◆◆◆◆◆◆◆◆◆◆◆◆◆◆◆◆◆◆◆◆◆

我妻榮・有泉亨・川井健・鎌田薫

民 法 1 総則・物権法 第4版　　　　四六判 2,420円

我妻榮・有泉亨・川井健・野村豊弘・沖野眞已

民 法 2 債権法 第4版　　　　　　　　　　本書

我妻榮・有泉亨・遠藤浩・川井健・野村豊弘

民 法 3 親族法・相続法 第4版　　　四六判 2,420円

姉妹書 ◆◆◆◆◆◆◆◆◆◆◆◆◆◆◆◆◆◆◆◆◆◆◆◆◆◆◆◆◆◆◆◆◆

遠藤浩・川井健・民法判例研究同人会編

民法基本判例集 第四版　　　　　　四六判 2,750円

◆◆◆◆◆◆◆◆◆◆◆◆◆◆◆◆◆◆◆◆◆◆◆◆◆◆◆◆◆◆◆◆◆◆◆◆

現代によみがえる名講義 ◆◆◆◆◆◆◆◆◆◆◆◆◆◆◆◆◆◆◆◆◆

我妻榮著　遠藤浩・川井健補訂

民法案内 1 私法の道しるべ 第二版　四六判 1,980円

我妻榮著　幾代通・川井健補訂

民法案内 3 物権法 上　　　　　　四六判 1,980円

我妻榮著　幾代通・川井健補訂

民法案内 4 物権法 下　　　　　　四六判 1,980円

我妻榮著　川井健補訂

民法案内 5 担保物権法 上　　　　四六判 2,200円

我妻榮著　清水誠・川井健補訂

民法案内 6 担保物権法 下　　　　四六判 2,420円

川井健著　良永和隆補筆

民法案内 13 事務管理・不当利得・不法行為 四六判 2,200円

◆◆◆◆◆◆◆◆◆◆◆◆◆◆◆◆◆◆◆◆◆◆◆◆◆◆◆◆◆◆◆◆◆◆◆◆

はじめて学ぶ人に読んでもらいたい民法の名所案内の地図

我妻榮・良永和隆著　遠藤浩補訂

民 法 第10版　　　　　　　　　　B6判 2,530円

――――――――――――――――――――― **勁草書房刊**

＊表示価格は2022年11月現在、消費税10％が含まれております。